中华经典名著

全本全注全译丛书

杜　斌◎译注

岁时广记 中

中華書局

目录

中册

卷十三

正月晦

【题解】

本卷有《正月晦》与《中和节》，两个节日息息相关，正是因设立中和节而废除正月晦日节。正月晦日节，也就是正月的最后一天，被视为送穷的日子，故唐代韩愈有《送穷文》。自此以后，便有了送穷的习俗。晦日，“晦”有昏暗不明、隐晦不显之意。唐德宗李适（kuò）认为这个节名有些不祥，于是在贞元五年（789）下诏废除正月晦日节，以二月初一设立“中和节”。

《正月晦》卷首有一段总叙文字概说正月晦之义。其条目均为正月晦日时俗节物，主要有正月晦日驱邪送穷仪式“湔裙裳”“号穷子”“除贫鬼”“送穷鬼”等；正月晦日农桑耕种“稼果树”“种冬瓜”等；正月晦日岁时卜筮“占谷价”。

《荆楚岁时记》曰：“每月皆有晦朔[①]，以正月晦为初年，时俗重以为节。”《释名》曰：“晦者，月尽之名也。晦，灰也，死为灰，月光尽似灰也。”《南部新书》曰：“贞元元年九月二日敕[②]：‘方今边隅无事[③]，烝庶小康[④]，其正月晦日、三月三日、九月九日三节日，宜任文武百僚择胜地追赏为乐[⑤]。仍各赐钱，以充宴会。’贞元五年，废晦日，置中和节[⑥]。”

【注释】

①晦朔：农历每月的最后一日与第一日。晦，农历每月最后一天。朔，农历每月初一。

②贞元元年：785年。贞元，唐德宗李适年号（785—805）。

③边隅：边境。

④烝（zhēng）庶：众人，民众。小康：国家社会渐告安定，人民生活安乐，但尚未达到天下太平的大同阶段，称为“小康”。

⑤追赏：追随游赏。

⑥“贞元五年”几句：唐德宗贞元五年，下诏废除正月晦日之节，以二月初一为中和节。是日民间以青囊盛百谷瓜果种互相赠送，称为献生子。里闾酿宜春酒，以祭勾芒神，祈求丰年。百官进农书，表示务本。贞元五年，789年。

【译文】

《荆楚岁时记》记载：“虽然每个月都有晦日和朔日，但因正月是一年的开端，民间将正月晦日和朔日发展为重要节日。”《释名》解释说：“晦，月末的名称。晦，得名于‘灰’，火灭后成灰，月亮的光芒穷尽后就像火灭后成灰。”《南部新书》记载：“贞元元年九月二日皇帝下令：‘当今边境没有战事，民众已达小康，其中正月晦日、三月三日、九月九日为三个节日，放任文武百官选择胜地追随游赏为乐。仍然各自赏赐金钱，以作为宴饮聚会费用。’贞元五年，废除正月晦日的节日，在二月初一设置中和节。”

凋蓂荚[①]

《帝王世纪》[②]：“尧时，有草夹阶而生[③]。每月朔生一荚[4]，月半则生十五荚。自十六日一荚落，至月晦而尽凋[5]。月小尽则余一荚[6]，厌而不落[7]。尧视之为历。唯盛德之君[8]，应和气而生[9]，以为瑞草[10]，名曰蓂荚，一名历荚，一名仙茆[11]。”后魏卢元明《晦日泛舟应诏》诗云[12]：“轻灰吹上管，落蓂飘下蒂。迟迟春色华[13]，晼晼年光丽[14]。”

【注释】

①蓂（míng）荚：又名“历荚”。古代传说中的瑞草。

②《帝王世纪》：十卷，皇甫谧撰。该书是专述帝王世系、年代及事迹的一部史书。第一卷记天地开辟至三皇；第二卷记五帝；第三卷记夏；第四卷记殷商；第五卷记周；第六卷记秦；第七卷记前汉（即西汉）；第八卷记后汉（即东汉）；第九卷记魏；第十卷记历代星野、垦田及户口。皇甫谧（mì，215—282），幼名静，字士安，自号玄晏先生，安定郡朝那（今宁夏固原）人。三国西晋时期学者、医学家、史学家，另著有《针灸甲乙经》《高士传》《元晏先生集》等。

③阶：宫殿的台阶。

④月朔：每月的朔日。指农历每月初一。

⑤月晦：每月的晦日。指农历每月的最后一日。

⑥月小：指农历只有二十九天的月份。

⑦厌而不落：只凋零而不落。厌，收缩。此指凋零。

⑧盛德：敬称有高尚品德的人。

⑨和气：古人认为天地间阴气与阳气交合而成之气。万物由此“和气”而生。

⑩瑞草：古代以为吉祥之草，如灵芝、蓂荚之类。或称仙草。

⑪茆：音 mǎo。

⑫卢元明：字幼章，范阳涿（今河北涿州）人。约魏孝武帝永熙末年

前后在世。历任中书侍郎、尚书右丞等职。

⑬迟迟：舒缓，从容不迫的样子。

⑭晼晼（wǎn wǎn）：日西斜，日将暮。

【译文】

《帝王世纪》："帝尧时，有一种小草生长在宫殿的台阶缝隙中。小草每月初一开始每日生出一荚，到十五日就生出十五荚。自十六日开始每日落一荚，到月末刚好落尽。如果是小月（二十九日）到月末还剩一荚，那这一荚只凋零而不落。帝尧把它看作历法。只有品德高尚的君王，应天地间阴阳之气交合而生，作为吉祥之草，名叫蓂荚，又叫历荚、仙茆。"北魏卢元明《晦日泛舟应诏》诗写道："轻灰吹上管，落蓂飘下蒂。迟迟春色华，晼晼年光丽。"

尽桂树

虞喜《安天论》曰[①]："俗传月中仙桂树，月初则生，月晦则尽也[②]。"

【注释】

①虞喜《安天论》：一卷，东晋虞喜撰。虞喜（282—356），字仲宁，会稽余姚（今浙江余姚）人。博学好古，精天文、经学，兼擅谶纬诸学，另著有《毛诗释》《尚书释问》等。《安天论》，是一部宇宙结构理论著作。

②尽：死亡。

【译文】

虞喜《安天论》记载："俗传月中有仙桂树，月初就生长，月末就死亡。"

湔裙裳[1]

《荆楚岁时记》:"元日至月晦,人并为酺食渡水[2],士女悉湔裳,酹酒于水湄[3],以为度厄[4]。今人唯晦日临河解除,妇人或湔裙。"

【注释】

①湔(jiān)裙:古代的一种风俗,指农历正月元日至月晦,女子洗衣于水边,以避灾祸,平安度过厄难。《北史·窦泰传》:"(窦泰母)遂有娠。期而不产,大惧。有巫曰:'度河湔裙,产子必易。'"因用为度厄避灾之典。

②酺(pú):聚饮。古指国有喜庆,特赐臣民聚会饮酒。渡水:指泛舟游玩。

③酹(lèi)酒:以酒浇地,表示祭奠。古代宴会往往行此仪式。水湄(méi):水边。

④度厄:旧时迷信,认为人有灾难,可以禳除逃过,谓之度厄。

【译文】

《荆楚岁时记》:"从正月初一到正月三十,人们都做些美味,聚会饮酒取乐,泛舟游玩,成年男女都到水边洗衣服,在水边洒酒祭祀,用来解除灾厄。如今的人只在正月三十日这天到河边去解除灾厄,妇女有的还去洗裙子。"

酺饮食

《玉烛宝典》:"元日至月晦,并为酺聚饮食。士女泛舟,或临水宴乐。酺聚者,大饮之名也。一云,出钱为醵[1],

出食为餔。"

【注释】

①醵（jù）：凑，聚集（钱）。

【译文】

《玉烛宝典》："正月初一到正月三十，人们都做些美味，聚会饮酒取乐。成年男女泛舟游玩，或在水边饮宴作乐。餔聚，就是大饮的意思。另一种说法，出钱为醵，出美食为餔。"

作膏糜[1]

《唐六典》："膳部有节日食料。"注云："晦日，膏糜。"

【注释】

①膏糜：即膏粥。上浮油脂的白粥。

【译文】

《唐六典》："膳部有节日食料。"注解说："正月三十，为膏糜。"

拔白发

《四时纂要》："正月甲子拔白发，晦日汲井水服，令髭发不白[1]。"

【注释】

①髭（zī）发：须发。

【译文】

《四时纂要》："正月里甲子日拔掉白发，正月三十日汲取井水服用，可以使须发不白。”

稼果树

《治生要术》：“正月晦日，日未出时，以斧班驳锥斫枣李树，则子繁而不落，谓之稼树。”

【译文】

《治生要术》：“正月三十日，太阳还没出来时，用斧子将枣树、李树的枝杈斑驳砍劈，则果实繁茂而不脱落，称为稼树。”

种冬瓜

《齐民要术》：“正月晦日，倚墙区种冬瓜①，区圆二寸，深五寸，著粪种之。苗生，以柴引上墙。每日午后浇之。”

【注释】

①区：古代农民播种时所开的穴或沟称为“区”。

【译文】

《齐民要术》：“正月三十日，靠着墙边开成区种冬瓜，这个区圆二寸，深五寸，要用粪和在土里种。出苗后，用柴将瓜蔓引上墙。每日在午后浇灌。”

占谷价

《杂五行书》：“正月晦日，风雨，主谷贵。”

【译文】

《杂五行书》:"正月三十日,刮风下雨,预示稻谷价格高。"

避战车[1]

《白氏六帖》:"阵不违晦[2],以犯天忌[3],故战车避晦日也。"

【注释】

①战车:又称兵车。盛行于春秋、战国。每辆配有一定数量的将士,故往往用战车数量计算兵力。此喻指战争。

②阵:列阵。此喻指战争。

③天忌:指上天禁忌之事。晦日用兵被视作违背天时规律,可能招致灾祸。

【译文】

《白氏六帖》:"战争不避开晦日,会触犯上天禁忌招致灾祸,因此战争要避开晦日。"

号穷子[1]

《文宗备问》[2]:"昔颛帝时[3],宫中生一子,性不著完衣,作新衣与之,即裂破[4],以火烧穿着,宫中号为'穷子'。其后,以正月晦日死,宫人葬之,相谓曰:'今日送却穷子也。'因此相承送之[5]。"又《图经》云:"池阳风俗[6],以正月二十九日为穷九日,扫除屋室尘秽[7],投之水中,谓之'送穷'。"

【注释】

①穷子：穷鬼。

②《文宗备问》：书名。不详待考。

③颛（zhuān）帝：即颛顼。

④裂破：撕坏。

⑤相承：世代流传。

⑥池阳：池州的别名和雅称。唐杜牧《送人》诗："明年未去池阳郡，更乞春时却重来。"

⑦尘秽：污秽。

【译文】

《文宗备问》："从前颛顼帝时，宫中生了一个孩子，天性不喜欢穿完整的衣服，制作新衣服给他，他立即撕坏，用火烧破再穿，宫中的人都叫他'穷子'。后来，穷子在正月三十日死掉，宫里的人埋葬他，相互说：'今日送走穷子。'因此世代流传下送穷子这个习俗。"又有《图经》记载："池阳的风俗，以正月二十九日为穷九日，这一天扫除房屋的污秽，投到水中，称为'送穷'。"

除贫鬼

唐《四时宝鉴》[①]："高阳氏子好衣弊食糜[②]，正月晦日巷死[③]，世作糜，弃破衣，是日祝于巷，曰'除贫'也。"韩文公《送穷文》云[④]："元和六年正月乙丑晦[⑤]，主人使奴星星结柳作车[⑥]，缚草为船，载糗舆粻[⑦]，牛系轭下[⑧]，引帆上樯[⑨]，三揖穷鬼而告之曰[⑩]：'闻子行有日矣[⑪]，鄙人不敢问所途[⑫]，躬具船与车[⑬]，备载糗粮，日吉时良[⑭]，利行四方[⑮]，子饭一盂[⑯]，子啜一觞[⑰]，携朋挈俦[⑱]，去故就新，驾尘彍风[⑲]，与电争先。子无底滞之尤[20],我有资送之恩[21]。'"

【注释】

①《四时宝鉴》:书名。不详待考。

②高阳氏:即颛顼。食糜:吃稀粥。

③巷:胡同。

④韩文公:即韩愈。

⑤元和六年:811年。元和,唐宪宗李纯年号(806—820)。正月乙丑:即正月。古代以天干和地支配合以纪年、纪月、纪日。元和六年的正月于干支为乙丑。

⑥奴星星:一个名叫星星的仆人。

⑦载糗(qiǔ)舆粻(zhāng):装载干粮和粮食。糗,干粮。粻,粮食。

⑧轭(è):牛鞅,牛拉东西时架在脖子上的短粗曲木。

⑨引帆上樯(qiáng):把帆拉上桅杆。樯,桅杆。这里的车船等都是祭祀的道具。

⑩三揖:古时礼制,卿、大夫、士向君王行礼时,君王须还揖,故称卿、大夫、士为三揖。此指三次作揖。

⑪有日:多日。

⑫鄙人:自称的谦词。问所途:问去哪里。

⑬躬:亲自。

⑭日吉时良:即"吉日良时"。指经过占卜选定的吉利日期和时辰。

⑮利行四方:去东西南北四方都吉利。

⑯子饭一盂:您吃一碗饭。

⑰子啜一觞:您喝一杯酒。啜,饮。觞,酒具。

⑱携朋挈俦(chóu):携带朋友伙伴。挈,带领。俦,伙伴。

⑲驾尘彍(guō)风:牛车扬起尘土如同驾云,风吹船帆如拉满弓弦。彍,拉满弓。

⑳底滞之尤：滞留不去的怨恨。底滞，滞留。尤，怨恨。

㉑资送：出资相送。恩：情谊。

【译文】

唐《四时宝鉴》："颛顼的一个儿子喜欢穿破衣服喝稀粥，正月三十日在胡同里死去，世人都熬稀粥，扔掉破衣服，这一天在胡同里祝祷，叫'除贫'。"韩愈《送穷文》写道："元和六年正月三十日，主人让名叫星星的仆人用柳枝编成车，用草扎成船，装载上干粮和粮食，把牛套在车轭下，把帆拉上桅杆，向穷鬼作三个揖，祝告说：'听说您已准备走了，我不敢问您去哪里，亲自装好船和车，装载充足的干粮，今天是良辰吉日，去东西南北四方都吉利，您吃一碗饭，您喝一杯酒，携带朋友伙伴，离开这老地方到新地方去，牛车扬起尘土如同驾云，风吹船帆如同拉满弓弦，仿佛和闪电比赛一样。您没有滞留不去的怨恨，我有资助送行的情谊。'"

送穷鬼

《古今词话》："太学有士人，长于滑稽[①]。正月晦日，以芭蕉船送穷[②]，作《临江仙》[③]，极有理致[④]。其词曰：'莫怪钱神容易致[⑤]，钱神尽是愚夫[⑥]。为何此鬼却相于[⑦]。只由频展义[⑧]，长是泣穷途[⑨]。　韩氏有文曾饯汝[⑩]，临行慎莫踌躇[⑪]。青灯双点照平湖[⑫]。蕉船从此逝[⑬]，相共送陶朱[⑭]。'予幼时，亦闻巴谈《送穷鬼》词曰[⑮]：'正月月尽夕，芭蕉船一只。灯盏两只明辉辉[⑯]，内里更有筵席[⑰]。奉劝郎君小娘子，饱吃莫形迹[⑱]。每年只有今日日[⑲]，愿我做来称意[⑳]。奉劝郎君小娘子，空去送穷鬼[㉑]，空去送穷鬼。'"

【注释】

①滑稽:(举止言谈)诙谐而引人发笑。

②芭蕉船:即用芭蕉叶折船。一种游戏(或祈祷仪式),将芭蕉船放在水中,带走不祥。

③《临江仙》:词牌名,原为唐代教坊曲名。又名谢新恩、雁后归等。格律俱为平韵格,双调小令,字数有五十二字、五十四字、五十八字、五十九字、六十字、六十二字六种。常见者全词分两片,上下片各五句,三平韵。

④理致:义理情致。

⑤钱神:谓金钱之力,如同神物。晋元康之后,纲纪大坏。鲁褒著《钱神论》一文,刺世风之贪鄙。后常贬称万能的金钱。

⑥愚夫:愚昧的人。

⑦为何此鬼却相干:为何穷鬼偏偏与自己相随。相干,相随,相伴。

⑧展义:宣示德义。此指因展义而穷。

⑨泣穷途:因困窘而哭泣。《三国志·魏志·阮籍传》裴松之注引《魏氏春秋》:"籍旷达不羁,不拘礼俗……时率意独驾,不由径路,车迹所穷,辄恸哭而反。"

⑩韩氏有文:指韩愈《送穷文》。

⑪踌躇:犹豫,迟疑不决。

⑫青灯:光线青荧的油灯。借指孤寂、清苦的生活。平湖:平静的湖面。营造静谧的送别场景。

⑬蕉船:即芭蕉船。

⑭陶朱:春秋时越国大夫范蠡的别称。范蠡既佐越王勾践灭吴,以越王不可共安乐,弃官远去,居于陶,称朱公。以经商致巨富。《史记·越王勾践世家》:"(范蠡)乃归相印,尽散其财,以分与知友乡党,而怀其重宝,间行以去,止于陶……逐什一之利。居无何,则致赀累巨万。天下称陶朱公。"

⑮巴谈：宋人。不详待考。

⑯辉辉：明亮。

⑰内里：其中。筵席：酒席，宴会。

⑱饱吃莫形迹：吃饱喝足，不必拘泥礼节。形迹，指举止拘谨或客套。

⑲今日日：即今日。后一“日”字为衬字。

⑳称意：称心如意。

㉑空去送穷鬼：徒劳地送走穷鬼。空，寓意徒劳。

【译文】

《古今词话》：“太学有一士人，善于用诙谐言词引人发笑。正月三十日，用芭蕉叶做成船送穷，写了一首《临江仙》，很有义理情致。其词写道：‘莫怪钱神容易致，钱神尽是愚夫。为何此鬼却相于。只由频展义，长是泣穷途。　韩氏有文曾饯汝，临行慎莫踌躇。青灯双点照平湖。蕉船从此逝，相共送陶朱。’我年幼时，也曾听说巴谈《送穷鬼》词写道：‘正月月尽夕，芭蕉船一只。灯盏两只明辉辉，内里更有筵席。奉劝郎君小娘子，饱吃莫形迹。每年只有今日日，愿我做来称意。奉劝郎君小娘子，空去送穷鬼，空去送穷鬼。’”

中和节

【题解】

《中和节》卷首有一段总叙文字概说中和节之义。中和节倡导重农思想，百官要向皇帝进献农书、谷物种子，皇帝赐群臣中和尺及春衣，象征公正治国及以示关怀。中和节最初兴盛于唐代，后逐渐与"二月二龙抬头"习俗融合。其条目均为中和节时俗节物，主要有中和节诗文典故"备物仪""赐御诗"等；中和节宴饮游乐"游曲江""宴胜境"等。

李肇《国史补》曰："唐贞元五年，置中和节。"《唐书·李泌传》曰[①]："德宗以前世上巳、重九皆大宴集[②]，而寒食多与上巳同时[③]，欲以二月为节，自我作古[④]。李泌请以二月朔为中和节。"《道藏·元微集》云[⑤]："二月一日为天正节[⑥]，冲应太虚王真人、诚应妙远郭真人同此日飞升[⑦]。"

【注释】

①《唐书·李泌传》：即《新唐书》中关于李泌的传记。李泌（722—789），字长源，世称"李邺侯"，其先辽东襄平（今辽宁辽阳）人，后迁居京兆（今陕西西安）。唐政治家，著有《李泌集》。

②前世：前代。上巳：节日名。汉以前以农历三月上旬巳日为“上巳”；魏晋以后，定为三月三日，不必取巳日。《后汉书·礼仪志上》：“是月上巳，官民皆絜于东流水上，曰洗濯祓除去宿垢疢为大絜。”重九：节日名。重阳节，农历九月初九，二九相重，称为“重九”。九九归真，一元肇始，古人认为九九重阳是吉祥的日子。宴集：宴饮集会。

③寒食：节日名。南朝梁宗懔《荆楚岁时记》云：“去冬节一百五日，即有疾风甚雨，谓之寒食，禁火三日，造饧大麦粥。”寒食之俗并相衍成节日，相传起源于晋文公悼念介之推事。介之推曾随公子重耳出逃，有割股之功。后重耳返国为晋文公，介之推逃禄，抱木焚死于绵山（今山西介休东南之介山）。为表哀悼，后遂于其忌日禁火寒食，历代相沿成习。

④自我作古：由我创造。指不沿袭前人。作古，创始。

⑤《道藏》：道教经籍总集。唐玄宗开元年间（713—741）遣使搜访道经，饬令诸臣按陆修静《三洞经书目录》体例，编修成藏，称《三洞琼纲》，共三千七百四十四卷（也有五千七百卷、七千三百卷等说法）。天宝七载（748），诏传写以广流布，此为我国历史上第一部道教经籍总集，因编成于开元年间，亦称《开元道藏》。其后因社会动乱、兵火之毁，传写之《道藏》几经搜集编定又散佚无存。宋真宗大中祥符初年（1008），命宰臣王钦若总领道士修校，撰成篇目，名《宝文统录》。王钦若又推荐张君房依三洞纲条，四部录略，再次修校成藏，因其函目起于《千字文》之天字，终于宫字，称《大宋天宫宝藏》，共四千五百六十五卷，天禧三年（1019），写录成七藏。徽宗又诏令搜访道教遗书，经崇宁、大观年间修撰，政和年间（1111—1117）镂板刊印，称《政和万寿道藏》，道藏刊板始于此。

⑥天正节：道教节日。明谢肇淛《五杂俎·天部二》：“按道经，以二

月一日为天正节。”

⑦飞升：指羽化而升仙。

【译文】

李肇《唐国史补》记载：“唐贞元五年，设置中和节。”《新唐书·李泌传》记载：“唐德宗因为前代上巳、重阳都举行盛大的宴饮集会，而寒食节多与上巳节同时，想要在二月创造一个节日。李泌上奏请求以二月初一日为中和节。”《道藏·元微集》记载：“二月初一日为天正节，冲应太虚王真人、诚应妙远郭真人同在这一天羽化而升仙。”

代晦日

《唐书》：“贞元五年正月十一日，诏曰：‘四序嘉辰[①]，历代增置。汉宗上巳[②]，晋纪重阳[③]，或说禳除[④]，虽因旧俗，与众燕乐[⑤]，诚洽当时[⑥]。朕以春方发生，候维仲月，勾萌悉达[⑦]，天地和同[⑧]，俾其昭苏[⑨]，宜均茂畅[⑩]。自今后以二月一日为中和节，内外官司[⑪]，并休假一日。先敕百寮[⑫]，以三令节集会[⑬]，宜令中和节代晦日。’”白居易《颂》曰[⑭]：“中者，揆三阳之中[⑮]；和者，酌二气之和[⑯]。兹以八九节[⑰]，七六气[⑱]，排重阳而拉上巳[⑲]。煦元气于厚壤[⑳]，则幽蛰苏而勾萌达[㉑]；嘘和风于穷荒[㉒]，则桀骜化而犷俗淳[㉓]。”

【注释】

①四序：指春、夏、秋、冬四季。《魏书·律历志上》：“然四序迁流，五行变易。”嘉：底本作“喜”，据《旧唐书》改。

②宗：尊崇。

③纪：看重。

④禳（ráng）除：祭神除灾。

⑤燕乐：宴饮欢乐。

⑥洽：和谐融洽。

⑦勾萌：草木发芽生长。

⑧和同：调和。

⑨其：底本作"共"，据《旧唐书》改。昭苏：苏醒，恢复生机。蛰藏之虫初出，如暗而得明，如死而更生，故曰昭苏也。

⑩茂畅：繁茂旺盛。

⑪内外官司：指中央与地方官署。官司，即官署。

⑫百寮：百官。

⑬三令节：唐德宗以农历二月一日为中和节，与三月三日上巳、九月九日重阳合称"三令节"。

⑭白居易《颂》：即白居易《中和节颂》。颂，文体之一，指以颂扬为目的的诗文。

⑮揆（kuí）：强调遵循自然规律，以时序中点为准则。三阳：通常指代"天、地、人"三才，或"过去、现在、未来"三时。

⑯酌：斟酌。二气：底本作"四气"，据《全唐文》卷六百五十六《中和节颂并序》改。指阴阳。《周易·咸》："柔上而刚下，二气感应以相与。"

⑰八九节：不详待考。

⑱七六气：不详待考。

⑲排重阳而拉上巳：因设置中和节而调整重阳节与上巳节的时序或地位。拉，底本作"抗"，据《白氏长庆集》卷二九《中和节颂》改。

⑳煦元气于厚壤：煦，底本作"照"，据《白氏长庆集》卷二九《中和节颂》改。意指将温暖滋养的元气渗透到深厚的土壤中。煦，温暖。元气，泛指宇宙自然之气。厚壤，深厚肥沃的土壤。

㉑幽蛰（zhé）苏而勾萌达：蛰伏的生命苏醒，草木嫩芽破土生长。

幽蛰，指冬眠蛰伏的昆虫或生物。

㉒嘘和风于穷荒：将温和的教化之风推行至边远蛮荒之地。嘘，吹。和风，春风。引申为仁政教化或感化力量。穷荒，指偏远荒凉，未开化的地区。唐岑参《与独孤渐道别长句兼呈严八侍御》："穷荒绝漠鸟不飞，万碛千山梦犹懒。"

㉓桀骜（ào）化而犷俗淳：使凶悍倔强的民风得以感化，粗野的习俗变得淳朴。桀骜，凶悍倔强。《汉书·匈奴传赞》："匈奴人民每来降汉，单于亦辄拘留汉使以相报复，其桀骜尚如斯，安肯以爱子而为质乎。"犷俗，粗犷猛悍的习俗。元稹《酬乐天东南行诗一百韵》："犷俗诚堪惮，天神甚可虞。"淳，淳朴。

【译文】

《旧唐书》："贞元五年正月十一日，皇帝下诏：'四季良辰嘉节，历代都有增设。汉代尊崇上巳节，晋代看重重阳节，有人说这种习俗是因为禳灾除邪而来，虽因袭旧俗，却与众共乐，都合于当时。朕观察到春季生机萌发，时值仲春二月，草木嫩芽已全部舒展，天地之气和谐交融，促使万物从寒冬中复苏，应当顺应自然规律，让生命均衡生长、繁茂昌盛。从今以后应把二月一日定为中和节，中央与地方官署的官员，都放假一天。皇帝下诏要求百官，在三个重要节日举行集会，以中和节取代原有的正月晦日。'"白居易《中和节颂》写道："中者，揆三阳之中；和者，酌二气之和。兹以八九节，七六气，排重阳而拉上巳。煦元气于厚壤，则幽蛰苏而勾萌达；嘘和风于穷荒，则桀骜化而犷俗淳。"

揆明时[1]

《唐书》："贞元五年正月二十八日，中书侍郎李泌奏：'伏以仲春初吉[2]，制佳节以征之[3]，更晦日于往月之终[4]，揆明时于来月之始[5]。请令文武百辟[6]，以是日进农书[7]，司农献穜稑[8]，王公戚里上春服[9]，士庶以刀尺相遗[10]，村社作中和酒[11]，祭勾芒，聚会宴乐，名为享勾芒，祈年谷[12]。仍望下各州府，所在颁行[13]。'从之。"

【注释】

①揆（kuí）明时：算定历数天时。揆，择定。明时，每月中晦、朔日以外的天时节律。《周易・革》："君子以治历明时。"孔颖达疏："修治历数以明天时也。"

②伏：句首敬词。向尊者进言表谦恭。仲春初吉：农历二月初一。《诗经・小雅・小明》："二月初吉，载离寒暑。"毛传："初吉，朔日也。"

③制：设立。征：证明。底本作"□"，据《唐会要》卷二九补。

④更晦日：确定每月最后一天的日数。晦日，阴历每月的最后一天。小月二十九天，大月三十天。

⑤来月之始：即下月初一。

⑥请令：命令的婉语。文武百辟（bì）：文武百官。辟，泛指臣下，职官。

⑦是日：当天，此日。进：献上。农书：这里当指本朝制定本年度有关指导农业的文件。亦泛指有关农业的著作。

⑧司农：官名。古代负责民众稼穑的农官。《吕氏春秋・季冬》："命司农，计耦耕事，修耒耜，具田器。"穜稑（tóng lù）：指先种后熟的谷类和后种先熟的谷类。《周礼・天官・内宰》："上春，诏王后帅六宫之人，而生穜稑之种，而献之于王。"郑玄注引郑司农曰："先种后孰谓之穜，后种先孰谓之稑。"

⑨王公戚里：皇家王族和后妃的娘家。上春服：向皇上进贡春天的衣服。

⑩刀尺：剪刀和尺。裁剪工具。

⑪中和酒：古酒名。流行于唐都长安，供中和节时曲江宴饮用。

⑫年谷：当年的粮食收成。

⑬所在：谓其所管理的地方。颁行：颁布施行。

【译文】

《旧唐书》："贞元五年正月二十八日，中书侍郎李泌上奏：'伏以二月初一，设置佳节以证明，确定每月最后一天的日数，算定历数天时在下月初一。命令文武百官，在中和节这天进献农书，主管农事的官员献上穜稑，王公贵戚献上春服，士人百姓用刀尺相互赠送，乡村里社酿中和酒，祭祀勾芒神，聚会宴乐，名为享勾芒，祈求来年庄稼丰收。仍希望下面各个州府，所管理的地方颁布施行。'皇帝同意照办。"

赐宴会

李蘩《邺侯家传》①："德宗曰：'前代三九皆有公会②，而上巳日与寒食往往同时，来年合是三月二日寒食③，乃春无公会矣。欲以二月创置一节④，何日而可？'泌曰：'二月十五日以后，虽是花时⑤，与寒食相值⑥。二月一日正是桃李时⑦，又近晦日，以晦为节，非佳名也。臣请以二月一日为中和节，其日赐大臣、方镇、勋戚尺⑧，谓之裁度⑨；令人家以青囊盛百谷果实相问遗⑩，谓之献生子⑪；酝酒⑫，谓之宜春酒⑬。村闾祭勾芒神⑭，祈谷⑮；百僚进农书，以示务本⑯。'上大悦，即令行之，并与上巳、重阳谓之三令节，中外皆赐钱⑰，寻胜宴会⑱。"

【注释】

①李蘩《邺侯家传》：又称《邺侯外传》《李泌传》，一卷，李蘩撰。李

蘩（？—829），李泌子，京兆（今陕西西安）人。唐文学家。

②三九：此指三月和九月。公会：因公事集会。

③合是：应当是。

④创置：设立。

⑤花时：百花盛开的时节。常指春日。

⑥相值：犹相遇。

⑦桃李：指桃花和李花盛开时。

⑧方镇：指掌握兵权、镇守一方的军事长官。勋戚：有功勋的皇亲国戚。尺：尺子，量长度的器具。此喻法度与标准。

⑨裁度：推测度量而定取舍。

⑩百谷：谷类的总称。问遗：馈赠。

⑪献生子：唐宋以来的一种民间风俗。在农历二月初一的中和节，以青囊盛五谷瓜果种子，互相赠送。

⑫酝酒：酿酒。

⑬宜春酒：唐代中和节用以祭神的酒。

⑭村闾：乡村闾里。

⑮祈谷：古代祈求谷物丰熟的祭礼。

⑯务本：指务农。

⑰中外：中央与地方。

⑱寻胜：游赏名胜。

【译文】

李蘩《邺侯家传》："唐德宗问：'前代三月和九月都有因公事的集会，然而上巳日与寒食节往往在同一时间，明年应当是三月二日为寒食节，则春天就没有公事集会了。我想在二月设立一个节日，哪一日合适？'李泌说：'二月十五日以后，虽然是百花盛开的时节，但与寒食节相遇。二月一日正是桃花和李花盛开时，又靠近晦日，用晦为节日名字，不是好名字。我奏请以二月一日为中和节，这一日赐予大臣、方镇、有功勋的皇亲国戚尺子，称为裁度；下令每家用青色布袋盛满各种谷类果实相互馈赠，称为献生子；酿酒，称为宜春酒。乡村闾里祭祀勾芒神，祈求谷物丰熟；百官进献农书，以表示务本。'德宗很高兴，立即下令施行，并且与上巳日、重阳节一起称为三令节，中央与地方都赏赐金钱，以游赏名胜、宴饮聚会。"

备物仪

《文选》："时惟太平，日乃初吉。作为令节，以殷仲春①。发挥阳和②，幽赞生植③。敬授人时，亦以表节。仲序，谓仲春也。中和，谓其节也。助发生之德，覃作解之恩④。助阴阳之交泰⑤，表天地之和同⑥。当太平之昭代⑦，属初吉之良辰，国家授时建节，备物陈仪。"

【注释】

①殷：确定。

②挥：底本作"辉"，据《白氏六帖事类集》改。阳和：指春天温暖和煦的气候或自然界中促进生长的阳气。

③幽赞：谓暗中辅助。《周易·说卦》："昔者圣人之作《易》也，幽赞于神明而生蓍。"高亨注："言圣人作《易》，暗中受神明之赞助，故生蓍草，以为占筮之用。"

④覃（tán）：广施。作解：谓解救困厄。

⑤交泰：《周易·泰》："天地交，泰。"王弼注："泰者，物大通之时也。"言天地之气融通，则万物各遂其生，故谓之泰。后以"交泰"指天地之气和祥，万物通泰。

⑥和同：调和。

⑦昭代：政治清明的时代。常用以称颂本朝或当今时代。

【译文】

《文选》："当今在太平盛世，以二月初一为吉日。官方设置节日，以确立仲春时节。顺应阳气调和的气候规律，暗中辅助万物的繁衍与生长。帝王颁布历法，指导百姓农时，通过历法标识节气。仲序，即仲春的时序。中和，即中和节。通过恩泽促进万物生长，广泛施与解救危难、赦免罪责的恩惠。助阴阳之气和祥，表天地之间调和。在此太平盛世，值仲春朔日之良辰，国家颁立此中和节，明确其意义与仪式。"

游曲江

唐《辇下岁时记》："开元中，都人游赏于曲江，莫盛于中和、上巳节。"按《西京杂记》："朱雀街东第五街、皇城之东第三街升道坊龙华尼寺南[①]，有流水屈曲，谓之曲江。"此地在秦为宜春苑[②]，在汉为乐游原[③]。《寰宇记》云[④]："曲江，汉武帝所造。其水屈曲，有似广陵之曲江，故以名之。"

【注释】

①朱雀街：唐代长安皇城南门朱雀门外的南北大街。升道坊：唐代长安外郭城中的里坊之一，位于朱雀门街东第五街街东从北第九坊，东邻外郭城墙，西接升平坊，北靠新昌坊，西北方向有乐游原，东北靠近延兴门。龙华尼寺：寺院名。位于唐长安城东南隅曲江之北。始建于隋代，唐高宗时曾废，景龙二年（708）重建。

②宜春苑：古代苑囿名。秦时在宜春宫之东，汉称宜春下苑。即后所称曲江池者。故址在今陕西西安长安区南。

③乐游原：也称为乐游苑。位于今陕西西安长安区南，其地高起，有

庙宇亭台。因可眺望长安城,所以成为汉唐士女登赏之处。

④《寰宇记》:即《太平寰宇记》,二百卷,宋乐史撰。该书是北宋初期一部著名的地理总志,记述了宋初十三道范围的全国政区建置。

【译文】

唐代《辇下岁时记》:"开元年间,都城的人在曲江游览观赏,盛况没有超过中和节、上巳节的。"按《西京杂记》记载:"朱雀街东第五街、皇城东边第三街升道坊龙华尼寺南,有水弯曲流淌,称为曲江。"这个地方在秦时称为宜春苑,在汉时称为乐游原。《太平寰宇记》记载:"曲江,汉武帝时建造。有水弯曲流淌,如同广陵的曲江,因此命名。"

宴胜境

康骈《剧谈录》[①]:"曲江地本秦隑州[②]。开元中,疏凿为胜境[③]。其南有紫云楼、芙蓉苑[④],其西有杏园、慈恩寺[⑤]。花卉环列,烟水四际[⑥],都人游玩,盛于中和节。中和、上巳,锡宴江侧。菰蒲葱翠[⑦],柳阴四合[⑧],碧波红蕖[⑨],湛然可爱[⑩]。"隑,即碕,巨依反。

【注释】

①康骈《剧谈录》:二卷,唐康骈撰。该书所记皆天宝以来异闻琐事,内容多属神鬼灵异与武侠之类。康骈(亦作"軿"),字驾言,池州秋浦(今安徽贵池)人。居秋浦黄老山,与殷文圭、杜荀鹤、杨夔等齐名。

②秦:古地区名。指今陕西中部平原地区。因春秋战国时为秦国地,故名。隑(qí)州:岸曲长的洲。《汉书·司马相如传下》:"临曲江之隑州兮,望南山之参差。"颜师古注:"张揖曰:'隑,长也。

苑中有曲江之象,中有长洲也。'曲岸头曰隑。隑即碕字耳。言临曲岸之洲,今犹谓其处曰曲江。"

③疏凿:开凿。

④紫云楼:《唐两京京坊考》卷三:"紫云楼,彩霞亭。文宗太和九年,发左右神策军各一千五百人,淘曲江池,修紫云楼,彩霞亭。"芙蓉苑:隋朝和唐代的皇家禁苑,位于曲江池南岸,紧靠长安城外郭城,周围筑有高高的围墙。园占地约三十顷,周回十七里。

⑤杏园:园名。故址在今陕西西安大雁塔南。唐代新科进士赐宴之地。慈恩寺:在陕西西安长安区东南曲江北。唐高宗为太子时,为其母文德皇后所建,故称为"慈恩寺"。

⑥烟水:雾霭迷蒙的水面。四际:四周。

⑦菰(gū)蒲:菰和蒲。葱翠:青翠。

⑧四合:四面围拢。

⑨红蕖(qú):红荷花。蕖,芙蕖。荷花。

⑩湛(zhàn)然:清澈貌。

【译文】

康骈《剧谈录》:"曲江原本是秦地岸曲长的洲。开元年间,将它开凿为风景优美的地方。它的南面有紫云楼、芙蓉苑,西面有杏园、慈恩寺。花草围绕排列,四周是雾霭迷蒙的水面,京城的人都来游玩,中和节尤其热闹。中和节、上巳节,皇帝召赐臣下在江边共宴。菰蒲青翠,柳阴四面围拢,碧水红荷,清澈可爱。"隑,即碕,读作巨依反。

赐御诗

《唐书》:"贞元六年,德宗以中和节宴百寮于曲江,上赋诗以赐之,百官皆和焉。是岁,戴叔伦迁容州刺史[①],素有诗名,上乃令录其诗以赐之。诗曰:'东风变柳梅[②],万汇生春光[3]。中和纪月令,方与天地长[4]。耽乐岂予尚[5],懿兹时景良[6]。庶遂亭育恩[7],同致寰海康[8]。君臣永终始[9],交泰符阴阳[10]。曲沼新水碧[11],华池桃梢芳。胜赏信多欢[12],戒之在无荒[13]。'"

【注释】

①戴叔伦(732—789):字幼公,又字次公,润州金坛(今江苏常州)人。官至容州刺史、本管经略使,后人称为"戴容州"。迁:晋升或调动。容州:唐贞观八年(634)改铜州置,治今广西北流。

②东风:底本作"中和",据《全唐诗》卷四德宗皇帝《中和节赐君臣宴赋七韵》改。柳梅:柳与梅。梅花开放,柳枝吐芽,均是春天降临的信息,故常以并称。晋陶潜《蜡日》诗:"梅柳夹门植,一条有佳花。"

③万汇:犹万物,万类。

④方:底本作"芳",据《全唐诗》卷四德宗皇帝《中和节赐君臣宴赋七韵》改。天地:天和地。指自然界或社会。《荀子·天论》:"星队木鸣,国人皆恐……是天地之变、阴阳之化,物之罕至者也。"

⑤耽乐:犹逸乐。予尚:底本作"不尚",据《全唐诗》卷四德宗皇帝《中和节赐君臣宴赋七韵》改。

⑥懿(yì):美好。

⑦亭育:底本作"亭毒",据《全唐诗》卷四德宗皇帝《中和节赐君臣宴赋七韵》改。意为养育,培育。《梁书·武帝纪下》:"思随乾覆,布兹亭育。"

⑧同致:同归。寰(huán)海:海内,全国。

⑨终始:引申为有始有终。

⑩交泰:指君臣之意互相沟通,上下同心。

⑪曲沼：曲池，曲折迂回的池塘。此指曲江。

⑫胜赏：快意地观赏。

⑬无荒：谓不废乱（政事）。《诗经·唐风·蟋蟀》："好乐无荒，良士瞿瞿。"郑玄笺："荒，废乱也。良，义也。君之好义，不当至于废乱政事。"

【译文】

《旧唐书》："贞元六年，唐德宗因中和节在曲江宴请百官，德宗作诗赏赐百官，百官都和诗。这一年，戴叔伦晋升容州刺史，他一直有善于作诗的名声，德宗就下令抄录这首诗以赏赐给他。诗写道：'东风变柳梅，万汇生春光。中和纪月令，方与天地长。耽乐岂予尚，懿兹时景良。庶遂亭育恩，同致寰海康。君臣永终始，交泰符阴阳。曲沼新水碧，华池桃梢芳。胜赏信多欢，戒之在无荒。'"

作朝假

皇朝《岁时杂记》："自唐中和节令，唯作朝假①，亦不休务②。然朝士自是日著单公服③，唯政事臣犹衣夹袍入宫④，见上御单袍，即亟易之。"

【注释】

①朝假：停止朝会。

②休务：指停止公务。

③朝士：指一般官员。单公服：单层薄质的正式官服。

④政事：政务。

【译文】

本朝《岁时杂记》："自唐代设立中和节以来，到今天只保留停止朝会的惯例，但日常公务仍需照常办理。一般官员中和节后按礼制改穿单层薄质的正式官服，参与政务的高级官员或年长重臣仍穿夹层厚袍入宫，看见皇帝已穿单层袍服，便立刻更换自己的服饰。”

视农事

《唐文粹》：“李庾《西都赋》曰[①]：‘立中和而视农。’”

【注释】

①李庾（？—874）：字子虔。唐宗室。工辞赋，所作《两都赋》，为时所称。

【译文】

《唐文粹》：“李庾《西都赋》写道：‘设立中和节而重视农事。’”

颁度量[①]

白居易《颂》[②]：“当昼夜平分之时[③]，颁度量合同之令[④]。”

【注释】

①度量：指长度（如尺）、容积（如斗）、重量（如秤）的标准。

②《颂》：即《中和日谢恩赐尺状》。

③当昼夜平分之时：指春分、秋分节气时，太阳直射赤道，全球昼夜时长均等。

④合同：协调统一。

【译文】

白居易《中和日谢恩赐尺状》：“当昼夜平分之时，颁度量合同之令。”

进牙尺

《唐六典》:“中尚署[1],中和节日进镂牙尺及木画紫檀尺[2]。”

【注释】

①中尚署:官署名。唐代少府监置,武则天垂拱元年(685)改中尚方署为之,掌宫内杂作,供郊祀圭璧及天子器玩、后妃服饰与百官鱼袋等。

②镂牙尺:镂花的象牙尺。木画:一种工艺技法。以木为底,上加杂嵌以为山水、人物、花鸟等图案,谓之“木画”。

【译文】

《唐六典》:“中尚署,中和节进献镂花的象牙尺及木画紫檀尺。”

有节物

《文昌杂录》:“唐岁时节物,二月一日,则有迎富贵果子。”

【译文】

《文昌杂录》:“唐代一年中应节的物品,二月初一日,则有迎富贵果子。”

瞎里叵[1]

《燕北杂记》:“二月一日,番中姓萧者并请耶律姓者于本家筵席[2],番呼此节为瞎里叵。汉人译云:‘瞎里是请,叵是时。’”

【注释】

①时(pǒ):同"叵"。

②番:旧时对西方边境各少数民族和外国的称呼。此指辽国。萧:辽国贵姓,世与耶律通婚。耶律:辽国皇帝之姓。

【译文】

《燕北杂记》:"二月初一日,辽国萧姓并请耶律姓在本家举行宴会,辽国称呼此节为瞎里时。汉人翻译说:'瞎里是请,时是时。'"

卷十四

二社日

【题解】

本卷《二社日》。社日为古代祭祀土地神和谷神的节日，分为春社和秋社。从立春日算起的第五个戊日为春社，祭神以求年成；从立秋日算起的第五个戊日为秋社，祭神以报收成。卷首一段总叙文字概说社日之义。

本卷条目均为社日时俗节物，主要有祭祀社稷"立社稷""祀社稷""举社稷""配社稷""祠社神""祭稷神""五帝神""戊周社""西汉社""后汉社"等；社日卜筮"求丰年""卜禾稼"等；社日饮食"治聋酒""造环饼""作馓饼""赐社饭""送社糕""杀社猪"等；社日诗文典故"歌载芟""颂良耜""祝撰文""报勋庸""同俚俗""乞聪明"等；社日农桑耕种"种社瓜"；社日宜忌之事"戒儿女""宜外甥""忌学业"等。

《礼记·月令》曰："择元日[①]，命民社[②]。"注云："为祀社稷[③]。春事兴[④]，故祭之以祈农祥[⑤]。元日谓近春分先后戊日[⑥]。元，吉也。"《统天万年历》曰[⑦]："立春后五戊为春社[⑧]，立秋后五戊为秋社[⑨]。如戊日立春、立秋，则不算也。一云，春分日时在午时以前用六戊，在午时以后用五戊。国朝乃以五戊为定法[⑩]。”绍兴癸亥三月一日社[⑪]，绍兴丙寅正月二十八日社[⑫]。

【注释】

①元日：吉日。

②民社：民间祭祀土神。

③社稷：土神和谷神的总称。分言之社为土神，稷为谷神。

④春事：春耕之事。

⑤农祥：农事。此指农业丰收。

⑥先后：前后。

⑦《统天万年历》：即《统天历》，历法名，南宋杨忠辅于庆元五年（1199）修成，1199—1207年行用。杨忠辅，字德之，河南（今河南洛阳）人。南宋天文学家。

⑧立春后五戊为春社：古时于立春后第五个戊日为春社。于此日祭祀土神，以祈农事丰收。

⑨立秋后五戊为秋社：古时于立秋后第五个戊日为秋社，举行酬祭土神的典礼。

⑩定法：制定法令、法规、办法等。

⑪绍兴癸亥：绍兴十三年（1143）。

⑫绍兴丙寅：绍兴十六年（1146）。

【译文】

《礼记·月令》记载：“选择吉日，命令民间祭祀土神。”注解说：“祭祀土神和谷神。在春耕之事开始之际，祭祀土神和谷神以祈求农业丰收。元日是说临近春分前后的戊日。元，就是‘吉’的意思。”《统天万年历》记载：“立春后第五个戊日为春社，立秋后第五个戊日为秋社。如果戊日正好遇上立春、立秋，就不算。另一说法，如果春分日的时辰在午时以前就用第六个戊日，在午时以后就用第五个戊日。于是本朝制定法令就用第五个戊日。”绍兴十三年三月一日为社日，绍兴十六年正月二十八日为社日。

立社稷

《白虎通德论》：“王者所以有社稷何？为天下求福报功[①]。人非土不立，非谷不食。土地广博[②]，不可遍敬[③]。五谷众多，不可一而祭[④]。故封土立社[⑤]，示有土也。稷，五谷之长，故立稷而祭之也。”

【注释】

①求福：求神赐福。报功：报答功德。

②广博：广大。

③遍：到处。

④一：全，满。

⑤封土：堆土成包。立社：建筑社坛。

【译文】

《白虎通德论》：“帝王为什么要祭祀土神和谷神呢？是为给天下人求神赐福报答功德。人没有土地就不能站立，没有谷物就没有饭吃。但土地广大，不能到处敬祀。五谷众多，不能全都祭祀。因此堆土成包建筑社坛，表示心中有土地。稷，五谷之首，因此把稷立在社坛上祭祀它。”

祀社稷

《国语》：“共工氏之伯有九有也[①]，其子曰后土，能平九土[②]，故祀以为社。列山氏之有天下也[③]，其子曰柱，能殖百谷[4],故祀以为稷。"

【注释】

①共工氏:上古时代的部落首领。伯:通"霸"。九有:九州。

②九土:九州的土地。

③列山氏:即神农氏,又称炎帝。

④殖:种植。百谷:谷类的总称。百,举成数而言,谓众多。

【译文】

《国语》:"共工氏称霸九州时,他的儿子叫后土,能够平治九州的土地,因此作为土神祭祀。神农氏拥有天下时,他的儿子叫柱,能种植各种谷物,因此作为谷神祭祀。"

举社稷[1]

蔡邕《独断》[2]:"社神,盖共工氏之子勾龙也[3]。能平水土,帝颛顼之世,举以为土正[4],天下赖其功,尧祠以为社[5]。稷神,盖厉山氏之子柱也[6]。能植百谷,帝颛顼之世,举以为田正[7],天下赖其功。周弃亦播植百谷[8],以稷五谷之长,因以稷名其神也,故封社稷。露之者,必受霜露,以达天地之气[9];树之者,尊而表之[10],使人望见则加畏敬也[11]。"

【注释】

①举:推举。

②蔡邕《独断》:二卷,东汉蔡邕撰。该书记汉高祖元年(前206)至灵帝熹平元年(172)三百七十余年间汉代有关宗庙宫寝、礼乐车服等典章制度,以及名物、掌故、功令、谥法、帝系世次、后宫称号

等，间及上古周秦的某些礼制和传说。

③勾龙：社神名。“后土”的别称。

④土正：古官名。五官之一。《左传·昭公二十九年》：“木正曰句芒，火正曰祝融，金正曰蓐收，水正曰玄冥，土正曰后土。”杜预注：“土为群物主，故称后也。”

⑤祠：引申为祭祀。

⑥厉山氏：即炎帝神农。

⑦田正：古代田官之长。《左传·昭公二十九年》：“稷，田正也。”杜预注：“掌播殖也。”孔颖达疏：“正，长也。稷是田官之长。”

⑧周弃：即后稷，周之先祖。相传其母曾欲弃之不养，故名。生而灵异，善种植，为舜之农官。播植：播种，种植。

⑨达：通达。

⑩表：标识。

⑪畏敬：敬重。

【译文】

蔡邕《独断》：“土神，是共工氏的儿子勾龙。勾龙能平治天下的水土，颛顼帝时，被推举为土正，天下依赖他的功绩，唐尧时作为社神被祭祀。谷神，是炎帝的儿子柱。柱能种植各种谷物，颛顼帝时，被推举为田正，天下依赖他的功绩。周弃推广百谷种植，而稷作为五谷之首，周弃被尊奉为稷神，他与社神一同受封祭祀。社坛在露天，必须承受霜和露水的浸润，以通达天地的灵气；社坛要种树，是因为尊重而加以标识，使百姓远远看见就更加畏惧敬重。”

配社稷

《礼记·祭法》曰[①]：“厉山氏之有天下也，其子曰农，能植百谷。夏之衰也[②]，周弃能继之，故祀以为稷。共工氏之霸九州也，其子曰后土，能平九州，故祀以为社。”

【注释】

①《礼记·祭法》:《礼记》篇名。本篇主要记述了虞、夏、商、周四代祭祀的对象和法则，兼及古代宗庙制度。

②夏:朝代名。我国历史上第一个奴隶制王朝（约前2070—约前1600）。相传为夏后氏部落联盟首领禹所建立。曾建都安邑（今山西夏县西北）、阳翟（今河南禹县）等地。传到桀，为商汤所灭。衰:末年。

【译文】

《礼记·祭法》记载:“厉山氏统治天下的时候，他的儿子叫农，能播种各种谷物。到夏朝末年，周弃能继续他的事业，因此后人祭祀他，称为稷神。共工氏称霸天下的时候，他的儿子叫后土，能平治天下的水土，因此后人祭祀他，称为社神。”

祠社神

《风俗通》:“谨按《礼传》[①]，共工之子曰修，好远游，舟车所至[②]，足迹所达[③]，靡不穷览[④]，故祀以为社神。”

【注释】

①谨按:引用论据、史实开端的常用语。《礼传》:指《礼记》。南朝梁刘昭:“《周礼》为礼之经，而《礼记》为礼之传。”

②舟车:谓乘船、乘车旅行。亦借指旅途。

③足迹:游踪所到的地方。

④靡:无。穷览:遍观。

【译文】

《风俗通义》："按照《礼记》记载，共工的儿子叫修，喜欢到远方游历，旅途所到的地方，无不遍观，因此后人祭祀他，称为社神。"

祭稷神

《孝经纬》："社，土地之主也。土地阔不可尽祭，故封土为社，以报功也。稷，五谷之长也，谷众，不可遍祭，故立稷神以祭之。"

【译文】

《孝经纬》："社，土地之神的神主。土地广阔而不能全部祭祀，因此堆土建筑社坛，以报答功德。稷，五谷之首，谷物众多，不能全部祭祀，因此立稷神用来祭祀。"

五帝神①

《祭法》："颛帝祀勾龙为社，柱为稷。高辛氏、唐、虞、夏皆因之②。殷汤为旱迁柱③，而以周弃代之。勾龙无可德者，故止。"又："郡国顺天应人④，逆取顺守⑤，而有惭德⑥，故革命创制⑦，改正易服⑧，变置社稷⑨，而后世无及勾龙者，故不可而止。"

【注释】

①五帝：我国古代传说中的五位部落首领，主要有三和说法，一说指黄帝、颛顼、帝喾、尧、舜。第二种说法指大皞（伏羲）、炎帝、黄

帝、少皞(少昊)、颛顼。第三种说法指少皞(少昊)、颛顼、高辛(帝喾)、尧、舜。

②唐:传说中古帝尧政权的称号。虞:传说中古帝舜政权的称号。因:沿袭。

③殷汤:即商汤。汤为商朝创建者。商自盘庚迁殷后称殷,因此商汤也称殷汤。迁:变动。

④郡国:郡和国的并称。汉初,兼采封建及郡县之制,分天下为郡与国。郡直属中央,国分封诸王、侯,封王之国称王国,封侯之国称侯国。此代指商汤。

⑤逆取:以武力或非正统手段夺取政权。顺守:通过仁义、法治等正当方式治理国家。

⑥惭德:因言行有缺失而内愧于心。

⑦革命创制:指变革天命,创立新制。多指改朝换代。

⑧改正易服:即"改正朔,易服色"。西汉董仲舒提出的所谓新王改制的内容。《春秋繁露·三代改制质文》:"新王必改正(正月)朔(月初一),易服色,制礼乐,一统于天下,所以明易姓非继仁(人),通以己受之于天也。"他所谓的"改正朔"即改变历法,如夏以寅月(农历正月)为正月,以平明为朔日;商以丑月(农历十二月)为正月,以鸡鸣为朔日;周以子月(农历十一月)为正月,以夜半为朔日。"易服色"即改变服饰、旗号等颜色,如夏尚黑,商尚白,周尚赤。董仲舒认为新王应以改正朔、易服色作为王朝易姓的标志,以显示自己受命于天。这是他"天人感应"的神学目的论在社会政治观上的表现。

⑨变置:改立,另行设立。《孟子·尽心下》:"诸侯危社稷,则变置。牺牲既成,粢盛既絜,祭祀以时,然而旱干水溢,则变置社稷。"赵岐注:"诸侯为危社稷之行,则变更立贤诸侯也。牺牲已成肥腯……然而其国有旱干水溢之灾,则毁社稷而更置之。"

【译文】

《礼记·祭法》："颛顼祭祀勾龙为社神，柱为稷神。帝喾、唐尧、虞舜、夏都沿袭。商汤因遭遇严重旱灾而废除对柱的祭祀，改以周弃代替。勾龙之后缺乏具备同等功德的继承者，因而没有变更。"又说："商汤顺应天命与民心，以武力手段夺取政权，通过仁义、法治等正当方式治理国家，商汤对武力夺权存在道德愧疚感，因此推翻旧制，建立新朝典章，修正历法，变易服色，更换祭祀的社神和稷神，而后世无人能超越勾龙，最终无法实施而放弃更换。"

成周社[①]

《周礼·大司徒》曰[②]："设其社稷之壝[③]。"又曰："血祭社稷[④]。"《尚书·召诰》曰[⑤]："戊午，乃社于新邑[⑥]，牛一，羊一，豕一。"

【注释】

①成周：古地名。即西周的东都洛邑。传故址在今河南洛阳东郊。《尚书·洛诰序》："召公既相宅，周公往营成周。"借指周公辅成王的兴盛时代。

②《周礼·大司徒》：《周礼》篇名。

③壝（wēi）：即壝坛。祀神的场所。壝，古代祭坛四周的矮土墙。

④血祭：杀牲取血以祭神。《周礼·春官·大宗伯》："以血祭祭社稷、五祀、五岳。"贾公彦疏："荐血以歆神。"

⑤《尚书·召诰》：《尚书》篇名。《书序》："成王在丰，欲宅洛邑，使召公先相宅，作《召诰》。"诰文总结了商代灭亡的教训，指出商"惟不敬厥德，乃早坠厥命"，谆谆告诫成王须"疾敬德"，发挥了周统治者"敬天保民"的政治思想。

⑥新邑：新的都城。

【译文】

《周礼·大司徒》记载："筑造祭祀社稷的壝坛。"又说："杀牲取血以祭祀社稷。"《尚书·召诰》记载："戊午日，在新的都城祭祀土神，用一头牛，一只羊，一头猪。"

西汉社

《西汉纪》①："高祖三年二月②，命民除秦社稷，立汉社稷。"又《通典》曰③："汉高祖起④，祷丰枌榆社⑤。二年，东击项籍还⑥，入关，因命县为公社⑦。后四年，天下定，诏御史令丰谨理枌榆社⑧。其后，又令县常以春二月及腊祠后稷以羊、彘⑨。民里社各自裁以祠⑩。"

【注释】

①《西汉纪》：书名。不详待考。

②高祖三年：即汉高祖三年（前204）。高祖，即汉高祖刘邦（前256或前247—前195），字季，沛县丰邑（今江苏丰县）人。汉朝开国皇帝（前202—前195年在位）。

③《通典》：二百卷，杜佑撰。该书为我国古代第一部记载历代经济、政治、文化等典章制度沿革变迁的政书。杜佑（735—812），字君卿，京兆万年（今陕西西安）人。唐史学家、文学家。另著有《宾佐记》《管子指略》等。

④起：起兵。

⑤丰：丰县。今属江苏。枌榆社：汉高祖故乡的里社名。

⑥项籍：即项羽（前232—前202），姬姓，项氏，名籍，字羽，泗水郡

下相县（今江苏宿迁）人。前206年二月，灭秦后分封诸侯，以刘邦为汉王，自立为西楚霸王，定都彭城（今江苏徐州）。后来被刘邦围困垓下，在乌江自刎而死。

⑦公社：古代祭祀的处所。

⑧理：整修。

⑨彘（zhì）：古称猪为彘。

⑩自裁：自行裁夺、决定。

【译文】

《西汉纪》："汉高祖三年二月，下令废除秦的社稷，改立汉的社稷。"又有《通典》记载："汉高祖刘邦起兵时，曾祷于丰县枌榆社坛。高祖二年，向东攻打项羽回兵，入关，因命各县设置祭祀的处所。四年后，天下平定，诏命御史令丰县郑重整修枌榆社坛。其后，又下令各县常在仲春二月及腊月用羊、猪祭祀后稷。百姓按里社自行决定加以祭祀。"

后汉社

《后汉·祭祀志》："光武建武二年①，立社稷于洛阳宗庙之左②，方坛无屋，有门墙而已。二月、八月祠，皆太牢③。郡县置社稷④，太守、令长侍祠⑤，用羊豕。惟州所治有社无稷⑥。"

【注释】

①光武建武二年：26年。建武，汉光武帝刘秀年号（25—56）。

②宗庙：古代帝王、诸侯祭祀祖宗的庙宇。

③太牢：古代祭祀天地，以牛、羊、猪三牲具备为太牢，以示尊崇之意。

④郡县：郡和县的并称。郡县之名，初见于周。秦始皇统一中国，分国内为三十六郡，为郡县政治之始，汉初封建制与郡县制并行，

其后郡县遂成常制。《史记·秦始皇本纪》:“今陛下兴义兵,诛残贼,平定天下,海内为郡县。”

⑤令长:秦汉时治万户以上县者为令,不足万户者为长。后因以“令长”泛指县令。侍祠:陪从祭祀。

⑥州:地方行政区划。汉代初为监察郡国行政而置,武帝时于司隶校尉之外分全国为十三州,东汉则将司隶校尉列入十三州之数。以刺史(州牧)主其事。地位高于郡县,其祭祀规定与郡县有别。治:治所。

【译文】

《后汉书·祭祀志》:“汉光武帝建武二年,在洛阳宗庙的左侧修建祭祀社稷的方坛,方坛没有屋顶,只有门和墙而已。二月、八月进行祭祀,都用太牢供品。郡和县都修建祭祀社稷的方坛,太守、县令陪从祭祀,祭祀用羊和猪。州的治所只设立社坛,不设立稷坛进行祭祀。”

魏国社[①]

《通典》:“魏自汉后,但大社有稷[②],官社无稷[③],故二社一稷也[④]。明帝景初中[⑤],立帝社[⑥]。”

【注释】

①魏国:即三国魏(220—265)。

②大社:即太社。古代天子为群姓祈福、报功而设立的祭祀土神、谷神的场所。汉班固《白虎通义·社稷》:“太社为天下报功,王社为京师报功。”

③官社:帝王祭祀土神的社宫。

④二社一稷:指太社、官社和稷坛。

⑤明帝:即魏明帝曹叡(205—239),字元仲,沛国谯县(今安徽亳州)

人。曹魏第二位皇帝（226—239年在位）。景初：魏明帝曹叡年号（237—239）。

⑥帝社：古代帝王祭祀土神、谷神所设的坛。

【译文】

《通典》："三国魏自汉代以后，只有太社配稷坛，官社不配稷坛，因而形成二社一稷。魏明帝景初年间，设立帝社。"

两晋社①

《通典》："晋武帝太康九年②，制曰③：'社实一神④，其并二社之祀⑤。'东晋元帝建武元年⑥，又依洛京二社一稷⑦。"

【注释】

①两晋：史学上对西晋（265—316）和东晋（317—420）的合称。

②晋武帝：即晋武帝司马炎（236—290），字安世，河内郡温县（今河南温县）人。晋朝开国皇帝（265—290年在位）。太康九年：288年。太康，晋武帝司马炎年号（280—289）。

④社：指太社与官社。

⑤其：当。

⑥东晋元帝：即司马睿（276—323），字景文，河内郡温县（今河南温县）人。东晋开国皇帝（317—323年在位）。建武元年：317年。建武，晋元帝司马睿年号（317—318）。

⑦洛京：洛阳的别名。因曹魏定都洛阳，此处借指曹魏旧制。

【译文】

《通典》："晋武帝太康九年，皇帝下令：'太社与官社实际都是祭祀土地神的，当合并二社一同祭祀。'东晋元帝建武元年，又依照曹魏旧制为二社一稷。"

南朝社[1]

《通典》:"宋仍晋故[2]。齐武帝永明十一年修仪[3],其神一位北向。稷东向。斋官社坛东北南向立[4],以西为上,诸执事西向[5],以南为上。稷名大稷。梁社稷在太庙西[6]。又加官稷[7],并前为五坛[8]。陈依梁而帝社,以三牲首[9],余以骨体荐焉[10]。"

【注释】

①南朝(420—589):东晋以后,汉族先后于长江以南建立了宋、齐、梁、陈四朝,均建都于建康,史称为"南朝"。后为隋文帝所灭。

②宋:指南朝宋。仍:依照。

③齐武帝:即齐武帝萧赜(440—493),字宣远,小名龙儿,南兰陵(今江苏常州武进区)人。南朝齐第二位皇帝(482—493年在位)。永明十一年:493年。永明,齐武帝萧赜年号(483—493)。修仪:修正礼仪。

④斋官:执掌斋祀的官员。社坛:古代祭祀土神之坛。

⑤执事:执掌事务的人。

⑥太庙:天子为祭祀其祖先而兴建的庙宇。

⑦官稷:帝王祭祀五谷神的社宫。

⑧并前为五坛:指在原有的基础上又增设了官稷祭坛,连同之前已有的相关祭坛,一共有五个祭坛。

⑨三牲:古代祭祀用的牛、羊、猪三种牺牲。首:头,脑袋。

⑩骨体:古代供祭祀、宴飨用的牛羊的肢体和头之外的其它部分。荐:进献,祭献。

【译文】

《通典》:"南朝宋依照晋朝制度。齐武帝永明十一年修正礼仪,祭祀神灵北向设位。稷神东向设位。执掌斋祀的官员在社坛东北南向立，以西为上，各执掌事务的人西向立，以南为上。稷名大稷。南朝梁社稷在太庙西侧。又加上官稷，与前者合计为五坛。陈依照梁设立帝社，帝社之祭用三牲头部，其余祭献均用三牲的肢体及头之外的部分。"

北朝社[①]

《通典》："后魏天兴二年[②]，置太社、大稷、帝社于宗庙之右，为四方坛四陛[③]，以二月、八月，日用戊，皆太牢。勾龙配社[④]，周弃配稷。北齐立太社、帝社、大稷三坛于国右[⑤]，每仲春、仲秋、元辰[⑥]，各以太牢祭焉。后周立社稷于国左[⑦]。"

【注释】

①北朝（386—581）：从北魏统一北方开始，到隋文帝灭北周为止，历经北魏、东魏、西魏、北齐、北周，史称为"北朝"。

②后魏天兴二年：399年。天兴，北魏道武帝拓跋珪年号（398—404）。

③方坛四陛（bì）：坛为方形，四面设台阶（陛），象征天地四方的通达。

④配：配祭。

⑤国：京城。

⑥元辰：元旦。

⑦后周（951—960）：朝代名。五代之一。951年后汉邺都留守郭威被迫起兵，灭后汉称帝。建都汴（今河南开封），国号周，史称后周。960年赵匡胤建宋代周。

【译文】

《通典》："后魏天兴二年，设立太社、大稷、帝社在宗庙右侧，祭坛为方形,四面设台阶,在二月、八月,选择戊日祭祀,祭品都用太牢。勾龙配祭社神,周弃配祭稷神。北齐设立太社、帝社、大稷三坛在京城右侧,每年仲春、仲秋、元旦,祭品都用太牢。后周设立社坛、稷坛在京城左侧。"

隋朝社

《通典》:"隋文帝开皇初[①],建社稷,并列于含光门内之右[②]。仲春、仲秋吉戊[③],各以一太牢祭焉。牲色用黑[④]。郡县并以少牢各祭[⑤],百姓亦各为社。"

【注释】

①开皇:隋文帝杨坚年号(581—600)。

②含光门:唐长安皇城南面偏西门,东距朱雀门660米,西距西南城角690米。建于隋初。门上有楼观,门下开三门洞。门内之西,是祭祀土地五谷神的大社和郊社署。

③仲春、仲秋吉戊:指农历二月(仲春)和八月(仲秋)的戊日吉时。古代以天干地支纪日,"戊"属土,契合社稷(土地神与五谷神)祭祀的五行属性。

④牲:牺牲。祭神用的牲畜。

⑤少牢:祭祀时只用羊、猪二牲,此二牲即称为"少牢"。少牢是诸侯、卿大夫祭祀宗庙时所用的牲畜。

【译文】

《通典》:"隋文帝开皇初年,修建社坛和稷坛,并列设置在含光门内右侧。仲春月、仲秋月的戊日吉时,各以太牢供品祭祀。祭祀用的牲畜要用黑色。郡和县都以少牢供品祭祀,百姓也各自设立社稷进行祭祀。"

唐朝社

《通典》:“唐社稷亦于含光门内之右,仲春、仲秋二时戊日,祭太社、太稷。社以勾龙配,稷以后稷配[①]。武后天授三年九月为社[②],长安四年三月制[③]:‘社依旧用八月。’神龙元年,改先农为帝社坛[④],于坛西立帝稷坛[⑤],礼同太社、太稷[⑥]。”又《唐志》曰[⑦]:“开元十九年[⑧],停帝稷,而祀神农氏于坛上,以后稷配。”又《通典》曰:“天宝三载[⑨],诏:‘社稷列为中祀[⑩],颇亵大猷[⑪]。自今已后,社稷升为大祀[⑫]。’大历六年[⑬],敕中祀并用少牢。至贞元五年[⑭],国子祭浾包佶奏请社稷复依正祀用太牢[⑮]。从之。”

【注释】

①后稷:底本作“后土”,据《通典》改。

②武后天授三年:692年。天授,武周皇帝武则天年号(690—692)。

③长安四年:704年。长安,武周皇帝武则天年号(701—704)。

④改:底本作“致”,据《通典》改。先农:即先农坛。帝社坛:初名藉田坛,武则天垂拱年间(685—688)改名先农坛,后于中宗神龙元年(705)更名帝社坛。

⑤帝稷坛:郊坛名。唐中宗神龙元年(705)立,在长安东郊浐水之东帝社坛之西。

⑥太稷:底本作“大稷”,据《旧唐书·礼仪志》改。

⑦《唐志》:即《新唐书·礼乐志》。

⑧开元十九年:731年。

⑨天宝三载:744年。

⑩中祀:次于大祀的祭礼。

⑪紊：扰乱。大猷（yóu）：谓治国大道。

⑫大祀：帝王最隆重的祭祀。指祭天地、上帝、太庙、社稷、先师孔子等。

⑬大历六年：771年。底本作“宝历六年”，误。大历，唐代宗李豫年号（766—779）。

⑭贞元五年：789年。

⑮国子祭酒：隋唐国子监祭酒省称。隋改国子寺为国子监。《隋书·百官志》下：“（开皇）十三年，国子寺罢隶太常，又改寺为学……（炀帝即位）国子学为国子监……国子监依旧置祭酒。”包佶（约727—792）：字幼正，润州延陵（今江苏丹阳）人。天宝六载（747）登进士第。贞元初，官刑部侍郎，迁国子祭酒。与兄何均能诗，时称“二包”。

【译文】

《通典》：“唐代社坛、稷坛也在含光门里右侧，仲春、仲秋两个月的第一个戊日，祭祀太社、太稷。社神用勾龙配祭，稷神用后稷配祭。武后天授三年改九月祭祀社神，长安四年三月下诏：‘祭祀社神依旧在八月。’神龙元年，改先农坛为帝社坛，在帝社坛西建帝稷坛，礼仪同于太社、太稷。”又有《唐书·礼乐志》记载：“开元十九年，取消帝稷坛，而在坛上祭祀神农氏，用后稷配祭。”又有《通典》记载：“天宝三载，下诏：‘祭祀社稷被列为中祀，很扰乱治国大道。自今以后，祭祀社稷升为大祀。’大历六年，敕令祭祀社稷为中祀，祭品用少牢。到贞元五年，国子监祭酒包佶上奏请求将祭祀社稷恢复正祀，祭品用太牢。皇帝恩准。”

皇朝社

《长编》[①]：“太祖初有事于太社[②]，乃诏窦仪定其仪注[③]。仪以《开元礼》参酌于三代之典[④]，继以进食之际作《雍和乐》[⑤]，太社之馔自正门入，配坐之馔自左闼入[⑥]，皇帝诣罍洗之仪[7]，如员丘[8]。”又《元龟》云[9]：“真宗景德四年[10]，李维言[11]：‘天下祭社稷，长吏多不亲行事及阙三献之礼[12]，甚非为民祈福之意。’礼官申明旧典[13]，州县祭社稷礼行三献，致斋三日[14]。”《东都事略》云[15]：“徽宗崇宁二年[16]，诏曰：‘自京师至于郡县，春秋祈报[17]，唯社稷为然[18]。今守令乃或器用弗备[19]，粢盛弗蠲[20]，其令监司察不如仪[21]。’”

【注释】

①《长编》：即《续资治通鉴长编》，五百二十卷，南宋李焘撰。该书取北宋九朝史事，仿司马光《通鉴》体例，著为此书。司马光写《资治通鉴》时，先成长编，焘自谦己作不能与《通鉴》媲美，故以“长编”看待自己的著作，因之取名为《续资治通鉴长编》。李焘（1115—1184），字仁甫，一字子真，号巽岩，谥文简，眉州丹棱（今属四川）人。南宋史学家，另著有《六朝通鉴博议》《说文解字五音韵谱》《李文简诗集》等。

②太祖：即宋太祖赵匡胤。有事：指举行祭祀。

③窦仪（914—966）：字可象，蓟州渔阳（今天津蓟州区）人。宋文学家，著有《端揆集》等。仪注：制度，仪节。

④《开元礼》：即《大唐开元礼》，一百五十卷，唐玄宗时代官修的一部礼仪著作。参酌：参考斟酌。三代：对中国历史上的夏、商、周三个朝代的合称。典：典礼，仪节。

⑤进食：进奉食物。《雍和乐》：乐曲名。用于祭祀等的典礼之乐。

⑥配坐：指配食的人。左闼（tà）：左门。闼，门，小门。

⑦罍（léi）洗：古代一种洗手器皿，于进食或祭祀前用之。由罍与洗两部分组成一套，配套使用。罍中盛清水，洁手后之弃水承以洗。类先秦之匜与盘。唐白行简《三梦记》：“刘掷瓦击之，中其罍洗，

破迸散走，因忽不见。”

⑧员丘：即圜丘。天子祭天之坛。《梁书·许懋传》：“《周官》有员丘方泽者，总为三事，郊祭天地。”

⑨《元龟》：即《册府元龟》，原名《历代君臣事迹》，一千卷，宋王钦若、杨亿等奉真宗敕撰。该书为宋代三大类书之一。全书分三十一部，部下分门。部名分别为：帝王、闰位、僭伪、列国君、储宫、宗室、外戚、宰辅、将帅、台省、邦计、宪官、谏诤、词臣、国史、掌礼、学校、刑法、卿监、环卫、铨选、贡举、奉使、内臣、牧守、令长、宫臣、幕府、陪臣、总录、外臣等。

⑩景德四年：1007年。景德，宋真宗赵恒年号（1004—1007）。

⑪李维（961—1031）：字仲方，洺州肥乡（今属河北）人。宋文学家，尝预修《续通典》《册府元龟》等。又以文章知名，好为诗，与西昆派诗人相唱和。

⑫长吏：地位较高的县级官吏。三献：古代举行祭典时，初次献酒为初献，再次献酒为亚献，第三次献酒为终献，合称为“三献”。《仪礼·聘礼》：“荐脯醢，三献。”

⑬礼官：掌礼仪教化之官。《周礼·春官·序官》：“乃立春官宗伯，使帅其属而掌邦礼，以佐王和邦国。礼官之属，大宗伯卿一人，小宗伯中大夫二人。”旧典：旧时的制度、法则。《尚书·君牙》：“君牙，乃惟由先正旧典时式。”孔颖达疏：“惟当奉用先世正官之法，诸臣所行故事旧典，于是法则之。”

⑭致斋：即行斋戒之礼。

⑮《东都事略》：一百三十卷，南宋王称撰。该书为纪传体史书。以北宋都城开封称东都而命名。上起太祖，下迄钦宗。取材以国史、实录为本，旁及野史杂记。王称，字季平，眉州（今四川眉山）人。南宋史学家。

⑯崇宁二年：1103年。崇宁，宋徽宗赵佶年号（1102—1106）。

⑰祈报：向神求福与获福答谢的祭祀。《礼记·郊特牲》："祭有祈焉，有报焉。"一般指春祈年，秋报祭。

⑱为然：是这样。

⑲守令：指太守、刺史、县令等地方官。《史记·陈涉世家》："攻陈，陈守令皆不在。"

⑳粢（zī）盛：指古代盛在祭器内以供祭祀的谷物。《公羊传·桓公十四年》："御廪者何？粢盛委之所藏也。"何休注："黍稷曰粢，在器曰盛。"蠲（juān）：使清洁。

㉑监司：负有监察之责的官吏。汉以后的司隶校尉和督察州县的刺史、转运使、按察使、布政使等通称为监司。《后汉书·左雄传》："监司项背相望，与同疾疢，见非不举，闻恶不察。"察不如仪：检查不守法规的。

【译文】

《续资治通鉴长编》："宋太祖初年在太社祭祀，于是下诏令窦仪制定仪节。窦仪以《大唐开元礼》参考斟酌三代的仪节，继而在进奉食物之际作《雍和乐》，太社的食物自正门进入，配食人的食物自左门进入，皇帝进食前洗手仪节，如天子祭天的仪节。"又有《册府元龟》记载："真宗景德四年，李维说：'天下祭祀社稷，长吏多不亲自行事以及缺失三献礼节，绝非为民祈福的意思。'礼官申明旧时的制度，州县祭祀社稷要行三献礼节，行斋戒之礼三日。"《东都事略》记载："宋徽宗崇宁二年，下诏说：'自京师至于郡县，春秋向神求福与获福答谢的祭祀，只有祭祀社稷是这样。如今守令或者不准备器皿用具，盛在祭器内以供祭祀的谷物不清洁，命令监司检查不守法规的。'"

天子社

蔡邕《独断》："天子太社，以五色土为坛[①]。封诸侯者，取其方面土，苞以白茅授之[②]，各以其方色以立社于其国，故谓之授茅土[③]。汉兴[④]，惟皇子封为王，得茅土。其他功臣以户数租入为节[⑤]，不授茅土，不立社也。”

【注释】

①五色土：指青、红、白、黑、黄五种不同颜色的土，古时帝王分封诸侯仪式的用品。

②苞：通“包”。白茅：亦作“白茆”。植物名。多年生草本，花穗上密生白色柔毛，故名。古代常用以包裹祭品及分封诸侯，象征土地所在方位之土。

③授茅土：即赐茅授土。封建社会帝王分封诸侯的一种礼仪。帝王以五色土为太社，分封诸侯时，各授以他们相应的某方某色土，如东方青土，南方赤土等，并包以白茅，使归以立社。

④汉兴：即汉朝建立。

⑤租入：租税收入。《后汉书·成武孝侯顺传》：“封成武侯，邑户最大，租入倍宗室诸家。”

【译文】

蔡邕《独断》：“天子太社，用五色土筑为祭坛。帝王分封诸侯时，取其封地所在方向一色土，用白茅包裹而授之，各自以其封地所在方向的颜色建立社坛，因此称为授茅土。汉朝建立，只有皇子才能封为王，得授茅土。其他功臣仅以封户数量和租税收入作为封赏标准，既不授茅土，也不立社坛。”

王者社

《祭法》曰：“王为群姓立社[①]，曰太社。王自为立社，曰王社。亡国之社，曰亳社[②]。”太社为天下报功，王社为京师报功也。

【注释】

①群姓：百官万民。

②亳社：又称殷社。古代建国必先立社。商都亳，故称。《春秋·哀公四年》："六月辛丑，亳社灾。"杜预注："亳社，殷社，诸侯有之，所以戒亡国。"《穀梁传·哀公四年》："亳社者，亳之社也。亳，亡国也。亡国之社，以为庙屏戒也。"范宁注："亳，即殷也。殷都于亳，故因谓之亳社。"

【译文】

《礼记·祭法》记载："天子为百官万民立社，称为太社。天子为自己立社，称为王社。亡国的社坛，称为亳社。"太社是为天下报答功德，王社是为京城报答功德。

诸侯社

《祭法》曰："诸侯为百姓立社，曰国社。诸侯自为立社，曰侯社。"

【译文】

《礼记·祭法》记载："诸侯为百姓立社，称为国社。诸侯为自己立社，称为侯社。"

大夫社

《祭法》："大夫以下成群立社①，曰置社。"立名虽异②，其神则同，皆勾龙配之。稷，周弃配之。

【注释】

①大夫：职官名。历代沿用，多系中央要职和顾问。如御史大夫、光禄大夫、大中大夫等。成群立社：郑玄注："大夫不得特立社，与民族居，百家以上，则共立一社，今时里社是也。"孔颖达疏："大夫以下，谓包士庶，成群聚而居，其群众满百家以上得立社。为众特置，故曰置社。"

②立名：命名。

【译文】

《礼记·祭法》："大夫以下与民群居满百家就可以立社，称为置社。"命名虽然不同，但祭祀的神相同，都是勾龙配祭。稷神，由周弃配祭。

州县社

《国朝会要》："州县祭社稷仪，自祥符中定之①。"又《嘉泰事类》云："诸州县春秋社日祭社稷，社以后土、勾龙配，稷以后稷氏配，牲用羊一，豕一，黑币二②。官司假宁一日③。"

【注释】

①祥符：宋真宗赵恒年号（1008—1016）。

②黑币：颜色庄重肃穆，最能体现祭者诚惶诚恐的敬畏心情，所以旧时祭社稷皆太牢，用黑币。

③官司：普通官吏，百官。《左传·隐公五年》："若夫山林川泽之实，器用之资，皂隶之事，官司之守，非君所及也。"杜预注："小臣有司之职，非诸侯之所亲也。"假宁：昔时官吏休假赐归也。假，暇

之意。宁，归宁。

【译文】

《国朝会要》："州县祭祀社稷的仪节，自祥符年间制定。"又有《嘉泰条法事类》记载："各个州县立春、立秋后第五个戊日祭祀社稷，社神以后土、勾龙配祭，稷神以后稷氏配祭，祭祀用一头羊，一头猪，两枚黑币。百官休假一天。"

春秋社

《提要录》："国朝张文琮[①]，出为建州刺史[②]。州尚淫祠[③]，不立社稷，文琮乃下教曰[④]：'春秋二社本于农，今此州废而不立，尚何观焉？'于是始建祀场[⑤]。"

【注释】

①张文琮：贝州武城（今属山东）人。唐贞观中，为治书侍御史，三迁亳州刺史。永徽四年（653），贬建州刺史。著有《张文琮集》。

②建州：唐武德四年（621）置，治建安县（今福建建瓯）。

③淫祠：不合礼制的民间祭祀。

④下教：对下进行教育。

⑤祀场：古代祭祀地神的处所。

【译文】

《提要录》："唐代张文琮，出任建州刺史。建州盛行不合礼制的民间祭祀，不修建社坛和稷坛，张文琮就对下进行教育说：'春秋两次祭祀社稷本是为了农事，如今建州废弃不设祭祀，还谈什么观察农事吉凶呢？'于是张文琮下令在该州设立祭祀场所，恢复农事相关的社稷。"

建酉社

晋嵇含《祖赋序》[①]:"社之在于世尚矣[②],自天子至于庶人,莫不咸用[③]。有汉卜日丙午[④],魏氏释用丁未[⑤],至于大晋[⑥],则社孟月之酉日[⑦],各因其行运[⑧]。三代固有不同[⑨],虽共奉社,而莫议社之所由兴也。《说文》云:'祈请道神为之社。'"后汉蔡邕《祝社文》曰:"元正令午[⑩],时惟嘉良[⑪]。乾坤交泰[⑫],太簇运阳[⑬]。乃祀社灵,以祈福祥。"晋应硕《祝社文》曰[⑭]:"元首肇建[⑮],吉酉辰良[⑯]。命于嘉宾[⑰],宴兹社箱[⑱]。敬享社君[⑲],休祚是将[⑳]。"

【注释】

①嵇含(263—306):字君道,号亳丘子,谯郡铚县(今安徽宿州西南)人。西晋文学家。《祖赋序》:底本作"《社赋序》"。《全晋文》卷六十五作《祖赋序》,注曰:"《宋书·志二》,《艺文类聚》五,《初学记》十三,《艺文类聚》误作《社赋序》。"

②尚:久远,古远。

③咸:全,都。

④有汉卜日丙午:汉代以占卜方式确定丙午日祭社。有汉,指汉代。有,助词。卜,占卜。丙午:即"丙午日"。中国古代以六十干支命生日年份、月分、日子和时辰,即所谓"四柱",丙午日是日柱所循环的六十分之一日。其前一天是乙巳日,后一天是丁未日。

⑤魏氏释用丁未:指三国曹魏选用丁未日祭社。魏氏,即三国曹魏。释,通"择"。选择。

⑥大晋:称晋朝。大,表尊崇。嵇含是晋人,对本朝表敬重,故云。

⑦孟月之酉日:四季首月(孟月)的酉日。孟月,指农历四季的首

月，即正月、四月、七月、十月。酉日，干支纪历中名带“酉”字的天日。酉日是十二地支之一，象征“金鸡”，是民间风水命理中所谓黄道吉日之一。

⑧行运：五行运数。

⑨三代：指上述有汉、魏氏和大晋。

⑩元正：正月初一。令：善，吉祥。午：指午时。汉人自称以火德王，午为火，故以午为吉。

⑪嘉良：谓吉祥。

⑫乾坤交泰：指天地和谐交融。乾坤，象征天地。交泰，指天地之气交融和谐，万物生机勃发。

⑬太簇：十二律中阳律的第二律，对应正月，象征阳气初生、万物萌发。运阳：指阳气运行流转，推动季节更迭和自然生长。

⑭应硕：曾为汝南太守，有《应硕集》二卷。

⑮元首肇建：皇上创建制定。元首，此指皇上。肇，创立。

⑯吉酉：黄道吉日。辰良：吉祥的时辰。

⑰命于嘉宾：颁示于臣民。

⑱社箱：指土地庙宇。

⑲敬享社君：恭祭社神。

⑳休祚（zuò）：犹言幸运，美好的福祚。也指帝位。是将：把握，得到。

【译文】

晋嵇含《祖赋序》：“社神在人世间很久了，从天子到百姓，没有一个不祭社的。汉朝以占卜方式确定丙午日祭社，三国曹魏选用丁未日祭社，至于晋朝，则固定在四季首月的酉日祭社，各对应朝代的五行运数。上述三代原本就有不同，虽然都供奉社神，却无人探讨社祭仪式的起源。《说文解字》说：‘祈请道路之神为社神。’”后汉蔡邕《祝社文》说：“正月来临，正值吉祥时节，天地和谐交融，阳气勃发推动万物生长。于是祭祀社神，以祈求福祥。”晋应硕《祝社文》记载：“皇帝开启社稷祭祀，选定了吉利的酉日与良辰。召集宾客参与祭祀，在社神的祭坛前举行宴飨仪式。恭敬地祭祀社神，祈求社神赐予美好福佑。”

用未社

《魏台访议》[①]："帝问：'何用未社丑腊[②]？'王肃曰：'魏，土也，畏木。丑之明日便寅，寅，木也，故以丑腊。土成于未，故岁始未社也。'”

【注释】

①《魏台访议》：三国魏高堂隆撰。该书主要涉及礼仪制度、五行德运、服饰规制等。高堂隆（？—约237），字升平，泰山平阳（今山东新泰西北）人。三国魏经学家，另著有《相牛经》等。

②未社：指在未日举行的社祭。丑腊：指在丑日举行的腊祭。

【译文】

《魏台访议》："皇帝问：'为什么未日祭社丑日祭腊？'王肃回答说：'魏国，天命五行属土，木能克土。丑日第二天便是寅日，寅，五行属木，因此丑日腊祭。未五行属土，因此新的一年未日祭社。'”

结综社[①]

《荆楚岁时记》："社日，四邻并结综会社[②]，牲醪[③]，为屋于树下[④]，先祭神，然后享其胙[⑤]。”郑氏云[⑥]："百家共一社。”《白虎通》云："社稷有树，表功也[⑦]。”

【注释】

①结综：集合起来。

②四邻：周围邻居。会社：会祀社神。

③牲醪（láo）：祭祀时用的牺牲和酒。醪，酒的总称。

④为屋于树下：在社树下搭棚屋。

⑤享：享用。胙（zuò）：祭祀用的酒肉。

⑥郑氏：指东汉郑玄。

⑦表功：表明功德。

【译文】

《荆楚岁时记》："社日那天，周围邻居都集合起来举行仪式祭祀社神，祭祀时用牺牲和酒，在社树下搭棚屋，先祭祀社神，然后共同享用祭祀时供的酒肉。"郑玄说："一百家共立一个社。"《白虎通义》记载："社稷坛种树，用来表明功德。"

鸡豚社[①]

韩文公诗："愿为同社人，鸡豚宴春秋[②]。"陈简斋诗云："盍簪共结鸡豚社，一笑相从万事休[③]。"又云："要为同社宴春秋[④]。"方伯休诗云[⑤]："稻叶青青水满塍，夕阳林下赛田神。投身便入鸡豚社，老去人间懒问津[⑥]。"

【注释】

①鸡豚社：古时祭祀土地神后乡人聚餐的交谊活动。鸡豚，鸡和猪。古时农家所养禽畜。

②愿为同社人，鸡豚宴春秋：出自韩愈《南溪始泛三首·其二》。同社，犹同乡，同里。古以二十五家为一社。宴春秋，指春秋两季的祭祀。

③盍簪共结鸡豚社，一笑相从万事休：出自陈与义《若拙弟说汝州可居，已约卜一丘，用韵寄元东》。盍簪，《周易·豫》：“勿疑，朋盍簪。”王弼注：“盍，合也；簪，疾也。”孔颖达疏：“群朋合聚而疾来也。”后以指士人聚会。

④要为同社宴春秋：出自陈与义《元方用韵寄若拙弟，邀同赋。元方将托若拙觅颜渊之五十亩，故诗中见意》，原诗为“愿与同社燕春秋”。

⑤方伯休：即方士繇（1148—1199），字伯谟，一字伯休，号远庵，莆田（今属福建）人。南宋理学家，著有《远庵类稿》。

⑥“稻叶青青水满塍（chéng）”几句：出自方士繇《鸡豚社》。塍，田间的土埂。田神，农神。《周礼·地官·大司徒》：“设其社稷之壝而树之田主。”汉郑玄注：“田主，田神。后土、田正之所依也。”老去，死去。问津，寻访或探求。晋陶潜《桃花源记》：“南阳刘子骥，高尚士也；闻之，欣然规往。未果，寻病终。后遂无问津者。”

【译文】

韩愈有诗写道：“愿为同社人，鸡豚宴春秋。”陈与义有诗写道：“盍簪共结鸡豚社，一笑相从万事休。”又有诗写道：“要为同社宴春秋。”方士繇有诗写道：“稻叶青青水满塍，夕阳林下赛田神。投身便入鸡豚社，老去人间懒问津。”

歌载芟①

《诗·载芟》：“春籍田而祈社稷也②。”

【注释】

①载：开始。芟（shān）：除草。

②籍田：古时天子亲耕之田。《诗经·周颂·载芟序》：“载芟，春籍

田而祈社稷也。”郑玄笺:“籍田,甸师氏所掌,王载耒耜所耕之田。天子千亩,诸侯百亩。籍之言借也,借民力治之,故谓之籍田。”

【译文】

《诗经·载芟》:“周天子春天籍田时祭祀土神、谷神。”

颂良耜[①]

《诗·良耜》:“秋报社稷也。”

【注释】

①耜(sì):古代的一种农具,形状像现在的锹。

【译文】

《诗经·良耜》:“秋日祭祀社稷,以报神佑。”

达天气

《礼记》:“天子太社,必受霜露风雨,以达天地之气。社所以亲地也,地载万物也[①]。天垂象[②]。取法于天[③],所以尊天亲地也[④]。社供粢盛,所以报本反始也[⑤]。”

【注释】

①地载万物:大地载育万物。

②天垂象:上天垂示星象。

③取法于天:根据星象来制定法则。

④尊天亲地:尊崇天而亲近地。

⑤报本反始:报答本源,返还初始的本性。本,本源。反,同“返”。

【译文】

《礼记》:"天子的太社,必须接受霜露风雨,以贯通天地之气。社坛之所以亲近大地,因为大地载育万物。上天垂示星象,根据星象来制定法则,因此要尊崇天而亲近地。通过社祭供奉谷物,是为了报答大地的恩情,返还自己初始的本性。"

神地道

《礼记》云:"社,所以神地道也。取财于地,取法于天[①],是以尊天而亲地,故教人美报焉[②]。"

【注释】

①取财于地,取法于天:底本作"取地于天",据《礼记·郊特牲》补。

②美报:指以美物酬神。

【译文】

《礼记》记载:"祭社,是尊崇土地神。大地承载万物,上天垂示星象,世间财物都取之于地,伦理规范都效法于天,所以人们要尊敬上天而亲近大地,因而要以美物酬谢大地。"

撰祝文[①]

《玉壶清话》:"太祖初有事于太社[②],时国中坠典[③],多或未修,太社祝文,亦亡旧式[④],诏词臣各撰一文[⑤],誊录糊名以进[⑥]。上览之,谓左右曰:'皆轻重失中[⑦]。'由御笔亲点一文,曰:'惟此庶乎得体[⑧]。'开视之,乃窦仪撰者。文曰:'惟某年太岁月朔日[⑨],宋天子某敢昭告于太社[⑩],谨因仲春、仲秋，祗率常礼[11]，敬以玉帛，一元大武[12]，柔毛刚鬣[13]，明粢香萁[14]，嘉荐醴齐[15]，犹兹禋瘗[16]，用伸报本[17]。敢以后土、勾龙氏配神位[18]。惟神品物赖之，载生庶类[19]，资以含宏[20]。方直所以著其首[21]，博厚所以兼其德[22]，有社者敢忘报乎！尚享[23]。'遂诏定其仪。"

【注释】

①祝文：古代祭祀神鬼或祖先的文辞。南朝梁刘勰《文心雕龙·祝盟》："昔伊耆始蜡，以祭八神，其辞云：'土反其宅，水归其壑，昆虫毋作，草木归其泽。'则上皇祝文，爰在兹矣。"

②太祖：即宋太祖。有事：祭祀。

③坠典：指已废亡的典章制度。南朝梁沈约《侍皇太子释奠宴》诗："坠典必修，阙祀咸荐。"

④亡：无，没有。旧式：成例。汉班固《两都赋》序："先臣之旧式，国家之遗美，不可阙也。"

⑤词臣：旧指文学侍从之臣，掌管朝廷制诰诏令撰述的官员，如学士、翰林之类。

⑥誊（téng）录：誊写，抄录。糊名：科举时代，为防止考试舞弊，将试卷中的姓名、籍贯等用纸糊封，编号并加钤印，称为"封弥"。

⑦皆轻重失中：指群臣撰写的祝文在内容详略、礼制分寸或措辞规范上均存在失衡。

⑧庶乎：犹言庶几乎。近似，差不多。得体：原指仪容、服饰、举止等与身分相称。后以言行得当、恰如其分为"得体"。

⑨惟：文言助词。常用在年、月、日之前。太岁月：即太岁月建。指的是每年的立春开始，太岁进入一个新的月建，这个阶段为太岁月建。

⑩敢：谦词，自言冒昧。昭告：明白地告知。《左传·成公十三年》："昭告昊天上帝、秦三公、楚三王。"

⑪祗率常礼：严格遵循传统礼制。祗，表示恭敬。率，即遵循。祗，底本作"祇"，据《玉壶清话》改。

⑫一元大武：古代祭祀所用牛的别称。《礼记·曲礼下》："凡祭宗庙之礼，牛曰一元大武。"孔颖达《正义》："元，头也；武，迹也。牛若肥则脚大，脚大则迹痕大，故云一元大武也。"

⑬柔毛：古代祭祀所用羊的别称。《礼记·曲礼下》："凡祭宗庙之礼，牛曰一元大武，豕曰刚鬣，豚曰腯肥，羊曰柔毛。"孔颖达疏："若羊肥，则毛细而柔弱。"刚鬣（liè）：古代祭祀所用猪的专称。

⑭明粢（zī）：古代祭祀所用的谷物。香萁（jī）：称供祭祀用的粱。《周礼·春官·大祝》"辨六号"郑玄注引汉郑司农曰："《曲礼》曰：'黍曰芗合，粱曰芗萁。'"

⑮嘉荐：祭品。《仪礼·士冠礼》："甘醴惟厚，嘉荐令芳。"郑玄注："嘉，善也。善荐，谓脯醢芳香也。"醴（lǐ）齐：醴酒，甜酒。《周礼·天官·酒正》："辨五齐之名，一曰泛齐，二曰醴齐，三曰盎齐，四曰缇齐，五曰沉齐。"郑玄注："醴，犹体也，成而汁滓相将，如今恬酒矣。"齐，底本作"馨"，据《玉壶清话》改。

⑯禋瘗（yīn yì）：谓祭祀天地。禋，指祭天。将牲体、玉帛等放在柴火上焚烧，升烟以祭。瘗，指祭地。礼毕将牲体、玉帛等埋于地以享。

⑰用伸：用以表达。伸，表达。报本：报恩思源。《礼记·郊特牲》："唯社，丘乘共粢盛，所以报本反始也。"

⑱神位：设置供祭祀的祖先神主，及一切作为祭祀的牌位。《周礼·春官·小宗伯》："小宗伯之职，掌建国之神位，右社稷，左宗庙。"

⑲载生：生长。《诗经·大雅·生民》："载生载育，时维后稷。"庶类：万物，万类。《国语·郑语》："夏禹能单平水土，以品处庶类者

也。”韦昭注：“禹除水灾，使万物高下各得其所。”

⑳含宏：亦作“含弘”。包容广大。后指为政者宽厚仁慈。《后汉书·刘恺传》：“有司不原乐善之心，而绳以循常之法，惧非长克让之风，成含弘之化。”

㉑方直：指方正刚直，象征道德品行端正。

㉒博厚：广大深厚。《礼记·中庸》：“博厚所以载物也，高明所以覆物也。”

㉓尚享：亦作“尚飨”，希望死者享用祭品。多用作祭文的结语。

【译文】

《玉壶清话》：“宋太祖即位初期筹备太社祭祀时，当时发现朝中典章制度因战乱废弛，大多未及恢复，太社祭祀的祝文，也失去原有的规范格式，太祖下诏令词臣各自撰写一文，用纸糊封姓名抄录进呈。太祖看后，对左右说：‘群臣撰写的祝文在内容详略、礼制分寸或措辞规范上均存在失衡。’用御笔亲点一文，说：‘只有这篇祝文文辞得体，符合礼制规范。’打开一看，是窦仪所撰写。祝文写道：‘某年太岁月建朔日，大宋天子以恭敬之心向太社宣告，因在仲春、仲秋祭祀，遵循传统礼制，以玉器丝帛为礼敬献，用肥壮的牛、柔顺的羊、刚健的猪，洁净的谷物与豆类，醇美的酒食作为祭品，通过燔烧与掩埋的仪式，以此报答天地祖先的恩德本源。敢以后土、勾龙氏配祭神位。万物生长皆依赖土地神的恩泽，土地承载并孕育了世间一切生灵，以包容宏大之德滋养众生。土地神的品质方正刚直所以彰显其首要地位，德行广大深厚所以兼具多种美德，拥有社稷（国家）的君主怎敢忘记报答！希望神享用祭品。’于是下诏确定祭祀礼仪。”

享寿星

《国朝会要》：“景德三年七月，王钦若言[①]：‘《礼记·月令》:"八月,命有司秋分享寿星于南郊[②]。"唐开元二十四年七月,敕所司置寿星坛[③],祭老人星及角、亢七宿[④]。今百神咸秩[⑤],而独略寿星,望俾崇祀[⑥]。'礼院言[⑦]:'寿星,南极老人星也。《尔雅》云:"寿星,角、亢也。"注云:"数起角、亢,列宿之长[⑧],故云。"唐开元中,上封事者言[⑨]:"《月令》:八月,日月会于寿星,居列宿之长。请八月社日,配寿星于太社坛享之。"当时遂敕特置寿星坛。'"

【注释】

①王钦若(962—1025):字定国,临江军新喻(今江西新余)人。宋文学家,著有《圣祖事迹》《卤簿记》《彤管懿范》等。

②享:祭献。寿星:十二星次之一。在十二支为辰,在二十八宿则起于轸宿十二度,跨角、亢二宿而至氐宿四度。《尔雅·释天》:"寿星,角亢也。"郭璞注:"数起角亢,列宿之长,故曰寿。"即老人星。南部天空一颗光度较亮的二等星。《史记·封禅书》:"于杜亳有三社主之祠、寿星祠。"司马贞索隐:"寿星,盖南极老人星也,见则天下理安,故祠之以祈福寿。"南郊:古代天子在京都南面的郊外筑圜丘以祭天的地方。

③所司:有司。指主管的官吏。

④角、亢七宿:指二十八宿中东方苍龙七宿,即角、亢、氐、房、心、尾、箕七宿。

⑤咸秩:谓皆依次序行事。

⑥崇祀:崇敬奉祀。

⑦礼院:官署名。唐代太常寺之别称。

⑧列宿:众星宿。特指二十八宿。

⑨上封事:古代臣下上书言事时,将奏章用皂囊缄封呈进,以防泄

漏，谓之“上封事”。

【译文】

《国朝会要》：“景德三年七月，王钦若上奏说：‘《礼记·月令》记载：“八月，命令官吏在秋分日在南郊祭献寿星。”唐开元二十四年七月，皇帝命令主管官吏设置寿星坛，祭祀老人星及角宿、亢宿等七宿。如今各种神灵皆依次序行事，然而唯独省去寿星，希望把寿星崇敬奉祀。’太常寺说：‘寿星，就是南极老人星。《尔雅》记载：“寿星，就是角宿、亢宿。”注解说：“数从角、亢开始，它们是众星宿之首，因此称为寿星。”唐开元年间，大臣上书说：“《月令》记载：八月，日月交会寿星，居众星宿之首。上奏请于八月社日，使寿星在太社坛同受祭祀。”当时皇帝就命令特地设置寿星坛。’”

报勋庸①

何承天《社颂》②：“社实阴祇③，稷惟谷先④。霸德方将⑤，时号共工。厥有才子⑥，实曰勾龙。陶唐救灾⑦，决河疏江⑧。弃亦播殖⑨，作乂万邦⑩。克配二社⑪，以报勋庸。”

【注释】

①勋庸：功勋。《后汉书·荀彧传》：“曹公本兴义兵，以匡振汉朝，虽勋庸崇著，犹秉忠贞之节。”

②何承天（370—447）：东海郯（今山东郯城西南）人。南朝宋思想家、天文学家和无神论者，著有《春秋前传》《春秋前传杂语》《纂文》《安边论》《答宗居士书》等。

③阴祇（qí）：土地神。

④谷先：稷在五谷中居首位，象征农业的核心地位。

⑤霸德：犹霸道。与“王道”相对而言。方将：正要。

⑥厥：代词，指共工氏。才子：指共工之子勾龙，因平治水土的功绩被尊为后土。

⑦陶唐：古帝名。即唐尧。帝喾之子，姓伊祁，名放勋。初封于陶，后徙于唐。

⑧决河疏江：开决黄河，疏导长江。

⑨播殖：播种，种植。《国语·郑语》："周弃能播殖百谷蔬，以衣食民人者也。"

⑩作乂（yì）万邦：犹言天下大治。乂，治理。万邦，指各族人民。

⑪克配：即一同受祭祀。克，能够。配，配享。

【译文】

何承天《社颂》："社实际是土地神，稷则是五谷之首。共工氏霸业正值鼎盛，世人称颂其功绩。共工氏之子勾龙，因平治水土的功绩被尊为后土。唐尧防洪救灾，开决黄河疏通长江。周弃也播种，使天下大治。足以配享社稷之祀，以此回报他的功勋。"

求丰年

曹植《社颂》[①]："於惟太社，官名后土。是曰勾龙，功著上古[②]。德配帝皇[③]，实为灵主[④]。克明播植[⑤]，农政曰柱[⑥]。尊以作稷，丰年是与[⑦]。义与社同，方神北宇[⑧]。"

【注释】

①曹植（192—232）：字子建，谥思，世称"陈思王"，沛国谯县（今安徽亳州）人。曹操第三子，三国魏文学家。宋人辑有《曹子建集》。

②功著：功绩卓著。上古：远古时代。

③德配帝皇：指品德与五帝三皇相匹配。

④灵主：众神之长，神灵。

⑤克明：犹言圣明。播植：播种，种植。《国语·郑语》："周弃能播殖百谷蔬，以衣食民人者也。"

⑥农政：农官。

⑦是与：犹言与是。即保佑丰收之年。

⑧北宇：底本作"此宇"，据《曹子建集》改。指北方疆域或宇宙北方领域。

【译文】

曹植《社颂》："於惟太社，官名后土。是曰勾龙，功著上古。德配帝皇，实为灵主。克明播植，农政曰柱。尊以作稷，丰年是与。义与社同，方神北宇。"

卜禾稼

《周礼·春官·肆师》："社之日，莅卜来岁之稼[①]。"

【注释】

①莅（lì）卜：指官员亲临主持占卜仪式。莅，亲临主持。来岁之稼：来岁，来年。稼，指农作物。此处指通过占卜预测来年适宜种植的作物及收成。

【译文】

《周礼·春官·肆师》："在祭祀社神的日子，官员亲临主持占卜仪式，预测来年适宜种植的作物及收成。"

祈粢盛[①]

隋牛弘《社歌》[②]："厚地开灵[③]，方坛崇祀[④]。达以风露[⑤]，树之松梓。勾萌既申[⑥]，芟柞伊始[⑦]。恭祈粢盛，荐膺休祉[⑧]。"

【注释】

①粢（zī）盛：指古代盛在祭器内以供祭祀的谷物。《公羊传·桓公十四年》："御廪者何？粢盛委之所藏也。"何休注："黍稷曰粢，在器曰盛。"

②牛弘（545—610）：字里仁，本姓尞氏，赐姓牛，安定鹑觚（今甘肃灵台东北）人。牛弘精通音律，博识好学，曾奉诏修撰《五礼》，又参与正定新乐。

③厚地：指大地。开灵：底本作"间灵"，据《隋书·音乐志》改。

④崇祀：崇拜奉祀。

⑤达：底本作"建"，据《隋书·音乐志》改。

⑥勾萌：草木初发的嫩芽，屈形称为勾，直形称为萌。申：舒展。

⑦芟柞（shān zé）：《诗经·周颂·载芟》："载芟载柞，其耕泽泽。"毛传："除草曰芟，除木曰柞。"后因以"芟柞"指耕作。伊始：开始。

⑧荐膺：多次得到。休祉（zhǐ）：犹福祉。

【译文】

隋牛弘《社歌》写道："厚地开灵，方坛崇祀。达以风露，树之松梓。勾萌既申，芟柞伊始。恭祈粢盛，荐膺休祉。"

饮福杯

《倦游录》："京师祭社[1]，多差近臣。王禹玉在两禁二十年[2]，熙宁间[3]，复被差，题诗于斋宫曰[4]：'邻鸡未动晓骖催，又向灵坛饮福杯。自笑治聋知不足，明年强健更重来[5]。'"

【注释】

①祭社：祭祀土地神。

②王禹玉：即王珪（1019—1085），字禹玉，谥文恭，华阳（今四川双

流）人，后徙舒县（今安徽庐江）。北宋文学家，著有《华阳集》。两禁：北宋时，翰林学士直舍在皇宫北门两侧，因以两禁借指翰林院。

③熙宁：宋神宗赵顼年号（1068—1077）。

④斋宫：供斋戒用的宫室。

⑤“邻鸡未动晓骖（cān）催”几句：出自王珪《题斋宫》。骖，古代指驾在车辕两旁的马。灵坛，祭坛。饮福，古礼。祭祀完毕饮食供神的酒肉，以求神赐福。治聋，社日饮的酒。传说社日饮酒可以治聋，故名。

【译文】

《倦游录》：“京城祭祀社神，大多差遣亲近大臣前去祭祀。王珪在翰林院二十年，熙宁年间，又被差遣去祭祀社神，王珪在供斋戒用的宫室题诗写道：‘邻鸡未动晓骖催，又向灵坛饮福杯。自笑治聋知不足，明年强健更重来。’”

治聋酒

《海录碎事》：“俗言社日酒治聋。”《倦游录》云：“杨尚书以耳聋致仕[①]，居鄠县别业[②]。同里高氏赀厚[③]，有二子，小字大马、小马[④]。一日，里中社饮，小马携酒一榼就杨公曰[⑤]：‘此社酒，善治聋，愿侍杯杓之余沥[⑥]。’杨书绝句与之云：‘数十年来聋耳聩，可将社酒便能医。一心更愿青盲了，免见高家小马儿[⑦]。’”杜《社日》诗云：“共醉治聋酒[⑧]。”兵部李涛诗云[⑨]：“社翁今日没心情，为乏治聋酒一瓶[⑩]。”李涛，字社翁。

【注释】

①杨尚书：即杨砺（931—999），字汝砺，京兆鄠（今陕西西安鄠邑区）人。宋太祖建隆元年（960）状元，官至枢密副使。卒赠兵部尚书。

②鄠（hù）县：相传即夏代扈国，秦为鄠邑。西汉置县，治今陕西西安鄠邑区。别业：别墅。

③赀（zī）厚：家资富有。赀，通“资”。

④小字：小名，乳名。

⑤榼（kē）：古代的一种盛酒器。

⑥余沥：剩余的酒。

⑦“数十年来聋耳聩（kuì）”几句：出自杨尚书《与高氏子》，原诗为：“十数年来聋耳聩，可将社酒便能医。一心更愿清盲了，免见豪家小马儿。”耳聩，耳聋。聩，底本作“瞆”，据《墨客挥犀》改。青盲，眼科病证名。俗称青光眼。症状为视力逐渐减退，渐至失明，但眼的外观没有异常，亦无明显不适感。盲，底本作“肓”，据《墨客挥犀》改。

⑧共醉治聋酒：出处不详。

⑨李涛（898—961）：字信臣，小字社翁，京兆万年（今陕西西安）人。后唐明宗天成初进士，入宋后拜兵部尚书。

⑩社翁今日没心情，为乏治聋酒一瓶：出自李涛《春社日寄李学士》。社翁，李涛小名。

【译文】

《海录碎事》：“民间流传说社日酒能治耳聋。”《倦游录》记载：“杨砺尚书因为耳聋辞官退休，居住在鄠县别墅。同乡高氏家资富有，有两个儿子，小名大马、小马。一日，同里的人社日聚众会饮，小马携带一榼酒对杨公说：‘这是社日酒，能治疗耳聋，愿意侍奉杯中剩余的酒。’杨公写了绝句一首给他：‘数十年来聋耳聩，可将社酒便能医。一心更愿青盲了，免见高家小马儿。’”杜甫《社日》诗写道：“共醉治聋酒。”兵部尚书李涛有诗写道："社翁今日没心情，为乏治聋酒一瓶。"李涛，字社翁。

造环饼①

皇朝《岁时杂记》："社日，旧四方馆先期下御厨造大环饼、白熟饼、蒸豚②，并以酒赐近臣，大率与立春同③。白居易有《社赐酒饼状》，想唐亦有此赐也。"

【注释】

①环饼：一种环钏形的油炸面食，又称馓子。

②四方馆：官署名。隋炀帝时置，对东西南北四方少数民族，各设使者一人，掌管往来及互相贸易等事，隶属鸿胪寺。唐以通事舍人主管，隶属中书省。宋置四方馆使，掌管文武官朝见辞谢，国忌赐香及诸道元日、冬至、朔旦、庆贺章表、郊祀、朝蕃官、贡举人、进奉使、京官、致仕官、道释、父老陪位等事。先期：在预定时期之前。御厨：供皇帝饮食的厨房。此指皇帝厨房中的厨师。蒸豚：蒸熟的小猪。

③大率：大概，大致。

【译文】

本朝《岁时杂记》："社日，以前四方馆提前预订下御厨做的大环饼、白熟饼、蒸熟的小猪，并以酒赏赐亲近大臣，大致与立春相同。白居易有《社赐酒饼状》，想来唐代也有这种赏赐。"

作馓饼

《岁时杂记》："社日，人家旋作馓饼①，佐以生菜、韭、豚肉。"

【注释】

①旋：常常。馓（ào）饼：即鏊饼，指用铁鏊（平底锅）烙制的面食。

【译文】

《岁时杂记》："社日，人们常常制作馓饼，辅以生菜、韭菜、猪肉。"

赐社饭[①]

《岁时杂记》："社日有漫泼饭[②]，加之鸡饼、青蒿、芫荽、韭以蔽之[③]。亦尝出自中禁[④]，以赐近辅[⑤]。"

【注释】

①社饭：旧时于社日以猪、羊肉等美味食品铺于饭上，谓之社饭。

②漫泼饭：类似现在的盖浇饭，以各种菜肴加于饭上。

③青蒿：菊科二年生草本植物。茎、叶可入药。嫩者可食。芫荽（yán suī）：即香菜。蔽：遮盖。

④中禁：禁中。皇帝所居之处。此指皇宫。

⑤近辅：指近臣。

【译文】

《岁时杂记》："社日有漫泼饭，加上鸡蛋饼、青蒿、香菜、韭菜遮盖住。也曾出自皇宫，用来赏赐近臣。"

送社糕[①]

《东京梦华录》："社日，以社糕、社酒相赍送[②]。贵戚宫院[③]，以猪羊肉、腰子、奶房、肚肺、鸭饼、瓜姜之类[④]，切作棋子片样，滋味调和，铺于饭上，谓之社饭。"

【注释】

①社糕：社日制作的一种面食。

②赉（lài）送：赠送。

③宫院：帝王后妃居住的宫室、庭院。借指后妃。

④奶房：亦作“㚷房”。多指人的乳房。此指供食用的动物乳房。鸭饼：鸭蛋饼。

【译文】

《东京梦华录》：“社日，人们各用社糕、社酒相互赠送。皇帝的内外亲族、宫中的后妃，用猪羊肉、腰子、奶房、肚肺、鸭饼、瓜姜之类的为原料，切成棋子样的片状，加佐料调和味道，铺在饭上，称为社饭。”

宰社肉①

《汉·陈平传》②：“里中社，平为宰，分肉甚均。里父老曰：‘善！陈孺子之为宰③。’平曰：‘使平得宰天下④，亦如此肉矣。’”杜甫《社日》诗云：“陈平亦分肉，太史竟论功⑤。”翁起予《社日即事》云⑥：“平生宰肉手，老矣任乾坤⑦。”

【注释】

①宰：主宰，分割。社肉：谓社日祭神之牲肉。

②《汉·陈平传》：《汉书》中陈平的传记。

③孺子：小子。这里是亲昵的称呼。

④宰：治理。

⑤太史：指太史公司马迁。

⑥翁起予：五代后唐时期进士，官至刑部郎中。

⑦乾坤：即天地，此代指时局或国家大事。

【译文】

《汉书·陈平传》:"乡里祭祀社神,陈平主持分割社肉,将社肉分得很均匀。乡里的老人说:'好!陈家小子主持分割社肉很公正。'陈平说:'假使我陈平得到治理天下的机会,也会像分割社肉一样公正。'"杜甫《社日》诗写道:"陈平亦分肉,太史竟论功。"翁起予《社日即事》诗写道:"平生宰肉手,老矣任乾坤。"

杀社猪

《刘贡父诗话》:"张端为河南司录[①],府当祭社,买猪,已呈尹[②]。猪突入端,即杀之。史以白尹,尹召问。端对曰:'按律:诸无故夜入人家,主人登时杀之勿论[③]。'尹大笑,为别市猪[④]。"

【注释】

①张端:宋人。不详待考。司录:官名。唐玄宗开元初改京兆、河南、太原三府之录事参军事为司录参军事,简称司录,宋代诸府沿唐制,仍设司录参军事。

②呈:呈报。尹:府尹。

③登时:立即,立刻。

④市:买。

【译文】

《刘贡父诗话》:"张端为河南司录参军事时,府里要祭祀社神,买了一头猪,已经呈报府尹。一天夜里猪突然窜入张端家里,张端立即把猪杀了。府吏上告府尹,府尹召张端责问。张端回答说:'按照律法:凡是无故夜里进入别人家的,主人立刻杀掉不受法律制裁。'府尹大笑,又另外买了一头猪。"

赎社豘[1]

《法苑珠林》:“隋大业八年[2],宜州城民皇甫迁多盗母钱[3],死之日,其家猪生一豘子。八月社,卖与远村。遂托梦于妇曰:‘我是汝夫,为盗取婆钱,令作猪偿债,将卖与社家缚杀。汝是我妇,何忍不语?’寤而报姑[4],姑梦亦如之。迟明[5],令兄赍钱就社官收赎之[6]。后二年,自死。”

【注释】

①豘(tún):小猪。

②大业八年:612年。大业,隋炀帝杨广年号(605—618)。

③宜州:南朝梁大宝初置,治夷陵(今湖北宜昌)。

④寤(wù):睡醒,苏醒。姑:妇女对丈夫母亲的称呼。即婆婆。

⑤迟明:天将亮的时候。

⑥赍(lài)钱:带着钱。收赎:赎回。

【译文】

《法苑珠林》:“隋大业八年,宜州城居民皇甫迁多次偷取母亲的钱,皇甫迁死的这一天,他们家养的母猪生了一头小猪。八月的社日,家人将小猪卖给了远方的村子。皇甫迁于是就托梦给他妻子说:‘我是你的丈夫,因为偷取母亲的钱,让我托生变成猪来偿还债务,但你们将我卖到社官家里捆绑起来杀了祭祀。你是我妻子,怎么忍心不告诉家人?’妻子醒来就告诉婆婆,婆婆也做了同样的梦。天将亮的时候,婆婆就让皇甫迁的哥哥拿钱到社官家里把小猪赎回。过了二年,小猪自己死去。”

喷社酒

《本草》云："社酒喷屋四壁，去蚊虫。纳小儿口中[1]，令速语。此祭祀余酒者也。"

【注释】

①纳：放入。

【译文】

《证类本草》记载："社酒喷洒在房屋的四面墙上，可以去除蚊虫。放入小儿嘴中，可使小儿提早说话。这是祭祀后余下的酒。"

饮社钱

《东京梦华录》："社日，市学先生预敛诸生钱[1]，作社会[2]，以致雇倩祗应、白席、歌唱之人[3]。归时，各携花篮、果实、食物、社糕而散。"

【注释】

①市学：私塾。预敛：提前收取。诸生：学生。

②社会：旧时里社逢节日的酬神庆祝活动。

③雇倩：出钱雇请。祗（zhī）应：即祗候人。泛指旧时官府的小吏或富贵人家的仆从。白席：即白席人。古代北方民间宴席上相礼、供杂役的人。

【译文】

《东京梦华录》："社日那天，私塾先生提前收取学生们的学费，用于兴办社会，以及出钱雇请祗应人、白席人、歌唱艺人。从社会归来之时，大家各自携带花篮、果实、食物、社糕而散去。"

罢社祭

《魏志》[①]:"王修[②],字叔治,年七岁,母以社日亡。来岁邻里社,修感念母[③],悲哀。其邻里为罢社[④]。"

【注释】

①《魏志》:即《三国志·魏书》。

②王修:字叔治,北海郡营陵(今山东昌乐)人。三国曹魏时官至大司农郎中令。

③感念:思念。

④罢社:停止社祭。

【译文】

《三国志·魏书》:"王修,字叔治,七岁时,母亲在社日那天去世。第二年社日邻里举行社祭,王修思念母亲,十分悲痛。邻里为他而停止社祭。"

值社会

《武陵先贤传》[①]:"潘京为州辟[②],进谒[③],值社会,因得见。次及探得'不孝'[④],刺史问曰:'辟士为不孝耶[⑤]?'京举版答曰[⑥]:'今为忠臣,不得复为孝子。'其机辩如此[⑦]。"

【注释】

①《武陵先贤传》:书名。不详待考。《水经注》已引,当为晋或宋初之作。武陵,即武陵郡。西汉高帝改黔中郡置,治义陵县(今湖南溆浦南)。东汉移治临沅县(今湖南常德)。

②潘京：字世长，武陵汉寿（今湖南汉寿北）人。弱冠为武陵郡主簿。晋惠帝太安二年（303），到洛阳从学乐卞，成为一名出色的清谈家。辟：征召荐举。

③进谒（yè）：进见上司，谒见。

④次及：依次而及。

⑤辟士：谓征召、任用人。此指潘京。

⑥版：朝笏，即手板。古代官吏上朝用的笏。

⑦机辩：机智善辩。

【译文】

《武陵先贤传》："潘京为州官征召荐举，得以进见上司，碰到兴办社会，因而得见。面试时依次而及抽得'不孝'二字，刺史问他：'难道征召来的人是个不孝子吗？'潘京举着手板回答说：'现在我要效忠朝廷，不能再在父母身前尽孝了。'潘京就是这么机智善辩。"

降社雨

《提要录》："社公、社母，不食旧水，故社日必有雨，谓之社翁雨。"陆龟蒙诗云："几点社翁雨，一番花信风①。"又云："社日雨，社公以之沐发②。"李御史《社日书怀》云③："社公沐发望年丰，岂谓雨余仍苦风。"

【注释】

①几点社翁雨，一番花信风：出自陆龟蒙佚句。

②沐发：洗发。

③李御史：即李廌（zhì，1059—1109），字方叔，号济南先生、太华逸民，华州（今陕西华县）人。著有《济南集》《师友谈记》《德隅斋

画品》等。李廌终身未仕，不应有御史之称，诗可疑，姑存于此。

【译文】

《提要录》："社公、社母，不吃以前的水，因此社日那天一定下雨，称为社翁雨。"陆龟蒙有诗写道："几点社翁雨，一番花信风。"又写道："社日下雨，社公用来洗发。"御史李廌《社日书怀》写道："社公沐发望年丰，岂谓雨余仍苦风。"

种社瓜

《齐民要术》："种丝瓜，社日为上。"又云："社日，以杵舂百果树下[①]，则结实牢。不实者，亦宜用此法。"

【注释】

①杵舂（chǔ chōng）：用杵舂捣。

【译文】

《齐民要术》："种丝瓜，在社日那天种最好。"又说："社日那天，在果树下用杵舂捣，就会结实牢固。不结果实的，也适宜用这种方法。"

放社假

《嘉泰事类·假宁格》："二社，假一日。"

【译文】

《嘉泰条法事类·假宁格》："春社、秋社，各放假一天。"

戒儿女[1]

《岁时杂记》:"社日,人家皆戒儿女夙兴[2]。以旧俗相传,苟宴起[3],则社翁、社婆遗粪其面上[4],其后面黄者,是其验也[5]。"

【注释】

①戒:告诫,劝告。

②夙(sù)兴:早起。《礼记·昏义》:"夙兴、妇沐浴以俟见。"孙希旦集解:"夙,早也,谓昏明日之早晨也。兴,起也。"

③苟:如果,假使。宴起:晚起床。宴,通"晏"。晚。《礼记·内则》:"孺子蚤寝晏起,唯所欲,食无时。"

④遗粪:拉屎,解大便。

⑤验:凭证。

【译文】

《岁时杂记》:"社日那天,人家都劝告儿女要早起。因为旧的风俗相传,如果晚起床,社翁、社婆就会在他脸上拉屎,后来面色发黄的,就是凭证。"

宜外甥[1]

《东京梦华录》:"社日,人家妇女皆归外家[2],晚即归。外翁姨舅[3],皆以新葫芦儿、枣儿为遗。俗云是日归宁[4],宜外甥。"

【注释】

①外甥：称姊妹的儿子。

②外家：女子出嫁后称娘家为“外家”。

③外翁：外公。

④归宁：回家省亲。多指已嫁女子回娘家看望父母。

【译文】

《东京梦华录》：“社日那天，京城人家的妇女都回娘家，晚上就回来。外公、姨妈、舅舅，都会赠送新上市的葫芦儿、枣儿。俗话说这一天回娘家，能给外甥带来吉祥。”

求计算

《岁时杂记》：“社日，小学生以葱系竹竿上，于窗中触之，谓之开聪明。或又加之以蒜，欲求能计算也①。”

【注释】

①欲求：要求。

【译文】

《岁时杂记》：“社日那天，小学生把葱系在竹竿上，从窗户内伸到窗外触动，称为开聪明。或者又加上蒜，要求能计算。”

忌学业

《岁时杂记》：“社日，学生皆给假，幼女辍女工①。云是日不废业②，令人蒙憧③。”

【注释】

①辍：停止。女工：指女子所做纺织、刺绣、缝纫等事。

②废业：中止学业。

③蒙憧（chōng）：迷糊，糊涂。

【译文】

《岁时杂记》："社日那天，学生都放假，小女孩停止所做女工。说这一天不中止学业，会使人迷糊。"

乞聪明

《提要录》："稚子社日爬沟[①]，乞聪明，江浙间风俗也。"御史李方叔《社日书怀》云："社公沐发望年丰，岂谓雨余仍苦风。未报田间禾颖秀[②]，但惊堂上燕巢空[③]。里人分胙祈微福[④]，稚子爬沟拟乞聪。老病不知秋过半[⑤]，谩刍新酿要治聋[⑥]。"李御史之集，洪景卢舍人为其序云[⑦]。

【注释】

①稚子：小孩子。

②禾颖：带芒的谷穗。

③燕巢：燕子所筑的窝。

④分胙（zuò）：祭祀完毕分享祭神之肉。

⑤老病：年老多病。

⑥谩：随意。刍：酿制。新酿：新酿造的酒。

⑦洪景卢舍人：即洪迈，字景庐。曾任起居舍人。

【译文】

《提要录》："小孩子社日那天爬沟，乞求聪明，这是江浙间的风俗。"

御史李廌《社日书怀》诗写道："社公沐发望年丰，岂谓雨余仍苦风。未报田间禾颖秀，但惊堂上燕巢空。里人分胙祈微福，稚子爬沟拟乞聪。老病不知秋过半，谩刍新酿要治聋。"李廌御史的文集，舍人洪迈为他作序。

同俚俗[①]

李伯时《春社出郊书事》[②]："千寻古栎笑声中[③]，此日春风属社公。开眼已怜花压帽[④]，放怀聊喜酒治聋[⑤]。携刀割肉余风在，卜瓦传神俚俗同[⑥]。闻说已栽桃李径，隔溪遥认浅深红。"此诗见《唐宋诗选》[⑦]，未详卜瓦传神事。

【注释】

①俚俗：世俗。

②李伯时：即李公麟（1049—1106），字伯时，号龙眠居士，舒州（今安徽安庆）人。宋诗人、书画家。

③千寻：形容极高或极长。古以八尺为一寻。栎（lì）：栎树，落叶乔木。

④花压帽：繁花插于帽上。

⑤酒治聋：民间传说社日喝酒，可使耳聪，故上了年纪的人一般都会开怀畅饮。

⑥卜瓦传神：用瓦占卜来传达神的旨意。

⑦《唐宋诗选》：《千顷堂书目》："《唐宋诗选》：二十二卷，不知撰人。"

【译文】

李公麟《春社出郊书事》诗写道："千寻古栎笑声中，此日春风属社公。开眼已怜花压帽，放怀聊喜酒治聋。携刀割肉余风在，卜瓦传神俚俗同。闻说已栽桃李径，隔溪遥认浅深红。"此诗见于《唐宋诗选》，卜瓦传神这件事记载不清楚。

不食虀[1]

《岁时杂记》："社日食虀，则至初昏拜翁姑时腰响[2]。或云，立春日忌此。"

【注释】

①食虀（jī）：指食用切碎的葱、姜、蒜、韭菜等制成的菜肴。

②初昏：黄昏。《仪礼·士昏礼》："期初昏，陈三鼎于寝门外。"翁姑：公婆的合称。

【译文】

《岁时杂记》："社日那天食用切碎的葱、姜、蒜、韭菜等制成的菜肴，则到黄昏拜见公婆时腰会作响。有人说，立春那天也禁忌这件事。"

得黄金

《搜神记》："后汉有应妪[1]，生四子。见神光照社，试探之，乃得黄金。自是诸子官学[2]，并有才名[3]。"

【注释】

①妪（yù）：老年妇女。

②官学：旧时官府设立的学校。

③才名：才华与名望。

【译文】

《搜神记》："东汉有位应姓老妇，生了四个儿子。看见有神异的灵光照耀社坛，试着往里探求，于是得到黄金。从此各个儿子都进入官府设立的学校，并且都有才华与名望。"

取天剑

《录异记》[1]："贺瑀死，三日苏。云上天，入官府曲房[2]，有印有剑。使瑀唯意取之，瑀取剑出门。问何得，云：'得剑。'曰：'唯使社公耳[3]。'"

【注释】

①《录异记》：底本作"《录异传》"，据《太平广记》改。

②曲房：底本作"典房"，据《太平广记》改。

③使：使唤。

【译文】

《录异记》："贺瑀得病去世，三天后苏醒。说自己上天，进入官府内室，里面有官印和剑。让贺瑀随意拿取，贺瑀取剑出门。门吏问得到什么，说：'得到剑。'门吏说：'只能使唤土地神了。'"

饮神酒

《夷坚丙志》："乾道初元[1]，衡山民以社日祀神[2]，饮酒大醉。至暮独归，跌于田坎水中[3]，恍忽如狂[4]，急缘田塍行[5]。至其家，已闭门矣。扣之不应[6]，身自从隙中能入。妻在床绩麻[7]，二子戏于前，妻时时咄骂其夫暮夜不还舍[8]。民叫曰：'我在此！'妻殊不闻，继以怒骂，亦不答。民惊曰：'得非已死乎[9]？'遽趍出[10]，经家先香火位过[11]，望父祖列坐其所[12]，泣拜以告。其父曰：'勿恐，吾为汝恳土地。'即起。俄土地神至[13]，布衣草屦[14]，全如田夫状[15]，具问所以，顾小童，令随民去。相从出门[16]，寻元路[17]，复至坎下，教民自抱其身，大呼数声，蹶然而瘖[18]。时妻以夫深夜在外，倩邻人持火索之[19]，适至其处，遂与俱归。"

【注释】

①乾道初元：即乾道元年（1165）。乾道，宋孝宗赵昚年号（1165—1173）。初元，皇帝登极改元，元年称"初元"。

②衡山：唐天宝八载（749）改原湘潭县置，治今湖南衡山东。

③田坎：即田间的埂子，用以分界并蓄水。

④恍忽：神志不清，精神不集中。

⑤缘：沿着。田塍（chéng）：田埂。

⑥扣：指敲门或拍打门扉。

⑦绩（jī）麻：搓麻织布。绩，把麻搓捻成线或绳。

⑧咄（duō）骂：呵斥辱骂。暮夜：夜晚。还舍：回家。

⑨得非：莫非是，难道。

⑩遽趍（qū）出：小步疾行退出。

⑪先：祖先。

⑫父祖：父亲和祖父。泛指祖先。列坐：依次而坐。

⑬俄：突然，顷刻间。

⑭草屦（jù）：草鞋。屦，古代用麻葛制成的一种鞋。

⑮全如：完全像。

⑯相从：互相追随。

⑰元路：原路。

⑱蹶然：忽然，突然。

⑲倩：请，央求。索：寻找。

【译文】

《夷坚丙志》："乾道元年，衡山县村民在社日祭祀土地神，饮酒大醉。到晚上才独自回家，跌倒在田埂中，他好像发狂一样，急忙沿着田埂向家走去。走到家，家门已经关闭了。他敲门里面也没有答应，自己就从门缝里挤了进去。妻子正坐在床上搓麻织布，两个儿子在前面玩耍，妻子不时喝骂丈夫夜里不回家。村民大叫道：‘我在这里！’妻子一点也没听见，村民继而大骂妻子，妻子也不回答。村民大惊道：‘我莫非已经死了吗？’他急忙小步疾行退出，经过他家祖先宗祠时，望见祖先们都依次而坐，村民哭着拜见把事情说了一遍。他父亲说：‘你不要害怕，我为你恳求土地神。’他立即起身。一会儿土地神到了，身穿粗布衫，脚穿草鞋，完全是一个农夫模样，土地神把事情原委问了一遍，回头让一个小童跟随村民去。他们两个一起出门，找到原路，再次来到田坎下，指导小童抱住他的身体，大声喊叫村民的名字几次，村民猛然苏醒。这时村民的妻子因为丈夫深夜在外未归，就请邻居手持火把出来搜寻，正好也来到这里，于是就一起回家了。”

乞社语

《启颜录》[①]：“《〈千字文〉语乞社》云[②]：‘敬白社官、三老等[③]：窃闻政本于农[④]，当须务滋稼穑[⑤]。若不云腾致雨[⑥]，何以税熟贡新[⑦]？圣上臣伏羌戎[⑧]，爱育黎首[⑨]。用能闰余成岁[⑩]，律吕调阳[⑪]。某人等，并景行维贤[⑫]，德建名立[⑬]。遂乃肆筵设席[⑭]，祭祀蒸尝[⑮]。鼓瑟吹笙[⑯]，弦歌酒宴[⑰]。上和下睦[⑱]，悦豫且康[⑲]。礼别尊卑[⑳]，乐殊贵贱[㉑]。酒则川流不息[㉒]，肉则似兰斯馨[㉓]。非直菜重芥姜[㉔]，兼亦果珍李柰[㉕]。莫不矫首顿足[㉖]，俱共接杯举觞[㉗]。岂徒戚谢欢招[㉘]，信乃福缘善庆[㉙]。

【注释】

①《启颜录》：十卷，隋侯白编著。该书为笑话集。所记或取自前人

小说，或来自民间，或述作者自己的滑稽言行，还保存不少戏弄佛法、嘲笑僧人的轶事。侯白，字君素，魏郡临漳（今河北磁县）人。隋作家。另著有《旌异记》。

②《〈千字文〉语乞社》：《千字文》，南朝梁人周兴嗣搨取王羲之遗书，共得不同字一千个，编纂成四言韵语，称为《千字文》，为旧时流行的童蒙课本。此文即摘取《千字文》的词语联缀而成，借“某乙”之口，对社官、三老极尽调侃、嘲讽之能事。周兴嗣（？—521），字思纂，陈郡项县（今河南沈丘）人，世居姑孰（今安徽当涂）。南朝梁文学家。撰有《休平赋》《舞马赋》等。

③白：禀告。社官：古代乡官名称。即一社之长。古代以二十五家或方圆六里为一社。三老：汉唐乡官，掌教化税收。

④窃闻：私下听闻。

⑤务滋：致力于，专注于。稼穑（sè）：泛指农业生产（播种为稼，收获为穑）。

⑥云腾致雨：云气升腾形成降雨。

⑦税熟贡新：指秋收征税。税熟，古代征收实物为赋税，皆在夏、秋两季农作物成熟之时。

⑧臣伏羌戎：君主通过仁政使四方各族前来归附。臣伏，屈服称臣。羌戎，古代对我国西部少数民族的泛称。

⑨爱育黎首：以仁爱之心养育、教化百姓。黎首，老百姓。

⑩闰余成岁：农历与阳历的日差积累通过设置闰月调整年份，使历法与四季相符。闰余，农历与阳历的日差积累。成岁，通过设置闰月调整年份，使历法与四季相符。

⑪律吕调阳：用律吕来调和阴阳，使时序正常。

⑫景行维贤：以贤德为准则，追求高尚的德行。景行，高尚的德行。

⑬德建名立：修养德行后自然树立名声。

⑭肆筵（yán）设席：陈设筵席。肆，陈列。筵、席，酒席。

⑮祭祀蒸尝：举行隆重的祭祀活动。蒸，同“烝”。烝尝，《诗经·小雅·楚茨》：“絜尔牛羊，以往烝尝。”郑玄笺：“冬祭曰烝，秋祭曰尝。”

⑯鼓瑟吹笙：指宴会上演奏丝竹乐器（瑟为弦乐器，笙为管乐器）。

⑰弦歌酒宴：盛大的酒宴伴随着歌舞弹唱。

⑱上和下睦：指上上下下要做到和睦相处。

⑲悦豫且康：愉悦欢欣互相祝酒道安康。

⑳礼别尊卑：通过礼仪制度区分社会地位的尊卑。

㉑乐殊贵贱：通过音乐的使用体现身份差异。

㉒川流不息：像水流一样连续不断，永不停止。

㉓似兰斯馨：具有兰草的芳香。

㉔非直：不仅。芥姜：芥菜和姜。

㉕果珍李柰（nài）：珍贵的水果李和柰。柰，苹果的一种。

㉖矫首顿足：指手舞足蹈的动作，形容身心愉悦的状态。

㉗接杯举觞：举着杯子互相敬酒。接，接受。举，托举。觞，酒具。

㉘岂徒戚谢欢招：幸福并非仅来自亲友欢聚或表面应酬。戚，指亲属。谢，致意，辞别。此处指亲友间的往来应酬。欢招，欢乐的邀请或相聚。

㉙福缘善庆：积德行善带来的福报。

【译文】

《启颜录》：“《〈千字文〉语乞社》写道：‘恭敬禀告乡社官长及三老等：我深知治国根本在于农业，致力于播种五谷与收获庄稼。若没有云气升腾形成降雨，如何能收获谷物来纳税进贡？君主通过仁政使四方各族前来归附，以仁爱之心养育、教化百姓。通过设置闰月弥补阴历与阳历的误差，用律吕来调和阴阳使时序正常。这些人以贤德为准则修养品行，建立了德行与声名。于是陈设宴席，举行隆重的祭祀活动。宴会中演奏琴瑟、吹奏笙箫，盛大的酒宴伴随着歌舞弹唱。上上下下要做到和睦相处，愉悦欢欣互相祝酒道安康。通过礼仪制度区分社会地位的尊卑,音乐的使用体现身份的差异。宴席上酒水川流不息,肉食香气如同兰草的芳香。不仅蔬菜中重视芥姜,还有珍贵的水果李和柰。所有的人无不手舞足蹈,举着杯子互相敬酒。幸福并非仅来自亲友欢聚或表面应酬,更是积德行善带来的福报。

"但某乙索居闲处①,孤陋寡闻②。虽复属耳垣墙③,未曾摄职从政④。不能坚持雅操⑤,专欲逐物意移⑥。忆肉则执热愿凉⑦,思酒如骸垢想浴⑧。老人则饱饫烹宰⑨,某乙则饥厌糟糠⑩。钦风则空谷传声⑪,仰惠则虚堂习听⑫。脱蒙仁慈隐恻⑬,庶可济弱扶倾⑭。希垂顾答审详⑮,望减蕖荷滴沥⑯。某乙则稽颡再拜⑰,终冀勒碑刻铭⑱。但知悚惧恐惶⑲,实若临深履薄⑳。'"

【注释】

①索居闲处:离群独居,悠闲度日。

②孤陋寡闻:学识浅薄,见闻不广。

③属耳垣墙:以耳附墙,窃听他人谈话。引申为偶然听闻外界信息。

④摄职从政:能担任职务,参与政事。

⑤坚持雅操:坚守高尚的操守。雅操,高尚的操守。

⑥逐物意移:追求物欲享受使心志偏移。

⑦忆肉则执热愿凉:因思念肉食而急切希望满足如同手持热物时渴求降温。

⑧思酒如骸(hái)垢想浴:思念酒时如同身体沾满污垢般迫切想清洗。

⑨饱饫(yù)烹宰:饱足后对鱼肉美食感到厌倦。

⑩饥厌糟糠:饥饿时连糟糠也能满足。厌,通"餍"。意为满足。

⑪钦风:钦佩他人的品德或风范。空谷传声:比喻名声传播深远,如

同空谷中的回声。

⑫仰惠：仰望、感念恩惠。虚堂习听：在空旷厅堂中反复听闻教诲，形容恩惠或教导影响深远。

⑬脱：倘或。仁慈隐恻：内心深藏仁爱与同情。仁慈，仁德与慈爱。隐恻，指因他人遭遇不幸而产生的深切不忍与怜悯。

⑭庶可：或许可以。济弱扶倾：救济弱小扶持危局。

⑮顾答审详：指慎重思考给予详细答复。

⑯蘧（qú）荷：即荷花。滴沥：指细小的水滴声。此处借喻琐碎压力或繁重负担，希望减少无关紧要的困扰。

⑰稽颡（qǐ sǎng）：古代跪拜礼，以额触地，表示极度恭敬与虔诚。再拜：反复行礼。

⑱勒碑刻铭：将功绩或事迹刻于石碑以传后世。

⑲悚（sǒng）惧：恐惧，戒惧。恐惶：惊慌不安。

⑳临深履薄：《诗经·小雅·小旻》："战战兢兢，如临深渊，如履薄冰。"谓面临深渊，脚踏薄冰。后因以"临深履薄"喻谨慎戒惧。

【译文】

"鄙人离群独居，悠闲度日，学识浅薄，见闻不广。虽然偶然听闻外界信息，从未担任官职或参与政事。不能坚守高尚的操守，被外物诱惑导致心志偏移。思念肉食而急切希望满足如同手持热物时渴求降温，思念酒时如同身体沾满污垢般迫切想清洗。老人饱足后对鱼肉美食感到厌倦，我等饥饿时连糟糠也能满足。敬仰他人美德时，其声名如空谷回响般广为人知，接受恩惠时，其教诲如虚堂中回荡的声音，令人铭记于心。倘或您内心深藏仁爱与同情，或许可以救济弱小扶持危局。希望您慎重思考给予详细答复，期盼能减少无关紧要的困扰。我以最庄重的礼节表达敬意，最终希望将功绩刻于石碑以传后世。我内心恐惧惊慌不安，如同面临深渊，脚踩薄冰。'"

卷十五

寒食 上

【题解】

本卷《寒食上》篇。寒食，节日名。在冬至后一百零五日（即清明前一日或二日）。相传春秋时晋文公负其功臣介之推，介之推愤而隐于绵山。文公悔悟，烧山逼令出仕，之推抱树焚死。人民同情介之推的遭遇，相约于其忌日禁火冷食，以为悼念。以后相沿成俗，谓之寒食。卷首一段总叙文字概说寒食之义。

本卷条目均为寒食节时俗节物。主要有寒食节的起源"百三日""百四日""百五日""百六日""介之推""介子绥""介子推""洁惠侯"等；寒食节日饮食"预温食""办冷食""进寒食""煮粳酪""作麦粥""为醴汤""卖稠饧""造枣䭔""蒸糯米""冻姜豉""煮腊肉"等；寒食养生保健"服强饧""烧饭灰"等；寒食宴饮娱乐"装花舆""设梭门""画图卷""看花局"等；寒食节日仪式"绝火食""严火禁""修火禁"等；寒食历史典故"妒女庙""噪仁乌""制木屐"等。

《荆楚岁时记》曰："去冬至一百五日，即有疾风甚雨①，谓之寒食。"据历②，合在清明前二日③，亦有去冬至一百六日者，禁火三日，今谓之禁烟节是也，又谓之百五节。洪舍人《容斋四笔》云[4]："今人谓寒食为一百五日，以其自冬至之后至清明，历节气六[5]，凡为一百七日，而先两日为寒食故云，他节皆不然也[6]。"《提要录》云："秦人呼寒食为熟食日[7]，言其不动烟火，预办熟食过节也。齐人呼为冷烟节[8]。"王君玉诗云[9]："疾风甚雨青春老，瘦马疲牛绿野深[10]。"又明老诗稿中《寒食》有句云[11]："疾风甚雨悲游子，峻岭崇冈非故乡。"又胡仔诗云："飞絮落花春向晚，疾风甚雨暮生寒[12]。"陈去非《道中寒食》云："飞絮春犹冷，离家食更寒。"

【注释】

①疾风甚雨：谓大风急雨。《礼记·玉藻》："君子之居恒当户，寝恒东首，若有疾风、迅雷、甚雨，则必变，虽夜必兴，衣服冠而坐。"

②历：历法。

③合：应该。

④《容斋四笔》：底本作"《容斋五笔》"，据《容斋随笔·四笔·一百五日》改。

⑤历节气六：底本作"历节气五"，据《容斋随笔·四笔·一百五日》改。历，经过。

⑥不然：不是这样。

⑦秦人：秦地人。秦，古地区名。指今陕西中部平原地区。因春秋战国时为秦国地，故名。

⑧齐人：齐地人。

⑨王君玉：即王琪，字君玉，华阳（今四川成都）人。王珪从兄。宋诗人，著有《漫园小稿》。

⑩疾风甚雨青春老，瘦马疲牛绿野深：出自王琪佚句。

⑪明老：即周知微，字明老，吴兴（今浙江湖州）人。绍圣四年（1097）进士，喜为诗，颇有佳句。诗稿：诗作。

⑫飞絮落花春向晚，疾风甚雨暮生寒：出自胡仔佚句。

【译文】

《荆楚岁时记》记载："冬至节过后一百零五天，就有大风急雨，称为寒食节。"根据历法推算，寒食节应在清明节前两天，也有冬至节过后一百零六天的，寒食节要禁止烟火三天，就是如今称的禁烟节，又称为百五节。舍人洪迈《容斋四笔》记载："如今的人称寒食节为一百零五天，因为自冬至节以后一直到清明节，经过六个节气，共计一百零七天，而清明提前两天为寒食节，其他的节气都不是这样称呼。"《提要录》记载："秦地人称寒食节为熟食节，说它不用动烟火，预先备办熟食过节。齐地人称为冷烟节。"王琪有诗写道："疾风甚雨青春老，瘦马疲牛绿野深。"又周知微诗作中有《寒食》诗写道："疾风甚雨悲游子，峻岭崇冈非故乡。"又有胡仔诗写道："飞絮落花春向晚，疾风甚雨暮生寒。"陈与义《道中寒食》诗写道："飞絮春犹冷，离家食更寒。"

百三日

《岁时杂记》："去冬至一百三日为'炊食熟'①，以将禁烟②，则饔飧当先具也③。而以是日沐浴者④，因其炊熟之盛，又从此三日无燀汤之具也⑤。庆历中⑥，京师人家庖厨灭火者三日⑦，各于密室中烹炮⑧，尔后稍缓矣⑨。"

【注释】

①炊食熟：即炊熟。称寒食节前一日为炊熟。因寒食禁火，节前一日必须烧好食物，故称。

②禁烟：禁火。

③饔飧（yōng sūn）：指早餐（饔）和晚餐（飧），此处泛指日常饮食。

④沐浴：濯发洗身。泛指洗澡。

⑤燂（xún）汤：烧热的水。燂，烧热。

⑥庆历：北宋仁宗赵祯年号（1041—1048）。

⑦庖（páo）厨：厨房。《孟子·梁惠王上》："君子之于禽兽也，见其生，不忍见其死；闻其声，不忍食其肉。是以君子远庖厨也。"

⑧烹炮（páo）：烧煮熏炙。

⑨尔后：从此以后。

【译文】

《岁时杂记》："冬至节过后一百零三天称为'炊食熟'，因为将要禁火，饭食应当预先齐备。而在当天洗澡，因为蒸煮多而热水多，又从今往后三天就没有热水了。庆历年间，京城人家厨房熄火三天，各自在密室中烧煮熏炙，从此以后稍稍放松了。"

百四日

《岁时杂记》引《假宁格》："清明前二日为寒食节，前后各三日，凡假七日。而民间以一百四日始禁火，谓之'私寒食'，又谓之'大寒食'。北人皆以此日扫祭先茔[①]，经月不绝，俗有'寒食一月节'之谚。"

【注释】

①扫祭：扫墓祭奠。先茔（yíng）：祖先的坟墓。

【译文】

《岁时杂记》引用《假宁格》："清明节前二天为寒食节，前后各三天，共计七天假。然而民间因冬至后一百零四天开始禁止烟火，称为'私寒食'，又称为'大寒食'。北方人都在这一天扫墓祭奠祖先，整月不断，民间有‘寒食一月节’的说法。”

百五日

《东京梦华录》:“寻常京师以冬至后一百五日为‘大寒食’。”《岁时杂记》又谓之“官寒食”。国朝旧制,冬、正、寒食为三大节,纵民间蒲博三日①。江西宗派诗云②:“一百五日足风雨,三十六峰劳梦魂③。”姚合《寒食》诗云④:“今朝一百五,出户雨初晴。”子由《寒食前一日寄子瞻》云:“寒食明朝一百五,谁家冉冉尚厨烟。”

【注释】

①蒲(pú)博:古代的一种博戏。此指赌博。

②江西宗派:指以宋黄庭坚为代表的诗歌流派。庭坚师法杜甫,谓作诗当“无一字无来处”,主张熔铸故实,“脱胎换骨”“点铁成金”而出新意,反对陈言熟滥。其诗喜用僻典奇字,造拗句,押险韵,作硬语,虽未免流于艰涩险怪,然气象森严,谨严整密,自成一家,为人崇奉,遂于北宋后期蔚为一大流派。此派中人皆宗法庭坚,庭坚江西人,故称。

③一百五日足风雨,三十六峰劳梦魂:出处不详。三十六峰,在今河南登封少室山,上有三十六峰。

④姚合(781?—846):陕州硖石(今河南陕县)人。元和十一年(816)举进士,授武功主簿,因而世称“姚武功”。后官终秘书少监,因此也被称为“姚少监”。唐诗人,著有《姚少监诗集》。

【译文】

《东京梦华录》:“通常京城在冬至节过后一百零五天为‘大寒食’。”

《岁时杂记》又称为“官寒食”。本朝旧制：冬至、元旦、寒食为三大节，放任民间赌博三天。江西诗派有诗写道：“一百五日足风雨，三十六峰劳梦魂。”姚合《寒食》诗写道：“今朝一百五，出户雨初晴。”苏辙《寒食前一日寄子瞻》诗写道：“寒食明朝一百五，谁家冉冉尚厨烟。”

百六日

《岁时杂记》：“断火三日者[①]，谓冬至后一百四日、一百五日、一百六日也。百六日，乃小寒食也[②]。”杜甫《小寒食日》诗云：“佳辰强饮食犹寒[③]。”既云“食犹寒”，则是一百六日也。元稹《连昌宫词》云：“初过寒食一百六，店舍无烟宫树绿[④]。”则“一百六”者，禁烟之第三日也。又东坡诗云：“细雨晴时一百六，画船鼍鼓莫违民[⑤]。”《容斋四笔》云：“吾州城北芝山寺[⑥]，为禁烟游赏之地。寺僧建华严阁，请予作《劝缘疏》，其末一联云：‘大善知识五十三[⑦]，永壮人天之仰；寒食清明一百六，鼎来道俗之观[⑧]。’”又李正封《洛阳清明雨霁》诗云[⑨]：“晓日清明天[⑩]，夜来嵩少雨[⑪]。千门上灯火，九陌无尘土。”则是百七日开火禁为清明[⑫]，而前三日禁火明矣[⑬]。

【注释】

①断火：旧俗清明节前一日起禁火三日，叫“断火”。

②小寒食：寒食节的次日（清明节的前一天）叫“小寒食”。

③佳辰：初春佳日。食犹寒：古时寒食节禁火三天，小寒食还没有用火，故云“食犹寒”。

④店舍：旅客暂住的处所。无烟：没有炊烟。指未做饭。宫树：帝王

宫苑中的树木。

⑤细雨晴时一百六，画船鼍（tuó）鼓莫违民：出自苏轼《常润道中，有怀钱塘，寄述古五首·其一》。画船，装饰华美的游船。南朝梁元帝《玄圃牛渚矶碑》："画船向浦，锦缆牵矶。"鼍鼓，用鼍皮蒙的鼓。其声亦如鼍鸣。《诗经·大雅·灵台》："鼍鼓逢逢。"陆玑疏："（鼍）其皮坚，可以冒鼓也。"

⑥芝山寺：寺名。在芝山南麓。芝山，原名土素山。在江西鄱阳县城北。

⑦大善知识：教人远离诸恶，奉行诸善之善友。五十三：即五十三参。佛教传说，善财童子受文殊菩萨指点，南行五十三处，参访名师，听受佛法，终成正果。

⑧鼎来：方来，正来。后用为庆幸喜事到来之典。《汉书·匡衡传》："诸儒为之语曰：'无说《诗》，匡鼎来；匡说《诗》，解人颐。'"唐颜师古注："服虔曰：'鼎犹言当也，若言匡且来也。'应劭曰：'鼎，方也。'"

⑨李正封：字中护，陇西（今甘肃临洮）人。唐诗人。

⑩晓日：清晨。

⑪嵩少：嵩山与少室山的并称。亦用为嵩山的别称。

⑫火禁：寒食节禁火。

⑬明：明确。

【译文】

《岁时杂记》："禁火三天，是说冬至后一百零四天、一百零五天、一百零六天。冬至后一百零六天，就是小寒食。"杜甫《小寒食日》诗写道："佳辰强饮食犹寒。"既然说"食犹寒"，就是冬至后第一百零六天。元稹《连昌宫词》写道："初过寒食一百六，店舍无烟宫树绿。"则"一百零六天"，就是禁火的第三天。又有苏轼诗写道："细雨晴时一百六，画船鼍鼓莫违民。"《容斋四笔》记载："本州城北有座芝山寺，是寒食节专供游览观赏的地方。寺里的僧人修建华严阁，请我给他们写《劝缘疏》，我最后一联写道：'大善知识五十三，永壮人天之仰；寒食清明一百六，鼎来道俗之观。'"又有李正封《洛阳清明雨霁》诗写道："晓日清明天，夜来嵩少雨。千门上灯火，九陌无尘土。"就是冬至后第一百零七天解除寒食节禁火为清明节，而此前三天禁火是明确了。

介之推[①]

《左传·僖公二十四年》[②]："晋侯赏从亡者[③]，介之推不言禄，禄亦勿及。之推曰：'身将隐[④]，焉用文[⑤]？'母曰：'与汝偕隐[⑥]。'遂隐而死。晋侯求之不获，以绵上为之田[⑦]，曰：'以志吾过[⑧]，且旌善人[⑨]。'"

【注释】

①介之推（？—前636）：又名介子推，后人尊为介子，春秋时期晋国（今山西介休）人。曾从晋文公流亡，文公回国后赏赐随臣，未获提名，遂和母亲隐居绵上（今山西介休东南）山中而死。

②《左传·僖公二十四年》：底本作"《春秋·僖公二十四年》"，据《太平御览》改。僖公，即鲁僖公，姬姓，名申。春秋时期鲁国第十八任君主（前659—前627年在位）。

③晋侯：即晋文公（前697—前628），姬姓，名重耳。春秋时期晋国国君（前636—前628年在位）。"春秋五霸"之一。从亡者：随从流亡的人。

④隐：隐居。

⑤文：文饰。文辞上的修饰。

⑥偕隐：一起隐居。

⑦绵上：古地名。春秋晋地。在今山西介休东南四十里介山之下。

⑧志：铭记。

⑨旌：表彰。

【译文】

《左传·僖公二十四年》："晋文公赏赐随从流亡的人，介之推不谈爵禄，晋文公也没有赏赐他。介之推说：'我自己将要隐居了，还需要再加文辞上的修饰吗？'他母亲说：'我与你一同隐居。'于是他们母子就一同隐居直到去世。晋文公派人四处寻找介子推而没有找到，就把绵上的田作为介子推祭田，说：'以此铭记我的过失，并且用来表彰好人。'"

介子绥[1]

《琴操》[2]："晋文公与子绥俱遁[3]，子绥割腓股以啖文公[4]。文公复国[5]，子绥无所得，怨恨，作《龙蛇之歌》而隐[6]。文公求之，不肯出，乃燔山求之[7]，子绥抱木而死[8]。文公哀之，令民五月五日不得举火[9]。子绥即推也。"

【注释】

①介子绥：即介子推。

②《琴操》：二卷，传为东汉蔡邕所撰。该书记述了四十七个琴曲故事，包括《诗经》五曲、十二操、九引及河间杂歌二十一章。

③遁：逃亡。

④子绥割腓（féi）股以啖（dàn）文公：指春秋晋介子推自割股肉以解晋文公饥饿之事。《庄子·盗跖》："介子推至忠也，自割其股以食文公。"成玄英疏："晋文公重耳也，遭骊姬之难，出奔他国。在路困乏，推割股肉以饴之。"腓，小腿肚。啖，喂。

⑤复国：谓被逐的诸侯归复君位。

⑥《龙蛇之歌》：古歌名。传为春秋时晋介子推所作。龙蛇，比喻隐匿、退隐。《周易·系辞下》："龙蛇之蛰，以存身也。"

⑦燔（fán）：焚烧。

⑧抱木而死：抱着大树死去。形容人耿介固执，为维护道义不惜去死。

⑨举火：指生火做饭。

【译文】

《琴操》："晋文公与介子绥一同逃亡，介子绥自割股肉以喂文公。后来晋文公归复君位，子绥什么也没得到，心生怨恨，作《龙蛇之歌》而隐居。晋文公请求他出山，他不肯出，晋文公于是就下令放火烧山逼他出来，子绥抱着大树死去。晋文公很哀伤，下令百姓五月五日不能生火做饭。子绥就是介子推。"

介子推

刘向《新序》[①]："晋文公反国[②]，召舅犯而将之[③]，召艾陵而相之[④]，介子推无爵。推曰：'有龙矫矫[⑤]，将失其所；有蛇从之[⑥]，周流天下[⑦]。龙入深渊[⑧]，得安其所；有蛇从之，独不得甘雨[⑨]。'遂去而之介山之上[⑩]。文公求之不获，乃焚山求之，子推烧死。因禁火以报之。"吕夷简《寒食》诗云："人为子推初禁火。"

【注释】

①刘向《新序》：笔记小说集。《隋书·经籍志》著录三十卷，又序录一卷。已佚。后经宋曾巩校订，编作十卷，一百六十六章。分杂事、刺奢、节士、义勇、善谋五类。记录从舜、禹至汉初历史人物的各种事迹。

②反国：归国。《史记·晋世家》："子不疾反国，报劳臣，而怀女德，窃为子羞之。"

③舅犯：即狐偃（？—前629），姬姓，狐氏，字子犯。晋文公的舅舅，又称舅犯、咎犯、臼犯。大戎（今山西交城）人。将：即上军将军。官名。晋时诸侯王封国大国置上、中、下三军；次国置上、下二军；小国仅置上军。均以上军将军领之，麾下有兵一千五百人。

④艾陵：人名。不详待考。

⑤龙：比喻晋文公重耳。矫矫：昂扬得意的样子。

⑥蛇：比喻跟随晋文公流亡的狐偃、赵衰、介子推等人。

⑦周流：遍游。

⑧深渊：深潭。

⑨甘雨：甘甜雨露。

⑩介山：山名。在山西介休东南。春秋晋介之推隐居此山，故名。

【译文】

刘向《新序》："晋文公归国后，召见狐偃任命为上军将，召见艾陵任命为宰相，只有介子推没有爵位。介子推说：'有条龙昂扬得意，突然失去住所；有条蛇跟随它，遍游四方。这条龙回到深潭，感到很安逸；有条蛇跟随它，唯独得不到甘甜雨露。'于是就到介山上隐居。晋文公请求他出山被拒绝，就烧山以逼介子推出山，介子推被烧死。因此以后在寒食节禁止烟火以报答介子推。"吕夷简《寒食》诗写道："人为子推初禁火。"

介子推

刘向《列仙传》[①]："介子推，晋人也。隐居无名，晋公子重耳异之。与出，居外十余年，劳而不辞。及还，介山伯子常晨来呼推曰：'可去矣。'推辞禄[②]，与母入山中，从伯常游。后文公遣数千人以玉帛求之，不出。"

【注释】

①《列仙传》：二卷，旧题西汉刘向撰。《汉书·艺文志》未著录，宋陈振孙等断为伪托，疑为汉末方士所作。该书为志怪小说集，记载赤松子、玄俗等共七十一位仙人的事迹。

②辞禄：辞去爵禄。

【译文】

刘向《列仙传》："介子推，晋国人。过着隐居不仕而不为人知的生活，晋国公子重耳觉得他不是个平常的人。后来介子推随重耳流亡国外长达十多年，虽然很辛劳但也不推脱。返回晋国以后，住在介山的伯子常早晨来召唤介子推说：'你可以离去了。'介子推辞去爵禄，与母亲进入山中，随伯常一同游览山水。后来晋文公派遣数千人带着玉帛请介子推出山，介子推也不肯出来。"

洁惠侯[①]

《翰府名谈·洁惠侯记》云："汾州灵岩县东[②]，有山曰绵田[③]。山下有洁惠侯庙，朝廷锡之号[④]，其神乃世谓介子推也。昔文公遭骊姬之难[⑤]，削迹燕、赵[⑥]，窜身齐、楚[⑦]，山潜水伏[⑧]，昼隐暮兴，周流天下。起居坐卧[⑨]，跋涉不舍者十九年[⑩]，惟子推一人而已。洎文公复国[⑪]，子犯辈无功而俱受官爵[⑫]，独遗子推。国人哀其有德于君而不见用，因代子推为歌而悬之国门[⑬]，云：'龙欲上天，五蛇为辅[⑭]；龙已升云[⑮]，四蛇各入其宇，一蛇终不见处所。'文公见之，曰：'此必之推之言也。'乃思其人而用之。子推乃请于母曰：'就仕乎？不仕乎[⑯]？'母曰：'二者汝宜深惟之[⑰]，与其俯就一时之禄[⑱]，不若成万世之名。'子推乃入绵田山不出。文公遣人焚山，意子推避火出山[19]。是日烈风[20]，火势雷动，玉石俱焚[21]，草木尽灰，子推竟身为燋尸[22]。里人悯子推之节义[23]，横夭而不得用[24]，乃记其死日，一曰阳来复一百五日也[25]。至其日，不举火，不炊饭[26]，咸食冷物，自兹其日为寒食也。迄今天下皆如此[27]，自洪河之北[28]，尤重此节。先期数日，具膳灭火封灶[29]，无少长咸食冷食。灵岩之民，尤为谨畏[30]，故举火造饭[31]，雷电即至其家。山之顶有地数亩，土石色燋，亦若新过火焉。"

【注释】

①洁惠侯：介子推的封号。

②汾州：北魏太和十二年（488）改吐京镇置，因境内汾水为名，治蒲子城（今山西隰县）。孝昌中，移治隰城县（今山西汾阳）。灵岩县：地名。不详待考。

③绵田：应为绵山。

④锡：赐予。

⑤骊姬之难：指骊姬谗害太子申生之难。《左传·僖公四年》记载，晋献公听信骊姬谗言，逼迫太子申生自缢而死，其余二子重耳、夷吾也同时逃亡。骊姬，春秋时骊戎之女。晋献公伐骊戎，获姬归，立为夫人。

⑥削迹：隐藏起来，销声匿迹。《庄子·山木》："削迹捐势，不为功名。"

⑦窜身：藏身。

⑧山潜水伏：指在山中潜藏、水中隐伏，形容隐蔽行踪的状态。

⑨起居坐卧：此指日常起居生活。

⑩跋涉：旅途艰苦。不舍：不忍离开。

⑪洎（jì）：到。

⑫子犯：即狐偃，字子犯。官爵：官职和爵位。

⑬国门：国都的城门。

⑭五蛇：比喻春秋时辅佐晋文公的狐偃、赵衰、魏武子、司空季子、介子推五臣。

⑮升云：升天。

⑯不仕：不做官。

⑰深惟：深思，深入考虑。《战国策·韩策一》："此安危之要，国家之大事也。臣请深惟而苦思之。"

⑱俯就：指屈己就人，讨好对方。

⑲意：意图。

⑳烈风：暴风。

㉑玉石俱焚：美玉和石头一样烧坏。

㉒燋（jiāo）：通"焦"。

㉓节义：节操与义行。

㉔横夭：指非正常死亡。此指介子推因拒仕隐居被焚而死。

㉕阳来复：即一阳来复。古人认为天地之间有阴阳二气，每年到冬至日，阴气尽，阳气又开始发生。指春天又到来了。

㉖炊饭：煮饭。

㉗迄今：到现在。

㉘洪河：大河。古时多指黄河。

㉙膳（shàn）：饭食。

㉚谨畏：谨小慎微。《新唐书·席豫传》："性谨畏，与子弟、属吏书，不作草字。"

㉛举火造饭：生火做饭。

【译文】

《翰府名谈·洁惠侯记》记载："汾州灵岩县东，有座山叫绵山。山下有洁惠侯庙，朝廷赐的称号，这个神就是世间所说的介子推。从前晋文公遭受骊姬的陷害，在燕国、赵国、齐国、楚国等隐藏起来，销声匿迹，山中潜藏水中隐伏，白天隐藏晚上出来，遍游四方。照顾晋文公日常起居，十九年来旅途艰苦不忍离开的，只有介子推一人而已。到晋文公归复君位后，狐偃等人没有功劳而全部受封官职和爵位，唯独遗漏了介子推。国人悲悯介子推有德于晋文公而不被重用，因此替他作了一首歌悬挂在国都的城门上，写道：'有一条龙想上天，五条蛇前来辅佐；现在龙已升天，四条蛇各自得到住所，还有一条蛇始终不见居所。'晋文公看见这首歌，说：'这肯定是介子推的话。'于是就想到介子推准备任用他。介子推就请示他母亲说：'是做官？还是不做官？'母亲说：'这两种情况你要深入考虑，与其屈己享受一时的禄位，不如成就万世的声名。'介子推于是就进入绵山不再出山。晋文公派人烧山，想让介子推避火出山。这一天刮暴风，火势如响雷震动，美玉和石头一齐烧坏，草木都烧成了灰，介子推竟被烧成焦尸。乡民钦佩介子推的节操与义行，怜悯其因拒仕隐居被焚而死，为纪念其气节，将他的忌日定在冬至后的第一百零五天。到这一天，不生火，不煮饭，全都吃凉的食物，从此这一天就被称为寒食节。到现在全国都是这样，从黄河以北，更重视寒食节。人们提前准备好食物，熄灭灶火，无论老少均食用预先准备的冷食。灵岩县的百姓，更是谨小慎微，居民一旦生火做饭，雷电便会降临其房屋。在山顶有一片面积约数亩的土地，土壤和岩石呈现焦黑色，仿佛刚被火烧过一般。"

妒女庙[①]

《朝野佥载》："并州石艾、寿阳二界[②]，有妒女泉，有神庙。泉瀵[③]，水深沉，洁澈千丈[④]。祭者投钱及羊骨，皎然皆见[⑤]。俗传妒女者，介之推妹，与兄竞[⑥]，去泉百里，寒食不许举火[⑦]，至今犹然。女锦衣红鲜[⑧]，装束盛服[⑨]，及有人取山丹、百合经过者[⑩]，必雷风电雹以震之。”

【注释】

①妒女：传说为介之推之妹。

②石艾：北魏孝昌年间改上艾置，治今山西平定。寿阳：唐贞观十一年（637）以受阳县改名，治今山西寿阳。

③瀵（fèn）：由地底喷出的泉水。

④洁澈：清澈透明。

⑤皎然：清晰。

⑥竞：争执。

⑦举火：底本作“断木”，据《朝野佥载》改。

⑧红鲜：色红而鲜艳。

⑨盛服：华丽的服饰。

⑩山丹：即山丹花。春季开花，多为红色。

【译文】

《朝野佥载》：“并州石艾、寿阳二县交界处，有一处妒女泉，泉边有座神庙。妒女泉泉水喷涌，发出低沉的声音，清澈透明深约千丈。来此祭奠的人投进泉里的钱和羊骨头，清晰可见。民间传说，妒女就是介之推的妹妹，她因与哥哥产生争执，迁居至百里外的妒女泉旁，并立下寒食节禁止生火的规矩，这一习俗至今仍在当地延续。妒女身穿红色鲜艳的锦绣衣服，衣冠齐整，若有人采摘山丹花、百合花经过妒女所在之地，她便会降下雷电、狂风和冰雹以示惩戒。”

噪仁乌[①]

王子年《拾遗记》：“晋文公焚林以求介推，有白鸦绕烟而噪，或集介子之侧，火不能焚。晋人嘉之[②]，起一高台，名曰思贤台。或云，戒所焚之山数百里不得设网，呼曰仁乌。俗亦谓乌白臆者为慈乌[3]，则其类也。”又《拾遗记》云：“文公焚山求子推，时有白鸟烟中毙。”

【注释】

①噪：虫或鸟叫。仁乌：乌鸦的别名。

②嘉：赞美。

③臆：胸部。

【译文】

王子年《拾遗记》：“晋文公焚烧树林以搜求介子推，有只白鸦绕着烟雾而鸣叫，有时停留在介子推旁边，火就不能烧着介子推。晋国人都赞美它，修建了一高台，名叫思贤台。有人说，在烧死介子推的山上数百里内禁止设置罗网捕鸟，并称这种鸟为仁乌。世俗也说这种胸部发白的鸟为慈乌，就是同一类。”又有《拾遗记》记载：“晋文公烧山搜求介子推，当时有白鸟在烟雾中毙命。”

制木履[1]

《殷芸小说》曰[2]：“介之推不出，晋文公焚林求之，抱木而死。公抚之尽哀，乃伐木制履，每俯视，则流涕曰[3]：‘悲乎足下[4]！’”

【注释】

①木履：木制的鞋。

②《殷芸小说》：十卷，南朝梁殷芸撰。该书是我国历史上第一部以“小说”为书名的短篇小说集，上起周秦，下迄宋齐，所记多为历

史人物故事、民间传说、谣谚及山川风物等。殷芸(471—529),字灌蔬,陈郡长平(今河南西华东北)人。南朝梁文学家。

③流涕:流泪。

④足下:对对方的尊称。

【译文】

《殷芸小说》记载:"介之推隐居不出山,晋文公放火烧山逼迫介之推出山接受封赏,介之推抱着树木被烧死。晋文公抚摸介子推被烧死时怀抱的树木悲痛至极,于是将介子推所抱的树木伐倒制成木屐,每当低头看到木屐时,晋文公便会流泪感叹:'可悲啊,足下!'"

绝火食

魏武帝《明罚令》[①]:"闻太原、上党、西河、雁门冬至后百五日[②],皆绝火食寒,云为介子推。且北方沍寒之地[③],老少羸弱[④],将有不堪之患[⑤]。令人不得寒食,犯者,家长半岁刑,主吏百日刑[⑥],令长夺一月俸[⑦]。"

【注释】

①魏武帝:即曹操。《明罚令》:严明刑法的令文,颁布于建安十一年(206)。

②太原:太原郡。秦庄襄王三年(前247)置,治晋阳县(今山西太原)。上党:上党郡。春秋晋地。战国时赵、韩各置上党郡。赵上党郡在今山西和顺、榆社等县以南,南与韩的上党郡相接;韩上党郡在今山西沁河以东一带。秦取赵、韩二郡合置上党郡,治壶关县(今山西长治北)。西河:西河郡。汉武帝元朔四年(前125)置,治今山西平定县。东汉初治所迁往离石(今山西离石)。雁

门：即雁门郡。战国赵武灵王置。秦、西汉治善无县（今山西右玉南），三国魏移治广武县（今山西代县西南）。

③冱（hù）寒：指寒气凝结。谓极为寒冷。

④羸（léi）弱：身体瘦弱的人。

⑤不堪之患：身体忍受不了，带来严重疾病。

⑥主吏：秦汉郡县地方官的属吏。

⑦令长：秦汉时治万户以上县者为令，不足万户者为长。后因以"令长"泛指县令。夺：剥夺，扣罚。俸：俸禄，薪俸。旧指官吏所得的薪金。

【译文】

魏武帝《明罚令》："听说太原、上党、西河、雁门等郡从冬至后一百零五天，家家都禁止烟火吃冷食，据说是为了纪念介子推。况且北方是极为寒冷的地方，老人、小孩和身体瘦弱的人吃冷食，身体忍受不了，会带来严重疾病。下令所有人不准禁火吃冷食，有违犯的，家长要判半年徒刑，主吏要判一百天徒刑，县令要扣罚一个月薪俸。"

预温食

《后汉·周举传》[①]："周举迁并州刺史[②]。太原一郡，旧俗以介子推焚骸[③]，有龙忌之禁[④]。至其亡月，咸言神灵禁举火，由是士民每冬中辄一月寒食[⑤]，莫敢烟爨[⑥]，老少不堪，岁多死者。举既到州，乃作吊书置子推庙[⑦]，言盛冬禁火，残损民命[⑧]，非贤者之意，以宣示愚民[⑨]，使还预温食。由是众惑少解[⑩]，风俗颇革[⑪]。"注云："龙星[⑫]，木之位也，春见东方。心为大火[⑬]，惧火之盛，故为之禁。俗传云子推此日被焚，故禁火也。"《容斋三笔》云："然则所谓寒食，乃是中冬[⑭]，非节令二三月也。"

【注释】

①《后汉·周举传》:《后汉书》中关于周举的传记。周举(? —149),字宣光,东汉汝南汝阳(今河南商水西北)人。博学多闻,为儒者所宗,京师有"五经纵横周宣光"之誉。

②迁:晋升。

③焚骸(hái):烧身。

④龙忌:此指禁火日。

⑤辄:总有。

⑥烟爨(cuàn):烧火煮饭。

⑦吊书:吊祭的文书,祭文。

⑧残损:残害。

⑨愚民:老百姓。

⑩众惑:百姓的疑虑。

⑪颇革:底本作"顿平",据《后汉书·周举传》改。

⑫龙星:星名。东方苍龙七宿的统称。七宿中的任何一宿,也可称为龙星。《左传·桓公五年》:"龙见而雩。"汉服虔注:"龙,角、亢也,谓四月昏龙星体见,万物始盛,待雨而大,故雩祭以求雨也。"

⑬大火:底本作"心火",据《后汉书·周举传》改。

⑭中冬:冬季第二个月。

【译文】

《后汉书·周举传》:"周举晋升为并州刺史。太原一郡,旧俗以介子推被火焚烧至死,有禁止烟火的风俗。每到介子推死亡的那个月份,都说神灵禁止生火做饭,因此当地士民每年冬季总有一个月吃冷食,不敢烧火煮饭,老人和小孩身体忍受不了,每年死不少人。周举到了并州,于是写了吊介子推的祭文放在他庙里,说严寒的冬天禁止烟火,就是残害百姓生命，这不是介子推的本意，并向愚钝的百姓宣布，使他们恢复熟食。从此百姓的疑虑渐渐消除，禁止烟火的风俗颇有改变。”注解说：“龙宿，五行属木，它们在春天傍晚时出现在东方夜空。心宿为大火，害怕火势强烈，因此禁止烟火。民间传说介子推这一天被火烧死，因此禁止烟火。”《容斋三笔》记载：“然而所谓寒食节，是在冬季第二个月，不是现在的节令在二三月间。”

办冷食

《邺中记》[①]：“并州俗，冬至后一百五日，为介子推断火，冷食三日，作干粥，今之糗是也[②]。”又《荆楚岁时记》云：“昔介子推三月五日为火所焚，并人哀之[③]，每岁春莫[④]，为不举火，因以寒食。至今晋人重此禁，云犯之则雨雹伤其田[⑤]。”

【注释】

①《邺中记》：又名《石虎邺中记》，二卷，东晋陆翙撰。该书所记皆赵石虎事，以其都邺而命书名。陆翙（huì），曾任国子助教。

②糗（qiǔ）：泛指干粮。

③并人：并州人。哀：怜悯。

④春莫：即春暮。莫，古同“暮”。

⑤伤：损坏。

【译文】

《邺中记》：“并州的风俗，冬至后一百零五天，为纪念介子推禁止生火做饭，吃三天冷食，制作干粥，就是今天的干粮。”又有《荆楚岁时记》记载：“从前介子推三月五日被大火烧死，并州人怜悯他，每年农历三月，为了纪念介子推而不生火做饭，因而称为寒食。到现在晋国人仍然重视禁火，说违犯禁火就会有雷雨冰雹损坏良田。”

进寒食

《汝南先贤传》[①]：“太原旧俗，以介子推焚骸，一月寒食，莫敢烟爨。”又《奇应录》云[②]：“太原旧以介子推登山燔燎[③]，一月禁火。至赵石勒建平中废之[④]，暴风折木坏田。”

【注释】

①《汝南先贤传》：《旧唐书·经籍志》：“《汝南先贤传》，三卷，周斐撰。”该书主要记载东汉至三国时期汝南郡（今河南驻马店一带）的贤士名人事迹。

②《奇应录》：《通志·艺文略》：“《奇应录》，三卷，夏侯六珏撰。”该书为志怪小说集。

③燔燎（fán liáo）：烧柴祭天。《周礼·春官·大宗伯》汉郑玄注：“或有玉帛，燔燎而升烟，所以报阳也。”此指晋文公放火烧山的行为。

④赵：即后赵（319—351），朝代名。十六国之一。羯人石勒灭前赵，国号赵，初都襄国，后都邺城。终为前燕所灭。史称为“后赵”。石勒（274—333），字世龙，上党武乡（今山西榆社北）人。羯族。十六国时期后赵的建立者。建平：后赵石勒年号（330—333）。

【译文】

《汝南先贤传》：“太原一带旧俗，因为介子推被火烧死，介子推被烧死的那个月吃冷食，不敢烧火做饭。”又有《奇应录》记载：“太原一带过去因纪念介子推被晋文公放火焚烧事件，形成了长达一个月的禁火习俗。到了后赵石勒建平年间废除，暴风吹断树木，损坏良田。”

严火禁

《岁时杂记》:"元丰初,官镇阳①。镇阳距太原数百里,寒食火禁甚严。有辄犯者②,闾里记其姓名③,忽遇风雹伤稼,则造其家④,众口交遍谪之⑤,殆不能自容⑥,以是相率不敢犯⑦。绍圣年来⑧,江淮之南寂无此风⑨。闻二浙民俗⑩,以养火蚕⑪,亦于寒食日火云。"

【注释】

①镇阳:地名。不详待考。

②辄犯者:指屡次违反规定或作恶之人。

③闾里:乡里。

④造:到。

⑤交遍:表示全面且持续不断的指责状态。谪(zhé):责备。

⑥殆:几乎。自容:自我容身。

⑦相率:互相带引,共同。

⑧绍圣:宋哲宗赵煦年号(1094—1098)。

⑨江淮:长江和淮河。

⑩二浙:宋代行政区划浙江东路与江西路的合称。辖地约当今浙江全境及江苏长江以南地区。

⑪火蚕:火加热升温使其早熟的蚕。三国魏嵇康《答难养生论》:"火蚕十八日,寒蚕三十日余,以不得逾时之命,而将养有过倍之隆。"

【译文】

《岁时杂记》:"元丰初年,在镇阳为官。镇阳距离太原数百里,寒食节禁火令很严格。如果有人屡次违反规定,乡里会记录下其姓名,一旦遇到风灾、冰雹损害庄稼的情况,民众就会到这些人家中追究责任,众人纷纷指责他，使他羞愧得几乎无法自处，因此大家相继不敢再犯同样的过错。绍圣年以来，长江和淮河以南，慢慢地就没有这个风俗了。听说两浙的风俗，用火加热升温使蚕早熟，也是因为寒食节禁火的缘故。”

修火禁

《太平御览》云：“周举移书及魏武《罚令》、陆翙《邺中记》并云寒食断火起于子推[①]，《琴操》所言子绥即推也。”又云：“五月五日，与今有异，皆因流俗所传。据《左传》及《史记》，并无介子推被焚之事。按《周礼·司烜氏》[②]：‘仲春，以木铎修火禁于国中[③]。’注云：‘为季春将出火也[④]。’今寒食节气是仲春之末，清明是三月之初，然则禁火盖周之旧制。”河南《程氏外书》载伊川先生曰[⑤]：“寒食禁火，只是将出新火，必尽熄天下之火，然后出之也。世间风俗，盖讹谬之甚耳[⑥]。”

【注释】

①移书：发送公文，布告。

②《周礼·司烜（huǐ）氏》：《周礼》篇名。司烜氏，职官名。掌火禁，兼掌坟烛、庭燎等事。

③木铎（duó）：金口木舌的铜铃，古代施政宣教召集群众所用。《周礼·天官·小宰》：“徇以木铎。”郑玄注：“古者将有新令，必奋木铎以警众，使明听也……文事奋木铎，武事奋金铎。”国中：城中。

④出火：生火。

⑤《程氏外书》：即《二程外书》，十二卷，北宋学者程颢、程颐讲学语录之汇编。二程门人所记，复由朱熹编次。伊川先生：宋理学家

程颐的别号。《宋史·道学传一·程颐》:"(颐)平生诲人不倦,故学者出其门最多,渊源所渐,皆为名士。涪人祠颐于北岩,世称为伊川先生。"

⑥讹谬(é miù):差错,谬误。南朝梁阮孝绪《七录序》:"昔刘向校书,辄为一录,论其指归,辨其讹谬,随竟奏上,皆载在本书。"

【译文】

《太平御览》记载:"周举发布公告及魏武帝《明罚令》、陆翙《邺中记》里都说寒食节禁火是为了纪念介子推,《琴操》里所说子绥就是子推。"又记载:"五月初五,与今天也不同,都是因为社会上流行的风俗习惯所传。据《左传》及《史记》,并没有介子推被火烧死的事情。按《周礼·司烜氏》:'仲春二月,官吏摇着木铎巡行城中,宣令国人禁止烟火。'注解说:'季春三月将生新火。'如今寒食节在仲春二月末,清明节在三月初,那么禁火大概是周朝旧制。"河南《程氏外书》记载程颐说法:"寒食节禁火的本意,只是为了点燃新的火种,必须先彻底熄灭旧火,再点燃新火。但如今民间流传的风俗,已经严重偏离了本意。"

煮粳酪

《邺中记》:"寒食三日作醴酪[①],又煮粳米及麦为酪,捣杏仁煮作粥。"孙楚《祭子推文》云[②]:"黍饭一盘[③],醴酪一盂。清泉甘水,充君之厨。"今寒食节物有杏酪、麦粥,即其遗风也。又见《荆楚岁时记》。东坡诗云:"火冷饧稀杏粥稠[④]。"韦苏州诗云:"杏粥犹堪食,榆羹已可煎[⑤]。"崔鲁《春日》诗云[⑥]:"杏酪渐看邻舍粥,榆烟欲变旧炉灰。"

【注释】

①醴酪（lǐ lào）：一种以麦芽糖调制的杏仁麦粥。

②孙楚（约218—293）：字子荆，太原中都（今山西平遥西南）人。西晋文学家。明人辑有《孙子荆集》。

③黍饭：黍米煮成的饭。

④火冷饧（xíng）稀杏粥稠：出自苏轼《次韵田国博部夫南京见寄二绝·其二》。火冷，寒食节禁火三日，故云火冷。饧，饴糖。杏粥，用杏仁制成的粥。

⑤杏粥犹堪食，榆羹已可煎：出自韦应物《清明日忆诸弟》。榆羹，用榆荚和榆面煮成的羹。

⑥崔鲁：亦作"崔橹"，荆南（今湖北荆州）人。唐僖宗广明年间（880—881）举进士，曾任棣州司马。颇慕杜牧诗风范，尤善于题咏。《新唐书·艺文志》著录《无讥集》四卷，未见传本。

【译文】

《邺中记》："寒食节三天制作醴酪，又把粳稻米和大麦煮成乳酪，捣碎杏仁煮成粥。"孙楚《祭子推文》写道："黍饭一盘，醴酪一盂。清泉甘水，充君之厨。"今天寒食节食物有杏酪、麦粥，就是以前的习俗。又见《荆楚岁时记》记载。苏轼有诗写道："火冷饧稀杏粥稠。"韦应物有诗写道："杏粥犹堪食，榆羹已可煎。"崔鲁《春日》诗写道："杏酪渐看邻舍粥，榆烟欲变旧炉灰。"

作麦粥

《玉烛宝典》："今人寒食悉为大麦粥，研杏仁为酪[①]，引饧以沃之[②]。"白乐天诗云："留饧和冷粥，出火煮新茶[③]。"李义山诗云："粥香饧白杏花天[④]。"宋子京诗云："漠漠轻花著早桐，客瓯饧粥对禺中[⑤]。"欧阳公诗云："杯盘饧粥春风冷,池馆榆钱夜雨新[⑥]。"又云:"多病正愁饧粥冷[⑦]。"又云:"已改煎茶火,犹调入粥饧[⑧]。"

【注释】

①研:细磨。

②沃:浇注,调和。

③留饧和冷粥,出火煮新茶:出自白居易《清明日送韦侍御(一作郎)贬虔州》。

④粥香饧白杏花天:出自李商隐《评事翁寄赐饧粥走笔为答》。杏花天,杏花开放时节。指春天。

⑤漠漠轻花著早桐,客瓯(ōu)饧粥对禺(yú)中:出自宋祁《途次清明》。饧粥,甜粥。禺中,将近午时。

⑥杯盘饧粥春风冷,池馆榆钱夜雨新:出自欧阳修《和较艺书事》。池馆,池苑馆舍。南朝齐谢朓《游后园赋》:"惠气湛兮帷殿肃,清阴起兮池馆凉。"榆钱,榆荚。因其形似小铜钱,故称。唐施肩吾《戏咏榆荚》:"风吹榆钱落如雨,绕林绕屋来不住。"

⑦多病正愁饧粥冷:出自欧阳修《清明赐新火》。

⑧已改煎茶火,犹调入粥饧:出自苏轼《南歌子·晚春》。已改煎茶火,古代各个季节取不同的木为柴火。《周礼·夏官》:"四时变国火。"郑众注引《鄹子》:"春取榆柳之火,夏取枣杏之火,季夏取桑柘之火,秋取柞楢之火,冬取槐檀之火。"

【译文】

《玉烛宝典》:"如今寒食节时,人们普遍制作大麦粥,将杏仁研磨成糊状作为配料,最后浇入麦芽糖或蜂蜜调味。"白居易有诗写道:"留饧和冷粥,出火煮新茶。"李商隐有诗写道:"粥香饧白杏花天。"宋祁有诗写道:"漠漠轻花著早桐,客瓯饧粥对禺中。"欧阳修有诗写道:"杯盘饧粥春风冷,池馆榆钱夜雨新。"又写道:"多病正愁饧粥冷。"苏轼有诗写道:"已改煎茶火,犹调入粥饧。"

为醴饧

《岁华纪丽》:"寒食作醴酪,以大粳米或大麦为之,即今之麦粥也。醴即今之饧是也。"宋考功诗云[①]:"马上逢寒食,春来不见饧。洛中逢甲子,何日是清明[②]?"又沈云卿《咏驩州不作寒食》云[③]:"海外无寒食,春来不见饧。"江西诗体云[④]:"齿软不禁寒食饧[⑤]。"

【注释】

①宋考功:即宋之问。因宋之问曾任考功员外郎,故名。

②"马上逢寒食"几句:出处有二,一为宋之问《余中寒食》,原诗为"马上逢寒食,途中属木春。可怜江浦望,不见洛阳人";二为沈佺期《岭表寒食》,原诗为"岭外无寒食,春来不见饧。洛阳新甲子,何日是清明"。疑抄写有误。

③沈云卿:即沈佺期(约656—714),字云卿,相州内黄(今属河南)人。唐诗人,与宋之问齐名,号称"沈宋"。驩(huān)州:隋开皇十八年(598)改德州置,治九德县(今越南荣市)。

④江西诗体:即江西诗派。

⑤齿软不禁寒食饧:出处不详。

【译文】

《岁华纪丽》:"寒食节制作醴酪,用大粳米或大麦制作,就是今天的麦粥。醴就是今天的糖稀。"宋之问有诗写道:"马上逢寒食,春来不见饧。洛中逢甲子,何日是清明?"又沈佺期《咏驩州不作寒食》诗写道:"海外无寒食,春来不见饧。"江西诗派有诗写道:"齿软不禁寒食饧。"

卖稠饧

《东京梦华录》:"一百五日,都城卖稠饧、麦糕、乳粥酪、乳饼之类最盛[①]。"东坡诗云:"不比卖饧人[②]。"又有吹箫卖饧事[③],宋子京《寒食》诗云:"草色引开盘马路[④],箫声吹暖卖饧天[⑤]。"梅圣俞诗云:"千门走马将开榜,广市吹箫尚卖饧[⑥]。"藜藿野人《寒食》诗云[⑦]:"流水有人题坠叶[⑧],吹箫何处卖煎饧。"

【注释】

①稠饧(xíng):一种厚的饴糖。麦糕:食品名。用面粉做成的糕。乳粥酪:用牛羊等动物乳汁提炼而成的食品。乳饼:乳制品名。《初学记》卷二六引晋卢谌《祭法》:"夏祠别用乳饼,冬祠用环饼。"

②不比卖饧人:出自王安石《和圣俞农具诗十五首其五牧笛》,原诗为"岂比卖饧人"。

③吹箫卖饧:指小贩开始吹箫卖糖。

④盘马:谓骑在马上驰骋回旋。

⑤卖饧天:指春日艳阳天。以此时小贩开始吹箫卖糖,故名。

⑥千门走马将开榜,广市吹箫尚卖饧:出自梅尧臣《出省有日书事和永叔》。走马,骑马疾走。

⑦藜藿野人:人名。不详待考。

⑧流水有人题坠叶:化用"红叶题诗"典故。唐代宫女因深宫寂寞,常在红叶上题诗随御沟流水传出宫外,后被宫外士子拾得,成就姻缘。

【译文】

《东京梦华录》:"冬至后一百零五天,京城卖稠饧、麦糕、乳粥酪、乳饼之类最为盛行。”苏轼有诗写道：“不比卖饧人。”又有小贩开始吹箫卖糖的故事，宋祁《寒食》诗写道：“草色引开盘马路，箫声吹暖卖饧天。”梅尧臣有诗写道：“千门走马将开榜，广市吹箫尚卖饧。”藜藋野人《寒食》诗写道：“流水有人题坠叶，吹箫何处卖煎饧。”

染青饭[①]

《零陵总记》[②]：“杨桐叶细冬青[③]，临水生者尤茂[④]。居人遇寒食[⑤]，采其叶染饭，色青而有光，食之资阳气[⑥]，谓之杨桐饭。”道家谓之青精乾石饳饭[⑦]。《彭祖传》云[⑧]：“大宛有青精先生[⑨]。”清虚真人、霍山道士邓伯元者[⑩]，受青精饭法，能冥中夜书[⑪]。陶隐居《登真隐诀》云[⑫]：“太极真人青精乾石饳饭法方授王褒[⑬]。”又《圆散十法》中有精石饭[⑭]，注云：“上仙灵方[⑮]，服之令人童颜[⑯]。”杜甫诗云：“岂无青精饭，使我颜色好[⑰]。”皮日休诗云：“半月始斋青饳饭[⑱]。”东坡诗云：“赤松馈青精[⑲]。”谢伯任云[⑳]：“诸书并无‘饳’字。按《道藏·经音义》云[㉑]：‘饳，一作粈，亦作饳，并音信，又音峻。’赤松，赤松子也。”

【注释】

①青饭：即“青精饭”。古代道家特制的一种据说可以益寿养颜之饭食。制作方法是，先取南天烛之枝叶煮成汁，将米放入浸泡，而后蒸熟晒干。以其色青黑，故名。后佛徒于四月八日采乌桕、枫树、杨桐等叶煮汁为饭以供佛，亦以为名。

②《零陵总记》：十五卷，陶岳撰。该书记述了唐代湖南南部零陵旧地景观名胜与文人轶事。

③杨桐：山茶科、杨桐属灌木或小乔木。

④茂：茂盛。

⑤居人：家居的人。

⑥资：资补。

⑦饥：同“饥”。

⑧《彭祖传》：底本作“彭祖”，据《太平御览》改。彭祖，姓篯名铿。相传为尧时人，历夏、殷至周，寿至八百岁，封于彭，世称“彭祖”。

⑨大宛：西域古国名。北通康居，南面和西南面与大月氏接，产汗血马。在今乌兹别克斯坦费尔干纳盆地。青精先生：上天派遣管理十大洞天中的第七洞天罗浮山洞的仙人。罗浮山洞周回五百里，名曰朱明辉真之洞天，在循州博罗县。

⑩清虚真人：底本作“清灵真人”，据《太平御览》改。清虚真人即王褒（前36—？），字子登。《历世真仙体道通鉴》称其为范阳襄平（今辽宁辽阳）人。生性淡泊名利，雅好仙道，被封为太素清虚真人，简称清虚真人。霍山：底本作“藿山”，据《太平御览》改。亦名霍太山、太岳山。在今山西霍州东南。《周礼·夏官司马》：“河内曰冀州，其山镇曰霍山。”邓伯元：吴郡（今江苏苏州）人。唐代初年，邓伯元曾学道于福州鹤林山，由太乙真人授餐青精饭，以作云游四方时抵御饥饿之用。

⑪冥中：阴间，迷信谓人死后灵魂所在的地方。

⑫陶隐居：即陶弘景。《梁书·处士传·陶弘景传》：“（弘景）于是止于句容之句曲山。……乃中山立馆，自号华阳隐居。”《登真隐诀》：三卷，梁陶弘景撰。该书为古代修炼术书。

⑬太极真人：道教神仙体系中的称号，杜冲、淮南王刘安、徐来勒同称为“太极真人”。

⑭《圆散十法》：不详待考。

⑮上仙：道家分天上仙人为九等，第一等为上仙。《云笈七签》卷三：

“太清境有九仙……其九仙者，第一上仙。”灵方：犹仙方。神仙赏赐的药饵。

⑯童颜：儿童的容颜。亦谓如儿童红润的容颜。

⑰岂无青精饭，使我颜色好：出自杜甫《赠李白》。颜色，面容，面色。

⑱半月始斋青饥饭：出自皮日休《江南道中怀茅山广文南阳博士三首·其一》。

⑲赤松馈青精：出自苏轼《次韵程正辅游碧落洞》。赤松，即赤松子。相传为上古时神仙。《汉书·张良传》：“愿弃人间事，欲从赤松子游耳。”颜师古注：“赤松子，仙人号也，神农时为雨师。”一说为帝喾雨师。后为道教所信奉。

⑳谢伯任：人名。不详待考。

㉑《道藏·经音义》：《道藏》中专门对道教典籍进行注音、释义的文献类别，属于道教音义学范畴。

【译文】

《零陵总记》：“杨桐树叶子似冬青而细小，靠近水边的尤为茂盛。家居的人遇到寒食节，采摘杨桐叶浸染米饭，米饭颜色青绿而有光泽，吃了可资补阳气，称为杨桐饭。”道家称为青精乾石饥饭。《彭祖传》记载：“大宛国有青精先生。”清虚真人王褒、霍山道士邓伯元，得到制作青精饭的方法，能在阴间夜里书写。陶弘景《登真隐诀》记载：“太极真人将做青精乾石饥饭的方法传授给王褒。”又有《圆散十法》中有精石饭的记载。注解说：“精石饭是上等神仙的灵方，服用后能使人脸色如儿童般红润。”杜甫有诗写道：“岂无青精饭，使我颜色好。”皮日休有诗写道：“半月始斋青饥饭。”苏轼有诗写道：“赤松馈青精。”谢伯任说：“诸书并没有‘饥’字。按《道藏·经音义》记载：‘饥，一作粈，亦作饥，并读音为信，又读音为峻。’赤松，就是赤松子。”

炊绀饭

《登真隐诀》:“神仙王君青饥饭方云[①]:此饭用白米一斛五斗[②],得稻有青衣佳,如豫章西山青米、吴越青龙稻米是也[③]。盖青米里虚而受气,故堪用之。取南烛草木叶五斤[④],煮汁渍米,炊即洒之,令饭作绀青也[⑤]。服二合[⑥],填胃补髓,杀三虫[⑦],神仙食之。按《本草·木部》有南烛枝,久服轻身长年[⑧],令人不饥,能益颜色。取汁炊饭,名乌饭,又名黑饭。唐高宗幸嵩山[⑨],至逍遥谷[⑩],见室中大瓠[⑪],问潘师正[⑫],答曰:‘中有青饥。昔西城王君以南烛草为之,服食得道。’乃命道士叶法善往江东[⑬],造青饥饭,变白去老,取茎叶捣碎渍汁,浸粳米,九浸九蒸九暴[⑭],米粒紧小,正黑如瑿珠[⑮]。袋盛之,可适远方[⑯]。日进一合,不饥,益颜色,坚筋骨,能行。取汁炊饭,名乌饭,亦名乌草,亦名牛筋,言食之健如牛筋也。色赤,名文烛[⑰],生高山,经冬不凋[⑱]。《日华子》云[⑲]:‘名乌饭草,又名南烛。’”郑畋诗云[⑳]:“圆明青饥饭,光润碧霞浆[㉑]。”山谷诗云:“饥蒙青饥饭,寒赠紫陀衣[㉒]。”

【注释】

①神仙王君:即清虚真人王褒。青饥饭:即青精饭。

②斛(hú):古量器名,也是容量单位,十斗为一斛。南宋末改为五斗。

③豫章:西汉高帝六年(前201)分九江郡置,治今江西南昌。吴越:指春秋吴越故地(今江浙一带)。

④南烛草木:一种叶似草的树。古人用其叶合青米以配制青精上仙灵方。据称,人服此方后可逐渐减食,直至辟谷。

⑤绀（gàn）青：黑里透红的颜色。也说绀紫。

⑥合（gě）：古代容量单位，1升的十分之一。10勺等于1合，10合等于1升。

⑦三虫：人体中的三种寄生虫。汉王充《论衡·商虫》："人腹中有三虫。下地之泽，其虫曰蛭。蛭食人足，三虫食肠。"

⑧轻身长年：身体轻盈，健康长寿。

⑨唐高宗：即唐高宗李治（628—683）。嵩山：五岳之中岳，位于今河南登封。

⑩逍遥谷：位于嵩山太室山南麓（今河南登封北），是唐代著名道士潘师正的隐修之地。

⑪大瓠（hú）：大葫芦。

⑫潘师正（586—684）：字子真，贝州宗城（另说为赵州赞皇，今均属河北）人。隋大业年间（605—618），拜茅山派道士王远知为师，得受上清隐诀和符箓。先隐居茅山，后迁居于嵩山双泉顶，最后隐于逍遥谷。

⑬叶法善（614—720）：字道元，别字太素，世称叶真人、叶天师、括苍罗浮真人等，括州括苍（今浙江丽水）人。从曾祖三代为道士。

⑭暴：晒。

⑮正黑：纯黑色。鹥（yī）珠：黑色的珍珠。

⑯适：便于携带。

⑰文烛：一种生长在江东的灌木，株高三五尺，叶类苦楝而小，冬季时红子成穗。

⑱凋：凋谢。

⑲《日华子》：即《日华子诸家本草》，又称《大明本草》，日华子撰。据《古今医统》《鄞县志》等文献记载，日华子精研药性，集诸家本草所用药，按寒温性味，花实虫兽分类，编成《大明本草》，已佚。日华子，原姓大，名明，四明（今浙江宁波）人。唐药学家。

⑳郑畋（tián,825—883）：字台文，荥阳（今属河南）人。唐文学家。《新唐书·艺文志》著录其《玉堂集》五卷、《凤池稿草》三〇卷，《郡斋读书志》著录《郑畋集》五卷。

㉑圆明青饥饭，光润碧霞浆：出自郑畋佚句。圆明，佛教语。谓彻底领悟。碧霞浆，仙露。

㉒饥蒙青饥饭，寒赠紫陀衣：出自黄庭坚《陈荣绪惠示之字韵诗，推奖过实非所敢当，辄次高韵三首·其三》。紫陀衣，即紫陀尼，亦作“紫驼尼”。毛织尼布之一种。以骆驼毛纺织而成，故称。原诗此两句为：“饥蒙青粈饭，寒赠紫陀尼。”

【译文】

《登真隐诀》：“神仙王褒制作青饥饭的方法是：此饭用白米一斛五斗，稻谷有青衣的最好，如豫章西山青米、吴越青龙稻米。青米因其内部结构疏松（虚），能更好地承载和吸收水谷精微之气，因此适合用于调补因脏腑虚弱导致的气血不足。取南烛草木叶五斤，煮出汁浸泡稻米，煮好米饭立刻洒在上面，使米饭呈黑里透红的颜色。服食两合，可填充肠胃补充精髓，杀死人体中的三种寄生虫，这是神仙的食物。按《本草·木部》有南烛枝，长期服用可使身体轻盈，健康长寿，令人不感到饥饿，能使人面色红润。用汁煮饭，叫乌饭，又叫黑饭。唐高宗驾临嵩山，到了逍遥谷，看见室中有大葫芦，就问潘师正，潘师正回答说：‘里面有青饥饭。从前西城王君用南烛草汁煮的，服用后可得道成仙。’唐高宗就命道士叶法善前往江东制作青饥饭，长期食用可改善白发，延缓衰老，将南烛草枝的茎叶捣碎后浸泡取汁，将粳米多次浸泡在南烛汁液中，重复九次蒸晒循环，米粒因水分蒸发，体积缩小，米粒颜色乌黑发亮，如同深黑色玉石。装入布袋，便于携带至远方。每天吃一合，就不感到饥饿，能使人面色红润，身体结实，快步行走。用南烛草汁煮饭，叫乌饭，也叫乌草、牛筋，说吃了健壮如牛。红色的南烛，叫文烛，生长在高山上，冬天不凋谢。《日华子诸家本草》记载：‘这叫乌饭草，又叫南烛。’”郑畋有诗写道："圆明青饥饭，光润碧霞浆。"黄庭坚有诗写道："饥蒙青饥饭，寒赠紫陀衣。"

造枣䭔[1]

《东京梦华录》："京师以寒食前一日，谓之'炊熟'，用面造枣䭔飞燕[2]，柳条串之，插于门楣[3]，谓之'子推燕'。"又吕原明《岁时杂记》云："以枣面为饼，如此地枣菰而小[4]，谓之'子推'。穿以杨枝插之户间，而不知何得此名也。或谓昔人以此祭介子推，正犹角黍祭屈原焉[5]。"《艺苑雌黄》云："以面为蒸饼样，团枣坿之[6]，名曰枣䭔。"

【注释】

①䭔（hú）：饼。

②枣䭔飞燕：用面粉制作燕子形状的面食，以枣泥或枣粒为馅料。

③门楣：门框上端的横木。

④枣菰（gū）：疑是以枣为核心、结合菰米或菰叶制作的节令食品。

⑤角黍：即粽子。以箬叶或芦苇叶等裹米蒸煮使熟。状如三角，古用黏黍，故称。《太平御览》卷八五一引晋周处《风土记》："俗以菰叶裹黍米，以淳浓灰汁煮之令烂熟，于五月五日及夏至啖之。一名粽，一名角黍。"

⑥坿：同"附"。

【译文】

《东京梦华录》："京城在寒食节的前一天，称为'炊熟'，用面粉蒸制成飞燕状的枣䭔，用柳条串起来，插在门框上端的横木上，称为'子推燕'。"又有吕希哲《岁时杂记》记载："人们用枣泥和面粉制成小饼，形似北方的枣菰但更小，称为‘子推’。用杨柳枝穿起插在大门上，但对其名称来源不甚清楚。有人认为古代人用它祭祀介子推，正如端午节用粽子祭祀屈原一样。”《艺苑雌黄》记载：“用面做成蒸饼的样子，团枣附在饼上，名叫枣馉。”

蒸糯米

《岁时杂记》：“寒食，以糯米合采蒻叶裹以蒸之[①]，或加以鱼肉、鹅鸭卵等。又有置艾一叶于其下者。”

【注释】

①蒻（ruò）：指嫩的香蒲。

【译文】

《岁时杂记》：“寒食节，用嫩的香蒲叶子包裹糯米蒸制，或者再加上鱼肉、鹅蛋、鸭蛋等。还有在下面放一片艾叶的。”

冻姜豉

《岁时杂记》：“寒食，煮豚肉并汁露顿[①]，候其冻取之，谓之‘姜豉’。以荐饼而食之[②]，或剜以匕[③]，或裁以刀[④]，调以姜豉，故名焉。”

【注释】

①露顿：在露天静置。

②荐：指将食物铺陈或搭配。饼：指面饼或蒸饼。

③剜（wān）：挖。匕：古代的一种取食器具，长柄浅斗，形状像汤勺。

④裁：切。

【译文】

《岁时杂记》："寒食节，将煮好的猪肉并汁在露天静置，等到冻住取来，称为'姜豉'。将姜豉作为佐料或配菜，搭配饼类食物一起食用，或用汤勺挖着吃，或用刀切着吃，因主要用姜和豆豉调制，因而得名。"

镂鸡子①

《唐史》："寒食，进杂彩鸡子。"《景龙文馆记》云："寒食，赐镂鸡子。"《玉烛宝典》曰："寒食节，城市尤多斗鸡卵之戏②。"《管子》曰③："雕卵熟斫之④，所以发积藏，散万物⑤。"

【注释】

①镂鸡子：在鸡蛋上雕刻花纹。古代的一种风俗，流行于六朝、唐代寒食节。南朝梁宗懔《荆楚岁时记》："镂鸡子……古之豪家，食称画卵。今代犹染蓝茜杂色，仍加雕镂，递相饷遗，或置盘俎。"

②斗鸡卵：隋唐时期长安盛行的一种游戏。多在寒食节进行，不知起于何代，具体斗法亦不详。

③《管子》：书名。相传春秋时期齐国管仲撰，实系后人托名于他的著作。其内容包括法、道、名等家的思想，以及天文、历数、舆地、经济和农业等知识。

④雕卵：指在鸡蛋表面雕刻花纹。熟斫（zhuó）：即"煮熟后雕凿"，或理解为"雕镂后烹煮"。斫，意为雕凿。

⑤发积藏，散万物：指春季通过活动仪式，促进冬季储藏的能量释放，使万物生长。

【译文】

《唐史》："寒食节，进献染上杂彩的鸡蛋。"《景龙文馆记》记载："寒食节，赏赐雕刻花纹的鸡蛋。”《玉烛宝典》记载：“寒食节，城市特别流行斗鸡卵的游戏。”《管子》记载：“在煮熟的鸡蛋表面雕刻花纹，春季通过这个仪式促进冬季储藏的能量释放，使万物生长。”

画鸭卵

《邺中记》：“寒食日，俗画鸭子以相饷。”张衡《南都赋》曰：“春卵夏笋[①]，秋韭冬菁[②]。”

【注释】

①卵：卵蒜。《大戴礼记·夏小正》：“纳卵蒜。卵蒜也者，本如卵者也。”晋崔豹《古今注·草木》：“蒜，卵蒜也。俗人谓之小蒜。”笋：竹笋。

②菁：菜名，即蔓菁，又名芜菁。植物名。十字花科，一年或二年生草本。根与叶俱可供食用。

【译文】

《邺中记》：“寒食节，习俗把染上杂彩的鸭蛋相互馈赠。”张衡《南都赋》写道：“春天的卵蒜，夏天的竹笋，秋天的韭菜，冬天的芜菁，都是时令美物。”

畜食品

《岁时杂记》：“京都寒食多畜食品[①]，故谚有‘寒食十八顿’之说[②]。又云‘馋妇思寒食，懒妇思正月’[③]，盖正月多禁忌女工也。”

【注释】

①畜:积,积聚。后作"蓄"。

②寒食十八顿:因寒食期间,无论士庶,所有庖厨都断火三日,所备食品充足,也不必按顿食饮。十八,极言其多,并非真的那么多顿。

③馋妇思寒食,懒妇思正月:指嘴馋的女人想过食物丰富的寒食节,懒惰的女人想过闲散的正月。

【译文】

《岁时杂记》:"京城过寒食节多积聚食品,因此谚语有'寒食十八顿'的说法。又说'馋妇思寒食,懒妇思正月',大概是正月多忌讳女子做纺织、刺绣、缝纫等事。"

煮腊肉

《岁时杂记》:"去岁腊月糟豚肉挂灶上[①],至寒食取以啖之[②]。或蒸或煮,其味甚珍[③]。"

【注释】

①糟:以酒或酒糟渍物。

②啖(dàn):吃。

③珍:鲜美。

【译文】

《岁时杂记》:"将前一年腊月用酒糟腌制的猪肉挂在灶上,到寒食节取过来吃。或蒸或煮,味道非常鲜美。"

设馓饼[①]

《尚书故实》[②]:"《晋书》中有饭食名'寒具'者[③],亦无注解处。后于《齐民要术》并《食经》中检得[4]，是今所谓馔饼也。桓玄尝或陈法书名画请客[5]，有食寒具不濯手而执书画[6]，因有涴[7]。玄不怿[8]，自是会客不设寒具。"

【注释】

①馔（xuàn）饼：一种大而圆的饼。《敦煌掇琐·开蒙要训》："馔馓馄饨。"

②《尚书故实》：一卷，唐李绰撰。该书所记多闻于河东张尚书之言，故而得名。内容多唐代遗闻轶事。

③寒具：又称"馓子""细环饼"，一种油炸的面食品。据《本草纲目》载："寒具，即今馓子也。以糯米粉和面，入少盐，牵索纽捻成环钏之形，油煎食之。"名之"寒具"，是因为它是寒食节的应节食品；具，意食物。苏轼有《寒具》诗："纤手搓来玉色匀，碧油煎出嫩黄深。"生动形象地描述了馓子的制作工艺、形态。

④《食经》：《中国药膳大辞典》载："食疗著作。共有四部，均已佚：一、南北朝北魏崔浩撰，九卷；二、唐段文昌撰，五十卷；三、唐竺喧撰，四卷；四、唐卢仁宗撰，三卷。"

⑤桓玄（369—404）：又名灵宝，字敬道，谯国龙亢（今安徽怀远）人。东晋书法家。法书：书法真迹。

⑥濯（zhuó）手：洗手。

⑦涴（wò）：弄脏。

⑧不怿（yì）：生气，不高兴。

【译文】

《尚书故实》："《晋书》中记载有一种食物名叫'寒具'，也没有解释出处。后来在《齐民要术》及《食经》中查到，就是今天所说的馔饼。桓玄曾在宴请宾客时陈列书法名画让人欣赏，有位宾客吃了寒具没洗手就触摸书画，因此把书画弄脏了。桓玄很生气，从此会宴宾客时不再摆设寒具。”

供良酝[1]

《秦中岁时记》：“寒食，内宴宰执以酴醾酒[2]。”《王立之诗话》云[3]：“酴醾，本酒名也。以花颜色似之，故取以为名。”按《唐·百官志》：“良酝署令进御[4]，则供酴醾、桑落之酒[5]。”

【注释】

①良酝（yùn）：犹美酒，佳酿。《新唐书·隐逸传·王绩》：“故事，官给酒日三升。或问：‘待诏何乐邪？’答曰：‘良酝可恋耳！’”

②内宴：指皇帝在宫中为臣下所设之宴会。《北史·魏孝武帝纪》：“帝内宴，令诸妇人咏诗。”宰执：指宰相等执掌国家政事的重臣。唐陆龟蒙《自怜赋》：“丞相府不开，平津阁不立，布衣之说无由自通乎宰执。”酴醾（tú mí）酒：一种经几次复酿而成的甜米酒，也称重酿酒。唐无名氏《辇下岁时记·钻火》：“新进士则于月灯阁置打球之宴，或赐宰臣以下酴醾酒，即重酿酒也。”

③《王立之诗话》：又名《王直方诗话》《归叟诗话》《兰台诗话》等。六卷，王直方著。该书为宋代诗论著作。王直方（1069—1109），字立之，号归叟，汴京（今河南开封）人。宋文学家。

④良酝署令：古代官名。属良酝署，隋制二人，唐二人，正八品下。掌供邦国祭祀五齐三酒之事。

⑤桑落：即桑落酒。北魏郦道元《水经注·河水四》：“（河东郡）民有姓刘名堕者，宿擅工酿，采挹河流，酝成芳酎，悬食同枯枝之年，

排于桑落之辰，故酒得其名矣。"

【译文】

《秦中岁时记》："寒食节，皇帝宴请重臣赏赐酴醾酒。"《王立之诗话》记载："酴醾，原本是酒的名字。因为与花的颜色相似，因此以花取名。"按《新唐书·百官志》记载："良酝署令进献御酒，则供酴醾酒、桑落酒。"

饮梨花

《云斋广录》[①]："汝阳侯穆清叔[②]，因寒食纵步郊外[③]，见数少年共饮于梨花下。穆长揖就坐[④]，众皆哂之[⑤]。或曰：'能诗否？'即以'香轮莫碾青青破，留与愁人一醉眠'为韵[⑥]，各赋梨花诗。清叔得'愁'字，诗曰：'共饮梨花下，梨花插满头。清香来玉树[⑦]，白蚁泛金瓯[⑧]。妆靓青娥妒[⑨]，光凝粉蝶羞[⑩]。年年寒食夜，吟绕不胜愁。'众客阁笔[⑪]。"东坡诗云："梨花寒食隔江路[⑫]。"又古诗云："梨花寒食天。"陈简斋诗云："寒食清明惊客意，暖风迟日醉梨花[⑬]。"

【注释】

①《云斋广录》：八卷，北宋李献民编撰。该书是一部重要的笔记杂集，主要记述了北宋中期12位朝野名士的逸闻轶事以及宋人诗歌、北宋传奇作品等。李献民，字彦文，延津（今河南新乡）人。

②汝阳：隋大业初改上蔡县置，治今河南汝南。侯穆清叔：底本作"溪穆清叔"，据《云斋广录》改。侯穆，字清叔，北宋蔡州汝阳（今河南汝南）人。熙宁、元丰间有诗名。

③纵步：漫步。

④长揖：拱手行礼。

⑤哂（shěn）：讥笑。

⑥香轮莫碾青青破，留与愁人一醉眠：出自唐郑谷《曲江春草》。香轮，香木做的车，车的美称。愁人，心怀忧愁的人。

⑦玉树：美丽的树。

⑧白蚁：酒面漂浮的白色泡沫。亦借指酒。元房皞《和杨叔能之字韵》："白蚁千家酒，黄花九日诗。"金瓯（ōu）：酒杯的美称。元本高明《琵琶记·蔡宅祝寿》："春花明彩袖，春酒泛金瓯。"

⑨青娥：借指少女、美人。前蜀韦庄《陪金陵府相中堂夜宴》诗："却愁宴罢青娥散，扬子江头月半斜。"

⑩粉蝶：蝴蝶。蝶身带粉，故名。唐韩偓《蜻蜓》诗："碧玉眼睛云母翅，轻于粉蝶瘦于蜂。"

⑪阁笔：停笔，放下笔。

⑫梨花寒食隔江路：出自苏轼《追饯正辅表兄至博罗，赋诗为别·其一》。

⑬寒食清明惊客意，暖风迟日醉梨花：出自陈与义《清明》。客意，离乡在外之人的心怀、意愿。迟日，《诗经·豳风·七月》："春日迟迟。"后以"迟日"指春日。唐皇甫冉《送钱唐骆少府赴制举》："迟日未能销野雪，晴花偏自犯江寒。"

【译文】

《云斋广录》："汝阳人侯穆，因寒食节到城外漫步，看见几个少年坐在梨花树下一起喝酒。侯穆拱手行礼入座，众人都讥笑他。有人问：'能作诗吗？'随即以'香轮莫碾青青破，留与愁人一醉眠'为韵律，各写一首梨花诗。侯穆抽得一'愁'字，诗写道：'共饮梨花下，梨花插满头。清香来玉树，白蚁泛金瓯。妆靓青娥妒，光凝粉蝶羞。年年寒食夜，吟绕不胜愁。'众人看到后都放下笔。"苏轼有诗写道："梨花寒食隔江路。"又有古诗写道："梨花寒食天。"陈与义有诗写道："寒食清明惊客意，暖风迟日醉梨花。"

插柳枝

《岁时杂记》:“今人寒食节,家家折柳插门上,唯江淮之间尤盛,无一家不插者。北人稍办者[①],又加以子推[②]。”

【注释】

①稍:同“捎”。捎带。

②子推:即子推燕。

【译文】

《岁时杂记》:“如今的人过寒食节,每家都折柳枝插在门上,只是江淮之间更为盛行,没有一家不插柳枝的。北方人捎带做的,又加上子推燕。”

装花舆

《金门岁节》:“寒食,装万花舆,煮杨花粥[①]。”

【注释】

①杨花粥:古代寒食节的一种食品。用新鲜杨树花穗熬煮的粥。

【译文】

《金门岁节》:“寒食节,用各种花装饰车,煮杨花粥。”

挂暑面

《琐碎录》:“寒食日,以纸袋盛面,当风处[①],中暑调水饮之[②]。”

【注释】

①当风：正对着风。

②调：烹调。

【译文】

《琐碎录》："寒食节，用纸袋盛面，放在正对着风的地方，人中暑后加水烹调服用。"

服强饧

《外台秘要》[①]："治蛟龙瘕[②]，寒食饧三升[③]，每服五合，日三服，遂吐蛟龙。开皇六年[④]，有人正月食芹得之[⑤]。其病发似痫[⑥]，面色青黄[⑦]。服寒食强饧二升，日三，吐出蛟龙，有两头及尾，是其验也。"

【注释】

①《外台秘要》：又名《外台秘要方》，四十卷，唐王焘撰。该书汇集唐及唐代以前数十种医学著作分类选编而成，是理论研究与治疗方剂的全面系统结合。王焘（约670—755），郿县（今陕西眉县）人。唐医学文献整理家。

②蛟龙：佛教传说中的蛟龙，据说是灵鹫山的神。《玄应音义》："蛟龙，梵云宫毗罗，有鳞曰蛟龙。"瘕（jiǎ）：中医指腹中结块的病症，多由寄生虫或异物引起。

③寒食饧：《荆楚岁时记·寒食事考》："去冬节一百五日，即有疾风甚雨，谓之寒食。禁火三日，造饧大麦粥。"

④开皇六年：586年。开皇，隋文帝杨坚年号（581—600）。

⑤芹：芹菜。张仲景《金匮要略》云："春夏二时，蛟龙带精入芹菜中。人食之则病，蛟龙症痛不可忍。治以硬糖，日服二三升，当吐

出如蜥蜴状也。”

⑥痫（xián）：癫痫。也称“羊癫疯”“羊角风”等。

⑦青黄：指黄中带青。形容不健康的脸色。

【译文】

《外台秘要》：“治疗蛟龙瘕，服用寒食的糖稀三升，每次服用五合，一天服用三次，就能吐出蛟龙。开皇六年，有人因为在正月里吃芹菜得了这种病。这种病发作起来像癫痫，脸色黄中带青。服用寒食的糖稀二升，一天服用三次，吐出蛟龙，有两个头和一条尾巴，就是验证。”

烧饭灰

《本草》：“寒食饭，主灭瘢痕[①]。有旧瘢及杂疮，并细研傅之[②]。饭灰[③]，主病后食疗[④]。”又云：“寒食大麦粥，有小毒[⑤]，主咳嗽，下热气[⑥]，调中[⑦]。和杏仁作之佳也。”

【注释】

①瘢（bān）痕：疤痕。

②傅：即外敷法，将药物直接涂抹于患处。

③饭灰：将米饭烧制成灰，或指以米类为主材配制的药食方剂。

④主病后食疗：主治疾病初愈后的调理。食疗，底本作“食病”，据《证类本草》改。

⑤小毒：此处“毒”非现代毒性概念，而是中医对偏性较强的描述。大麦性凉，过量食用可能伤脾胃阳气，尤其虚寒体质者需慎用。

⑥热气：六气之一，夏令主气，也是自然界致病因素之一。《素问·疟论》：“夏伤于暑，热气盛，藏于皮肤之内。”

⑦调中：中医用语。调和中焦阻塞。《医宗金鉴·删补名医方论七·麻仁丸》“治肠胃燥热”集注引《本草》：“润可去燥。是以麻

仁为君，杏仁为臣。枳实破结，厚朴泻满，故以为佐。芍药调中，大黄通下，故以为使。”

【译文】

《证类本草》：“寒食日的饭，主治消除疤痕。将药物精细研磨后，外敷于陈旧瘢痕及各类皮肤疮疡处。饭灰，主要用于疾病初愈后的调理。”又说：“寒食日的大麦粥，大麦性凉，主治咳嗽，去暑气，调和中焦阻塞。与杏仁一起熬煮更好。”

畜井水

《岁时杂记》：“世传妇人死于产蓐者[1]，其鬼唯于百五日得自湔濯[2]，故人家前一日皆畜水，是日不上井以避之。”

【注释】

①产蓐（rù）：孕妇临产时用的褥垫。因用以指坐月子。

②湔濯（jiān zhuó）：洗涤。引申为洗雪恶名或涤除瑕疵。

【译文】

《岁时杂记》：“世上传说在坐月子时死亡的妇人，变成鬼魂只有在寒食节这一天可以洗涤，因此人们提前一天都储存好水，这一天避免到井边汲水。”

设梭门[1]

《岁时杂记》：“人间旧不知梭门之制[2]。元丰年[3]，修景灵宫十一殿成[4]，其国忌日适在寒食节假中者[5]，百官趋行香[6]，见梭门与秋千并建于庭中，梭门似球门而小，但不见设梭。”

【注释】

①梭门：宋代娱乐设施。周密《武林旧事》卷三：“且立标射垛，及秋千、梭门、斗鸡、蹴踘等戏事，以如游客。”

②制：形状。

③元丰：北宋神宗赵顼年号（1078—1085）。

④景灵宫：宋代皇帝供奉历代祖先塑像的神庙。在北宋东京城（今河南开封）内端礼街东西，东曰景灵东宫，西曰景灵西宫。

⑤国忌日：旧时将封建皇帝及皇后的死亡日定为国忌日。

⑥行香：古代礼拜神佛的一种仪式。始于南北朝。初，每燃香熏手，或以香末散行。唐以后则斋主持香炉巡行道场，或仪导以出街。

【译文】

《岁时杂记》：“人们过去不知道梭门的形状。元丰年间，修建景灵宫十一殿完成，国忌日恰巧在寒食节休假中，文武百官都奔赴寺观行香，看见梭门与秋千一起建在庭中，梭门像球门但比球门小，但没看见设置梭。”

画图卷

《新唐书·艺文志》：“谈皎画《武惠妃舞图》《佳丽寒食图》《佳丽伎乐图》一卷[①]。”《谈氏家传》云[②]：“开元中有皎者，善画。”

【注释】

①谈皎：唐画家。唐张彦远《历代名画记》卷九：“谈皎，善画人物……大髻宽衣，亦当时所尚。”

②《谈氏家传》:《宋史·艺文志·传记类》:"《谈氏家传》一卷,谈钥撰。"谈钥,字元时,安吉州归安(今浙江湖州)人。宋方志学家,另纂有《吴兴志》。

【译文】

《新唐书·艺文志》:"谈皎画有《武惠妃舞图》《佳丽寒食图》《佳丽伎乐图》各一卷。"《谈氏家传》记载:"开元年间有人叫谈皎,擅长绘画。"

看花局

释仲殊《花品序》:"每岁禁烟前后,迟日融和[1],花既劳矣,人亦乐矣。于是置酒馔[2],命乐工,以待宾赏花者,不问亲疏,谓之看花局。故里谚云:'弹琴种花,陪酒陪歌[3]。'"

【注释】

①迟日:春日。融和:暖和。

②酒馔(zhuàn):犹酒食。

③弹琴种花,陪酒陪歌:形容互相邀约喝酒、弹琴、赏花的快乐情景。

【译文】

僧人仲殊《花品序》:"每年寒食节前后,春日天气暖和,花既开得辛苦,人们赏花也快乐。于是摆设酒食,命歌舞艺人演奏,以接待前来赏花的客人,不论亲疏远近,称为看花局。因此民间谚语说:'弹琴种花,陪酒陪歌。'"

改诗歌

《乌台诗话》[1]:"东坡与郭生游于寒溪[2],主簿吴亮置酒[3]。

郭生善作挽歌[④]，酒酣发声[⑤]，坐为凄然[⑥]。郭生言：'恨无佳词[⑦]。'因为略改乐天《寒食》诗歌之，坐客有泣者。其词曰：'乌啼鹊噪昏乔木[⑧]，清明寒食谁家哭。风吹旷野纸钱飞[⑨]，古墓垒垒春草绿[⑩]。棠梨花映白杨路[⑪]，尽是死生离别处。冥漠重泉哭不闻[⑫]，萧萧暮雨人归去[⑬]。'每句杂以散声[⑭]。"

【注释】

①《乌台诗话》：《直斋书录题解》卷十一："《乌台诗话》，十三卷，蜀人朋九万录。"

②郭生：即郭兴宗。苏轼在黄州结识的朋友，以沽酒卖药为生。寒溪：即寒溪寺。在今湖北鄂州。

③吴亮：字君采，建业（今江苏南京）人。曾任武昌主簿，东坡贬居黄州时结交的朋友。置酒：设宴。

④挽歌：挽柩者所唱哀悼死者的歌。后泛指对死者悼念的诗歌或哀叹旧事物灭亡的文辞。

⑤酒酣：谓酒喝得尽兴，畅快。

⑥凄然：凄凉悲伤。

⑦恨：遗憾。

⑧乌啼：乌鸦鸣叫。鹊噪：鹊鸣声。俗谓喜兆。《禽经》"灵鹊兆喜"晋张华注："鹊噪则喜生。"

⑨纸钱：迷信的人烧给死人、鬼神的铜钱形纸片。

⑩垒垒：众多的，重重叠叠的。

⑪棠梨花：俗称野梨。落叶乔木，可用做嫁接各种梨树的砧木。三国吴陆玑《毛诗草木鸟兽虫鱼疏·蔽芾甘棠》："甘棠，今棠梨，一名杜梨。"白杨：树名。又名毛白杨，俗名大叶杨。晋陶潜《挽歌诗》："荒草何茫茫，白杨亦萧萧。"

⑫冥漠：幽暗深远。重泉：犹九泉。旧指死者所归。南朝梁江淹《杂体诗·效潘岳〈悼亡〉》："美人归重泉，悽怆无终毕。"

⑬萧萧：象声词，形容雨声的凄凉。暮雨：傍晚的雨。

⑭散声：乐体术语。又称泛声、虚声。指有声无词的曲调，或在基本音中附加的装饰音。宋以来的乐论和词论也有用"散声"来解释词体的起源。

【译文】

《乌台诗话》："苏轼与郭兴宗在寒溪寺游览，主簿吴亮设宴。郭兴宗善唱挽歌，酒喝得尽兴时突唱挽歌，座上的人都感到凄凉悲伤。郭兴宗说：'遗憾没有好词。'因此略微改动白居易的《寒食诗》而唱，座上的客人有哭泣的。其词写道：'乌啼鹊噪昏乔木，清明寒食谁家哭。风吹旷野纸钱飞，古墓垒垒春草绿。棠梨花映白杨路，尽是死生离别处。冥漠重泉哭不闻，萧萧暮雨人归去。'每句都掺杂散声。"

遵唐律

《谈苑》[①]："兴国中[②]，高昌入贡[③]。言其国有唐敕律[④]：'开元九年三月九日寒食。'至今遵用之[⑤]。"

【注释】

①《谈苑》：底本作"《说苑》"，据《绀珠集》卷一三"高昌寒食"条改。《谈苑》，书名，宋代有《国老谈苑》《孔氏谈苑》《杨文公谈苑》等，具体出处不详。

②兴国：即太平兴国，宋太宗赵光义年号（976—984）。

③高昌：九世纪中叶回鹘西迁，其中一支占据古高昌国即唐西州地区，史称西州回鹘或高昌回鹘，简称"高昌"。辖境西包今库车，东抵哈密东境，北越天山，南接于阗。居民从事农牧。十至十一

世纪，与五代及北宋有密切的贸易关系。

④敕律：敕，指皇帝政令之一，用于下达处理日常政务，其中有一部分包含法律规范，可用于“处流以上罪”，与刑法有关。宋承唐制，但为适应新形势的需要，则需随时编发和删定敕令来解决新出现的问题。王安石变法，朝廷宣布：“凡律所不载者一断以敕。”改律令格式为敕令格式，逐渐过渡到“以敕代律”。

⑤遵用：遵照实行。

【译文】

《谈苑》：“太平兴国年间，高昌国向朝廷进献贡品。说高昌国有唐敕律：‘开元九年三月九日为寒食节。’至今仍遵照实行。”

用唐历

《挥麈前录》[①]：“太平兴国六年五月，诏遣供奉官王延德、殿前承旨白勋使高昌[②]，七年四月乃至高昌。八年春，与其谢恩使凡百余人循旧路而还[③]，雍熙元年四月至京师[④]。延德等叙其行程来上，云：‘高昌用开元七年历，以三月九日为寒食，余二社、冬至亦然。以银或鍮为筒贮水[⑤]，激以相射，或以水交泼为戏，谓之压阳气去病。’”

【注释】

①《挥麈前录》：即《挥麈录·前录》。

②供奉官：官名。宋代武职阶官有东、西头供奉官，内侍阶官有内东头、内西头供奉官。政和二年（1112），内东头供奉官改供奉官，内西头供奉官改左侍禁。

③循：沿着。

④雍熙元年：984年。雍熙，宋太宗赵光义年号（984—987）。

⑤鍮（tōu）：即鍮石。一种黄色有光泽的矿石，即黄铜矿或自然铜。

【译文】

《挥麈录·前录》："太平兴国六年五月，皇帝下诏派遣供奉官王延德、殿前承旨白勋出使高昌，太平兴国七年四月才到高昌。太平兴国八年春天，与高昌谢恩使共一百多人沿着原路返回，雍熙元年四月回到京城。王延德等叙说他们的行程来上呈皇帝，说：'高昌用开元七年历，以三月九日为寒食节，其余春社、秋社、冬至也是如此。用银或鍮石做成筒贮蓄水，激荡后相互喷射，或者玩相互泼水的游戏，称为压制阳气去除疾病。'"

卷十六

寒食 下

【题解】

本卷为《寒食下》篇，其条目均为寒食节时俗节物，主要有扫墓祭祖“望南庄”“祭西郊”“奉春衣”“焚纸钱”“展墓荐”“定墓仪”“望墓祭”“辨墓域”“祭诸阁”“号北面”等；寒食游戏“秋千戏”“山戎戏”“半仙戏”“后庭戏”“绳橛戏”“蹋踘戏”“击球戏”“蒲博戏”等；寒食节令物品“进节物”“献彩球”“赐草台”“贡食料”等。此外，“约乐妓”，记泸南营一知寨与一歌妓终身偕老事；“得故婢”，记崔郊失而复得其姑母之婢事；“荐亡女”，记淮阴小民之女超度之事；“瘗戍妇”，记郝惟谅与胡氏将秦氏妇下葬一事；“见鬼男”，记张仁宝显异一事；“问故夫”，记王德少保感应一事；“悟破鱼”，记张氏之子因破鱼而悟成道之事；“惑妖狐”，记高子勉之妾玉真道人为妖狐事；“得怪鼠”，记邢大将被鼠作祟事。

望南庄

《五代史》[①]：“晋出帝天福八年三月寒食[②]，望祭显陵于南庄[③]，焚御衣、纸钱。”注云：“焚衣野祭之类[④]，闾巷之事[⑤]。”

【注释】

①《五代史》:即《新五代史》,七十四卷,宋欧阳修撰。原名《五代史记》,后世为区别于薛居正等官修的《旧五代史》,方称《新五代史》。该书记载了自后梁开平元年(907)至后周显德七年(960)共53年的历史。

②晋出帝:即后晋出帝石重贵(914—?),五代后晋皇帝(942—946年在位)。天福八年:943年。天福,晋高祖石敬瑭、晋出帝石重贵共同使用年号(936—944)。

③望祭:遥望而祭。底本缺“祭”,据《新五代史》补。显陵:五代晋高祖石敬瑭的陵墓。在今河南宜阳西北。《新五代史·晋出帝纪》:“十一月……庚寅,葬圣文章武孝皇帝于显陵。”徐无党注:“陵在河南寿安县。”

④野祭:在野外祭祀。

⑤闾巷:泛指民间。

【译文】

《新五代史》:“后晋出帝天福八年三月寒食节,在南庄遥望而祭显陵,焚烧皇帝所穿的衣服、纸钱。”注解说:“焚烧衣服、在野外祭祀之类,这些都是民间所做的事情。”

祭西郊

《五代史》:“唐庄宗同光三年三月寒食[①],望祭于西郊。俚俗之祭[②]。周太祖广顺元年三月寒食[③],望祭于蒲地[④]。佛寺名也。二年三月丁巳朔寒食[⑤],望祭于郊。”

【注释】

①唐庄宗:即后唐庄宗李存勖(xù,885—926),小字亚子,代北沙陀

人。后唐开国皇帝(923—926年在位)。同光三年:925年。同光,后唐庄宗李存勖年号(923—926)。

②俚俗:民间。

③周太祖:即后周太祖郭威(904—954),字文仲,邢州尧山(今河北隆尧)人。后周开国皇帝(951—954年在位)。广顺元年:951年。广顺,后周太祖郭威年号(951—953)。

④蒲地:佛寺名。疑为蒲州(今山西永济)的寺庙。

⑤三月丁巳朔:三月的农历初一日(朔日),干支纪日为"丁巳"。

【译文】

《五代史》:"后唐庄宗同光三年三月寒食节,在西郊遥望而祭。望祭属于民间的祭祀。周太祖广顺元年三月寒食节,在蒲地寺遥望而祭。蒲地,佛寺的名字。广顺二年三月初一恰逢寒食节,在郊外遥望而祭。"

荐雷车[①]

《礼志》:"天宝二年,诸陵常以寒食荐饧粥、鸡球、雷车子[②]。"《海录碎事》云:"诸陵戏物也[③]。"

【注释】

①雷车:雷神的车子。暗示着寒食有求雨风俗。

②饧粥:甜粥。鸡球:食物名。白居易《会昌元年春五绝句赠举之仆射》:"鸡球饧粥屡开筵,谈笑讴吟间管弦。"

③诸陵戏物也:《海录碎事》卷十有:"以寒食荐饧粥、鸡球、雷车于诸陵。诸陵戏物也。"

【译文】

《新唐书·礼志》:"天宝二年,寒食节常向各个陵墓上进献甜粥、鸡球、雷车子。”《海录碎事》记载：“甜粥、鸡球、雷车子，都是供奉于各个陵墓的特定物品。”

奉春衣

《岁时记》及《辇下岁时记》曰：“寒食，内人诸陵荐春色衣①。”

【注释】

①内人：宫人。《周礼·天官·寺人》：“掌王之内人及女宫之戒令。”郑玄注：“内人，女御也。”春色衣：指色彩鲜艳的春季衣物，可能是纸制冥衣或象征春意的祭品。

【译文】

《岁时杂记》及《辇下岁时记》记载：“寒食节，宫人向各个陵墓进献春天的衣服。”

焚纸钱

《五代·周本纪后序》：“寒食野祭而焚纸钱，则礼乐政刑几何其不坏矣①。”

【注释】

①礼乐政刑：即礼法、乐教、刑罚以及各项政令等。此指封建社会中各种典章制度。宋王安石《上皇帝万言书》：“朝廷礼乐刑政之事，未尝在于学。学者亦漠然自以为礼乐刑政为有司之事，而非己所当知也。”几：几乎，差不多。

【译文】

《五代史·周本纪后序》:"寒食节在野外祭祀而焚烧纸钱,则礼乐政刑等典章制度几乎要崩溃了。"

有破散[①]

《五代会要》[②]:"奉先之道[③],无寒食野祭之礼。近代庄宗每年寒食出祭,谓之'破散'。则今人有'破散'之语,自后唐庄宗始也。"

【注释】

①破散:寒食节在野外祭祀祖先。

②《五代会要》:三十卷,北宋王溥撰。该书为记述五代时期典章政事的政书。王溥(922—982),字齐物,并州祁县(今山西祁县)人。宋史学家,另著有《唐会要》《周世宗实录》等。

③奉先:祭祀祖先。《尚书·太甲中》:"奉先思孝,接下思恭。"道:方式。

【译文】

《五代会要》:"帝王祭祀祖先的方式,没有寒食节在野外祭祀的礼法。近代后唐庄宗每年寒食节在野外祭祀,称为'破散'。如今人有'破散'这个词语,就是从后唐庄宗开始的。"

进节物

《文昌杂录》:"唐岁时节物,寒食则有假花、鸡球、镂鸡子、子推蒸饼、饧粥[①]。"

【注释】

①子推蒸饼：底本作“干堆蒸饼”，据《文昌杂录》改。旧俗于寒食节前一日所做的一种蒸饼。因其为纪念介子推而做，故名。

【译文】

《文昌杂录》：“唐代一年中应节的物品，寒食节就有假花、鸡球、镂鸡子、子推蒸饼、甜粥。”

献彩球

《唐·百官志》：“中尚署[1]，寒食，献彩球。”

【注释】

①中尚署：底本作“中尚书”，据《新唐书·百官志》改。

【译文】

《新唐书·百官志》：“中尚署，寒食节，进献彩球。”

赐草台

唐《酉阳杂俎》：“寒食，赐侍臣帖彩球、绣草宣台[1]。”

【注释】

①帖彩球：不详待考。绣草宣台：底本作“绣草官台”，据《酉阳杂俎》改。不详待考。

【译文】

唐代《酉阳杂俎》：“寒食节，赏赐侍臣帖彩球、绣草宣台。”

贡食料

《唐六典》:“膳部有节日食料。”注:“谓寒食麦粥。”

【译文】

《大唐六典》:“膳部有节日食料。”注解说:“指寒食节有麦粥。”

宴近臣

《杨汉公传》[①]:“会寒食宴近臣,帝自击球为乐[②]。”

【注释】

①《杨汉公传》:《新唐书》中杨汉公的传记。杨汉公,字用乂,虢州弘农(今河南灵宝)人。唐文学家,与苏景胤、王彦威等人共撰《穆宗实录》。

②击球:我国古代一种骑马打球的运动。《新唐书·敬宗本纪》:“长庆二年十二月,穆宗因击球暴得疾,不见群臣者三日。”

【译文】

《新唐书·杨汉公传》:“适逢寒食节宴请亲近的大臣,皇帝亲自骑马打球娱乐。”

休假务

《嘉泰事类·假宁格》:“寒食假五日,前后各二日休务。”又《军防格》云:“寒食,诸军住教三日[①]。”

【注释】

①住教：谓停止训练。

【译文】

《嘉泰条法事类·假宁格》："寒食节放假五天，寒食节前后各二天停止公务。"又有《嘉泰条法事类·军防格》记载："寒食节，各军停止训练三天。"

展墓荐[①]

钱状元《世范》[②]："寒食墓祭[③]，前辈讥之，以为吉礼不可用于野也[④]。礼：奔丧不及殡则之墓[⑤]，去国则哭于墓[⑥]，宗子去国而庶子无爵[⑦]，则不敢以祭于庙。于是有望墓为坛，以时祭者[⑧]，魂气无不之[⑨]，墓则体魄所藏也[⑩]。如此设祭[⑪]，义亦可行。但古人时祭，必具牲鼎[⑫]，行之于墓，于事非便，故有为坛而祭之仪。今时祭之外，特具寒食，展墓而荐之，亦复何害[⑬]？"

【注释】

①展墓：省视坟墓。《礼记·檀弓下》："吾闻之也，去国则哭于墓而后行，反其国不哭，展墓而入。"

②钱状元《世范》：不详待考。

③墓祭：在墓前祭祀，扫墓。《晋书·礼志中》："古无墓祭之礼。汉承秦，皆有园寝。"

④吉礼：古五礼之一。指祭祀之礼。

⑤奔丧：《礼记》有《奔丧》篇，孔颖达疏："案郑《目录》云，名曰《奔丧》者，以其居他国，闻丧奔归之礼。"古代凡闻君、亲、尊长之丧，

从外地赶往吊唁或料理丧事均称“奔丧”。殡（bìn）：停放灵柩。

⑥去国：离开本国。

⑦宗子：古代宗法制度，嫡长子为族人兄弟所共宗，故称。《诗经·大雅·板》：“怀德维宁，宗子维城。”毛传：“宗子，谓王之嫡子。”庶子：妾之子及嫡子之同母弟均为庶子。同“众子”。《仪礼·丧服》“齐衰不杖期”：“为众子。”郑玄注：“众子者，长子之弟及妾子，女子子在室亦如之，士谓之众子，未能远别也。大夫则谓之庶子。”

⑧时祭：岁时祭祀。《礼记·曾子问》：“望墓而为坛，以时祭。”

⑨魂气：魂灵。《礼记·郊特牲》：“魂气归于天，形魄归于地。”

⑩体魄：指尸体。古人认为人死后魂气上升而魄着于体，故称。《礼记·礼运》：“及其死也，升屋而号，告曰：‘皋某复！’然后饭腥而苴孰，故天望而地藏也。体魄则降，知气在上。”孔颖达疏：“天望，谓始死望天而招魂；地藏，谓葬地以藏尸也。‘体魄则降，知气在上’者，覆释所以天望地藏之意。”

⑪设祭：陈设祭品。

⑫牲鼎：指三牲五鼎。形容祭品丰盛。

⑬害：妨碍，妨害。

【译文】

钱状元《世范》：“寒食节在墓前祭祀，年老的人都指责，认为祭祀之礼不能在野外使用。祭祀礼仪：奔丧的人没能赶在停放灵柩期间回家，回家就先到墓地上痛哭来表达哀伤，离开自己的国土要先到祖坟痛哭拜别，宗子有罪逃到他国，而庶子没有爵位，就不敢在宗庙里祭祀祖先。于是有望着祖先的坟墓，筑土而为坛，按岁时祭祀，魂气归于上天没有边界，坟墓是体魄的安葬之所。这样陈设祭品，道义上也可以实行。但古人岁时的祭祀，一定要具办三牲五鼎，带着祭品走到坟墓，也不是非常方便，因此就有筑土为坛按着岁时祭祀的礼仪。如今四时祭祀之外，特意准备在寒食节，省视坟墓而进献祭品，又有什么妨碍？”

定墓仪

唐侍御郑正则《祠享仪》云[①]：“《仪礼》及《开元礼》四仲月祭享[②]，皆以卜筮择日[③]。士人多游宦远方[④]，或僻居村闾[⑤]，无蓍龟处[⑥]，即一取分、至[⑦]，亦不失《礼经》之意[⑧]。古者士以上皆有庙，庶人祭于寝[⑨]，无墓祭之文。《春秋左传》云：‘辛有适伊川[⑩]，见披发于野而祭者，曰：“不及百年，此其戎乎[⑪]？”竟为陆浑氏焉[⑫]。’汉光武初纂大业[⑬]，诸将出征，有经乡里者，诏有司给少牢，令拜扫以荣之。曹公过桥玄墓致祭[⑭]，其文凄怆[⑮]。寒食墓祭，盖出于此。”又司马温公《展墓仪》定以寒食[⑯]。

【注释】

①侍御：唐代称殿中侍御史、监察御史为侍御。郑正则《祠享仪》：《宋史·艺文志》：“郑正则《祠享仪》，一卷。”

②《开元礼》：又名《开元新礼》《大唐开元礼》，一百五十卷，唐玄宗开元十四年（726）敕撰。该书不只是唐礼的集大成，且是“考礼者之圭臬”。四仲月：四季中每季的第二个月，即仲春二月，仲夏五月，仲秋八月，仲冬十一月。《史记·封禅书》：“五月尝驹，及四仲之月月祠。”亦即春分、夏至、秋分和冬至四气（中气）所在之月。祭享：陈设祭品，敬神供祖。《逸周书·周月》：“至于敬授民时，巡狩祭享，犹自夏焉。”

③卜筮（shì）：古时预测吉凶，用龟甲称卜，用蓍草称筮，合称卜筮。《礼记·曲礼上》：“龟为卜，筴为筮。卜筮者，先圣王之所以使民

信时日、敬鬼神、畏法令也；所以使民决嫌疑，定犹与也。”

④游宦：谓离家在外做官。

⑤僻居：置身于或居住于偏远的地方。村间：乡村闾里。

⑥无蓍（shī）龟处：此指缺乏占卜条件。蓍龟，即蓍草和龟甲，是古代占卜吉凶的主要工具。

⑦分、至：指春分、秋分、冬至、夏至。《左传·僖公五年》：“凡分至启闭，必书云物。”杜预注：“分，春、秋分也。至，冬、夏至也。”

⑧《礼经》：《仪礼》的别名。

⑨庶人祭于寝：庶人没有庙，所以在正房中祭祀祖先。

⑩辛有：周人。周平王时太史。周初有太史辛甲，或疑辛有即其后裔。适：往，至。伊川：古地名。指伊水所流经的伊河流域。《左传·僖公二十二年》：“辛有适伊川，见被发而祭于野者。”杜预注：“伊川，周地。伊，水也。”杨伯峻注：“伊川，伊河所经之地，当今河南省嵩县及伊川县境。”

⑪戎：指陆浑戎，古族名。古戎人的一支，允姓。陆浑本瓜州（今甘肃敦煌一带）之地名，在秦、晋之西北。允姓之戎居陆浑，又称陆浑之戎。前638年，被秦、晋诱迫而徙于伊川（今河南伊河流域），仍以陆浑为号。

⑫陆浑氏：指陆浑戎。

⑬纂：继承。大业：谓帝业。《尚书·盘庚上》：“天其永我命于兹新邑，绍复先王之大业，厎绥四方。”

⑭曹公：即曹操。过：前往拜访。桥玄（109—183）：字公祖，梁国睢阳（今河南商丘南）人。东汉灵帝时司空、司徒。致祭：前往祭祀。

⑮凄怆：凄惨悲伤。

⑯《展墓仪》：指在墓地举行的祭奠仪式或礼仪程序。

【译文】

唐侍御史郑正则《祠享仪》记载：“《仪礼》及《大唐开元礼》在仲

春、仲夏、仲秋、仲冬四个月陈设祭品，敬神供祖，都用占卜选择吉日。读书人大多离家在外做官，或居住于偏远的乡村闾里，不能占卜选择吉日的，就取春分、秋分、冬至、夏至的日子，也不偏离《仪礼》中的意思。从前士以上都有庙，庶人没有庙，所以在正房中祭祀祖先，没有墓前祭祀的祭文。《春秋左传》记载：'辛有到伊川，看见有人披头散发在野外祭祀，说："不到一百年，戎人就会在这里?"以后果然将陆浑的戎人迁到了伊川。'汉光武帝刚继承帝业，诸将外出征战，有经过家乡的，下诏命令主管的官吏给予少牢祭品，命令祭扫坟墓使其荣耀。曹操拜访桥玄墓并进行祭祀，祭文凄惨悲伤。寒食节在墓前祭祀，大概起源于此。"又有司马光《展墓仪》将墓前祭祀定在寒食节。

望墓祭

《唐书》："开元二十年四月二十九日[①]，敕：'寒食上墓，《礼经》无文[②]，近代相传，浸以成俗[③]，士庶既不庙享[④]，何以用展孝思[⑤]？宜许上墓，同拜扫礼。于茔门外奠祭[⑥]，彻馔讫[⑦]，泣辞，食余胙仍于他处[⑧]，不得作乐。'"若士人身在乡曲[⑨]，准敕墓祭，以当春祠为善[⑩]。游宦远方，则准《礼》望墓以祭可也[⑪]。有使子弟、皂隶上墓[⑫]，或求余胙[⑬]，随延亲知[⑭]，不敬之甚。

【注释】

①开元二十年：732年。

②《礼经》无文：《仪礼》没有文字记载。

③浸（jìn）：逐渐。

④庙享：指在宗庙祭祀祖先的礼仪。

⑤展孝思：表达孝亲之思。

⑥茔（yíng）：坟地。奠祭：献上酒食等祭祀死者、鬼神。

⑦彻馔（zhuàn）：撤去祭品。《礼记·曾子问》："内丧则废，外丧则冠而不醴，彻馔而埽，即位而哭。"

⑧余胙（zuò）：即胙余。古称祭祀完毕后所余的酒肉。《汉书·郊祀志上》："已祠，胙余皆燎之。"颜师古注："胙，谓祭余酒肉也。"

⑨乡曲：家乡，故里。《战国策·秦策一》："卖仆妾售乎闾巷者，良仆妾也；出妇嫁乡曲者，良妇也。"

⑩春祠：春季的祭祀。古代宗庙四时祭之一。《周礼·春官·司尊彝》："春祠夏禴，祼用鸡彝鸟彝。"

⑪准《礼》：指遵循儒家经典《周礼》《礼记》等制定的礼制规范。望墓以祭：即遥望祖墓方向进行祭祀。

⑫皂隶：衙门里的差役。《左传·隐公五年》："若夫山林川泽之实，器用之资，皂隶之事，官司之守，非君所及也。"

⑬求：索取。

⑭随：顺便。延：邀请。亲知：亲戚朋友。

【译文】

《唐书》："开元二十年四月二十九日，诏令：'寒食节上墓，《仪礼》没有文字记载，近代相互传说，逐渐成为习俗，百姓没有宗庙可以祭祀，怎么用来表达孝亲之思？应当允许寒食节上墓，行祭扫坟墓的礼仪。在坟墓门外献上酒食祭祀祖先，撤去食物后，哭着离开，可以在其他的地方吃祭祀后所余的酒肉，不能寻欢作乐。'"如果读书人身在家乡，诏命准许到墓前祭祀，以当年春季祭祀为好。如官员因公职远赴他乡，可遵循儒家经典《周礼》《礼记》等制定的礼制规范遥望祖墓方向进行祭祀。有的派遣子弟、差役回乡祭扫坟墓，或者索取祭祀完毕后所余的酒肉，顺便邀请亲戚朋友，这样就太无礼了。

辨墓域[①]

钱状元《世范》："《礼》有'祝'有'宗人'[②]，专职祭祀，不治他业[③]。故能审知鬼神之仪、昭穆之位[④]，以所祝辞号之别[⑤]。今人无之，而田巷之祝[⑥]，又皆鄙俚[⑦]，宜择审其可用者，因为家祝，稍稍训习[⑧]，使知吾家世系、昭穆、坟墓之详[⑨]。每岁寒食，巡行墓兆[⑩]，辨其疆域，传之子孙，世世掌之[⑪]。仍以赡茔之租有余[⑫]，量给其佣。若老成凋谢[⑬]，而后生出来[⑭]，有所稽考[⑮]。"

【注释】

①墓域：墓地，墓区。《周礼·春官·冢人》："正墓位，跸墓域，守墓禁。"

②祝：祭祀时司告鬼神的人。宗人：古代官名。掌宗庙、谱牒、祭祀等。

③不治：不钻研学习。

④审知：由审察而明白。亦指清楚地知道，确知。《管子·君臣下》："昔者，圣王本厚民生，审知祸福之所生，是故慎小事。"昭穆：葬位的左右次序。《周礼·春官·冢人》："先王之葬居中，以昭穆为左右。"郑玄注："先王造茔者，昭居左，穆居右，夹处东西。"

⑤祝辞：祷告鬼神的文辞。号：区分。

⑥田巷：田间里巷。

⑦鄙俚：粗野，庸俗。

⑧训习：训练教习。

⑨世系：家族世代相承的系统。

⑩巡行：往来观察。墓兆：墓地之间的界域。

⑪掌：掌握。

⑫赡茔（yíng）：即赡坟田，又称赡茔田土、赡茔田产，以田产收入支付守墓人费用，及家族岁时节日合族祭祀开支。

⑬老成凋谢：指年高有德的人去世。凋谢，草木花叶脱落。比喻人死亡。

⑭后生：指新任管理者或继承人。

⑮稽考：查考。

【译文】

钱状元《世范》："《仪礼》有'祝'也有'宗人'，专职担任祭祀业务，不钻研学习其他业务。因此能够明确知晓祭祀鬼神的礼仪规范、昭穆制度的位次安排，从而在祝祷文辞中对不同神灵名号加以区分。现在没有人专职做祭祀业务，然而田间里巷的祝辞，又都粗俗，适宜审察选择其中可用的，因为是家用祝辞，稍稍训练教习，使知我家的世系、昭穆、坟墓等详情。每年寒食节，往来观察墓地之间的界域，辨别墓地的面积，传给子孙，使其世代了解和掌握。仍将祖茔土地的租金收入，剩余部分酌情分配给佣工作为报酬。当德高望重的老一辈离世后，新管理者上任时，需对前任的财务记录（如祖茔租金收支、佣工分配等）进行核查。"

遣奠献[①]

《孙氏仲享仪》[②]："开元年敕：'士庶有不合立庙，但祭于寝，何以展于孝思？许寒食上墓。今卿大夫家有庙[③]，至寒食，亦携馔上墓，寖而成俗[④]。或伯叔兄弟，各在一方，且拘官守[⑤]，不敢离位[⑥]。至寒食，准逐处各自遣子弟亲仆奠献[⑦]。'"又《吕氏家祭仪》云[⑧]："凡寒食展墓，有荐一献[⑨]，守官者遣其子弟行。"

【注释】

①奠献:献祭品以祀死者。

②《孙氏仲享仪》:《新唐书·艺文志》:"《孙氏仲享仪》一卷,孙日用。"

③卿大夫:卿和大夫。《国语·鲁语下》:"卿大夫朝考其职,昼讲其庶政。"

④寖(jìn):逐渐。

⑤拘:束缚。官守:官位职守,官吏的职责。《左传·昭公二十三年》:"亲其民人,明其伍候,信其邻国,慎其官守。"

⑥离位:离开本位、职守。《庄子·渔父》:"天子、诸侯、大夫、庶人,此四者自正,治之美也;四者离位而乱莫大焉。"成玄英疏:"若四者守位,乃教治盛美;若上下相冒,则乱莫大焉。"

⑦逐处:每处。

⑧《吕氏家祭仪》:疑为宋吕大临、吕大防《家祭仪》,一卷。

⑨一献:古代祭祀和宴饮时进酒一次为一献。《仪礼·士昏礼》:"舅姑共飨妇,以一献之礼。"贾公彦疏:"舅献姑酬,共成一献。"

【译文】

《孙氏仲享仪》:"开元年间皇帝诏令:'老百姓不符合设立宗庙,但在正房中祭祀祖先,怎么用来表达孝亲之思?允许寒食节扫墓。如今卿和大夫家有宗庙,到寒食节也携带酒食扫墓,逐渐成为习俗。有的伯叔兄弟,各在一方,并且束缚于官位职守,不敢离开本位。到寒食节,准许每处各自派遣子弟亲戚仆人进献祭品以祀死者。'"又有《吕氏家祭仪》记载:"寒食节扫墓时,需按礼制行一次献祭,在职官员若无法亲至,应派遣子侄代行仪式。"

依家享

《周氏祭录》[①]:“寒食,掌事设位于茔门左百步[②],西面。于茔南门外设主人位于东,西面。主人至,换公服[③],无官常服[④],就位再拜[⑤]。赞者引主人奉行坟茔[⑥],情之感慕[⑦],有泣无哭。至封树外[⑧],展省三周[⑨],有摧缺即修补[⑩],如荆棘草莽接连[⑪],皆芟除[⑫],不令火田得及[⑬]。扫除讫[⑭],主人却复茔门外[⑮],既设位,辨三献[⑯],一依家享。主人已下执笏[⑰],就罍洗后,执爵奠酒[⑱],毕,赞祝[⑲]。”《郑氏祠享仪》曰[⑳]:“维某年岁次某月,官阶某乙[㉑],谨以柔毛刚鬣,明粢嘉蔬[㉒],酤齐庶羞之礼[㉓],敢昭告于祖考某官[㉔],祖妣某氏夫人[㉕],时维寒食,春露既濡[㉖],卉木荣茂[㉗],触绪凄怆[㉘],感怀难胜[㉙]。尚享[㉚]。”

【注释】

①《周氏祭录》:疑为《新唐书·艺文志》:“周元阳《祭录》一卷。”

②掌事:掌管事务。《周礼·春官·丧祝》:“凡卿大夫之丧,掌事而敛饰棺焉。”贾公彦疏:“言掌事者,虽礼有降杀劝防已下皆掌之,兼主敛事,故总云‘掌事而敛饰棺焉’。”亦指掌管事务的人。

③公服:官吏的礼服。《左传·闵公二年》:“公衣之偏衣,佩之金玦。”晋杜预注:“偏衣,左右异色,其半似公服。”

④常服:日常穿的便服。

⑤就位:到规定的位置上去。再拜:拜了又拜,表示恭敬。古代的一种礼节。

⑥赞者:赞礼的人。《仪礼·士冠礼》:“宾如主人服,赞者玄端从之,立于外门之外。”奉行坟茔:指主祭者在引导下对坟墓进行巡视、清理和祭拜。奉行,遵照实行。《孔子家语·六本》:“子夏曰:‘商

请志之而终身奉行焉。'" 坟茔,坟墓,坟地。

⑦感慕:感念仰慕。《三国志·吴书·陆逊传》:"若亡其妻子者,即给衣粮,厚加慰劳,发遣令还,或有感慕相携而归者。"

⑧封树:堆土为坟,植树为饰。古代士以上的葬礼。《礼记·王制》:"庶人县封,葬不为雨止,不封不树,丧不贰事。"孔颖达疏:"庶人既卑小,不须显异,不积土为封,不标墓以树。"

⑨展省:特指省视坟墓。宋李纲《经过邵武军乞往祖茔展省奏状》:"邵武军系臣乡里,有祖茔,去城七里,久不展省。"

⑩摧缺:折断残缺。摧,折断。

⑪荆棘:泛指山野丛生多刺的灌木。草莽:草丛。

⑫芟(shān)除:除草,割除。唐韦应物《新理西斋》诗:"草木无行次,闲暇一芟除。"

⑬火田:以火焚烧草木而田猎。《礼记·王制》:"昆虫未蛰,不以火田。"用火烧杂草树木来充作肥料的耕地。

⑭扫除:祭扫。《国语·齐语》:"恐宗庙之不扫除,社稷之不血食。敢问为此若何?"

⑮却复:恢复。

⑯辨三献:明确"三献"仪式的流程,即初献(主人献酒)、亚献(主妇或次要献礼者献酒)、终献(宾客或子弟献酒)。

⑰执笏:拿着笏板。古时臣下朝见君王或臣僚相见时,手持玉石、象牙或竹、木的手板为礼。《仪礼·士相见礼》"上大夫相见以羔"唐贾公彦疏:"常朝及余会聚皆执笏。"

⑱执爵:举杯。奠酒:祭祀时的一种仪式,把酒撒在地上,表示对先人的怀念。

⑲赞祝:祷告神灵的文辞。赞,文体的一种。

⑳《郑氏祠享仪》:即《郑正则祠享仪》。

㉑官阶:官员的等级。某乙:称人的代词。

㉒明粢（zī）：古代祭祀所用的谷物。

㉓酝齐：酿造或供奉特定规格的酒醴。庶羞：多种美味。《仪礼·公食大夫礼》："上大夫庶羞二十，加于下大夫以雉兔鹑鴽。"胡培翚正义引郝敬云："肴美曰羞，品多曰庶。"

㉔敢：冒昧地请求。昭告：明白地告知。《左传·成公十三年》："昭告昊天上帝、秦三公、楚三王。"祖考：已故的祖父。

㉕祖妣（bǐ）：已故的祖母。

㉖濡（rú）：润泽。

㉗卉木：草木。《诗经·小雅·出车》："春日迟迟，卉木萋萋。"毛传："卉，草也。"

㉘触绪：触动心绪。凄怆：凄惨悲伤。

㉙感怀：有感于怀，有所感触。难胜：难以承担、承受。

㉚尚享：即尚飨。希望死者享用祭品。多用作祭文的结语。

【译文】

周元阳《祭录》："寒食节，掌管事务的人设置灵位在墓地门左边一百步，以西为上。在墓地南门外设主人位在东，以西为上。主人到，换上官吏的礼服，不做官的穿平常的便服，每个人就位后再拜。赞礼的人引领主人按礼仪程序巡视墓地，表达对逝者的深切怀念和哀思，允许流泪但不允许放声痛哭。到坟墓外，环绕墓地巡视三圈，发现破损立即修复，若周围杂草荆棘丛生，需彻底清除，避免烧荒时火势波及墓地。清扫完，主人复在墓门外，既已设置灵位，明确'三献'仪式的流程，一切依照家中祭献。主人及其下属官员手持笏板，就罍洗手后，举杯把酒撒在地上，礼毕，诵读祭文。"《郑正则祠享仪》记载："维某年岁次某月，官阶某乙，恭敬地献上羊、猪、洁净的谷物、精选的蔬食，以及酿造的酒类和丰盛的佳肴，以完成祭祀之礼，斗胆向先祖禀告，已故的祖母某氏夫人，此时正值寒食节，春日的露水已浸润大地，花草树木繁茂生长，面对此景触动哀思，感怀之情难以承受。希望祖先享用祭品。"

以时祀

周元阳《祭录》:“开元敕许寒食上墓,则先期卜日。古者宗子去他国,庶子无庙,孔子许墓以时祭。即今之寒食上墓,义或有凭①,唯不卜日耳。今或羁宧寓于他乡②,不及此时拜扫松槚③,则寒食在家,不可祠祭④。”又《通典·祭仪》云:“寒食上墓,如拜扫仪,唯不占日。”

【注释】

①义或有凭:在礼法上或许有其依凭。

②羁宧:在他乡做官。《晋书·文苑传·张翰》:“人生贵得适志,何能羁宧数千里以要名爵乎?”

③松槚(jiǎ):松、槚二树常被栽植墓前,亦作墓地的代称。《北史·隋纪上·文帝纪论》:“坟土未干,子孙继踵为戮;松槚才列,天下已非隋有。”

④祠祭:祭祀。《战国策·赵策二》:“先王弃群臣,寡人年少,奉祠祭之日浅,私心固窃疑焉。”

【译文】

周元阳《祭录》:“开元年间敕命准许寒食节扫墓,则提前选择吉日。古时宗子因分封、流亡等原因离开本国,庶子不得自立宗庙,孔子允许在祖先墓地设立临时祭坛,按岁时进行祭祀。如今寒食节扫墓,在礼法上或许有其依据,只是不需要专门占卜吉日而已。如今有在他乡做官或居住他乡,来不及此时祭扫坟墓,则寒食节在家,不可祭祀。”又有《通典·祭仪》记载:“寒食节扫墓,仪式如祭扫坟墓,只是不选择吉日。”

设位席

徐润《家祭仪》[①]："案开元制，寒食上墓，仪如拜扫，但不卜日。古者宗子去在他国，庶子无庙，夫子许望墓为坛[②]，以时祭之。即今之上墓，义凭于此。然神道尚幽[③]，不可逼黩[④]。宜于茔南门之外，设净席为位[⑤]，望而祭之以时馔[⑥]，如平生嗜[⑦]。若一茔数坟，每坟各设位席，昭穆异列，以西为上。三献礼毕，彻馔，主人已下泣辞茔。食馔者可于僻处，不当坟所，此亦孝子之情者也。"

【注释】

①徐润《家祭仪》：疑为《新唐书·艺文志》："徐闰《家祭仪》，一卷。"

②夫子：即孔子。

③神道：墓道。《后汉书·中山简王焉传》："大为修冢茔，开神道。"李贤注："墓前开道，建石柱以为标，谓之神道。"尚幽：喜欢幽静。

④逼：靠近。黩（dú）：轻慢不敬。

⑤净席：干净的席子。

⑥时馔（zhuàn）：现时的食物。《旧唐书·孝友传·崔沔》："未有荐时馔而追用古器者。"

⑦平生：一生，此生，有生以来。《陈书·徐陵传》："岁月如流，平生几何？晨看旅雁，心赴江淮；昏望牵牛，情驰扬越。"嗜：特别喜欢。

【译文】

徐润《家祭仪》："按照开元制度，寒食节上墓仪式就是祭扫坟墓，但不选择吉日。古时候宗子有罪逃到他国，而庶子没有爵位，就不敢在宗庙里祭祀祖先，孔子允许望着祖先的坟墓筑土为坛，按着岁时祭祀。就是今天的扫墓，这就是寒食扫墓的凭证。然而墓道喜欢幽静，不可靠近轻慢不敬。适宜在坟地南门外，设置净席为位，使用当季新鲜食物遥望墓地进行祭祀，并根据逝者生前喜好准备祭品。如果一块茔地有几座坟，每座坟各自设置位席，葬位的左右次序分开排列，以西面为上。祭祀献酒三次结束，撤去食物，主人以下哭泣着离开坟地。可在偏僻荒远的地方吃食物，而不应当在坟墓旁，这也是孝子表达哀情的体现。”

祭诸阉[①]

《玉泉子》[②]："杜宣猷大夫自闽中除宣城[③]，中官之力也[④]。诸道每岁进阉人所谓私白者[⑤]，闽为首焉，且多任用。以故大阉已下[⑥]，桑梓多系闽焉[⑦]，时以为中官薮泽[⑧]。宣猷既至，每岁寒食节，辄散将吏[⑨]，荷挈食物[⑩]，祭诸阉墓，所谓洒扫也[⑪]，故时号为敕使看墓。”

【注释】

①阉：指宦官。

②《玉泉子》：一卷，唐无名氏撰。该书所记多为中晚唐时朝野杂事，具有较高的史料价值。

③杜宣猷（？—约866）：京兆万年（今陕西西安）人。历官祠部员外郎、监察御史、福建、宣歙观察使。闽中：战国秦王政二十五年（前222）置，治东冶县（今福建福州）。除：授。宣城：西晋太康二年（281）分丹阳郡置，治宛陵县（今安徽宣州）。

④中官：宦官。《汉书·高后纪》："诸中官、宦者令丞，皆赐爵关内侯，食邑。"颜师古注："诸中官，凡阉人给事于中者皆是也。"

⑤道：古代行政区划名。唐初分全国为十道，后增为十五道。阉人：即宦官。私白：古代阉人的别称。《新唐书·宦者传上·吐突承

璀》:“是时,诸道岁进阉儿,号‘私白’,闽、岭最多,后皆任事,当时谓闽为中官区薮。”

⑥大阉:指握大权的宦官。

⑦桑梓:古代常在家屋旁栽种桑树和梓树。借指家乡。

⑧薮(sǒu)泽:水流汇聚的地方。比喻人物会聚之处。五代王仁裕《开元天宝遗事·风流薮泽》:“长安有平康坊,妓女所居之地……时人谓此坊为风流薮泽。”

⑨将吏:泛指文武官员。

⑩荷(hè):背,扛。挈(qiè):携带。

⑪洒扫:指扫墓。唐王建《寒食行》:“牧儿驱牛下冢头,畏有家人来洒扫。”

【译文】

《玉泉子》:“御史大夫杜宣猷从福州授任宣州,是朝中宦官出的力。各地每年向宫中进献宦官叫私白,福建一带进献的最多,并且大多被留用。因此手握大权的宦官以下,家乡大多都是福建,当时人称福建为宦官老窝。杜宣猷到任后,每年寒食节,就四处派遣文武官员,背扛食物,到宦官们的墓前祭祀,称为洒扫,因此当时人称他是皇帝派的扫墓人。”

号北面[①]

柳宗元《贻许孟容书》[②]:“近世礼重拜扫[③],今已阙者四年矣[④]。每遇寒食,则北面长号,以首顿地[⑤]。”

【注释】

①号:长号。大声号哭。北面:北方。

②柳宗元(773—819):字子厚,河东郡(今山西运城)人。世称“柳河东”“河东先生”“柳柳州”。唐文学家、哲学家、散文家和思想

家，著有《河东先生集》等。贻（yí）：赠。许孟容（743—818）：字公范，京兆长安（今陕西西安）人。大历进士，历官河南尹、吏部侍郎、东郡留守等。

③礼重：礼敬尊重。

④阙：空缺。

⑤以首顿地：以头叩地跪拜。

【译文】

柳宗元《贻许孟容书》："近世礼敬尊重祭扫坟墓，如今我已经四年没有祭扫坟墓了。每到寒食节，只能朝着北方大声号哭，以头叩地跪拜祖先。"

秋千戏

《荆楚岁时记》："春节①，悬长绳于高木，士女袨服坐立其上②，推引之③，名秋千。楚俗谓之拖钩，《涅槃经》谓之罥索④。"又《字书》云⑤："秋千，绳戏也。"陈简斋《清明》诗云："不用秋千并蹴踘，只将诗句答年华⑥。"韦庄《长安清明》诗云："紫陌乱嘶红叱拨⑦，绿杨高映画秋千。"

【注释】

①春节：古指立春。宋尤袤《全唐诗话·王起》："既遇春节，难阻良游，三五人自为宴乐，并无所禁。"

②袨（xuàn）服：盛服，艳服。宋洪迈《夷坚乙志·胡氏子》："俄一女子袨服出，光丽动人。"

③推引：推动。

④罥（juàn）索：秋千。亦指秋千架上的绳索。

⑤《字书》：以字为单位，解释汉字的形体、读音和意义的书，如《说文解字》《玉篇》等。

⑥年华：谓春光。唐张嗣初《春色满皇州》诗："何处年华好，皇州淑气匀。韶阳潜应律，草木暗迎春。"

⑦紫陌：指京师郊野的道路。红叱拨：骏马名。宋李石《续博物志》卷四："天宝中，大宛进汗血马六匹，一曰红叱拨，二曰紫叱拨，三曰青叱拨，四曰黄叱拨，五曰丁香叱拨，六曰桃花叱拨。"

【译文】

《荆楚岁时记》："立春那天，把长绳系在高大的木头上，士女身穿盛装或坐或站在上面，下面有人推动，称为秋千。楚地习俗称为拖钩，《涅槃经》称为罥索。"又有《字书》记载："秋千，就是长绳的游戏。"陈与义《清明》诗写道："不用秋千并蹴踘，只将诗句答年华。"韦庄《长安清明》诗写道："紫陌乱嘶红叱拨，绿杨高映画秋千。"

山戎戏[①]

《古今艺术图》[②]："寒食秋千，本北方山戎之戏，以习轻趫者也[③]。后人因之[④]，每至寒食，而为戏乐之事[⑤]。后中国女子学之[⑥]，乃以彩绳悬树立架，曰秋千。或云齐桓公北伐山戎[⑦]，此戏始传中国。"

【注释】

①山戎：又称北戎，古族名。春秋时分布在今河北、山西北部。《春秋·隐公十年》："夏，齐侯、许男伐北戎。"杜预注："北戎，山戎。"

②《古今艺术图》：五十卷，隋炀帝杨广撰。该书为一部综合性艺术典籍，其内容涵盖书画、音乐、舞蹈、游艺、园艺等多个领域。隋炀

帝杨广（569—618），本名杨英，小字阿，弘农华阴（今陕西华阴）人。隋朝第二位皇帝（604—618年在位）。

③习：训练。轻趫（qiáo）：轻捷矫健。《文选·张衡〈西京赋〉》："非都卢之轻趫，孰能超而究升？"李善注："《太康地志》曰：'都卢国，其人善缘高。'《说文》曰：'趫，善缘木之士也。'"

④因：沿袭。

⑤戏乐：娱乐。

⑥中国：华夏族、汉族多在黄河南、北建都，因称其地为中国。与"中原""中州"含义相同。《诗经·小雅·六月序》："《小雅》尽废，则四夷交侵，中国微矣。"

⑦齐桓公（？—前643）：姜姓，名小白，齐国临淄（今山东淄博）人。春秋时期齐国国君，前685—前643年在位，"春秋五霸"之首。

【译文】

《古今艺术图》："寒食节荡秋千，原本是北方少数民族山戎的游戏，用来训练人的轻捷矫健。后来的人就沿袭这个游戏，每到寒食节，就荡秋千而为娱乐。后来中原女子模仿，于是就用彩绳悬在树上搭个架子，称为秋千。有人说是齐桓公讨伐北方的山戎时，这种游戏才传入中原。"

半仙戏[①]

《天宝遗事》："天宝宫中，至寒食节，竞竖秋千[②]，令宫嫔戏笑[③]，以为宴乐[④]，帝呼为'半仙戏'，都人士女因而呼之。"

【注释】

①半仙戏：传说中仙人居住在高空，旧因称耍秋千的人为半仙，耍秋千为半仙戏。

②竞竖秋千：争相架设秋千。

③戏笑:嬉笑。

④以为:作为。

【译文】

《开元天宝遗事》:"天宝年间皇宫中,到了寒食节,人们争相架设秋千,引宫嫔嬉笑,作为宴饮取乐,皇帝把荡秋千称为'半仙戏',京城的仕女也因此称呼。"

后庭戏[①]

王延寿《千秋赋》[②]:"鞦韆,古人谓之'千秋'[③],或谓出汉宫后庭之戏,祝辞也[④]。后人妄易其字为'鞦韆'[⑤],而语复颠倒,不本意,又旁加以'革',实未尝用革。"山谷诗云:"未到清明先禁火,还依桑下系千秋[⑥]。"又云:"穿花蹴踏千秋索,挑菜嬉游二月晴[⑦]。"

【注释】

①后庭:后宫。

②王延寿:字文考,一作子山,南郡宜城(今属湖北)人。东汉辞赋家,另作《鲁灵光殿赋》《梦赋》《王孙赋》等。

③千秋:即秋千。

④祝辞:祝寿之辞。

⑤妄易:妄改。胡乱改。

⑥未到清明先禁火,还依桑下系千秋:出自黄庭坚《观化十五首·其五》。禁,底本作"变",据《山谷集》改。

⑦穿花蹴(cù)踏千秋索,挑菜嬉游二月晴:出自黄庭坚《次韵元礼春怀十首·其七》。蹴踏,踩,踏。挑菜,指挑菜节。旧俗,农历

二月初二日，仕女出郊拾菜，士民游观其间，谓之挑菜节。宋贺铸《凤栖梧》词："挑菜踏青都过却，杨柳风轻，摆动秋千索。"挑菜，底本作"桃李"，据《山谷集》改。

【译文】

王延寿《千秋赋》："鞦韆，古人称为'千秋'，有人说出自汉代宫廷的游戏，就是祝寿之辞。后人胡乱改其字为'鞦韆'，然而词语颠倒，不是原本意思，又在一旁加上'革'字，其实没有用革。"黄庭坚诗写道："未到清明先禁火，还依桑下系千秋。"又写道："穿花蹴踏千秋索，挑菜嬉游二月晴。"

绳橛戏[①]

《秦中岁时记》："寒食节，内仆司车与诸军使为绳橛之戏[②]。合车辙道两头打大橛[③]，张绳橛上[④]，高二尺许，须紧榜定[⑤]。驾车盘转[⑥]，碾轮于绳上过，不失者胜，落轮绳下者输。装饰车牛[⑦]，赌物以千计[⑧]。"

【注释】

①绳橛（jué）戏：古代的一种博戏。

②内仆：内仆局。官署名。隋唐皆置，属内侍省。《新唐书·百官二·内仆局》："令二人，正八品下；丞二人，正九品下。掌中宫车乘。皇后出，则令居左，丞居右，夹引。有书令史二人、书吏四人、驾士百四十人，典事八人，掌固八人。驾士掌习御车舆、杂畜。"军使：官名。掌军中的赏功罚罪。

③橛：橛子。

④张绳橛上：在橛子上系上绳子。

⑤榜:同"绑"。

⑥盘转:回旋,旋转。

⑦车牛:指牛车。为旧时交通运载工具。

⑧赌:底本作"贿",据《类说》改。

【译文】

《秦中岁时记》:"寒食节,内仆局司车与各军使玩绳橛博戏。共同在车辙道两头打上大橛子,在橛子上系上绳子,高二尺多,必须紧紧绑定。然后驾车旋转,车轮在绳子上碾过,车轮不从绳子上掉落的为胜,车轮掉落绳下的为输。装饰牛车,所赌的物品数以千计。"

蹋踘戏[①]

刘向《别录》[②]:"寒食蹋鞠,黄帝所造。或云起于战国之时,乃兵势也[③]。所以讲武[④],知有材也[⑤]。按:'踘'与'球'同,古人蹋蹴以为戏[⑥]。"杜甫《清明》诗云:"十年蹴踘将雏速[⑦],万里秋千习俗同。"又裴说《寒食》诗云[⑧]:"画球轻蹴壶中地[⑨],彩索高飞掌上身[⑩]。"

【注释】

①蹋踘(tà jū):即蹴鞠。一种古代踢球游戏。用以练武、娱乐、健身。传说始于黄帝,初以练武士。战国时已流行。

②刘向《别录》:二十卷,西汉刘向撰。汉成帝时,刘向等人奉诏整理宫廷藏书,每校完一书,刘向便加以编次,写出题要,抄录上报,汇集成书,称为《别录》。

③兵势:指战争形势、练兵手段或军事需求。

④讲武:指军事训练或比武活动,最初指军队中的战术教育和实战

演练。在古代，这类活动不仅是提升士兵战斗力的手段，也是考核人才的重要方式，如蹴鞠（古代足球）就被视为“讲武”的一种形式，用以选拔体能、战术俱佳者。

⑤材：才能，能力。

⑥蹋蹴：踩踏，踢。

⑦将雏：指携带幼小的子女。

⑧裴说：桂州（今广西桂林）人。天祐三年（906）状元及第，官至补阙、礼部员外郎。唐诗人。《郡斋读书志》著录《裴说诗》一卷，《直斋书录解题》则作《裴说集》一卷。

⑨画球：彩球。古代一种体育用具，供马球运动或其他球类游戏之用。唐沈佺期《幸梨园亭观打球应制》诗：“宛转萦香骑，飘飖拂画球。”

⑩彩索高飞：指荡秋千。掌上身：亦作“掌上舞”。相传汉成帝之后赵飞燕体态轻盈，能为掌上舞。后指体态轻盈的舞蹈。

【译文】

刘向《别录》：“寒食节期间的蹋鞠活动，传说是黄帝所创。有人认为蹋鞠起源于战国时期，是出于战争形势或练兵需求而形成。之所以进行军事训练或比武活动，是为了识别和选拔有才能的人。按：‘踘’与‘球’为同一物品，古人即以踢球进行的娱乐游戏。”杜甫《清明》诗写道：“十年蹴踘将雏远，万里秋千习俗同。”又有裴说《寒食》诗写道：“画球轻蹴壶中地，彩索高飞掌上身。”

击球戏

《岁时杂记》：“寒食节，京师少年多以花球棒为击踘之戏[①]。又为儿弄者，或以木，或以泥，皆以华丽为贵。”

【注释】

①击踘:古代一种骑马打球的运动,约盛行于唐、宋时。

【译文】

《岁时杂记》:"寒食节,京城少年多用花球棒玩击踘的游戏。又有为儿童制作的花球棒,或用木头,或用泥巴,都以华丽为贵。"

蒲博戏

《岁时杂记》:"都城寒食,大纵蒲博,而博扇子者最多[①],以夏之甚迩也[②]。民间又卖小秋千,以悦儿童[③]。团沙为女儿,立于上,亦可举之往来上下。又以木为之,而加彩画者,甚精。"

【注释】

①博扇子:利用扇子赌博的游戏。

②以夏之甚迩也:因为夏季临近,扇子作为消暑用品需求增加。迩,临近。

③悦:取悦,讨好。

【译文】

《岁时杂记》:"京城寒食节,放纵赌博,以扇子为赌注或奖品的活动最为普遍,因为夏季临近,扇子作为消暑用品需求增加。民间又卖小秋千,以取悦儿童。用沙团做成小女孩的样子,立在秋千上,也可以举着来来去去、上上下下。又有用木头制作,而加上彩色绘饰,更精致。"

竹笼儿

《岁时杂记》:"寒食,又作竹笼儿,大率如寄信物小庵[①]。以片竹为檐[②],插柏枝,加以木刀枪、小旗、小扇、小射帖、弓箭[③],缀以瓦铃[④]。"

【注释】

①小庵:小草屋。

②檐:屋檐。

③射帖:指箭靶。

④缀:装饰。

【译文】

《岁时杂记》:"寒食节,又制作竹笼儿,大概像寄存信物的小草屋。用一支竹片作屋檐,插上柏树枝,加上木刀枪、小旗、小扇子、小箭靶、弓箭,用瓦铃装饰。"

小车儿

《岁时杂记》:"寒食,又造辎軿以卖[①]。其长尺许,其大称之。以木为之者最精,亦有编竹为之者。其粗者,桃花车儿,辕、轮、帘、盖皆具[②],以木为牛[③],皆可运行。或为载土车、水车,其制不一。"

【注释】

①辎軿(píng):辎车和軿车的并称。后泛指有屏蔽的车子。《汉书·张敞传》:"礼,君母出门则乘辎軿。"颜师古注:"辎軿,衣车也。"

②辕：车辕。车前驾牲畜的两根直木。盖：车盖。古代车上遮雨蔽日的篷。状如伞，有柄。

③以木为牛：用木头制作的牛。

【译文】

《岁时杂记》："寒食节，又制作辎车和軿车来卖。车子长一尺多，大小正好。用木头制作的最好，也有用竹子编制的。其中粗壮些的是桃花车儿，车辕、车轮、卷帘、车盖都齐备，用木头制作的牛，都可以运行。有的制作成载土车、水车，式样不一。"

约乐妓

《古今词话》："泸南营二十余寨[①]，各有武臣主之[②]。中有一知寨[③]，本太学士人，为壮岁流落[④]，随军边防[⑤]，因改右选[⑥]，最善词章[⑦]。尝与泸南一妓相款[⑧]，约寒食再会。知寨者以是日求便相会，既而妓为有位者拉往踏青[⑨]，其人终日待之不至[⑩]。次日，又逼于回期[⑪]，然不敢轻背前约，遂留《驻马听》一曲以遗之而去[⑫]。其词曰：'雕鞍成漫驻[⑬]。望断也不归[⑭]，院深天暮。倚遍旧日，曾共凭肩门户。踏青何处所。想醉拍、春衫歌舞。征旆举[⑮]。一步红尘，一步回顾。　行行愁独语[⑯]。想媚容、今宵怨郎不住。来为相思苦。又空将愁去，人生无定据[⑰]。叹后会、不知何处[⑱]。愁万缕。仗东风、和泪吹与。'亦名《应天长》。妓归见之，辄逃乐籍[⑲]，往寨中从之，终身偕老焉[⑳]。"

【注释】

①泸南营：指南宋时期泸水以南的军事要地，位于今云南姚安县境内，下辖二十余个寨子。

②武臣：武官，武将。主管军事的官员。

③知寨：官名。宋于险要处置寨，以寨主或知寨主管，若置城堡，则以知城主管，掌招收土军，教习武艺，以防盗贼、守边防。

④壮岁：壮年。流落：犹留落。谓人留滞于下，不能擢升。

⑤边防：指边境防守之地。

⑥右选：宋代吏部四选之一。吏部侍郎分左右选，掌右选者负责武官的铨叙选授。宋苏辙《辞吏部侍郎札子》："臣准尚书省札子，已降诰命，除臣试尚书吏部侍郎。奉圣旨，令管勾右选者。"

⑦词章：诗文的总称。宋陈鹄《耆旧续闻》："周益公久在禁林，词章为一时之冠。"

⑧相款：互相款待或交往，这里可能指两人有交往或情谊。

⑨有位者：指当官之人。踏青：清明节前后郊野游览的习俗。旧时并以清明节为踏青节。

⑩终日：整日，从早至晚。

⑪逼：迫。

⑫《驻马听》：词牌名。本意是停下马来以听叙说。驻马，使马停下不走。

⑬雕鞍：借指宝马。

⑭望断：向远处望直至看不见。《南齐书・苏侃传》："青关望断，白日西斜。"

⑮征旆（pèi）：古代官吏远行所持的旗帜。

⑯行行：指不断前行的动作，暗含旅途的漫长与孤独。

⑰无定据：亦作"无定准"。没有一定。宋叶梦得《临江山・熙春台与王取道等会别》："自笑天涯无定准，飘然到处迟留。"

⑱后会：日后相会。

⑲乐籍：乐户的名籍。古时官妓属乐部，故称。亦指乐户或官妓。

⑳终身偕老：一辈子共同生活到老。

【译文】

《古今词话》："泸南营下辖有二十多个寨子，每个寨子各有武将掌管。其中有一个知寨，原本是太学的读书人，壮年留滞于下，不能擢升，跟随军队到了边境防守之地，因而改为武将，最擅长诗文。曾与泸南一歌妓有交往，约定寒食节再相会。这个知寨就在寒食节以求再次相会，不久歌妓被当官的人叫着去春游了，这个知寨从早等到晚歌妓也没来。第二天，又迫于返回营寨的日期，然而不敢轻易违背以前约定，就留下《驻马听》一曲赠予歌妓而去。其词写道：'雕鞍成漫驻。望断也不归，院深天暮。倚遍旧日，曾共凭肩门户。踏青何处所。想醉拍、春衫歌舞。征旆举。一步红尘，一步回顾。　　行行愁独语。想媚容、今宵怨郎不住。来为相思苦。又空将愁去，人生无定据。叹后会、不知何处。愁万缕。仗东风、和泪吹与。'此曲也叫《应天长》。歌妓归来见到知寨写的词后，立即逃脱乐籍，前往寨中追随知寨，终身相伴到老。"

得故婢

《唐宋遗史》[①]："唐崔郊之姑有婢端丽[②]，郊尝私之[③]。他日，姑鬻婢于司空于頔家[④]，得钱四十万。郊因寒食出游，婢见郊，立于花阴之下。郊因作诗，密以赠之，曰：'公子王孙逐后尘，绿珠垂泪滴罗巾。侯门一入深如海，从此萧郎是路人[⑤]。'疾郊者录诗以示[⑥]，頔召郊，执其手曰：'诗，公所作也？四十万小哉[⑦]！何不早言。'以婢赠郊。"

【注释】

①《唐宋遗史》：底本作“《唐末遗史》”，据《诗话总龟》改。原本四卷，北宋詹玠撰。该书收录唐、五代至北宋中期的各种遗闻逸事。詹玠，不详待考。

②崔郊：贞元末、元和初寓居襄阳（今属湖北）。唐诗人。作《赠去婢》诗，节度使于頔因识之。端丽：端庄美丽。

③私：私下约会。

④鬻（yù）：卖。于頔（dí，？—818）：字允元，河南（今河南洛阳）人。以祖荫补千牛，至唐德宗时为左仆射同中书门下平章事，封燕国公，唐宪宗即位后拜司空。唐文学家，有外交、理事之才，精于书法。

⑤“公子王孙逐后尘”几句：出自崔郊《赠去婢》。公子王孙，指王公贵族子弟。后尘，比喻在他人之后。绿珠（？—300），西晋时富豪石崇的宠妾，美而艳，善吹笛。赵王司马伦专权时，其党孙秀依仗权势向石崇索取绿珠，为崇所拒。崇为此被逮下狱，绿珠坠楼而死。此处用典暗示婢被夺。罗巾，丝制手巾。侯门，指显贵人家。萧郎，本指姓萧的男子。《梁书·武帝纪上》：“迁卫将军王俭东阁祭酒，俭一见，深相器异，谓庐江何宪曰：‘此萧郎三十内当作侍中，出此则贵不可言。’”萧郎即指梁武帝萧衍。后泛指女子所爱恋的男子。此处乃崔郊自谓。路人，陌路之人。

⑥疾：妒忌。

⑦小哉：小意思。

【译文】

《唐宋遗史》：“唐代崔郊的姑母有个婢女端庄美丽，崔郊曾与她私下约会。后来，姑母把这个婢女卖到司空于頔家，卖得四十万钱。崔郊因寒食节出游，婢女看见崔郊，于是站在花阴之下。崔郊因而作诗，偷偷地送给她，诗写道：‘公子王孙逐后尘，绿珠垂泪滴罗巾。侯门一入深如海，从此萧郎是路人。’有妒忌崔郊的人把诗抄录下来交与于頔，于頔看到诗后召见崔郊，握着崔郊的手说：'这首诗，是您写的？四十万钱小意思！何不早说。'随后将婢女赠予崔郊。"

荐亡女

《夷坚丁志》："绍兴末，淮阴小民丧其女。经寒食节，欲作佛事荐[①]。严而无资[②]，其母截发鬻之[③]，得六百钱。出街，将寻僧。会有五人过门，迎揖作礼[④]，告其故，皆转相推避[⑤]。良久，一僧始留曰：'今日不携经文行，能自往假借否[⑥]？'妇人访诸邻，得《金光明经》一部以授[⑦]。僧方展卷启白[⑧]，妇人涕泪如雨。僧恻然曰[⑨]：'不谓汝悲痛若此[⑩]，吾当就市澡浴以来[⑪]，为汝尽心。'既至，洁诚持诵[⑫]，具疏回向毕[⑬]，乃受钱归。遇向同行四人者于茶肆[⑭]，扣其所得，邀与共买酒。已就坐，未及举杯，似闻窗外有女子呼声，独经僧起应之。泣曰：'我乃彼家亡女也，沦滞冥路已久[⑮]，适蒙师课经精专之功，遂得超脱。阎王已敕令受生，文符悉具[⑯]，但未用印耳。师若饮酒破斋[⑰]，则前功尽弃，实为可惜，能忍俟明日乎[⑱]？'僧大感惧，以语众，皆悚然而退[⑲]。"

【注释】

①佛事：僧尼等所做诵经祈祷、拜忏礼佛等事。

②严：指家贫或家境窘迫。

③截发：剪掉头发。

④迎揖作礼：迎接时作揖为礼。

⑤推避：托故避开。

⑥假借：借用。

⑦《金光明经》：即《金光明最胜王经》，十卷，唐义净译。该经被尊为“经中之王”，强调护国、忏悔与现世利益。

⑧启白：陈述，陈说。此指诵经。

⑨恻（cè）然：哀伤的样子。

⑩不谓：不料。

⑪澡浴：洗澡。

⑫洁诚：态度真诚。持诵：诵习。

⑬具疏：撰写疏文（佛教法事中记录祈福或超度对象的文书）。回向：佛教仪式，将诵经功德转向特定对象（如亡者、众生）。

⑭向：之前。茶肆：茶馆。

⑮沦滞：陷入苦境。冥路：指阴间、幽冥之路，即人死后的世界。

⑯文符：文书。

⑰破斋：特指违反佛教斋戒（如过午不食、禁酒等戒律）。

⑱忍俟：忍耐等待。

⑲悚（sǒng）然：指因害怕而战栗的样子，常见于对灵异事件或因果报应的反应。

【译文】

《夷坚丁志》：“绍兴末年，淮阴有个老百姓女儿去世了。到了寒食节，想请僧人做法事超度亡灵。因家贫，其母亲剪掉头发卖了，得到六百个铜钱。然后上街，正要去寻访僧人。正好有五位僧人从门口经过，急忙迎上去作揖为礼，告诉他们原因，五位僧人都转相托故避开。过了很久，一位僧人才留下来，说：‘今天没有携带经书，你能自己前往借用一本吗？’妇人走访诸邻居，得到一部《金光明经》，递与僧人。僧人刚打开经卷开始诵念，妇人就已泪如雨下。僧人哀伤地说：‘想不到你如此悲痛，我应当到市镇沐浴后再来，为你竭尽心意诵念经文。’僧人从市镇沐浴归来，以清净虔诚之心诵经超度，撰写疏文并完成回向仪式，随后收取报酬离开。在茶馆遇到之前同行的四人，同伴扣下僧人的钱，请他买酒共同喝。他们已坐好，未来得及举杯，隐约听到窗外有女子呼叫声，只有那个诵经的僧人起来回应。那女子哭着说道：'我就是那一家死去的女儿，亡魂困于阴间已经很久了，刚才承蒙大师精心诵念佛经的功力，于是得超脱地狱之苦。阎王已下令让我转生，文书都已齐备，只是没有盖印。大师如果饮酒破戒，此前为超度亡灵所做的功德将全部白费，实在太可惜了，能否暂且忍耐不饮酒，坚持到明日呢？'僧人感到恐惧，把这些告诉了同门，大家都惊恐地退下了。"

瘗戍妇[1]

《酉阳杂俎》："荆州民郝惟谅，性粗率[2]，勇于私斗。会昌二年寒食日[3]，与其徒游于郊外，蹴踘角力[4]，醉卧冢间。宵分始寤[5]，将归。道左值一人家[6]，室绝卑陋[7]，遂诣乞浆。有一妇，姿容惨悴[8]，服装素雅[9]，方向灯纫缝[10]。良久，谓郝曰：'知君胆气，故敢请托。妾本秦人，姓张，健儿李欢妻[11]。欢太和中戍边不返[12]，遘厉疾而殁[13]，为邻里殡此[14]，已逾一纪[15]。迁葬无因，肌骨离散，魂神恍惚，如醉如梦。君或使遗骸归土[16]，精爽有托[17]，斯愿毕矣。'郝曰：'薄力不办，如何？'妇曰：'某虽为鬼，不废女工。常造雨衣，与胡氏佣作数岁矣，所聚十三万，葬备有余。'郝诺而归。访之胡氏，物色皆符[18]，及具以告。即与偕往殡所，毁涂视之，散钱培榇[19]，数如其言。胡氏与郝，哀而瘗于鹿顶原。是夕，见梦于胡、郝。"

【注释】

①瘗(yì):埋葬。

②粗率:粗疏直率。

③会昌二年:842年。会昌,唐武宗李炎年号(841—846)。

④角力:比赛武艺。通常为徒手相搏。

⑤宵分:夜半。寤(wù):清醒。

⑥道左:道路旁边。值:遇到,碰上。

⑦卑陋:低矮简陋。

⑧惨悴:忧伤憔悴。

⑨素雅:淡雅。

⑩纫缝:缝纫。

⑪健儿:士卒。

⑫太和:也作"大和"。唐文宗李昂年号(827—835)。戍边:守卫边疆。

⑬遘(gòu):碰上。厉疾:严重的灾疫。殁(mò):死,去世。

⑭殡:停放灵柩。

⑮一纪:十二年。

⑯遗骸:指弃置而暴露的尸体。归土:埋葬。

⑰精爽:灵魂。

⑱物色:指事物的特征或细节。

⑲榇(chèn):棺材。

【译文】

《酉阳杂俎》:"荆州村民郝惟谅,性情粗疏直率,打架斗殴很勇猛。会昌二年寒食节,他与同伴一起到郊外游玩,踢球摔跤,醉酒后就睡在墓地里。夜半时分才醒来,准备回家。在道路左侧遇到一户人家,房屋非常低矮简陋,于是前往人家讨水喝。看见一位妇人,面容忧伤憔悴,穿着素雅,正对着灯做针线活。过了很久,对郝说:'我知道您很有胆量和勇气，因此才敢以私事相托。我本是秦地人，姓张，士卒李欢的妻子。李欢自太和年间戍守边境就没回来，我因碰上严重的灾疫而去世，是邻里把我的灵柩放在此处，到现在已经十二年了。因无人操办无法将尸骨迁至合适的安葬地，尸骨未入土，导致肌骨散落，魂神恍惚，如醉如梦。您若使我的尸骨入土，灵魂得以安息，我的心愿就完成了。'郝说：'我财力有限难以办成此事，怎么办呢？'妇人说：'我虽然是鬼，但一直坚持做女工。经常制作雨衣，并在胡家做雇工很多年，积攒了十三万钱，重新安葬应该足够了。'郝惟谅答应后就回家了。郝惟谅去寻访胡家，所见所闻的细节与女鬼的描述完全一致，就把事情原原本本告诉了胡氏。两人立即一同前往停放灵柩的地方，将泥土清理后，散钱覆盖着棺材，钱数和女鬼说的一样。胡氏与郝惟谅哀伤地把她葬在鹿顶原。当晚，女鬼托梦给胡、郝二人。"

见鬼男

《录异记》："校书郎张仁宝[①]，素有才学，年少而逝，自成都归葬阆中[②]，权殡东津寺中[③]。其家寒食日，闻扣门甚急，出视无人，唯见门上有芭蕉，上有题曰：'寒食家家尽禁烟，野棠风坠小花钿[④]。如今空有孤魂梦，半在嘉陵半锦川[⑤]。'举族惊异。端午日，又闻扣门。其父于门罅伺之[⑥]，乃见其子，足不践地[⑦]，门上题云：'五月五日天中节[⑧]。'题未毕，其父开门，即失所在。顷之克葬，不复至矣。"

【注释】

①校书郎：官名，掌校对书籍。前汉兰台，后汉东观，都是藏书的地方，有校书的任务，如以郎官担任，则称校书郎；如以郎中担任，则

称校书郎中。《后汉书·马融列传》:"(永初)四年,拜为校书郎中,诣东观典校秘书。"张仁宝:唐人。

②阆中:战国秦惠文王置,治今四川阆中。

③权:暂且。东津寺:《范太史集》:"资州路东津寺,寺有古佛殿,唐乾宁元年所建。"

④野棠:果木名。即棠梨。南朝梁沈约《早发定山》诗:"野棠开未落,山樱发欲然。"

⑤嘉陵:即嘉陵江。长江支流,流经阆中。锦川:即锦江。岷江分支之一,在今四川成都平原。传说蜀人织锦濯其中则锦色鲜艳,濯于他水,则锦色暗淡,故称。

⑥门罅(xià):门缝。

⑦践:踩。

⑧天中节:端午节的别称。

【译文】

《录异记》:"校书郎张仁宝,向来就有才学,年纪轻轻就死了,家人将他的灵柩从成都运回家乡阆中,暂时停放在东津寺里。寒食那天,家人听到急切的敲门声,开门出来却不见人,只看见门上有一片芭蕉叶,上面题有一首诗:'寒食家家尽禁烟,野棠风坠小花钿。如今空有孤魂梦,半在嘉陵半锦川。'全族都惊异。端午那天,又听到敲门声。张仁宝的父亲从门缝向外看,于是看见自己的儿子,双脚离地,正在门上题诗道:'五月五日天中节。'还没写完,他父亲开门,张仁宝突然就消失了。家人很快将棺材安葬,张仁宝就再也没来。"

问故夫

《夷坚丙志》:"王德少保葬于建康数十里间[①]。绍兴三十一年[②],其妻李夫人以寒食上冢,先一夕宿城外。五鼓而行[③]，至村民家少憩，天尚未明。民知为少保家，言曰：'少保夜来方过此，今尚未远。'夫人惊问其故，答曰：'昨夜过半，有马军数十过门。三贵人下马叩户[④]，以钱五千买谷秣马[⑤]，良久乃去。意貌殊不款曲[⑥]。密询后骑，曰："韩郡王、张郡王、王少保以番贼欲作乱[⑦]，急领兵过淮北捍御也[⑧]。"'夫人命取所留钱，乃楮镪耳[⑨]，伤感不胜情[⑩]。祀毕还家，得疾而卒。是年四月，予在临安[⑪]，闻之于媒妪刘氏[⑫]，不敢与人言，但密为韩子温道之[⑬]。及秋末，虏果入寇。"

【注释】

①王德（？—1155）：字子华，通远军熟羊寨（今甘肃陇西）人。南宋时期著名猛将。初随姚古，曾潜入敌营，执金太守姚太师而归，世称"王夜叉"。病故后追赠为检校少保。建康：西晋建兴元年（313）因避愍帝司马邺名讳，改建邺县为建康县，治今江苏南京。

②绍兴三十一年：1161年。

③五鼓：五更。

④叩户：敲门。

⑤秣（mò）马：饲马。秣，牲口的草料。

⑥意貌：神色。款曲：从容。

⑦韩郡王：指韩世忠（1089—1151），字良臣，自号清凉居士，延安府绥德军（今陕西绥德）人。南宋"中兴四将"之一，曾参与黄天荡之战等重大战役，追封通义郡王。张郡王：指张俊（1086—1154），字伯英，成纪（今甘肃天水）人。南宋"中兴四将"之一，后因功封为通义郡王。

⑧淮北：泛指淮河以北，长江以南的地区。捍御：保卫，防御。

⑨楮镪（chǔ qiǎng）：指祭祀时所用的纸钱。镪，钱币。

⑩伤感不胜情：悲痛之情难以自抑。

⑪临安：西晋太康元年（280）改临水县为临安县，治今浙江杭州。

⑫媒妪（yù）：媒婆。

⑬韩子温：即韩彦直（1131—1204），字子温，南宋延安（今属陕西）人。抗金名将韩世忠之子。晚年潜心学问，著有《永嘉橘录》《水心镜》等。

【译文】

《夷坚丙志》："王德少保葬在距建康城外几十里的地方。绍兴三十一年，他的妻子李夫人在寒食节时给他上坟，她头一天晚上住在城外。五更时起身出发，到达一户村民家稍微休息了一下，此时天还未亮。村民知道李夫人是少保家的人，就说：'少保夜里刚来过此地，现在还没走远。'李夫人听了，急忙问是怎么回事，村民回答道：'昨天半夜以后，有几十个骑兵经过家门口，三位贵人下马敲门，用五千文钱买了些谷子喂马，过了很久才离去。神色都很不从容。我悄悄地询问后边骑马的随从，随从说："韩郡王、张郡王、王少保因为番贼要入侵，所以急忙领兵去淮北防御。"'李夫人叫村民取来买谷子的钱，都是纸钱而已，她因此不胜伤感。祭礼完毕回到家中，就得病死了。以上是这一年四月，我在临安从刘媒婆那里听说的，但不敢与人说，只私下里告诉了韩彦直。到了秋天，金兵果然举兵入侵。"

悟破鱼

《夷坚乙志》："处州龙泉县米铺张氏之子[①]，十五岁，尝携鲜鱼一篮，就溪边破之[②]。鱼拨刺不已[③]，刀误伤指，痛殊甚。停刀少憩。忽念曰：'我伤一指痛如是，而群鱼刮鳞剔腮，剖腹断尾，其痛可知，特不能言耳。'尽弃于溪。即日入深山中，依石窦以居[4]，绝不饮食。父母怪儿不归，意其堕水死。明年寒食，乡人游山者始见之，身如枯腊[5]，朐瘠见骨[6]，然面目犹可认，急报其父母来。欲呼以归，掉头不顾，曰：'我非汝家人，无急我。'父母泣而去。后十年，复往视，则肌体已复故，颜色悦泽[7]，人不知所以然。今居山二十余岁矣。"

【注释】

①处州：隋开皇九年（589）改永嘉郡置，相传"处士星见"于此而得名，治括苍县（今浙江丽水）。龙泉县：唐乾元二年（759）分遂昌、松阳二县置，治龙泉乡（今浙江龙泉）。

②破：剖开。

③拨剌：拟声词，形容鱼尾拍打、挣扎时发出的声响或动作。

④石窦（dòu）：石穴。北魏郦道元《水经注·漓水》："验其山有石窦，下深数丈，洞穴深远，莫究其极。"

⑤枯腊：原指风干的肉或尸体，引申为干瘪无生机的状态。

⑥朐（qú）瘠：指肋骨部位极度消瘦、骨头突出的状态。朐，原指弯曲的干肉，后引申为人体胸部或肋骨部位。瘠，瘦弱。

⑦颜色悦泽：面色红润且有光泽。

【译文】

《夷坚乙志》："处州龙泉县米铺张氏有个儿子，十五岁，曾经提一篮子鲜鱼，到溪边杀鱼。因鱼挣扎导致刀具意外划伤手指，疼痛难忍。放下刀来稍稍休息。忽然想道：'我伤了一个手指就如此疼痛，而这些鱼要被刮掉鱼鳞，剔出鱼鳃，剖开肚肠，切断尾巴，它们的痛苦就可想而知了，只不过它们不能说罢了。'于是就把这些鱼全部放归溪中。当天就进入深山，住在石穴中，不吃不喝。父母对儿子不回家感到奇怪，揣测儿子已经落水而死。第二年寒食节，乡里人游山时见到了他，只见他身体干枯如腊肉，胸肋消瘦几乎露骨，然而从面貌上还可以认出他，乡人急忙把他父母叫来。父母想叫他回去，他掉头不看，说：'我不是你们家人，不要逼我。'他的父母哭着离开。过了十年，人们又去看他，他的身体已恢复到原来的样子，面色红润且有光泽，人们不知道这是什么原因。如今住在山里已二十多年了。"

惑妖狐

《夷坚丁志》："高子勉世居荆渚①，多赀而喜客②。尝捐钱数十万，买美妾，置诸别圃，作竹楼居之，名曰玉真道人。日游其间，有佳客至，则呼之侑席③，无事辄终日闭关④，未尝时节出嬉。历数岁，当寒食拜扫⑤，子勉邀与家人同出，辞不肯，强之至再三，则曰：'主公有命，岂得终违⑥。我此出必凶，是亦命也。'子勉怪其言，但疑其不欲与妻相见，竟使偕行⑦。玉真乘轿杂于众人间，甫出郊⑧，上冢者纷纷，适有猎师过前⑨，真战栗之声已闻于外⑩。少顷，双鹰往来掠帘外，双犬即轿中曳出⑪，齿其喉，立死。子勉奔救，已无及。容质俨然如生⑫，将举尸，始见尾垂地，盖野狐云。此事绝类唐郑生也⑬。"

【注释】

①高子勉：即高荷，字子勉，自号还还先生，江陵（今属湖北）人。宋诗人，著有《还还集》等。荆渚：即今湖北江陵的别称。《陈情赠友人》有"所思采芳兰，欲赠隔荆渚"。

②赀（zī）：钱财。

③侑（yòu）席：陪酒。

④闭关：闭门谢客。

⑤拜扫：扫墓，上坟。

⑥岂得终违：怎能始终违抗。

⑦偕行：一起走，一同出发。

⑧甫：表示"刚刚""才"，强调时间上的即刻性。

⑨猎师：猎人。

⑩战栗：因恐惧而发抖。

⑪曳出：拖拽出来。

⑫俨然：仿佛。

⑬绝类：极其相似。唐郑生：指唐代郑生与狐妖任氏的故事。

【译文】

《夷坚丁志》："高荷世代居住在江陵，家中富裕而又喜欢接待宾客。曾经花了几十万钱，买了一个美丽的姬妾，将她安置在其他花园里，建了一座竹楼让她居住，起名叫玉真道人。让她每天在竹楼里游玩，有重要客人来，就叫她来陪酒，没事就整天关在竹楼里，节日也未曾出来玩耍。过了几年，到寒食节扫墓的时候，高荷邀请她与家人一同去上坟，她推辞不去，再三强求才去，她说：'主人既然下令，我岂能违背。只是我这次出去一定凶险，这也是命。'高荷对她说的话感到奇怪，但又怀疑她不想与自己的妻子相见，最终还是一起去了。玉真坐了一顶轿子夹杂在众人中间，刚出郊外，上坟的人络绎不绝，正好有猎人从轿前经过，玉真吓得哆嗦的声音，在轿外也能听到。一会儿，有两只老鹰在轿外盘旋，两只狗直扑轿内把玉真道人拖出来，用牙齿咬住她的喉咙，玉真当即死去。高荷奔跑过来抢救，已来不及了。玉真道人的容貌仿佛和生前一样，高荷叫人将她的尸体抬起来，这时才看见背后有一条很长的尾巴垂到地上，原来是一只野狐精。这个故事与唐代郑生的故事十分相似。"

得怪鼠

《夷坚乙志》："邢大将者，保州人[①]。居近塞，以不仁起富。积微劳[②]，得军大将。尝以寒食日，率家人上冢。祀毕饮酒，见小白鼠出入松柏间，相与逐之。鼠见人至，首贴地不动，遂取以归。鼠身毛皆白，而眼足赪红可爱[③]。邢捧置马上，及家即走，不复见。即日百怪毕出，釜鬲两两相抱持而行[④]，器皿易位，猫犬作人言，不可诃叱[⑤]。邢寝旁壁上脱落寸许，突出小人面，如土木偶。又五日，已长大成一胡人头，长鬣鬅鬙[⑥]，殊可憎恶，语音与生人不少异，且索酒肉。邢不敢拒，随所需即与之，稍缓辄怒，一家长少服事之唯谨。凡一岁，邢死，诸怪皆不见。"

【注释】

①保州：北宋太平兴国六年（981）改保塞军置，治所在保塞县（今河北保定）。

②微劳：细小的功劳。

③赪（chēng）红：浅红色。赪，同"赪"。

④釜（fǔ）：圆口无足的炊具，类似现代锅具。鬲（lì）：三足中空的陶制或青铜炊具，用于烹煮。

⑤诃叱（hē chì）：大声喝叫，斥责。

⑥长鬣（liè）：长须。鬅鬙（péng sēng）：头发散乱的样子。

【译文】

《夷坚乙志》："邢大将，保定人。家住在边塞附近，以不仁义的方法发家致富。通过表面功绩或钻营手段，逐步攀升至军中大将。他曾经在寒食节那天，带领全家人去上坟祭祀祖先。祭祀完后喝酒，看见一只小白鼠在松林间跑来跑去，大家都去追逐小白鼠。小白鼠看见有人来，头便贴在地上不动，邢大将于是就将白鼠带回家去。白鼠身上的毛都是雪白的，但是眼和脚却是浅红色，非常可爱。邢大将将捕捉到的小白鼠捧起放在马背上，等到回到家中，小白鼠立刻逃窜，从此再也看不见它的踪影。当天各种怪异现象全部出现，炊具成对相拥行走，器物自动变换位置，猫狗口吐人言，即使呵斥也无法制止。邢大将床边的墙壁脱落了一寸多，突然冒出一个小人的脸，就像泥塑的木偶。又过了五天，小人长大变成一个胡人的头，毛发浓密、散乱，极其令人厌恶，说话的声音与活人没什么区别，并且索要酒肉。邢大将不敢抗拒，随他需要什么就给什么，稍有怠慢就会发怒，邢大将一家老少服侍它非常谨慎。过了一年，邢大将死了，这些怪物就都不见了。”

卷十七

清明

【题解】

本卷《清明》。清明，二十四节气之一，在阳历四月五日（农历三月）前后。清明处在仲春与季春之交，正是春耕的大好时机。在二十四节气中，演变为节日的只有清明，这是因为寒食节靠近清明，而古人在寒食节的活动往往延续至清明，遂渐成节日。卷首一段总叙文字概说清明之义。

本卷条目均为清明时俗节物，主要有清明改火"取新火""进新火""赐新火""乞新火""谢新火""汲新泉""煮新茶"等；清明节日宴饮"饯国老""宴进士""燕百官"等；清明节日游戏"戏拔河""治鸡坊""游郊外"等；清明农桑耕种"修蚕具"；清明诗文典故"求来禽""谒湖阴""见情姬"等。"贡紫笋"，记湖州紫笋入贡之事。"遇吕仙"，记晋陵人胡俦遇吕洞宾一事。"赐宫娥"，记唐明皇赐薛琼琼与崔怀宝为妻之事。"访庄妇"，记博陵崔护"人面桃花"故事。"惭父婢"，记李庾的婢女却要整治四个放荡公子之事。"惊妻梦"，记独孤遐叔误入妻子梦中一事。"掩旧墓"，记博陵崔生遇王氏外甥女一事。"逢臭鬼"，记开封人张俨清明日为臭鬼所缠，卧病身死之事。"跻女冢"，记李昼路遇五女冢一事。

吕原明《岁时杂记》曰："清明节在寒食第三日，故节物乐事，皆为寒食所包。国朝故事，唯自清明日开集禧、太一三日[①]，宫殿池沼[②]，园林花卉，诸事备具。繁台在正东[③]，登楼下瞰[④]，尤为殊观[⑤]。”石曼卿诗云：“台高地迥出天半，瞭见皇都十里春[⑥]。”

【注释】

①集禧：即集禧观，始建于宋真宗大中祥符五年（1012），原名会灵观，观内供奉三山五岳神灵，为当时汴京（今河南开封）的重要道观。仁宗时期因火灾损毁，后重建并更名为“集禧观”。太一：即太一宫，亦作“太乙宫”。祭祀太一神的宫殿。

②池沼：池和沼。泛指池塘。

③繁（pó）台：古台名。故址在今河南开封东南禹王台公园内，相传为春秋时师旷吹台，汉梁孝王增筑，后有繁姓居其侧，故名。《旧五代史·梁书·太祖纪四》：“甲午，以高明门外繁台为讲武台，是台西汉梁孝王之时，尝按歌阅乐于此，当时因名曰吹台。其后有繁氏居于其侧，里人乃以姓呼之，时代绵寝，虽官吏亦从俗焉。”

④楼：应指繁塔。繁台之上的塔，称为繁塔，建于北宋太平兴国二年（977），为开封现存年代最早的古建筑。下瞰（kàn）：俯视。

⑤殊观：奇观。指奇异美好的景象或事情。

⑥台高地迥出天半，瞭见皇都十里春：出自石延年佚句。迥，远。瞭见，望见。皇都，京城。

【译文】

吕希哲《岁时杂记》：“清明节在寒食节后第三天，因此应节的物品、喜乐事情，都为寒食节所包含。本朝旧例，唯独从清明节开始开放集禧观、太一宫三天，宫殿池塘，园林花卉，所有事情都已齐备。繁台在正东方，登上繁塔向下俯视，尤为壮观。”石延年有诗写道：“台高地迥出天半，瞭见皇都十里春。”

改新火

《论语》[①]："钻燧改火[②]。"盖《周礼·司爟》"季春出火"[③]，然则"出火"为改新火也。杜甫《清明》诗云："朝来断火起新烟[④]。"贾岛诗云[⑤]："晴风吹柳絮，新火起厨烟[⑥]。"东坡《分新火》诗云："三月清明改新火。"

【注释】

①《论语》：共二十篇，孔子弟子编纂的有关孔子言行的记录。该书为儒家经典之一，内容有孔子谈话、答弟子问和弟子间的谈话，涉及政治、经济、教育、道德和哲学等，是研究孔子思想的主要资料。

②钻燧改火：古时钻木取火，因季节不同而用不同的木材。《论语·阳货》："旧谷既没，新谷既升，钻燧改火，期可已矣。"何晏集解引马融曰："《周书·月令》有更火之文：春取榆柳之火，夏取枣杏之火，季夏取桑柘之火，秋取柞楢之火，冬取槐檀之火。一年之中，钻火各异木，故曰改火也。"后仅于寒食后二日为之，并成为习俗。

③《周礼·司爟（guàn）》：底本作《周官·爟氏》，据《周礼》改。司爟，官名。周朝置。掌行火之政令等。《周礼·夏官·司爟》："司爟，掌行火之政令，四时变国火，以救时疾。"出火：生火。

④朝来：早晨。新烟：指寒食节后重新举火所生之烟。

⑤贾岛（779—843）：字浪仙，一作阆仙，自号碣石山人，范阳（今河北涿州）人。初为僧，法名无本。后还俗。唐文宗开成二年（837），被任命为遂州长江县主簿，因而世称"贾长江"。与孟郊有"郊寒岛瘦"之称，著有《长江集》。

⑥晴风吹柳絮，新火起厨烟：出自贾岛《清明日园林寄友人》。柳絮，柳树的种子。有白色绒毛，随风飞散如飘絮，因以为称。

【译文】

《论语》:"钻火的燧木也改用新的。"则《周礼·司爟》说"季春三月生火",那么"生火"是为改用新火。杜甫《清明》诗写道:"朝来断火起新烟。"贾岛有诗写道:"晴风吹柳絮,新火起厨烟。"苏轼《分新火》诗写道:"三月清明改新火。"

取新火

《春明退朝录》:"《周礼》:'四时变国火[①]。'谓春取榆柳之火[②],夏取枣杏之火[③],季夏取桑柘之火[④],秋取柞楢之火[⑤],冬取槐檀之火[⑥]。"《迂叟诗话》云[⑦]:"唐时,唯清明取榆柳之火,以赐近臣戚里之家。韩翃诗云[⑧]:'春城无处不飞花,寒食东风御柳斜。日暮汉宫传蜡烛,轻烟散入五侯家[⑨]。'本朝因之,唯赐辅臣、戚里、帅臣、节察、三司使、知开封府、枢密直学士、中使[⑩],皆得厚赐,非常赐例也。"欧阳修诗云:"桐华应候催佳节,榆火推恩忝侍臣[⑪]。"

【注释】

①四时变国火:古时钻木取火,因时气太盛,故变易取火之木以调剂之。

②榆柳:榆木和柳木。榆柳色青,春五行属木,木色青,故春用榆柳。

③枣杏:枣树和杏树。枣杏色赤,夏五行属火,火色赤,故夏用枣杏。

④桑柘(zhè):桑树与柘树。桑柘色黄,季夏五行属土,土色黄,故季夏用桑柘。

⑤柞楢(zuò yóu):柞树和楢树。柞楢色白,秋五行属金,金色白,故秋用柞楢。柞,落叶乔木,木质坚硬,耐腐蚀。楢,古书上说的一种树,木材坚韧,可做车轮,也用来取火。

⑥槐檀：槐树和檀树。槐檀色黑，冬五行属水，水色黑，故冬用槐檀。

⑦《迂叟诗话》：即《温公续诗话》，又称《续诗话》《司马温公诗话》《司马君实诗话》，一卷，北宋司马光撰。据作者自序，此书为续欧阳修《六一诗话》而作。全书偏于记事，多记述北宋诗人轶闻逸事，偶亦涉及唐人。

⑧韩翃（hóng）：字君平，南阳（今属河南）人。唐诗人，与钱起、卢纶、吉中孚、司空曙、苗发、崔峒、耿湋、夏侯审、李端并称"大历十才子"。

⑨"春城无处不飞花"几句：出自韩翃《寒食》。春城，暮春时的长安城。飞花，飘花落飞。御柳，宫禁中的柳树。汉宫，这里借指唐代皇宫。传蜡烛，寒食节普天下禁火，但权贵宠臣可获皇帝恩赐而得到燃烛。五侯，泛指权贵豪门。

⑩辅臣：辅弼之臣。后多用以称宰相。戚里：借指外戚。帅臣：宋代诸路安抚司的长官称帅臣。后泛称统帅、主将。节察：宋代节度使、观察使的合称。三司使：官名。五代后唐长兴元年（930）以许州节度使张延朗行工部尚书充任，通掌盐铁、户部、度支三司，总领全国财赋。宋代初年亦置，以其总国计，掌四方财赋出入，通管盐铁、度支、户部，地位仅次于执政，称之为"计相"。太平兴国八年（983）罢，分为盐铁、度支、户部三使，淳化四年（993）复合而为一，元丰改制废。知开封府：官名，北宋置。开封为北宋都城，初以亲王为开封牧，以文臣为开封尹，但牧、尹皆不常置，以待制以上官充知开封府。知开封府即为开封府长官。枢密直学士：官名。五代后唐始置，宋沿置，简称"枢直"，与观文殿学士并充皇帝侍从，备顾问应对。元祐初以枢密直学士充签书枢密院事，政和四年（1114）改称述古殿直学士。中使：皇帝宫廷中派出的使臣，多由宦官担任。

⑪桐华应候催佳节，榆火推恩忝（tiǎn）侍臣：出自欧阳修《清明赐

新火》。桐华，谓桐树开花。应候，顺应时令节候。榆火，本谓春天钻榆、柳之木以取火种，后因以“榆火”为典，表示春景。推恩，帝王对臣属推广封赠，以示恩典。

【译文】

《春明退朝录》：“《周礼》：‘古时钻木取火，因时气太盛，故变易取火之木以调剂之。’说春天钻榆木、柳木以取火种，夏天钻枣木、杏木以取火种，季夏钻桑木、柘木以取火种，秋天钻柞木、楢木以取火种，冬天钻槐木、檀木以取火种。”《迂叟诗话》记载：“唐代时，只有清明节钻榆木、柳木以取火种，用来赏赐亲近大臣和外戚。韩翃有诗写道：‘春城无处不飞花，寒食东风御柳斜。日暮汉宫传蜡烛，轻烟散入五侯家。’本朝沿袭唐代制度，只赏赐宰相、外戚、统帅、节度使、观察使、三司使、知开封府、枢密直学士、中使，这些人都得到丰厚赏赐，这不是常规的赏赐。”欧阳修有诗写道：“桐华应候催佳节，榆火推恩忝侍臣。”

进新火

唐《辇下岁时记》：“长安每岁清明，内园官小儿于殿前钻火①，先得上进者②，赐绢三匹，金碗一口。”

【注释】

①内园官小儿：供奉内苑的人。内园，内苑。

②上进：进呈皇帝。

【译文】

唐代《辇下岁时记》：“长安城每年的清明节，供奉内苑的人在殿前钻木取火，先取得火种进呈皇帝的，赏赐绢帛三匹，金碗一口。”

赐新火

《国朝会要》："禁火乃周之旧制，唐及皇朝故事，清明日赐新火，则亦周人出火之事[①]。"欧阳文忠公诗云："赐火清明忝侍臣[②]。"韦庄《长安清明》诗云："内官初赐清明火[③]，上相闲分白打钱[④]。"韩文公《寒食直归遇雨》云："惟时新赐火，向曙著朝衣[⑤]。"

【注释】

①周人出火之事：《周礼·司爟》记载周代设专职官员"司爟"，负责"季春出火，季秋内火"，即春季（季春）将火种分发民间（出火），秋季（季秋）收回火种（纳火）。

②赐火清明忝侍臣：出自欧阳修《和较艺将毕》。赐火，唐宋唯清明取榆柳之火以赐近臣、戚里。

③内官：指国君左右的亲近臣僚。

④上相：对宰相的尊称。白打钱：唐代蹋毽球博戏，两人对踢，负者纳钱给胜者，名曰"白打钱"。

⑤向曙：拂晓。朝衣：君臣上朝时穿的礼服。

【译文】

《国朝会要》："禁止生火是周朝旧制，唐代以及本朝旧例，清明节赐予百官新火的制度，也是对周代季春出火仪式的延续。"欧阳修诗写道："赐火清明忝侍臣。"韦庄《长安清明》诗写道："内官初赐清明火，上相闲分白打钱。"韩愈《寒食直归遇雨》诗写道："惟时新赐火，向曙著朝衣。"

乞新火

魏野诗[①]："无花无酒过清明，兴味都来似墅僧。昨日邻家乞新火，晓窗分与读书灯[②]。"陈简斋词云："竹篱烟锁，何处求新火[③]？"魏野诗云："殷勤旋乞新钻火，为我新煎岳麓茶[④]。"

【注释】

①魏野（960—1019）：字仲先，号草堂居士，蜀（今四川）人，后居于陕州（今河南三门峡陕州区）。北宋诗人，著有《草堂集》等。

②"无花无酒过清明"几句：出自魏野《清明》。兴味，趣味，兴趣。墅（yě）僧，山野僧人。墅，同"野"。

③竹篱烟锁，何处求新火：出自陈与义《点绛唇·紫阳寒食》。竹篱，竹编的篱笆。烟锁，烟雾笼罩。

④殷勤旋乞新钻火，为我新煎岳麓茶：出自魏野《诗一首》，原诗为"辛勤旋觅新钻火，为我亲烹岳麓茶"。岳麓茶，岳麓山产的茶。岳麓，山名。一称麓山。在今湖南长沙湘江西岸，因当衡山之足，故以麓名。

【译文】

魏野有诗写道："无花无酒过清明，兴味都来似墅僧。昨日邻家乞新火，晓窗分与读书灯。"陈与义有词写道："竹篱烟锁，何处求新火？"魏野有诗写道："殷勤旋乞新钻火，为我新煎岳麓茶。"

谢新火

唐韦绶除宣察[①]，郑处诲为判，作《谢新火状》曰："节及桐华，恩颁银烛。”绶曰：“非不巧，但非大臣所宜言。”

【注释】

①韦绶（？—822）：字子章，京兆万年（今陕西西安）人。唐德宗时初仕长安县尉。唐宪宗时曾迁谏议大夫、太子诸王侍读。穆宗即位召为尚书右丞、兼集贤院学士。除：拜官，授官。宣察：即宣歙观察使。

【译文】

唐代韦绶授宣歙观察使，郑处诲为观察判官，作《谢新火状》写道："节及桐华，恩颁银烛。"韦绶说："不是不巧妙，只是不是大臣该说的。"

汲新泉

《东坡诗话》："仆在黄州[①]，参寥师自武陵来访[②]，馆之[③]。后东坡一日梦参寥诵所作新诗，觉而记两句，云：'寒食清明都过了，石泉槐火一时新[④]。'梦中问：'火固新矣，泉何故新？'答曰：'俗以清明日淘井[⑤]。'后七年，出守钱塘[⑥]，而参寥始卜居湖上智果院[⑦]。有泉出石缝间，清泠宜作茶[⑧]。寒食之明日，仆与客泛舟自孤山来谒[⑨]。参寥汲泉钻火，烹黄檗茶[⑩]，忽悟所梦诗兆于七年之前，众客惊叹。知传记所载，盖不妄也。"

【注释】

①仆：古代男子谦称自己。此为苏轼自称。黄州：隋开皇五年（585）改衡州置，治南安县（今湖北新洲），后改称黄冈县。唐中和五年（885）迁治今湖北黄冈。

②参寥师：即僧道潜（1043—?），俗姓何，本名昙潜，号参寥子，赐妙总大师，杭州於潜（今浙江临安西）人。善诗，与苏轼、秦观为诗友，著有《参寥子集》。

③馆：使居住，安置。

④寒食清明都过了，石泉槐火一时新：出自苏轼佚句。石泉，山石中的泉流。

⑤淘井：取出井中的污泥浊水。

⑥出守：京曹（京官）外迁地方太守称出守。

⑦卜居：择地居住。湖：西湖。智果院：智果寺，《西湖游览志》："智果寺，旧在孤山，吴越王所建，宋绍兴间徙筑于此。"

⑧清泠（líng）：清凉寒冷。

⑨泛舟：乘船。孤山：山名。在浙江杭州西湖中，孤峰独耸，秀丽清幽。

⑩黄蘗（bò）茶：宋代名茶。产于江西瑞州。

【译文】

《东坡诗话》："我在黄州时，道潜从武陵前来拜访，安排他住下。后来有一天我梦到道潜诵读所作的新诗，醒来后记住其中的两句，说：'寒食清明都过了，石泉槐火一时新。'我在梦中问道：'火固然是新火，泉水为什么也是新的？'道潜答道：'习俗是在清明节取出井中的污泥浊水。'又过了七年，我出任杭州知州，而道潜也刚居住在西湖智果寺。寺院内有泉水自石缝间涌出，水清凉适宜烹茶。寒食节后第二天，我与客人乘船从孤山前来拜访。道潜汲取泉水，钻木取火，烹煮黄蘗茶，我忽然感悟到所梦之诗在七年之前已有征兆，众宾客都惊讶赞叹。由此可知传记中所记载的故事，并非假话。"

煮新茶[1]

白乐天《清明》诗云："出火煮新茶。"东坡诗云："已改煎茶火[②]。”又云：“且将新火试新茶[③]。”又云：“红焙浅瓯新活火，龙团小碾斗晴窗[④]。”又云：“新火发茶乳[⑤]。”

【注释】

①新茶：新采制的茶叶。以其气味香烈，远胜陈茶，世多重之。

②已改煎茶火：出自苏轼《南歌子·晚春》。煎茶，烹茶，煮茶。

③且将新火试新茶：出自苏轼《望江南·超然台作》。

④红焙（bèi）浅瓯新活火，龙团小碾斗晴窗：出自苏轼《记梦回文二首并叙·其二》，原诗为“红焙浅瓯新火活，龙团小碾斗晴窗”。焙，微火烘烤。白居易《题施山人野居诗》：“春泥秧稻暖，夜火焙茶香。”龙团，宋代贡茶名。饼状，上有龙纹，故称。宋张舜民《画墁录》卷一：“先丁晋公为福建转运使，始制为凤团，后又为龙团，贡不过四十饼，专拟上供，虽近臣之家，徒闻之而未尝见也。”晴窗，明亮的窗户。

⑤新火发茶乳：出自苏轼《赵德麟饯饮湖上舟中对月》。茶乳，古人煎点茶时浮在盏面的沫饽。

【译文】

白居易《清明》诗写道：“出火煮新茶。”苏轼有诗写道：“已改煎茶火。”又写道：“且将新火试新茶。”又写道：“红焙浅瓯新活火，龙团小碾斗晴窗。”又写道：“新火发茶乳。”

饯国老[①]

《渑水燕谈》：“元丰七年春，文太师告老[②]，奏乞赴阙[③]，亲辞天陛[④]，庶尽臣子之诚。既见，神宗即日对御锡宴[⑤]，顾问温密[⑥]，上酌御盏亲劝[⑦]。数日，将朝辞[⑧]，上遣中使以手札谕公留过清明[9],敕有司令与公备二舟,溯汴还洛[10]。清明日,锡宴玉津园[11],公作诗示同席[12]。将行,特命三省已上赴琼林苑宴饯[13],复赐御诗送行。"

【注释】

①饯:送行。国老:指国之重臣。

②文太师:即文彦博(1006—1097),字宽夫,号伊叟,汾州介休(今属山西)人。北宋政治家、书法家、诗人。天圣五年(1027)进士,后官至同平章事(宰相)。嘉祐三年(1058)封潞国公,元丰六年(1083)以太师致仕。著有《文潞公集》。告老:旧指官吏年老辞官退休。

③赴阙:入朝。

④天陛:帝王宫殿之台阶。借指皇帝。

⑤对御:指皇帝与近臣的小型宴会。宋蔡絛《铁围山丛谈》卷一:"至凡大礼后恭谢,上元节游春,或幸金明池琼花,从臣皆扈跸而随车驾,有小燕谓之对御。"锡宴:赐宴。

⑥顾问:慰问。温密:温情密意。

⑦酌:倒酒。

⑧朝辞:入朝叩辞皇帝。

⑨手札:犹手书。指亲笔信。谕:告诉,吩咐。

⑩溯:逆水而上。

⑪玉津园:北宋东京四座行宫御苑之一。在南熏门外,原为后周旧苑,宋初加以扩建。苑内仅有少量建筑物,环境幽静,林木繁茂,故俗称"青城"。

⑫同席:同一宴席。亦指参加同一宴席者。

⑬三省:指中书省、门下省、尚书省。琼林苑:北宋皇家园林。在东京城西南顺天门外道南。乾德二年(964)创建,为皇帝赐宴新科

进士及游赏之所。宴饯：饯别。

【译文】

《渑水燕谈》："元丰七年春天，太师文彦博告老还乡，上奏乞求入朝，亲自叩辞皇帝，希望能尽做臣子的诚意。见到皇帝后，神宗皇帝当天举行宴会，慰问温情密意，皇帝用御盏倒酒亲自劝饮。几天后，将要入朝叩辞皇帝，皇帝派宦官手持亲笔信告诉文彦博留下过清明节，皇帝命令主管官吏给文彦博准备两只小船，顺汴河逆水而上回洛阳。清明节，皇帝召赐臣下在玉津园共宴，文彦博作诗告知参加同一宴会的人。将要走时，皇帝特命三省以上的官员到琼林苑饯别，又赐御诗送行。"

宴进士

唐《辇下岁时记》："清明，新进士开宴[①]，集于曲江亭。既撤馔[②]，则移乐泛舟[③]。又有月灯阁打球之会[④]。"东坡诗云："饮食嬉游事群聚，曲江舡舫月灯球[⑤]。"

【注释】

①开宴：摆设酒宴。

②撤馔：撤去食物。此指酒宴结束。

③移乐泛舟：指泛舟池上，听歌看舞。

④月灯阁打球之会：即月灯阁打球宴。按唐代惯例，每年经过考试录取的进士发榜后，主考部门都要为他们举办一系列庆祝活动，包括宴会、题名活动和马球比赛等。因为马球赛都在月灯阁球场举行，故名。

⑤饮食嬉游事群聚，曲江舡（chuán）舫月灯球：出自苏轼《秦少游梦发殡而葬之者，云是刘发之柩，是岁发首荐。秦以诗贺之，刘泾亦作，因次其韵》。饮食，吃喝。嬉游，游乐，游玩。舡舫，泛指船。

【译文】

唐代《辇下岁时记》:“清明节,在曲江亭里为新科进士摆设酒宴。酒宴结束,就泛舟池上,听歌看舞。又有月灯阁打球宴。”苏轼有诗写道:“饮食嬉游事群聚,曲江舡舫月灯球。”

燕百官[①]

《西清诗话》:“唐朝清明宴百官,肴皆冷食[②]。又至夜而罢。张籍《寒食内宴》诗云[③]:‘朝光瑞气满宫楼[④],彩纛鱼龙四面稠[⑤]。廊下御厨分冷食,殿前香骑逐飞球[⑥]。千官尽醉犹教坐[⑦],百戏皆呈未放休。共喜拜恩侵夜出[⑧],金吾不敢问行由。’”

【注释】

①燕:通“宴”。

②肴:鱼肉等荤菜。

③张籍(约766—约830):字文昌,吴郡(今江苏苏州)人,后迁居和州乌江(今安徽和县)。唐代诗人。贞元进士,因曾任水部员外郎、国子司业等,世称“张水部”“张司业”。

④朝光:早晨的阳光。瑞气:瑞应之气。泛指吉祥之气。宫楼:宫殿楼宇。

⑤纛(dào):古代用雉尾或旄牛尾做成的舞具,也用来作帝王车上的装饰物。鱼龙:指古代百戏杂耍中能变化为鱼和龙的猞猁模型。亦为该项百戏杂耍名。《汉书·西域传赞》:“设酒池肉林以飨四夷之客,作《巴俞》都卢、海中《砀极》、漫衍鱼龙、角抵之戏以观视之。”颜师古注:“鱼龙者,为舍利之兽,先戏于庭极,毕乃入殿前激水,化成比目鱼,跳跃漱水,作雾障日,毕,化成黄龙八

丈，出水敖戏于庭，炫耀日光。”

⑥香骑：美女的坐骑。飞球：抛在空中的彩球。宋徐铉《抛球乐》诗：“歌舞送飞球，金觥碧玉筹。”

⑦千官：众多的官员。

⑧拜恩：拜谢恩赐。

【译文】

《西清诗话》：“唐代清明节宴请百官，鱼肉荤菜都是生冷的食物。宴会直到夜里才结束。张籍《寒食内宴》诗写道：‘朝光瑞气满宫楼，彩纛鱼龙四面稠。廊下御厨分冷食，殿前香骑逐飞球。千官尽醉犹教坐，百戏皆呈未放休。共喜拜恩侵夜出，金吾不敢问行由。’”

朝诸陵[①]

《东京梦华录》：“寒食第三日，即清明也。凡新坟皆用此日拜扫，都人倾城出郊。禁中前月半，发宫人车马朝陵[②]。宗望南班近亲，亦分诣诸陵坟享祀[③]。从人皆紫衫，白绢三角子青行缠[④]，皆系官给。禁中亦出车马，诣奉先寺、道者院[⑤]，祀诸宫人坟[⑥]。莫非金装绀幰[⑦]，锦额珠帘，绣扇双遮，纱笼前导[⑧]，士庶阗塞诸门[⑨]。”

【注释】

①朝：朝拜。谓礼拜神佛祖先。

②朝陵：帝王拜扫祖先陵墓。

③陵坟：陵墓。享祀：祭祀。

④三角子：似指有三个角的头巾之类的东西。行缠：裹足布，绑腿布。古时男女都用。后惟兵士或远行者用。

⑤奉先寺：在东京南城外，郊坛东南。北宋初年，宋太祖赵匡胤的父亲宣祖赵弘殷、母亲杜太后均葬于此。宣祖和杜太后迁葬永安陵后，遂在此地建奉先寺。此后妃嫔去世，均葬于此。道者院：原为普安禅院，始建于后周世宗显德五年（958）。后亦为宋太宗元德皇后暂殡之所及北宋宫廷妃嫔殡葬之地。

⑥诸宫人坟：此当指低级妃嫔的坟墓。宫人，妃嫔、宫女的通称。

⑦金装：指用铜装饰。古代的铜为“吉金”。绀幰（gàn xiǎn）：天青色车幔。亦指张天青色车幔的车驾。《隋书·礼仪志五》：“犊车……五品已上，绀幰碧里，皆白铜装。”

⑧纱笼：用绢纱作外罩的灯笼。

⑨阗（tián）塞：拥塞。阗，充满，填满。

【译文】

《东京梦华录》：“寒食第三天，就是清明节。大抵新坟都在这一天拜奠祭扫，京城的人全城出动到郊外扫墓。宫中则在清明节前半个月，就打发宫人乘坐车马祭拜帝王祖先陵墓。宗室南班官皇室近亲，也分别被派遣到各处陵墓祭祀。随从的人都穿紫衫，戴白绢制作的三角子、裹着青色绑腿，这些衣物都是由官方供给。节日期间，宫中也派出车马，前往奉先寺、道者院，祭祀诸位妃嫔的坟墓。所有车子全都是以铜作装饰、垂挂天青色车幔，有锦缎的车额、珍珠的门帘，两侧用掌扇遮挡，前面有绢纱灯笼引导，士人和庶民拥塞道路，驻足观看。”

戏拔河

《景龙文馆记》：“清明节，命侍臣为拔河戏。以大麻絙[①]，两头系千条小绳，每绳数人执之以挽[②]，力弱为输。时七宰相、二驸马为东朋[③]，三相五将为西朋[④]。仆射韦巨源、少师唐休璟年老[⑤]，随絙而踣[⑥]，久不能起，帝以为笑乐。”

【注释】

①麻絙（gēng）：粗麻绳。

②挽：拉。

③驸马：底本作“骑马”，据《绀珠集》改。东朋：东队，东组。朋，队，组。

④西朋：西队，西组。

⑤仆射：职官名。始设于秦朝，最初为“主射之官”，负责监督武官考核，汉代逐渐演变为尚书省副职。唐代因李世民曾任尚书令，此后该职空缺，左、右仆射成为实际长官，位列宰相。韦巨源（631—710）：雍州万年（今陕西西安）人。唐中宗时曾任尚书左仆射。著有《食谱》。少师：职官名。这里指太子少师，太子的教导之官。唐休璟（627—712）：本名璿，以字行，京兆始平（今陕西兴平东南）人。少以明经擢第。久视元年（700）在凉州与吐蕃交战，六战六胜，升任右武威、右金吾二卫大将军。中宗复位后任宰相。旋迁中书令，封宋国公。后为太子少师、同三品。

⑥踣（bó）：跌倒。

【译文】

《景龙文馆记》：“清明节，皇帝命令侍臣玩拔河游戏。用大粗麻绳，在两头各系多条小绳，每条小绳几个人用手使劲拉，力量小的为输。当时七位宰相、两位驸马为东队，三位宰相、五位将军为西队。尚书左仆射韦巨源、太子少师唐休璟年纪大，随着麻绳而跌倒，久久不能起来，皇帝以此为乐。”

治鸡坊[①]

《东城父老传》[②]：“明皇乐民间清明节斗鸡戏[③]，及即位，治鸡坊，索长安雄鸡，金尾、铁距、高冠、昂尾千数[④]，养于鸡坊，选六军小儿五百[5]，使教饲之。民风尤甚。使诸王、外戚，其后至于倾帑败产市鸡[6]。时贾昌为五百小儿长[7]，天子甚爱幸之，金帛之赐，日至其家。”又云：“明皇以乙酉生而喜斗鸡，是兆乱之象也[8]。”注：杜甫《斗鸡》篇云：“斗鸡初赐锦，舞马既登床[9]。”陈翰《异闻录》云：“明皇好斗鸡，人以弄鸡为事[10]。有贾昌者，善养鸡，蒙宠，当时为之歌曰：‘生儿不用识文事，斗鸡走马胜读书[11]。贾家小儿年十三，富贵荣华代不如[12]。能令金距期胜负[13]，白锦绣衫随软舆[14]。’”又曹植诗云：“斗鸡长安道，走马长楸间[15]。”

【注释】

①治：修筑。鸡坊：养鸡场。

②《东城父老传》：又名《贾昌传》，唐陈鸿祖撰。该文写贾昌幼年以斗鸡得宠，后遭安史之乱，身经沧桑，尽悟前非，遂出家为僧。小说反映出当时政治的腐败和对现实的批判。陈鸿祖，颍川（今河南许昌）人。唐传奇小说家。

③乐：喜欢。斗鸡：以鸡相斗的博戏。

④金尾：金色尾羽。铁距：此处指鸡距坚硬如铁。距，鸡爪后方的尖突部位。高冠：高大鸡冠。昂尾：翘挺尾羽。

⑤六军：唐之禁军六军。

⑥倾帑（tǎng）败产：指倾家荡产。市：买。

⑦贾昌：唐玄宗时人。善驯鸡。从小聪慧，善应对，解鸟语音。被唐玄宗招为五百斗鸡小儿长，成为驯鸡能手，人称为“神鸡童”。

⑧明皇以乙酉生而喜斗鸡，是兆乱之象也：指唐玄宗乙酉年（垂拱元年，685）出生，属鸡而喜欢斗鸡，是国家动乱的预兆。兆乱，祸乱的预兆。

⑨舞马：令马按节拍舞蹈。亦指马之能舞者。南朝宋孝武帝大明间，河南献舞马，谢庄有《舞马赋》《舞马歌》。

⑩明皇好斗鸡，人以弄鸡为事：指唐明皇喜欢斗鸡，全民掀起参与斗鸡的风潮。

⑪斗鸡走马：即斗鸡赛马。古代的赌博游戏。

⑫富贵荣华：有财有势，荣耀显达。

⑬金距：装在斗鸡距上的金属假距。

⑭软舆：即轿子。

⑮斗鸡长安道，走马长楸（qiū）间：出自曹植《名都篇》，原诗为“斗鸡东郊道，走马长楸间”。长楸，高大的楸树。古代常种于道旁。

【译文】

《东城父老传》：“唐明皇喜欢民间清明节斗鸡的游戏，到他即位做了皇帝，就修筑了养鸡场，在长安城挑选金色尾羽、鸡距坚硬如铁、高大鸡冠、翘挺尾羽的雄鸡一千多只，养在鸡场里，在禁军中挑选五百个少年，让他们训练喂养这些鸡。民间斗鸡的风气就更盛行了。众位亲王外戚，后来为了买鸡以至倾家荡产。当时贾昌为鸡场五百少年的头领，唐明皇非常喜欢他，赏赐的黄金丝绸，每天都会送到他家。”又说：“唐明皇因为乙酉年出生，属鸡而喜欢斗鸡，这是国家动乱的预兆。”注解：杜甫《斗鸡》诗写道：“斗鸡初赐锦，舞马既登床。”陈翰《异闻录》记载：“唐明皇喜欢斗鸡，全民掀起参与斗鸡的风潮。有个人叫贾昌，擅长养斗鸡，受到唐明皇恩宠，当时有歌写道：‘生儿不用识文事，斗鸡走马胜读书。贾家小儿年十三，富贵荣华代不如。能令金距期胜负，白锦绣衫随软舆。’”又有曹植诗写道：“斗鸡长安道，走马长楸间。”

游郊外

《东京梦华录》：“京师清明之日，四野如市[①]，芳树之下[②]，园圃之内，罗列杯盘，互相酬劝[③]。都城之歌儿舞女[④]，遍满亭台。抵暮而归，各携枣锢、炊饼、黄胖、掉刀、名花、异味、山亭、戏具、鸭卵、鸡雏[⑤]，谓之'门外土仪'[⑥]。轿子即以杨柳杂花装簇顶上，四垂遮映[⑦]。自此三日，皆出城上坟。"

【注释】

①四野：泛指四方，四处。

②芳树：泛指佳木，花木。

③酬劝：劝酒。

④歌儿：歌童。舞女：舞妓。

⑤炊饼：蒸饼。宋吴处厚《青箱杂记》卷二："仁宗庙讳'祯'，语讹近'蒸'，今内庭上下皆呼'蒸饼'为'炊饼'。"黄胖：土偶。儿童玩具。宋叶绍翁《四朝闻见录·黄胖诗》："韩（侂胄）以春日宴族人于西湖，用土为偶，名曰黄胖。以线系其首，累至数十人，游人以为土宜。"掉刀：古代战刀的一种。《三才图会·器用六》："掉刀，刃首上阔，长柄施鐏。"此指玩具刀。山亭：泥制风景建筑人物等小玩具的统称。《警世通言·万秀娘仇报山亭儿》："合哥挑着两个土袋，搋着二三百钱，来焦吉庄里，问焦吉上行些个'山亭儿'，拣几个物事。唤做：山亭儿、庵儿、宝塔儿、石桥儿、屏风儿、人物儿。买了几件了。"戏具：赌具和游戏用具的统称。鸭卵：鸭蛋。鸡雏：小鸡，雏鸡。

⑥土仪：作为馈赠礼物的土产品。

⑦四垂：从四面垂下来。遮映：遮蔽掩映。

【译文】

《东京梦华录》："京城清明节，到处都热闹得如同集市，人们在芳树下，园林中，摆满酒食，互相劝饮。京城中的歌童舞妓，遍布各个亭园献艺。直到傍晚，人们才返回，各自携带枣锢、炊饼、黄胖、掉刀、名花、异味、山亭、戏具、鸭蛋、雏鸡等饮食玩物，称为‘门外土仪’。轿子就用杨柳枝条、各色鲜杂花加以装点，堆簇在轿子顶上，四面垂挂下来，将轿子遮蔽掩映起来。自此后三天，京城的人都出城上坟。”

看车马

唐《辇下岁时记》：“清明，都人并在延兴门[①]，看人出城洒扫[②]，车马喧阗[③]。”

【注释】

①延兴门：唐长安外郭城东面偏南的一门。隋初建。故址在今陕西西安东南铁炉庙村一带。

②洒扫：指扫墓。

③车马喧阗：车马聚集很多。形容非常热闹。

【译文】

唐代《辇下岁时记》：“清明节，京城的人都在延兴门，看人出城扫墓，车马聚集非常热闹。”

修蚕具[①]

《四民月令》：“清明节，令蚕妾理蚕室[②]。”又云：“清明日，修蚕具、蚕室，大宜蚕。”

【注释】

①蚕具：养蚕所用的器具。

②蚕妾：古代育蚕女奴。后亦泛指育蚕妇女。蚕室：古代王室饲蚕

的宫馆。

【译文】

《四民月令》:“清明节,命令育蚕女奴整理饲蚕的宫馆。”又说:“清明节,修理养蚕所用的器具、饲蚕的宫馆,会对养蚕大有好处。”

辟蚿虫[1]

《四时纂要》:“清明前二日,夜鸡鸣时,取炊汤浇井口、饭瓮[2],四面辟马蚿百虫[3]。”

【注释】

①蚿(xián)虫:即马陆,也称百足、马蚿等。节肢动物,生活在阴暗潮湿处,吃草根或腐殖质。

②饭瓮:一种盛饭的陶器,腹部较大。

③辟:驱除。

【译文】

《四时纂要》:“清明节前两天,晚上公鸡打鸣时,用烧好的热汤浇灌井口、饭瓮,可驱除周围的马陆等各种虫类。”

采荠枝

《琐碎录》:“清明日,日未出时,采荠菜花枝,夏夜挑灯[1],可以免飞虫。”

【注释】

①挑灯:拨动灯火,点灯。

【译文】

《琐碎录》:"清明节,太阳还没出来时,采摘荠菜花枝,夏天夜晚点燃,可以避免飞虫。"

取荠菜

《提要录》:"护生草[①],谓清明日,取荠花菜,阴干。暑月[②],置近灯烛处,能令蚊蛾不生。"

【注释】

①护生草:荠菜的别名。

②暑月:夏月。约相当于农历六月前后小暑、大暑之时。

【译文】

《提要录》:"护生草,就是说在清明节,摘取荠花菜,放在阴凉处晾干。夏季,放在靠近油灯和蜡烛的地方,能不滋生蚊蛾。"

贡紫笋[①]

《蔡宽夫诗话》[②]:"唐茶品虽多,亦以蜀茶为重[③]。惟湖州紫笋入贡[④],每岁以清明日贡到,先荐宗庙,然后分赐近臣。紫笋生顾渚[⑤],在湖、常之二境间[⑥]。当采时,两郡守毕至,最为盛会。杜牧诗所谓[⑦]:'溪尽停蛮棹,旗张卓翠苔。柳村穿窈窕,松涧渡喧豗呼回切[⑧]。'又刘禹锡诗云:'何处人间似仙境,春山携妓采茶时[⑨]。'又《图经》云[⑩]:'顾渚涌金泉[⑪],每造茶时,太守已祭拜,然后水渐出。造茶毕,水稍减;至供堂茶毕,已减半;太守茶毕,遂涸[⑫]。'"

【注释】

①紫笋：即紫笋茶。浙江长兴顾渚山明月峡所产的茶。

②《蔡宽夫诗话》：宋蔡居厚撰。今存八十七条，多品评诗人诗作，兼及遗闻轶事、声律音乐、典章制度、风土习俗等。蔡居厚，字宽夫，临安（今浙江杭州）人。绍圣元年（1094）进士，累官吏部员外郎。另著有《诗史》。

③蜀茶：指蜀地所产的茶。

④湖州：隋仁寿二年（602）分苏、杭二州置，因滨太湖得名。治乌程县（今浙江湖州）。

⑤顾渚：即顾渚山。在今浙江长兴西北顾渚村。自唐贞元以来，顾渚紫笋被列为贡茶，至明、清而经久不衰，今仍为全国名茶。

⑥常：常州，隋开皇九年（589）于常熟县置，后移治晋陵县（今江苏常州）。

⑦杜牧（803—852）：字牧之，京兆万年（今陕西西安）人。唐文学家。晚年长居樊川别业，世称“杜樊川”。著有《樊川文集》等。

⑧“溪尽停蛮棹（zhào）”几句：出自杜牧《题茶山》。溪尽，水路的尽头。蛮棹，指江南水乡的小船。棹，船桨，指代小船。旗张，刺史的仪仗队旗帜。卓，直立。翠苔，绿草地上。柳村，地名，在顾渚山下，多植柳。窈窕，深远貌。陶潜《归去来辞》：“既窈窕以寻壑，亦崎岖而经丘。”喧豗（huī），形容轰响。唐李白《蜀道难》诗：“飞湍瀑流争喧豗，砯崖转石万壑雷。”呼回切：古代注音方法，用两个汉字注读另一字。这里是注“豗”字的音，“呼”字取声母，“回”字取韵母和声调，合切音为huī。

⑨何处人间似仙境，春山携妓采茶时：出自刘禹锡《洛中送韩七中丞之吴兴口号五首·其五》。春山，春日的山。亦指春日山中。

⑩《图经》：书名。附有图画、地图的书籍或地理志。

⑪涌金泉：底本作“涌金沙泉”，误。涌金泉为古代名泉。在唐湖、常

两州之界山顾渚山，为制造贡茶的专用泉，又称金沙泉、金砂泉。

⑫涸：干涸。

【译文】

《蔡宽夫诗话》："唐代茶的品种虽多，但也以蜀地所产的茶为重。其他只有湖州紫笋茶向朝廷进贡，每年进贡要在清明这天抵达京城，首先祭献宗庙，然后分别赏赐给亲近臣子。紫笋茶生长在顾渚山，顾渚山在湖州、常州两境之间。每当采摘紫笋茶时，湖州、常州的地方长官都来到这里，就是盛大的集会。杜牧诗所写：'溪尽停蛮棹，旗张卓翠苔。柳村穿窈窕，松涧渡喧豗呼回切。'又有刘禹锡诗写道：'何处人间似仙境，春山携妓采茶时。'又有《图经》记载：'顾渚山有涌金泉，每次制茶时，太守都前来祭拜泉水，然后泉水渐渐涌出。供皇家的茶制完，泉水就稍稍减小；等到进贡朝廷各部堂官的茶制完，水流已经减半；等到太守所要的茶制完，泉水就完全干涸了。'"

求来禽[①]

王内史书帖有《与蜀郡太守书》[②]，求樱桃、来禽、日给藤子[③]。来禽，言味甘来众禽也[④]，故名来禽，俗作林禽。《图经》云："林禽，一名来禽，清明开花，六七月成实。"陈简斋《清明》诗云："东风也作清明意，开遍来禽一树花。"又诗云："来禽花高不受折，满意清明好时节[⑤]。"

【注释】

①来禽：即沙果。也称花红、林檎、文林果。或谓此果味甘，果林能招众禽，故名。《艺文类聚》卷八七引晋郭义恭《广志》："林檎似赤柰，亦名黑檎……一名来禽，言味甘，熟则来禽也。"

②王内史：即王羲之（303—361，一作321—379），字逸少，琅邪临沂（今属山东）人。晋书法家，有"书圣"之称。因曾任右军将军、会稽内史，故又称"王右军""王内史"。书帖：指书札、柬帖。

③日给藤：藤本植物名。《太平御览》卷九七引三国魏杜恕《笃论》："日给之华与柰相似也，柰结实而日给零落。"

④来：招来。

⑤来禽花高不受折，满意清明好时节：出自陈与义《来禽花》。

【译文】

王羲之有《与蜀郡太守书》书札，求樱桃、沙果、日给藤的种子。来禽，是说沙果味道甘甜能引来众禽，故名来禽，习惯称作林禽。《图经》记载："林禽，又名来禽，清明节时开花，六七月份结成果实。"陈与义《清明》诗写道："东风也作清明意，开遍来禽一树花。"又有诗写道："来禽花高不受折，满意清明好时节。"

谒湖阴[①]

《王直方诗话》："丹阳陈辅[②]，每岁清明过金陵上冢[③]，事毕则过蒋山[④]，谒湖阴先生之居，清谈终日[⑤]，岁率为常。元丰辛酉、癸亥[⑥]，频岁访之不遇[⑦]，因题一绝于门云：'北山松粉未飘花，白下风轻麦脚斜。身似旧时王谢燕，一年一度到君家[⑧]。'湖阴归见其诗，吟赏久之，称于舒王[⑨]，闻之辄笑曰：'此正戏君为寻常百姓耳。'湖阴亦大笑。盖古诗云[⑩]：'旧时王谢堂前燕，飞入寻常百姓家[⑪]。'"

【注释】

①湖阴：即杨德逢，别号湖阴先生。北宋人，他是王安石隐居金陵时

的邻居兼好友。

②陈辅：字辅之，自号南郭子，人称南郭先生，丹阳（今属江苏）人。不事科举，与王安石、苏轼、邹浩、沈括等交游。善属文，文辞雄伟，尤工于诗。

③金陵：北宋江宁府（今江苏南京）的古称，因金陵山（今南京钟山）得名。

④蒋山：即今江苏南京中山门外钟山，又名紫金山。三国吴主孙权为避祖父钟讳，以东汉末秣陵尉蒋子文葬于此而改名。

⑤清谈：原指在魏晋时承袭东汉清议的风气，就一些玄学问题析理问难、反复辩论的文化现象。此为清雅的谈论。

⑥元丰辛酉、癸亥：元丰四年（1081）与元丰六年（1083）。

⑦频岁：连年。不遇：没遇到。

⑧"北山松粉未飘花"几句：出自陈辅《访杨湖阴不遇因题其门》。北山，即钟山。《文选·孔稚圭〈北山移文〉》吕向题解："钟山在都北。其先周彦伦隐于此山，后应诏出为海盐县令。今欲却过此山，孔生乃假山灵之意移之，使不许得至，故云'北山移文'。"松粉，即松花粉。松树花粉，色泽金黄。白下，古地名。在今江苏南京西北。唐移金陵县于此，改名白下县。后因用为南京的别称。王谢，六朝望族王氏、谢氏的并称。后以"王谢"为高门世族的代称。君家，敬词。犹贵府、您家。

⑨舒王：即王安石。

⑩盖：作为发语词，通常位于句首，无实义。

⑪旧时王谢堂前燕，飞入寻常百姓家：出自刘禹锡《乌衣巷》。

【译文】

《王直方诗话》："丹阳人陈辅，每年清明节都前往金陵扫墓，祭扫完，就前往钟山杨德逢家拜访，整日清谈，这已成为惯例。然而从元丰四年至元丰六年，连年探访杨德逢却未见到对方，因而在门上题了一首绝句：

‘北山松粉未飘花，白下风轻麦脚斜。身似旧时王谢燕，一年一度到君家。’杨德逢回来看见这首诗，吟咏欣赏了很久，并将这首诗推荐给王安石，王安石听后就笑着说：‘这正是用典故戏谑您如今成了普通百姓啊。’杨德逢也大笑。有古诗写道：‘旧时王谢堂前燕，飞入寻常百姓家。’”

遇吕仙

《述仙记》[①]：“胡俦[②]，晋陵人也[③]。乾道辛卯[④]，僦居常之三板桥霍氏屋[⑤]，待荆门守阙犹三年[⑥]。午间，与馆客对茶[⑦]，忽闻有道人看命[⑧]，其声清亮[⑨]，使邀至。则著黄道服，结青巾，项带数珠，提棕笠[⑩]，上写‘知命先生遇仙得术’字。与论五行[⑪]，甚爱俦命，云‘此长年’，又云‘合动’。俦答以见待远次[⑫]，道人云：‘不是清明前五日，则清明后七日动。’俦复问：‘先生在何处道堂[⑬]？’答曰：‘寻常不喜道堂喧杂，在东庙前何店。’须臾出门[⑭]，欲追之，已无所见。遣人往寻庙前，亦无有也。俦因悟曰：‘岂非“知命”“何店”有二“口”，必吕公也。’既而清明前五日，相识王邦节推来报[⑮]：‘代者梅世昌改除左藏提辖[⑯]。’清明后七日，进奏官申到见住人冯忠嘉被召[⑰]。俦于是益信其为吕公。壬辰秋[⑱]，在荆门，欲写公像[⑲]，衣冠并可为，而容貌不得其真。偶一日，便坐对客[⑳]，忽有一兵至，云：‘复州守有书[㉑]。’又执一青轴[㉒]，云：‘此亦是书。’俦令牙校接之[㉓]，则云：‘去峡州回[㉔]，取书。’既而客退阅书，寒温外无他语[㉕]。及启青轴，乃吕公写真[㉖]，恍如俦向所见者。比因来守滁阳[㉗]，敬刊诸石[㉘]，置之天庆观云。”

【注释】

①《述仙记》：书名。不详待考。

②胡俦（chóu）：人名。曾任舒州通判、荆门军使等职。

③晋陵：西晋永嘉五年（311）因避东海王越世子毗讳，改毗陵县置，治今江苏常州。

④乾道辛卯：即乾道七年（1171）。

⑤僦（jiù）居：租屋而居。常：常州。

⑥荆门：指荆门军。五代荆南高季兴升荆门县置，治今湖北荆门。北宋开宝五年（972）移长林县于郭下。

⑦馆客：门客，幕宾。对茶：喝茶。

⑧看命：算命。

⑨清亮：清澈响亮。

⑩棕笠：用棕和竹篾编成的帽子。用以遮雨或遮阳等。

⑪五行：指金、木、水、火、土五种元素的相生相克关系，是中国传统命理学的核心理论。

⑫见待远次：可能指需要等待时机或长期观察才能验证命理预测。

⑬道堂：庙观。

⑭须臾：片刻，短时间。

⑮相识：熟人。节推："节度推官"的略称。为节度使属官，掌勘问刑狱。

⑯改除：另行授官。左藏提辖：即左藏东西库提辖。南宋绍兴二十七年（1157）置，员一人。由户部于辖内丞簿内选通晓财计者充任，掌检察送到纲运。任满无遗阙依左藏库监官例理赏，每月支给茶汤钱十贯。

⑰进奏官：官名。唐、五代进奏院长官，掌藩镇设在京师官邸事务，以其大将为之，亦称邸官、邸吏。宋沿其制，各州镇皆置，专达京师，多为百人，实为皂隶。大中祥符二年（1009）始定任职十年以

上可补三班奉职。

⑱壬辰：乾道壬辰，即乾道八年（1172）。

⑲写：画。

⑳便坐：谓坐于别室。对客：接待客人。

㉑复州：北周武帝置，取复池湖为名。宋代治景陵县（今湖北天门）。

㉒青轴：青色卷轴。

㉓牙校：低级武官。

㉔峡州：一作“硖州”。北周武帝改拓州置，因扼三峡之口得名。治夷陵县（今湖北宜昌）。

㉕寒温：指问候冷暖起居。

㉖写真：肖像画。

㉗比因来守滁阳：指作者以前因担任滁州的地方长官而来到此地。滁阳，即滁州。隋初改南谯州置，治新昌县（今安徽滁州）。

㉘刊：刻。

【译文】

《述仙记》：“胡傅，是晋陵人。乾道七年，在常州三板桥租赁了霍家的房屋暂居，等待荆门军使一职空缺，还需三年时间。中午，胡傅正与门客喝茶，忽然听到有道人算命，声音清澈响亮，就叫人把道人请来。道人身穿黄色道服，头戴青巾，脖子上挂着念珠，手里提着棕笠，牌子上写着‘知命先生遇仙得术’八个字。与他谈论五行命理，道人非常喜欢胡傅的命相，说‘你寿命长’，又说‘不久就会赴任’。胡傅问等待多长时间，道人说：‘你的官职不在清明节前五天，就在清明节后七天一定有变动。’胡傅又问：‘先生住在哪座道观？’道人回答说：‘我平常不喜欢道观的喧闹嘈杂，住在东庙前何家旅店。’一会儿道士出门，胡傅想去追赶，可人已经看不见了。胡傅派人前往东庙何家旅店查访，也没有这个人。胡傅因而领会：‘难道不是“知命”与“何店”各有两个“口”字吗，这个道人必是吕洞宾。’不久就到清明节前五天，胡傅的朋友节度推官王邦来告诉他:‘继任者梅世昌已另行授官为左藏库提辖。’清明节后七天,进奏官报告朝廷要召冯忠嘉回京城另有任命。胡俦于是更加确信那天碰到的就是吕洞宾。乾道八年秋天,胡俦在荆门军使任上,想画吕洞宾像进行供奉,吕洞宾的衣着穿戴还有印象,然而容貌记不真切了。偶然一天,胡俦坐在别室接待客人,忽然有一士卒来到说:‘复州知州有书信来。’手里还拿着一个青色卷轴,说:‘这也是书信。’胡俦令牙校接待信使,信使说:‘为了取书信,刚从峡州返回。’不久客人走后,胡俦阅读书信,信中除了简单问候外没有其他交谈。当展开青色卷轴时,竟是吕洞宾的画像,其形貌恍然如同胡俦过去所见过的样子。我以前因担任滁州的地方长官而来到此地,恭敬地将此事刻于石碑上,并将石碑安置在天庆观中。”

赐宫娥[①]

《丽情集》[②]:“明皇时,乐供奉杨羔[③],以贵妃同姓,宠幸殊常[④],或谓之‘羔舅’。天宝十三载[⑤],节届清明[⑥],敕诸宫娥嬿出东门[⑦],恣游赏踏青。有狂生崔怀宝[⑧],佯以避道不及[⑨],映身树下[⑩],睹车中一宫嫔,敛容端坐[⑪],流眄于生[⑫]。忽见一人重戴[⑬],黄缘衫,乃羔舅也,斥生曰:‘何人在此!’生惶骇[⑭],告以窃窥之罪。羔笑曰:‘尔是大憨汉[⑮],识此女否?乃教坊第一筝手。尔实有心,当为尔作狂计[⑯],今晚可来永康坊东[⑰],问杨将军宅。’生拜谢而去。晚诣之[⑱],羔曰:‘君能作小词,方得相见。’生吟曰:‘平生无所愿,愿作乐中筝。得近玉人纤手子,砑罗裙上放娇声,便死也为荣[⑲]。’羔喜,俄而遣美人相见,曰:‘美人姓薛,名琼琼。本良家女,选入宫,为筝长。今与崔郎永奉箕帚[⑳]。’因各赐薰肌酒一杯[21]，曰：'此酒千岁藁所造[22]，饮之白发变黑，致长生之道。'是日，宫中失筝手，敕诸道寻求之不得。后旬日，崔因调补荆南司录[23]，即事行李[24]。羔曰：'琼琼好事崔郎，勿更为本艺，恐惊人闻听也[25]。'遂感咽叙别[26]。自是常以唱和为乐[27]。琼有诗云：'黄鸟翻红树，青牛卧绿苔。诸宫歌舞地，轻雾锁楼台[28]。'后因中秋赏月，琼琼理筝弹之，声韵不常[29]，吏辈异之，曰：'近来索筝手甚切，官人又自京来。'遂闻监军[30]，即收崔赴阙[31]，事属内侍司。生状云'杨羔所赐'[32]，羔求救贵妃，妃告云：'是杨二舅与他，乞陛下留恩[33]。'上赦之，下制赐琼琼与崔怀宝为妻[34]。"

【注释】

①宫娥：宫女。

②《丽情集》：北宋张君房纂辑。该书专录"古今情感事"，故名。

③供奉：供奉官。中书、门下两省谏官侍从皇帝左、右，故俗称供奉官。

④宠幸：宠爱。多用于帝王对后妃及臣下。殊常：异常，不同寻常。

⑤天宝十三载：754年。

⑥届：至，到。

⑦嬾（làn）：同"滥"。过度，无节制。此指随意。

⑧崔怀宝：博陵（今河北定州）人，唐天宝年间曾任河南司隶。

⑨佯：假装。避道：旧时礼节，遇尊长于道，避退一旁，以示敬畏。

⑩映身：犹隐身。

⑪敛容：正容。显出端庄的脸色。

⑫流眄（miǎn）：流转目光观看。

⑬重戴：一种流行于唐代的帽子。通常用皂罗制成方形而垂檐，有缨带，可于下巴处打结。因为是在巾上加帽，故称为"重戴"。

⑭惶骇：惊慌害怕。

⑮大憨汉：大傻瓜。

⑯狂：通“诳”。欺骗。

⑰永康坊：应为唐长安城坊名，具体不详，待考。

⑱诣：造访。

⑲“平生无所愿”几句：出自崔怀宝《忆江南》。玉人，容貌美丽的人。纤手，女子柔细的手。砑（yà）罗裙，用砑罗制的裙。砑罗，一种砑光的丝织品。娇声，柔媚的声音。

⑳箕帚：借指妻妾。汉赵晔《吴越春秋·勾践阴谋外传》：“（越王勾践有二遗女）谨使臣蠡献之，大王不以鄙陋寝容，愿纳以供箕帚之用。”

㉑薰肌酒：酒名。以羊羔酿。

㉒千岁蘽（lěi）：葛藟的别名。明李时珍《本草纲目·草七·千岁蘽》：“苏颂曰：‘藤生蔓延木上，叶如葡萄而小，四月摘其茎，汁白而甘，五月开花，七月结实，八月采子，青黑微赤。’陈藏器曰：‘冬只凋叶，大者盘薄，故曰千岁蘽。’”

㉓调补：谓调任官职。荆南：唐、五代方镇名。唐至德二载（757）置荆南节度使，治荆州（今湖北江陵）。司录：官名。唐玄宗开元初改京兆、河南、太原三府之录事参军事为司录参军事，简称司录。此处“荆南司录”未详何职，待考。

㉔行李：古义为“行装”或“行程”，此处指动身赴任、启程。

㉕闻听：听见，知道。

㉖感咽：感动得泣不成声。叙别：话别。

㉗唱和：以诗词相酬答。

㉘“黄鸟翻红树”几句：出自薛琼《赋荆门》。黄鸟，指羽毛鲜黄的鸟类（如黄莺、黄雀等）。红树，盛开红花之树。青牛，指土牛。旧时习俗，立春塑土牛用以劝耕。《隋书·礼仪志二》：“立春前五

日，于州大门外之东，造青土牛两头，耕夫犁具。立春，有司迎春于东郊，竖青幡于青牛之傍焉。”

㉙声韵：声音。不常：不同寻常。

㉚闻：报告上级。监军：监督军队的官员。

㉛赴阙：入朝。此指押送回京。

㉜状：诉状。

㉝留恩：开恩。

㉞制：诏令文体的一种。皇帝专用的一种下行文书。

【译文】

《丽情集》："唐明皇时，有个教坊供奉官杨羔，因为与杨贵妃同姓，很受皇帝宠爱，有人称他'羔舅'。天宝十三载，当时临近清明节，皇帝下令宫女可以随意出东门，恣意到郊外春游，尽情游玩观赏。有一个狂放不羁的书生崔怀宝，假装来不及避让道路，藏身于树下，暗中观察，看见车中一个宫女，仪态庄重、面容肃穆地端坐着，流转目光看向崔怀宝。突然见到一位头戴多层冠饰，身着黄色镶边长衫的人，此人正是杨羔，杨羔斥责崔怀宝说：'何人在此！'崔怀宝因偷窥被发现而惶恐认罪。杨羔笑着说：'"你真是个憨傻之人，认识这个女子吗？她是教坊中第一筝手。你如果确实有心，我会设计帮助你，今晚你可到永康坊东，寻访到杨将军的宅上找我。'怀宝拜谢而去。晚上到杨将军宅，杨羔说：'你要作一首小词，才能与她相见。'怀宝吟咏道：'平生无所愿，愿作乐中筝。得近玉人纤手子，研罗裙上放娇声，便死也为荣。'杨羔大喜，一会儿让美人出来相见，说：'美人姓薛，名琼琼。本是清白人家的女儿，选入宫中，是教坊弹筝的第一高手。今晚就嫁与崔郎。'因而各赐他们薰肌酒一杯，说：'这酒是用千岁藁做的，饮用后白发能变黑，可以长生不老。'当天，宫中发现筝手失踪，皇帝下诏令全国各道搜寻，但未找到。十来天后，崔怀宝因职务调动补缺为荆南司录，需立即启程赴任。杨羔说：'琼琼要好好侍奉崔郎，以后不要再弹筝了，担心有人听到筝声后会惊奇而使你们暴露行踪。'两人于是悲伤哽咽地道别。琼琼自此不再弹筝,改以诗词唱和自娱。琼琼有诗写道:'黄鸟翻红树,青牛卧绿苔。诸宫歌舞地,轻雾锁楼台。'后来因中秋赏月,琼琼取出筝来弹奏,声音不同寻常,崔怀宝的同僚听到十分惊异,说:'近来朝廷急切寻找技艺高超的筝手,又有官员从京城前来督办此事。'于是就向监军报告,监军立即将崔怀宝押解至京城,案件交由内侍司处理。崔怀宝诉状上说'自己与薛琼琼的结合是杨羔所赐',杨羔向杨贵妃求救,杨贵妃告诉唐明皇:'是杨二舅赏与他的,乞求陛下开恩。'明皇赦免诸人,并下旨正式赐薛琼琼与崔怀宝为妻。"

访庄妇

《本事诗》:"博陵崔护①,姿质甚美②,而孤洁寡合③,举进士下第④。清明日,独游都城南⑤,得居人庄,一亩之宫⑥,花木丛萃⑦,寂若无人。扣门久之⑧,有女子自门隙窥之⑨,问曰:'谁耶?'护以姓字对⑩,曰:'寻春独行⑪,酒渴求饮。'女入,以杯水至,开门设床命坐⑫。独倚小桃,斜倚伫立,而意属殊厚⑬,妖姿媚态⑭,绰有余妍⑮。崔以言挑之⑯,不对,目注久之⑰。崔辞去,送至门,如不胜情而入⑱。崔亦眷眄而归⑲,尔后绝不复至。

【注释】

①崔护:字殷功,博陵(今河北安平)人。唐朝官吏。贞元十二年(796)进士及第。历任京兆尹、御史大夫、岭南节度使。

②姿质:姿态气质。

③孤洁:孤高清白,洁身自好。寡合:性情乖异,难与人相合。

④举进士:参加进士科考试。下第:科举时代考试不中者曰下第,又

称落第。

⑤都：京城长安。

⑥一亩之宫：《礼记·儒行》："儒有一亩之宫，环堵之室，筚门圭窬，蓬户瓮牖。"后因以"一亩宫"称寒士的简陋居处。

⑦花木丛萃：花草树木十分繁茂。

⑧扣门：敲门。

⑨门隙：门缝。

⑩姓字：姓氏和名字，犹姓名。

⑪寻春：游赏春景。

⑫床：此指交床。一种有靠背、能折叠的坐具。

⑬意属：心意所向。

⑭妖：艳丽，妩媚。姿：姿态，体态。媚态：妩媚的样子。

⑮绰：宽裕，富足。妍：美丽，娇艳。

⑯挑：挑逗。

⑰目注：目光注视。

⑱胜情：尽情。

⑲眷盼：眷恋，眷顾。

【译文】

《本事诗》："博陵人崔护，姿态气质英俊潇洒，然而性格孤高，很难与人相合，科举考试落第。清明节这天，崔护独自到京城南郊游，来到村庄里一户人家，这是一处简陋居所，花草树木十分茂盛，非常寂静，好像没有人。他上前敲门很久，有女子从门缝里张望，问道：'是谁呀？'崔护以姓名相答，说：'我独自游赏春景，因酒后口渴讨一杯水喝。'女子走进屋里，端了一杯水来，打开门，摆下坐凳请崔护坐下喝水。她自己独自倚靠在一棵小桃树上，身体微微倾斜地站立着，流露出深切的情意，姿态妖娆、神态柔媚，极有风韵。崔护用言语挑逗女子，女子没有回应，两人相互注视了许久。崔护辞别而去，女子把他送出大门，似有不尽之情地黯然回屋。崔护也恋恋不舍地返回家中，此后再也没有回到此处。

“及来岁清明日，忽思之，情不可抑[①]，往寻之。门院如故，而已扃锁之[②]。崔因题诗于左扉[③]，怏悒而去[④]。女观诗云：‘去年今日此门中，人面桃花相映红。人面不知何处去，桃花依旧笑春风[⑤]。’后数日，至都城南，复往寻之。闻其中有哭声，扣门问之。有老父出曰[⑥]：‘君非崔护耶？’曰：‘是也。’又哭曰：‘君杀吾女！’护惊怛[⑦]，莫知所答。父曰：‘吾女笄年知书[⑧]，未适人[⑨]。自去年以来，常恍惚若有所失[⑩]。比日与之出[⑪]，及归，见左扉有字，读之，入门而病，遂绝食数日而死。吾老矣，唯此一女，所以不嫁者，将求君子以托吾身。今不幸而殒[⑫]，得非君杀之耶！’乃持崔大哭。崔亦感动，请入哭之。尚俨然在床，崔举其首，枕其股，哭而祝曰：‘某在斯！某在斯！’须臾开目[⑬]，半日复活。老父大喜，归之。”陈后山诗云：“题门吟咏不逢人[⑭]。”东坡诗云：“去年崔护若重来，前度刘郎在千里[⑮]。”

【注释】

①情不可抑：抑制不住自己的感情。

②扃（jiōng）锁：锁闭。

③左扉：左门扇。

④怏悒（yàng yì）：郁郁不乐貌。

⑤“去年今日此门中”几句：出自崔护《题都城南庄》。人面，指姑娘的脸。后一“人面”指代姑娘。相映红，互相衬托。笑，形容桃花盛开的样子。

⑥老父：对老人的尊称。

⑦惊怛（dá）：惊恐。

⑧笄（jī）年：古称女子成年（15岁）为笄年。知书：知书达礼。

⑨适人：谓女子出嫁。

⑩恍惚：精神不集中或神志不清。若有所失：好像丢掉了什么东西似的。形容心神不定的样子。

⑪比日：近日，近来。

⑫殒（yǔn）：死亡。

⑬开目：睁开眼睛。

⑭题门吟咏不逢人：出自陈师道《骑驴二首・其二》。

⑮去年崔护若重来，前度刘郎在千里：出自苏轼《留别释迦院牡丹呈赵倅》。前度刘郎，相传东汉永平年间，刘晨、阮肇在天台桃源洞遇仙，还乡后，又重到天台。后因称去而重来者为"前度刘郎"。唐刘禹锡《再游玄都观》诗："种桃道士归何处，前度刘郎今又来。"

【译文】

"等到第二年清明节，崔护忽然想念这个女子，抑制不住自己的感情，便前往寻找。门庭院落依然如故，不过大门已经锁闭。崔护于是在左门扇题了首诗，带着失落的心情而离开。女子回来，看到有诗写道：'去年今日此门中，人面桃花相映红。人面不知何处去，桃花依旧笑春风。'几天后，崔护到城南，再次前去找寻。崔护听到里面传来哭声，便敲门询问，有位老人出来问道：'您莫非是崔护？'崔护答道：'正是。'老人又哭着说：'您害死了我的女儿！'崔护十分惊恐，不知道怎么回答。老人说：'我的女儿刚成年，知书达礼，还没有许配人家。自去年与您相遇后，长期处于精神恍惚的状态，内心若有所失。近来与她外出，回来后，她看见左门扇上有字，读后触动心事，进门就病倒了，绝食几天后就死了。我老了，只有这一个女儿，之所以没有嫁人，是想找寻一位可靠的君子，好让我老来有个依靠。如今她不幸死了，难道不是您害死的吗！'于是扶着崔护大哭。崔护也被女子的深情感动，请求老人让他进屋去哭吊女子。女子仍安然躺在床上，崔护托起女子的头，放在自己腿上，哭着祷告说：'我在这里！我在这里！'一会儿女子睁开眼睛，半天后死而复生了。老人非常高兴，将女儿许配给崔护。"陈师道有诗写道："题门吟咏不逢人。"苏轼有诗写道："去年崔护若重来，前度刘郎在千里。"

见情姬

《古今词话》："近代有一士人，颇与一姬相惓[①]。无何[②]，为有力者夺去[③]。忽因清明，其士人于官园中闲游[④]，忽见所惓，颇相顾恋[⑤]。后一日，再往园中，姬掷一书与之[⑥]。中有一诗，止传得一联云：'莫学禁城题叶者，终身不见有情人。'士人感念[⑦]，作《南歌子》一曲以见情[⑧]，曰：'禁苑沉沉静[⑨]，春波漾漾行[⑩]。仙姿才韵两相并[⑪]。叶上题诗、千古得佳名[⑫]。　　墙外分明见，花间隐约声。银钩掷处眼双明[⑬]。应讶昔时、不得见情人。'"

【注释】

①姬：泛指美女。相惓（quán）：此指相互爱恋。

②无何：不久。

③有力者：有权势或有财力。

④官园：宋代专门生产贡茶的茶园称官茶园，简称官园。闲游：闲暇时到外面随便游玩，闲逛。

⑤顾恋：顾念留恋。

⑥掷：抛，扔。

⑦感念：思念。

⑧《南歌子》：又名《南柯子》《春宵曲》等。唐教坊曲名，后用为词牌。有单调、双调两体。见情：显露真情。

⑨禁苑：指宫廷。沉沉：形容寂静无声或声音悠远隐约。

⑩春波：春水的波澜。漾漾：水飘荡貌。

⑪仙姿：仙人的风姿。形容清雅秀逸的姿容。才韵：才华风韵。

⑫叶上题诗：即红叶题诗。唐人顾况于苑中，坐流水上，得大梧叶，上有题诗云："一入深宫里，年年不见春。聊题一片叶，寄与有情人。"况亦于叶上题诗与之反复唱和。事见唐孟棨《本事诗·情感》。

⑬银钩：比喻弯月。

【译文】

《古今词话》："近代有一个读书人，与一个美女相互爱恋，不久，美女被有权势的人抢走了。因为清明节，这个读书人到官茶园中闲逛，突然看见所爱恋的美女，两人相互顾念留恋。过了一天，读书人再次前往园中，美女抛给他一封信。信中有一首诗，仅传下来一联，写道：'莫学禁城题叶者，终身不见有情人。'读书人思念美女，作《南歌子》一曲以表露真情，写道：'禁苑沉沉静，春波漾漾行。仙姿才韵两相并。叶上题诗、千古得佳名。　　墙外分明见，花间隐约声。银钩掷处眼双明。应讶昔时、不得见情人。'"

惭父婢

《三水小牍》[①]："湖南观察使李庾女奴曰却要[②]，美容止[③]，善辞令[④]。朔望通札谒于亲姻家[⑤]，惟却要主之。李侍婢数十，莫之偕也[⑥]。而巧媚才捷[⑦]，能承顺颜色[⑧]，姻党亦多怜之[⑨]。李四子，曰延禧、曰延范、曰延祚，所谓大郎而下四郎也。皆年少性侠，咸欲蒸却要而不能也[⑩]。尝遇清明节，时纤月娟媚[11]，庭花烂发，中堂垂绣幕[12]，皆银缸[13]。而大郎与却要遇于樱桃影中，乃持之求偶[14]。却要取茵席授之[15]，绐曰[16]：'可于厅之东南隅伫立相待，候堂前眠熟[17]，当至。'大郎既去，却要至廊下，又逢二郎调之[18]。却要复取茵席授之，曰：'可于厅中东北隅相待。'二郎既去，又逢三郎束之[19]。却要复取茵席授之，曰：'可于厅中西南隅相待。'三郎既去，又与四郎遇，握手不可解。却要复取茵席授之，曰：'可于厅中西北隅相待。'四人皆去。延禧于角中屏息以待，厅门斜闭，见其三弟比比而至[20]，各趋一隅。少顷，却要燃密炬[21]，疾向厅事[22]，豁双扉而照之[23]，谓延禧辈曰：'阿堵贫儿[24]，争敢向这里觅宿处！'皆弃所携，掩面而走，却要复从而咍之[25]。自是诸子怀惭[26]，不敢失敬[27]。"

【注释】

①《三水小牍》：传奇小说集，唐皇甫枚撰。清卢文弨《抱经堂外集·三水小牍》提要云："是书成于天祐四年（907），枚当旅食汾、晋，而追记咸通时事。"皇甫枚，字遵美，三水（今陕西旬邑北）人。唐小说家。

②李庾（？—874）：字子虔。唐宗室，出大郑王房。开成间登进士第，咸通末任湖南观察使。李庾工辞赋，所作《两都赋》，为时所称。女奴：婢女。

③容止：仪容举止。

④辞令：言辞应对。

⑤朔望：指农历每月的初一和十五。朔，初一。望，十五。亲姻：由婚姻关系结成的亲属。

⑥偕：齐等，比并。

⑦巧媚：形容姿态美好。才捷：才智敏捷。

⑧承顺颜色：指善于观察脸色。

⑨姻党：指亲戚。

⑩蒸：同“烝”。下淫上。古时指与母辈淫乱。

⑪纤月：未弦之月，月牙。此指月光。娟媚：清秀妩媚。

⑫中堂：正中的厅堂。

⑬银缸：银白色的灯盏、烛台。

⑭求偶：寻求配偶。此指求爱。

⑮茵席：褥垫，草席。

⑯绐（dài）：哄骗。

⑰堂前：指父母。眠熟：沉睡。

⑱调：调戏。

⑲束：这里是抱持的意思。

⑳比比：引申为连续，接连。

㉑密炬：蜜炬。指蜡烛。

㉒厅事：本为衙署里的大堂，后私家房屋也称此名。

㉓豁：推开。

㉔阿堵：六朝人口语。犹这、这个。

㉕咍（hāi）：讥笑。

㉖怀惭：心中惭愧。

㉗失敬：不尊敬，有失礼数。

【译文】

《三水小牍》：“湖南观察使李庚有个婢女叫却要，容貌美丽、举止优雅，又善于言辞应对。每月初一、十五亲戚间互通书信问候，都是却要一人打理。李家侍女数十人，没人能与她相比。她姿态美好才智敏捷，善于察言观色，连亲戚们也都怜爱她。李庚有四个儿子，从大郎到四郎分别叫延禧、延范、延祚等。李庾的四个儿子都年轻放荡，都想要霸占却要，但未能得逞。有一年清明节，当时月色皎洁柔和，庭院中鲜花盛开，正堂上帷帐低垂，室内都是银白色的灯盏。却要在樱桃树影下遇到了大郎，大郎拉着她向她求爱。她拿过草席给大郎，骗他说：'你到正厅东南角站着等我，等父母熟睡后我就去。'大郎走后，她刚到廊下，又遇到二郎的调戏。却要又拿过草席递给他说：'你在正厅东北角等我。'二郎刚走，又被三郎抱持住。她也拿过草席塞给他，说：'你到正厅西南角等我。'三郎刚走，又遇上四郎，他抓住却要的手不放。却要还是拿过草席给他，说："你到正厅西北角等我。"四个人都走了。大郎延禧在正厅的一角屏住呼吸等待，厅门微开，只见三个弟弟接连进来，各自走向厅内一角站着。片刻后，却要点燃蜡烛，快速冲向厅堂，猛然推开双门并用火光照射屋内，却要指着延禧等人说：'你们这些穷小子，怎敢来这里找地方过夜！'四个儿子都扔下手里的草席，捂着脸跑了，却要接着对他们发出嗤笑。从此以后几个儿子心中惭愧，不敢再对却要失礼。"

惊妻梦

《河东记》[①]："贞元中，进士独孤遐叔家于长安崇贤里[②]，新娶白氏女。家贫下第，将游剑南[③]，与其妻诀曰[④]：'迟可周岁归矣。'遐叔至蜀，羁栖不偶[⑤]，逾二年乃归。取是夕及家，至金门五六里[⑥]，天色已昏暝[⑦]，绝无逆旅[⑧]，唯路隅有佛堂[⑨]，遐叔止焉[⑩]。

【注释】

①《河东记》：三卷，唐薛渔思撰。该书多述神仙鬼怪故事，曲折地反映了当时的社会现实。薛渔思，亦作薛涣思，生卒年及生平事

迹均不详。

②崇贤里：长安外郭城坊里之一。

③剑南：唐方镇名。开元七年（719）升剑南支度营田处置兵马经略使为节度使，为玄宗时边防十节度经略使之一。治益州（今四川成都）。

④诀：告别，辞别。

⑤羁栖：指漂泊异乡、寄居客地，暗含困顿不得志的状态。不偶：古文中多指际遇不顺、未遇良机，引申为仕途受阻或人生失意。

⑥金门：即金光门。唐长安外郭城西面的中门。

⑦昏暝（míng）：昏暗，黑暗。

⑧逆旅：客舍，旅馆。

⑨路隅：路边。

⑩止：居住。

【译文】

《河东记》："贞元年间，进士独孤遐叔家在长安崇贤里，刚娶了白姓女子为妻。独孤遐叔家境贫寒，科举考试又落榜，于是计划游历剑南寻求发展机会，他与妻子辞别说：'最迟一年后回来。'遐叔到了蜀地，因仕途受阻、生活困顿而无法安定，滞留超过两年后才返回家乡。他想在这天晚上赶到家，行至距离金光门还有五六里时，天色已经昏暗，沿途找不到任何旅店，只有路边有一座佛堂，独孤遐叔便在此停留歇息。

"时近望，月色如昼，系马庭外，入室堂中，有桃杏数株。更深[①]，施衾帱[②]，于西窗之下偃卧[③]。因吟旧诗曰：'近家心转切，不敢问行人。'至夜分不寐[④]，忽闻墙外有人相呼声。须臾，有夫设箕帚于庭中[⑤]，设床席[⑥]，置酒具。遐叔意谓贵族赏会[⑦]，虑为斥逐[⑧]，乃潜伏于佛堂梁间伺之[⑨]。铺陈既毕，有公子女郎十数辈，青衣苍头亦数人[10]，步月徐来[11]，言笑晏晏[12]，间坐筵中，献酬交错[13]。中有一女郎，忧伤憔悴，侧身下坐[14]，风韵若遐叔之妻[15]。窥之大惊，迫而察焉，乃真其妻。一少年举杯嘱之曰：'小人窃不自量[16]，愿闻金玉之声[17]。'其妻抑郁悲愁，若强置于坐隅[18]，遂收泣而歌曰：'今夕何夕，存没耶？良人去兮天之涯[19]，园树伤心兮不见花。'满座倾听，其妻转面挥涕[20]。一人曰：'良人非远，何天涯之谓乎？'相顾大笑。遐叔惊愤，就阶陛间扪一大砖[21]，向坐飞击，而悄无所有。

【注释】

①更深：夜深时分。

②衾帱（qīn chóu）：被子和帐子。泛指卧具。

③偃卧：仰卧，睡卧。

④夜分：半夜。

⑤箕帚：畚箕和扫帚。皆扫除之具。

⑥床席：特指坐榻。

⑦赏会：玩赏聚会。

⑧斥逐：驱逐。

⑨伺：观察。

⑩苍头：奴仆。

⑪步月徐来：踏着月色缓缓而来。

⑫言笑晏晏：说说笑笑，和柔温顺。《诗经·卫风·氓》："总角之宴，言笑晏晏。"

⑬献酬交错：形容欢聚宴饮的情景。献，敬酒。酬，劝酒。

⑭下坐：末座，末席。

⑮风韵：风度韵致。

⑯小人：古时男子的谦称。

⑰金玉之声：比喻他人声音或诗文优美动人。此指美妙的歌声。

⑱坐隅：座位旁边。

⑲良人：古时女子对丈夫的称呼。

⑳挥涕：挥洒涕泪。

㉑阶陛：台阶。扪（mén）：摸。

【译文】

“当时临近十五，月色皎洁明亮如同白昼，他把马系在庭院外，进入室内堂中，堂前种有几棵桃树和杏树。夜深时分，他在西窗下铺好被褥躺下休息。一时思乡心切，吟了一首旧诗：‘近家心转切，不敢问行人。’到半夜时分也还没有入睡，突然听到墙外有人的呼喊声。一会儿，有几个夫役拿着畚箕和扫帚在打扫庭院，又布置坐榻，摆设饮酒器具。遐叔以为这是贵族们的聚会，担心自己因身份低微或误入而被驱逐，于是他就躲藏在佛堂的房梁上暗中观察。宴会所需的器物、坐榻等已布置完毕，有十几位公子小姐，还有几个婢女仆人，踏着月色缓缓而来，有说有笑，和颜悦色，他们杂坐在宴席间，频繁互相敬酒。其中有一个女子，神情忧愁悲伤，脸色憔悴，侧身坐在下席，女子的风度韵致与遐叔妻子极为相似。遐叔暗中窥探后大为震惊，靠近细看，竟然真是自己的妻子。一个少年举起酒杯走到他妻子面前说道：‘我虽能力微薄，但仍冒昧请求，希望能聆听您美妙的歌声。’遐叔的妻子内心满是悲伤愁苦，情绪极度低落，像是被强行安排在座位旁边，于是停止哭泣而唱道：‘今夕何夕，存没耶？良人去兮天之涯，园树伤心兮不见花。’满座的人都在聆听遐叔妻子的哀歌，遐叔的妻子转过脸拭泪。一人说：‘你的丈夫离这不远，为什么要说他在天涯呢？’众人相顾大笑。遐叔因看到妻子被戏弄而震惊愤怒，就在台阶间摸起一块大砖头，向座位方向砸过去，然而竟然什么也没有了。

“遐叔怅然悲叹[①]，谓妻已死矣，命驾即归[②]。疾趋入门[③]，青衣报娘子梦魇方悟[④]。遐叔造寝[⑤]，妻犹未兴[⑥]，良久乃曰：‘适梦与姑妹之党[⑦]，相与玩月[⑧]，出金光门外，向一野寺，忽为凶暴胁与杂坐饮酒[⑨]。方饮酒，忽有大砖飞堕，遂惊魇殆绝[⑩]，才寤而君至。’其所言梦中聚会谈话，与遐叔见并同，岂忧愤所感耶[⑪]？”

【注释】

①怅然悲叹：非常失意，悲伤叹息。

②命驾：谓立即动身。

③疾趋：快步小跑，形容急切的动作。

④梦魇（yǎn）：梦中惊悸。

⑤造：前往，到。

⑥兴：起。

⑦姑妹：父之妹。

⑧玩月：赏月。

⑨凶暴：凶恶的暴徒。胁与杂坐：被胁迫与众人混杂而坐。

⑩惊魇：因噩梦或强烈刺激导致的惊恐状态。

⑪忧愤：忧愁和愤懑。

【译文】

“遐叔悲伤叹息，以为妻子已死，便立即动身回家。他匆忙跑进家门，婢女说娘子刚从梦魇中醒来。遐叔赶到卧室时，妻子仍躺在床上未起身，过了很久才说：‘方才梦中与小姑等相约赏月，出金光门外，来到野外的一座寺庙，突然遭到一群暴徒胁迫，被迫与他们同席饮酒。正在饮酒时，突然有块大砖飞落下来，我因此受惊，几乎昏死过去，刚醒你就来了。’她所说在梦中的聚会谈话，与遐叔所见所闻完全一样，难道是因为忧愁和愤懑引发的吗?”

吊柳七[1]

《古今词话》:“柳耆卿祝仁宗皇帝圣寿[2],作《醉蓬莱》一曲云[3]:‘渐亭皋叶下[4],陇首云飞[5],素秋新霁[6]。华阙中天[7],锁葱葱佳气[8]。嫩菊黄深,拒霜红浅[9],近宝阶香砌[10]。玉宇无尘[11],金茎有露[12],碧天如水[13]。　　整值升平[14],万机多暇[15],夜色澄鲜[16],漏声迢递[17]。南极星中,有老人呈瑞。此际宸游[18],凤辇何处[19],动管弦清脆[20]。太液波翻[21],披香帘卷[22],月明风细。’此词一传,天下皆称妙绝[23],盖中间误使‘宸游’‘凤辇’挽章句[24]。耆卿作此词,惟务钩摘好语[25],却不参考出处。仁宗皇帝览而恶之[26],及御注差注至耆卿[27],抹其名曰[28]:‘此人不可仕宦[29],尽从他花下浅斟低唱。’由是沦落贫窘[30],终老无子,掩骸僧舍[31]。京西妓者鸠钱[32],葬于枣阳县花山[33]。既出郊原[34],有浪子数人戏曰[35]:‘这大伯做鬼也爱打哄[36]。’其后遇清明日,游人多狎饮坟墓之侧[37],谓之‘吊柳七’。”

【注释】

①吊:悼念。柳七:即柳永,崇安(今福建武夷山)人。北宋词人,婉约派代表人物。原名三变,字景庄,后改名柳永,字耆卿,因排行第七,又称柳七。以屯田员外郎致仕,故世称“柳屯田”。著有《乐章集》。

②圣寿:皇帝的年寿和生日。

③《醉蓬莱》：词牌名，柳永自度曲。双调九十七字，上片十一句、下片十二句各四仄韵。

④亭皋：水边的平地。《汉书·司马相如传上》："亭皋千里，靡不被筑。"王先谦补注："亭当训平……亭皋千里，犹言平皋千里。皋，水旁地。"

⑤陇首：泛指高山之巅。

⑥素秋：秋季。古代五行之说，秋属金，其色白，故称素秋。新霁（jì）：雨雪后初晴。

⑦华阙：华美的皇宫。中天：高空。

⑧锁：笼罩。葱葱：形容草木青翠茂盛或气象旺盛。

⑨拒霜：花名。木芙蓉的别称。冬凋夏茂，仲秋开花，耐寒不落，故名。

⑩宝阶：佛教语。指佛自天下降的步阶。香砌：香阶，一说是庭院中用砖石砌成的花池子，可以养花种竹。又称庭砌。

⑪玉宇：华丽的宫殿。无尘：不着尘埃。常表示超尘脱俗。

⑫金茎：用以擎承露盘的铜柱。《文选·班固〈西都赋〉》："抗仙掌以承露，擢双立之金茎。"李善注："金茎，铜柱也。"

⑬碧天：蓝色的天空。

⑭整：正。升平：太平。

⑮万机：指帝王日常处理的纷繁的政务。

⑯澄鲜：清新。

⑰漏声：铜壶滴漏之声。迢递：遥远貌。

⑱宸（chén）游：指帝王巡游，但宋代礼制中常与"挽歌"关联。

⑲凤辇：帝王车驾的尊称，但在挽章中特指"灵车"。

⑳管弦：管乐器和弦乐器，泛指乐器。

㉑太液：底本作"太一"，据《诗林广记》改。古池名。汉太液池，在今陕西西安西北。汉武帝元封元年（前110）开凿，周回十顷。池中筑渐台，高二十余丈；又起三山，以象瀛洲、蓬莱、方丈三神

山，刻金石为鱼龙奇禽异兽之属。

㉒披香：汉宫殿名。《三辅黄图·未央宫》："武帝时，后宫八区，有昭阳、飞翔、增成、合欢、兰林、披香、凤凰、鸳鸯等殿。"

㉓妙绝：精妙绝伦。

㉔盖中间误使"宸游""凤辇"挽章句："宸游""凤辇"本为哀悼帝王驾崩的挽章用语（常用于祭祀或丧仪语境），而柳永将其用于祝寿场景，语境严重冲突。仁宗联想到"宸游""凤辇"暗含"帝王离世"的隐喻，认为此词有诅咒之嫌。

㉕钩摘：勾录摘取。

㉖恶：憎恶。此指生气。

㉗御注：即皇帝亲自批注。差注：吏部对地方官吏的选派任命。注，注官，即按资叙授官。

㉘抹：除去，勾掉。

㉙仕宦：为官。

㉚贫窘：贫困窘迫。

㉛掩骸：遮盖尸骨。骸，尸骨。

㉜京西：即京西路。宋至道十五路之一，治河南府（今河南洛阳）。因在京师开封府之西，故名。鸠（jiū）钱：凑钱。鸠，聚集。

㉝枣阳县：隋仁寿元年（601）改广昌县置，以枣阳村为名。治今湖北枣阳。

㉞郊原：原野。

㉟浪子：风流子弟。

㊱大伯：称老年男子。打哄：胡闹，开玩笑。

㊲狎（xiá）饮：放纵地饮酒。

【译文】

《古今词话》："柳永祝仁宗皇帝圣寿，作《醉蓬莱》一曲写道：'渐亭皋叶下，陇首云飞，素秋新霁。华阙中天，锁葱葱佳气。嫩菊黄深，拒霜红浅，近宝阶香砌。玉宇无尘，金茎有露，碧天如水。　　整值升平，万机多暇，夜色澄鲜，漏声迢递。南极星中，有老人呈瑞。此际宸游，凤辇何处，动管弦清脆。太液波翻，披香帘卷，月明风细。’这首词一经流传，天下人都称赞其精妙绝伦，只是中间错误使用了‘宸游’‘凤辇’这两个哀悼帝王逝世的挽歌典故。柳永写作这首词，只专注于选取华丽的辞藻，却不加以考察所用词语的出处。仁宗皇帝在阅读柳永的词作后心生厌恶，等到亲自批注吏部对地方官吏的任命，批到柳永时，便将其名字抹去，说：‘此人不允许入仕为官，就任由他在花丛下饮酒作词、享乐消遣吧。’柳永因此流落漂泊，贫困窘迫，一生也没有儿子，死后尸体就遗弃在僧人的住所。京西路的妓女凑钱，把柳永葬在枣阳县花山。埋葬完离开原野，有几个风流子弟开玩笑说：‘这个大伯做鬼也爱胡闹。’柳永去世后，每到清明节，游人们多在柳永墓旁不拘礼节地放纵饮酒，称为‘吊柳七’。”

掩旧墓

《博物志》：“博陵崔生，住长安永乐里，有旧业在渭南[①]。贞元中，尝因清明归渭南。行至昭应北墟垄间[②]，日将晚，歇马于古道左[③]。北百余步，见一女子，靓妆华服[④]，穿越榛莽[⑤]，如失路焉。崔闲步渐逼[⑥]，乃以袂掩面[⑦]，而足趾跌蹶[⑧]，屡欲仆[⑨]。崔使小童觇之[⑩]，乃二八绝代姝也[⑪]。因诘之曰[⑫]：‘日暮何无俦侣[⑬]，而复凄惶于墟间耶[⑭]？’更以仆马奉送。女郎回顾，意似微纳[⑮]。崔乃偻而逐之[⑯]，以观其远近。女郎上马，一仆控之。

【注释】

①旧业:祖传的产业、家业。渭南:西魏废帝二年(554)改南新丰县置,治今陕西渭南东南。隋开皇十四年(594)移于今渭南。

②昭应:唐天宝二年(743)分新丰、万年二县地置会昌县,七年改为昭应县。治今陕西西安临潼区。墟垄:指坟墓。

③歇马:下马休息。

④靓妆华服:形容打扮十分艳丽。

⑤榛(zhēn)莽:杂乱丛生的草木。

⑥闲步:漫步。

⑦袂(mèi):袖子。

⑧足趾:脚指头。此借指脚。跌蹶(jué):跌跌撞撞。

⑨仆:向前跌倒。

⑩觇(chān):观察。

⑪二八:即十六。十六岁。谓正当青春年少,多言女子。姝(shū):美女。

⑫诘:询问。

⑬俦(chóu)侣:同伴。俦,同伴,伴侣。

⑭凄惶:形容悲伤惶恐、心神不定的状态。

⑮纳:接受。

⑯偻(lǚ):弯腰,形容崔生谨慎、隐蔽的姿态。底本作"屦",据《太平广记》引《博物志》改。

【译文】

《博物志》:"博陵崔姓书生,住在长安永乐里,祖传的产业在渭南县。贞元年间,因清明节的缘故回渭南。走到昭应县北面的坟墓之间,天色将晚,在古道边下马休息。在向北一百多步的地方,看见一位女子,打扮十分艳丽,正穿越杂乱丛生的草木,仿佛迷失了道路。崔生漫步前行渐渐走近,女子用衣袖遮住了脸,而脚步跌跌撞撞,几次都要向前跌倒。崔生让小童前去察看，是一位正当青春年少的绝代美人。因而询问她：‘天色已晚，你为何没有伙伴，而又在荒凉之地如此惊慌无助？’崔生又派出一名仆人和马匹护送女子。女子回过头来看向崔生，神态似乎接受了他的帮助。崔生于是弯着腰，缓慢跟随女子，暗中观察她的去向和距离。女子骑上马后，由一名仆人驾驭马匹前行。

“北行一二里，到一树林，室甚盛，桃李芬芳，有青衣数人迎接，捧女郎而共入。顷而，一青衣传命曰：‘小娘子因避宴娇醉，逃席失路，遇君子恤以仆马[①]，不然日暮，或值恶人处，狼欺狐媚，何所不加，阖室感戴[②]。且憩，即当奉邀[③]。’顷之，邀崔入宅。玉姨接见命酒[④]，从容叙言：‘某王氏外生女[⑤]，丽艳精巧，人间无双，便欲侍君子巾栉[⑥]，何如？’崔未遽诺[⑦]，因酒拜谢于座侧。俄命外生出，实神仙也。一住三日，宴游欢洽[⑧]，无不酣畅[⑨]。忽一日，一家大惊曰：‘有贼至！’其妻推崔生于后门，生才出，妻已不见。

【注释】

①恤：怜悯，体恤。

②阖室：全家。感戴：感恩戴德。

③奉邀：敬词。邀请。

④命酒：命人置酒，饮酒。

⑤外生女：外甥女。下文“外生”也指外甥女。

⑥侍君子巾栉（zhì）：做您的妻子。侍巾栉，为人妻妾的谦词。古代以服侍夫君饮食起居为妻妾之本分，故称。巾，手巾之类。栉，梳篦之类。

⑦未遽诺：没有立即答应。

⑧宴游：宴饮游乐。欢洽：欢乐融洽。

⑨酣畅：畅快。

【译文】

“向北走了一二里，到一片树林，只见房屋华丽，桃花与李花散发着香气，有好几个侍女出来迎接，簇拥着美人一同进入。一会儿，一个侍女来传达主人命令说：‘小娘子在宴席上因不胜酒力而离席，结果迷路，幸而遇到您怜悯她，以仆从和马匹相助，不然天色已晚，或遇恶人欺凌，恶狼袭击狐狸诱惑，什么事都可能发生，我们全家都感恩戴德。请歇息片刻，就来邀请您。’一会儿，请崔生进屋。玉姨邀请崔生见面，并命人摆酒款待，然后从容介绍道：‘王氏是我的外甥女，姿色艳丽精巧，世间独一无二，想做您的妻子，怎么样？’崔生没有立即答应，借着酒意在座侧行礼致谢。一会儿玉姨让外甥女出来与崔生相见，真像神仙一样。崔生在这里一连住了三天，期间宴饮游乐，欢乐融洽，极其畅快。忽然一天，一家人大惊失色地说：‘有贼来了！’崔生被妻子推出后门，崔生刚出来，妻子就不见了。

“但自于一穴中出，唯见芫花半落①，松风晚清，却省初见女郎之路。见童仆等以锹锸发一墓穴②，已至榇中③，见铭记曰：‘后周赵王女玉姨之墓。平生怜重王氏外生④，外生先殁⑤，后令与之同葬。’崔问仆人，‘但见郎君入柏林，寻觅不得，方寻掘此穴，果不误也。’玉姨呼崔生奴仆为贼耳。崔生感之，即为掩瘗⑥。”

【注释】

①芫（yuán）花：植物名。瑞香科，瑞香属。落叶灌木。生长于山坡、路边或疏林中。

②锹锸（qiāo chā）：即锹。掘土器的一种。

③榇（chèn）：棺材。

④怜重：百般怜爱。

⑤殁（mò）：死。

⑥瘗（yì）：埋葬。

【译文】

“崔生从一个墓穴中脱身，只看见凋零的芜花，吹着夜晚松林间清冷的风，从幻境中清醒后，崔生重新审视当初遇见女子的路径。只见小童和仆人等正用铁锹挖一个墓穴，已挖到棺材处，看到墓志铭上记着：‘后周赵王的女儿玉姨之墓。玉姨一生百般怜爱外甥女王氏，外甥女早逝，玉姨临终前留下遗愿，要求自己死后与外甥女合葬。’崔生问仆人，仆人回答说：‘只看见郎君进入柏树林，到处寻找不到，于是开始挖这个墓穴，果然不错。’玉姨称呼崔生的仆人为盗贼。崔书生因此事而醒悟，立即将墓穴掩埋恢复原状。”

逢臭鬼

《夷坚乙志》：“开封人张俨说：政和末年，清明日，太学士人某与同舍生出郊纵饮。还，缘汴堤而上[①]，见白衣人在后，相去十数步，堂堂一丈夫也[②]，但臭秽逆鼻。初犹意其偶相值[③]，已而接踵入学[④]。问同舍，皆莫见，殊怪之。逮反室，则立左右，叩之不答，叱之则隐。倏忽复见，追随不少置，臭日倍前，士人不胜其惧。或教之曰：‘恐君福浅，或为冤所劫，盍还家养亲[⑤]，无以功名为念，脱可免[⑥]。’乃如之。甫出京，其人日以远，遂不见。士人家居累年[⑦]，不能无壹郁[⑧]，二亲复督使修业[⑨]，心忘前怪矣，遂如京师参告[⑩]。逾月，因送客至旧饮酒处，复遇其人，厉声曰：‘此度见汝不舍矣[11]！’相随如初，而臭益甚。士人登时恍惚[12]，遂卧病[13]，旬日卒。”

【注释】

①汴堤：即隋堤，指隋大业元年（605）所开通济渠东段，即自板渚（今河南荥阳北）引黄河水入汴，至大梁（今河南开封）东引汴水入泗水达于淮水。何光远《鉴诫录》卷七：“炀帝将幸江都，开汴河，种柳，至今号曰隋堤。”

②堂堂：形容容貌壮伟。

③相值：相遇。

④已而：后来。接踵（zhǒng）：紧跟着。

⑤养亲：奉养父母。

⑥脱：或许。

⑦家居：无职业，在家里闲住。累年：连续多年。

⑧壹郁：沉郁不畅。多指情怀抑郁。

⑨二亲：指父母。修业：学习知识，钻研学问。

⑩参告：本指官吏休假期间参与政事。此处或指求取功名、参加科举考试。

⑪不舍：不饶恕。

⑫登时：马上。恍惚：神志不清。

⑬卧病：因病卧床。

【译文】

《夷坚乙志》：“开封人张佺说：政和末年，清明节那天，某位太学的学生与同宿舍的学友到郊外开怀畅饮。沿汴堤返回城内时，看见一个白衣人在后面，相距十几步远，是一个相貌威武的男人，但是浑身散发着刺鼻的臭气。最初还以为是偶然遇到了那个白衣人，可随后白衣人跟随他们进入太学。太学生询问同窗是否看见白衣人，但大家都表示没看到，因此他感到非常诧异。等他返回寝室，白衣人就站立在他身旁，问他也不回答，呵斥他就隐身不见。一转眼白衣人又出现了，跟随这位太学生寸步不离，臭味一天比一天严重，太学生惶恐至极。有人告诉他说：'恐怕是你的福泽太薄，或者被冤鬼缠上，你何不回家奉养双亲，不要再有读书做官的念想，或许可以免除这个鬼的纠缠。'这位太学生就听从了劝告。刚离开京城，那个白衣人就一天天远离了，最终彻底消失。这位太学生在家闲住了多年，无法完全消除内心的郁结，父母又督促他读书学习，他心里也慢慢忘记以前的怪事了，于是前往京城求取功名。过了一个月，因为送客又到以前那个饮酒的地方，结果又遇到那个白衣人，白衣人高声说：'这次见到你绝不饶恕你了！'白衣人像最初一样继续跟随着太学生，而散发的腐臭味越发浓烈。太学生因长期被鬼怪侵扰，精神瞬间陷入迷离混沌的状态，随即病倒卧床，十日后死亡。"

跻女冢[①]

《博异志》："李昼为许州吏[②]，庄在扶沟[③]。永泰二年春[④]，因清明欲归伯梁河[⑤]。先是路傍有冢，去路约二十步，其上无草，牧童所戏。其夜，李昼忽见冢上有穴，大如盘，兼有火光。昼异之，下马跻冢观焉。见五女子，垂华服，依五方[⑥]，坐而纫针[⑦]，俱低头就烛，矻矻不歇[⑧]。昼叱之一声，五烛皆灭，五女亦失所在。昼恐，上马而走。未上大路，五炬火冢中出，逐昼。昼夜不能脱，以鞭挥拂[⑨]，为火所热[⑩]。近行十里，方达伯梁河，有犬至，方灭。明日，看马尾被烧尽，及股胫亦烧损[⑪]。自后遂目此为五女冢，今存焉。"

【注释】

①跻(jī):登,上升。

②许州:周大定元年(581)以郑州改名,治长社县(今河南许昌)。

③扶沟:县名。西汉置,治今河南扶沟东北。《水经·渠水注》:其地"有扶亭,又有洧水沟,故县有扶沟之名焉"。唐代扶沟县属许州。

④永泰二年:766年。永泰,唐代宗李豫年号(765—766)。

⑤伯梁河:古地名,疑在扶沟附近。

⑥五方:东、南、西、北和中央。

⑦纫针:以线穿针。引申为缝制衣物。

⑧矻矻(kū):辛勤劳作貌。

⑨挥拂:挥打。

⑩热:烧,烧灼。

⑪股:大腿。胫(jìng):小腿。

【译文】

《博异志》:"李昼为许州官吏,他家的宅院在扶沟。永泰二年春天,他在清明节回家,将到伯梁河。在此以前路旁有座坟墓,距离大路约二十步,坟墓上面没有草,是牧童游戏的场所。这天晚上,李昼忽然看见坟墓上有个洞穴,大小像盘子,还有火光。李昼很诧异,下马登上坟墓观看。看见五个女子,身穿华丽的衣服,按照东西南北中五个方位坐着缝制衣物,都低头凑近烛光,辛勤劳作也不休息。李昼呵叱了一声,五炬火光全都熄灭,五个女子也都消失了。李昼害怕,骑上马而逃。还没上大路,五炬火光从坟里出来,追赶李昼。李昼夜里不能逃脱,用马鞭挥打,被火焚烧。跑了近十里地,才到伯梁河,有狗跑来,火光才熄灭。第二天,看到马尾巴都被烧没了,大腿和小腿也被烧伤。从此以后就把这座坟叫作五女坟,如今还留存在那里。"

卷十八

上巳 上

【题解】

本卷《上巳上》篇。上巳，节日名，古以农历三月上旬巳日为“上巳”。《后汉书·礼仪志上》：“是月上巳，官民皆絜于东流水上，曰洗濯祓除去宿垢疢为大絜。”魏晋以后改为三月三日。古代民俗，农历三月上旬巳日人们到河边举行消灾除邪的仪式，以祓除不祥，称为修禊。并用香薰草药沐浴，称作“衅浴”。卷首一段总叙文字概说上巳之义。

本卷条目均为上巳节时俗节物，主要有上巳节日习俗“按《周礼》”“观郑俗”“絜东水”“祓灞上”“禊曲江”“禊洛水”等；上巳宴饮娱乐“幸芳林”“临杯池”“置赏亭”“饮乐苑”“宴华林”“集西池”等；上巳历代诗文典故“宴洛滨”“访东山”“乐新堤”“出北门”“会薄津”“问曲水”“作蛮语”等；上巳节令物品“赐柳卷”“献鞋履”“结钱龙”等；上巳节通过天气预测农桑收成“知蚕善”“占桑柘”等。

严有翼《艺苑雌黄》曰：“三月三日，谓之‘上巳’。古人以此日禊饮于水滨[①]。”又《韵语阳秋》曰[②]：“上巳，于流水上洗濯祓除[③]，去宿垢[④]，谓之‘禊’。禊者，洁也。”又《唐文粹·鲁山令三月三日宴序》曰：“以酒食出于野曰禊饮，古俗也。”又萧颖士《蓬池禊饮序》曰[⑤]：“禊，逸礼也[⑥]，《郑风》有之[⑦]。”说者谓始于《周礼》“女巫[⑧]，掌岁时祓除”之事也。郑注云：“如上巳水上之类[⑨]。”《后汉书》注云：“《历法》三月建辰，己卯退除[⑩]，可以拂除灾也[⑪]。”则古人止用巳日[⑫]。今但三日者，按《汉书》注云：“古时祓祭[⑬]，三月巳日为吉。偶值三日，故后人因以三日为上巳，遂成俗也。”《文选·王元长〈曲水诗序〉》云[⑭]：“粤斯上巳[⑮]，惟春之暮[⑯]。”沈约《宋书》云：“魏以后但用三日，不用上巳。”今人每岁三月西池之游[⑰]，是其遗事耳[⑱]。又曰“上除”[⑲]。徐幹《齐都赋》云[⑳]：“青阳季月[㉑]，上除之良。无大无小，祓于水阳[㉒]。”又曰“元巳”[㉓]。张衡《南都赋》云：“暮春之禊，元巳之辰[㉔]。方轨齐轸[㉕]，祓于阳滨[㉖]。”沈约诗云：“丽日属元巳，年芳俱在斯[㉗]。”又张华《上巳篇》云[㉘]：“姑洗应时月[㉙]，元巳启良辰。”

【注释】

①禊（xì）饮：古人在农历三月上旬的巳日，要到郊外水边洗濯，清去宿垢，并宴聚饮酒作乐。水滨：水边。

②《韵语阳秋》：又称《葛立方诗话》《葛常之诗话》，二十卷，宋葛立方撰。全书内容较杂，以论诗为主，兼及史地、书画、乐舞、技艺等，而论诗又品第、记事、考据并重。葛立方（？—1164），字常之，号归愚，润州丹阳（今属江苏）人。南宋诗论家、词人，另著有《归愚集》《归愚词》《西畴笔耕》等。

③祓（fú）除：古时一种除灾求福的祭祀。

④宿垢：所积的污垢。

⑤萧颖士(709—760):字茂挺,郡望南兰陵(今江苏常州),颍州汝阴(今安徽阜阳)人。唐代文学家。后人辑有《萧茂挺文集》一卷。《蓬池禊饮序》:萧颖士所作的一篇散文。蓬池,古泽薮名。即逢泽。在今河南开封东南。

⑥逸礼:失传的礼仪。

⑦《郑风》:《诗经》十五国风之一。

⑧女巫:古代以歌舞迎神、掌占卜祈祷的女官。

⑨水上:犹水边。

⑩三月建辰,己卯退除:底本作"三月建辰,巳即是除",据《后汉书·袁绍传》李贤注改。在农历三月(辰月)的己卯日进行"退除"仪式。建辰,古代以北斗斗柄指向划分月份,斗柄指辰为三月,故称"建辰"。退除,指"除日",十二建星(建、除、满、平等)中的吉日,象征除旧布新,适合驱邪避灾。

⑪拂除:犹祓除。

⑫止:只。

⑬祓祭:古代习俗,为除灾去邪而举行祭祀仪式。

⑭王元长:即王融(467—493),字元长,琅邪临沂(今属山东)人。南朝齐文学家。

⑮粤斯上巳:于上巳之时。粤,助词。于。

⑯惟春之暮:即暮春三月。

⑰西池:瑶池的异称。

⑱遗事:前代或前人留下来的事迹。

⑲上除:即上巳。古俗于农历三月上巳日往水边斋戒沐浴、除灾求福,故称"上除"。

⑳徐幹(171—218):字伟长,北海(今山东昌乐)人。东汉末文学家,"建安七子"之一。另著有《中论》。《齐都赋》:该赋通过对齐都(今山东临淄)自然、物产、建筑与文化的描绘,展现了作者对

故土的热爱与赞颂。

㉑青阳：指春天。季月：每季的最后一月，即农历三、六、九、十二月。

㉒水阳：水的北面。

㉓元巳：即上巳。

㉔辰：辰时，上午七点至九点为辰时。

㉕方轨齐轸（zhěn）：车驾并行。方，并排。轸，车的代称。

㉖阳滨：水之北岸。古代祓禊之处。

㉗丽日属元巳，年芳俱在斯：出自沈约《三月三日率尔成章诗》。丽日，美好的日子。在斯，在这里。

㉘张华（232—300）：字茂先，范阳方城（今河北固安）人。西晋文学家，著有《女史箴》《博物志》等。

㉙姑洗：指农历三月。时月：指节令。

【译文】

严有翼《艺苑雌黄》记载："三月三日，称为'上巳'。古人在这一天要在郊外水边洗濯，清除所积的污垢，并宴聚饮酒作乐。"又有《韵语阳秋》记载："上巳，在流动的水中祓除不祥，清除所积的污垢，称为'禊'。禊，就是清洁。"又有《唐文粹·鲁山令三月三日宴序》记载："在野外饮酒作乐的宴聚称为禊饮，这是古代的习俗。"又有萧颖士《蓬池禊饮序》写道："禊，是失传的礼仪，《诗经·郑风》有记载。"说是起源于《周礼》"女巫掌管每年在一定时节举行祓祭以除去邪疾"的事。郑玄注解说："就是如今上巳节到水边洗濯，清除所积污垢之类的事情。"《后汉书》注解说："《历法》记载在三月，于己卯日举行退除仪式，可以驱除灾祸。"则古人只用巳日。现在只用三月三日，按《汉书》注解说："古时候为除灾去邪而举行祭祀仪式，三月巳日为吉日。由于巳日多逢三月三日，因此后人就以三月三日为上巳，于是就成了习俗。"《文选·王元长〈曲水诗序〉》写道："在这上巳节的时候，正是暮春三月。"沈约《宋书》记载："从曹魏以后，只用三月三日，不用上巳日。如今的人每年三月到瑶池游赏，是前代流传下来的旧俗而已。”又称为“上除”。徐幹《齐都赋》写道：“青阳季月，上除之良。无大无小，祓于水阳。”又称为“元巳”。张衡《南都赋》写道：“暮春之禊，元巳之辰。方轨齐轸，祓于阳滨。”沈约有诗写道：“丽日属元巳，年芳俱在斯。”又张华《上巳篇》写道：“姑洗应时月，元巳启良辰。”

著令节

《新唐书·李泌传》：“德宗以‘前世上巳、九日[1]，皆大宴，而寒食多与上巳同时，欲以二月名节，自我作古，可乎？’泌请废晦日，著令以中和、上巳、九日为三令节。”杜甫《上巳》诗云：“招寻令节同。”

【注释】

①九日：指农历九月九日重阳节。

【译文】

《新唐书·李泌传》：“唐德宗以‘前代上巳、重阳，都举行盛大宴会，而寒食节多与上巳节同时，想在二月设置一个节日，自创先例，可以吗？’李泌上奏请求废除正月晦日节，著令以中和节、上巳节、重阳节为三令节。”杜甫《上巳》诗写道：“招寻令节同。”

展十日[1]

《容斋续笔》：“唐文宗开成二年[2]，归融为京兆尹[3]。时两公主出降[4]，府司供帐事繁[5]，又俯近上巳曲江宴[6]，奏请改日。上曰：‘去年重阳取九月十九日，未失重阳之意，改取十三日可也。’”

【注释】

①展:延后。

②开成二年:837年。

③归融:字章之,吴县(今江苏苏州)人。元和进士。历任左拾遗、翰林学士、户部侍郎、御史中丞等职,后任京兆尹。京兆尹:京师的地方长官。

④出降:帝王之女出嫁。

⑤供帐:陈设供宴会用的帷帐、用具、饮食等物。亦谓举行宴会。

⑥俯近:临近。

【译文】

《容斋续笔》:“唐文宗开成二年,归融担任京兆尹。正好有两个公主出嫁,京兆府衙门为了供应物品和准备庆贺事宜特别繁忙,而时又临近三月初三上巳节的曲江宴,归融实在忙不过来,便上奏请求更改宴会日期。唐文宗说:‘去年重阳节改为九月十九,并未失去重阳的本意,今年上巳就改为三月十三日吧。’”

按《周礼》

《风俗通》:“按《周礼》:‘女巫,掌岁时以祓除疾病。’禊者,絜也[①]。故于水上盥絜之也[②]。巳者,祉也[③]。邪疾已去,祈介祉也。”郑注云:“今上巳,水上之类也。”东坡诗云:“犹当洗业障,更作临水禊[④]。”

【注释】

①絜（jié）：通“洁”。

②盥（guàn）絜：洗涤清洁。

③祉（zhǐ）：福。

④犹当洗业障，更作临水禊：出自苏轼《正月二十四日，与儿子过、赖仙芝、王原秀才、僧昙颖、行全、道士何宗一同游罗浮道院及栖禅精舍，过作诗，和其韵，寄迈、迨一首》。业障，佛教语。谓妨碍修行证果的罪业。

【译文】

《风俗通义》：“谨按《周礼》：‘女巫主管每年在一定时节在水边沐浴清洁来消灾除病。’禊，就是洁的意思。因此在水边洗涤清洁。巳，就是福的意思。邪疾已除，祈求大福降临。”郑玄注解说：“如今上巳节的习俗，是延续了上古在水边举行祓禊仪式的传统。”苏轼有诗写道：“犹当洗业障，更作临水禊。”

观郑俗①

《韩诗》曰②：“溱与洧③，方洹洹兮④。惟士与女⑤，方秉兰兮。”注云：“洹洹，盛貌，谓三月桃花水下之时至盛也。秉⑥，执也。当此盛流之时，众士与众女，方执兰拂除邪恶。郑国之俗，三月上巳，于溱、洧两水之上，招魂续魄⑦，秉兰草⑧，拂除不祥，故诗人愿所与悦者俱往观之⑨。”杜甫《清明》诗云：“路逢少壮非吾道，况乃今朝更祓除。”

【注释】

①郑：郑国。周朝诸侯国名。在今河南新郑一带。后为韩所灭。

②《韩诗》:《诗经》学的流派之一,系西汉初期传授《诗经》的今文学派之一种。燕人韩婴所传,故名为“韩诗”。

③溱(zhēn):古水名。源出河南新密,东南流会洧水为双洎河,东流入贾鲁河。洧(wěi):古水名。源出河南登封阳城山,东南流至新郑与溱水合,至西华入颍水。

④洹洹(huán):水流盛大貌。

⑤士与女:指春游的男男女女。

⑥秉:持。

⑦招魂续魄:挂幡招回死者的魂灵。

⑧兰草:兰花的俗称。

⑨悦:爱慕。

【译文】

《韩诗》写道:“溱与洧,方洹洹兮。惟士与女,方秉兰兮。”注解说:“洹洹,就是水流盛大,说三月桃花盛开、水流湍急而下的时节河水水量最充沛。秉,就是用手拿着。在这河水充盈的时节,春游的男男女女,才用手拿着兰草以除邪辟恶。郑国的风俗,三月上巳日,在溱水和洧水边,挂幡招回死者的魂灵,手持兰草,去除不吉利的事情,因此诗人希望与自己爱慕的人一起前往观看。”杜甫《清明》诗写道:“路逢少壮非吾道,况乃今朝更祓除。”

絜东水

《晋·礼志》曰:“汉仪,季春上巳,皆禊于东流水上,洗濯祓除宿垢。”“为大絜。絜者,言阳气布畅[①],万物讫出[②],始絜之矣。”“晋中朝公卿以下,至于庶人,皆禊洛水之侧[③]。怀帝会天泉池[④],赋诗。陆机云:‘天泉池南石沟引御沟水,池西积石为禊堂[⑤]。’本水流杯饮酒,亦不言曲水。元帝又诏罢三日弄具[⑥]。海西于钟山立流杯曲水[⑦]，延百僚[⑧]，皆其事也。”

【注释】

①布畅：畅通。

②讫：都。

③洛水：又称南洛河、洛河、洛浦。黄河中游南岸支流。在河南西部。源出陕西洛南西北，东南流经河南卢氏折向东北，流经洛宁、宜阳等县，在洛阳偃师杨村附近纳伊河后称伊洛河，到巩义洛口以北入黄河。

④怀帝：即晋怀帝司马炽（284—313），字丰度，河内温县（今属河南）人。西晋皇帝（306—311年在位）。天泉池：在今河南洛阳东。

⑤禊堂：修禊事之堂。

⑥元帝：即晋元帝司马睿（276—323），字景文，河内温县（今属河南）人。东晋开国皇帝（317—323年在位）。

⑦海西：即海西县公司马奕（342—386），字延龄。东晋皇帝（365—371年在位），史称晋废帝。太和六年（371），为大司马桓温所废，降封东海王。咸安二年（372），降封海西县公。流杯曲水：底本作“流水曲水”，据《晋书·礼志下》改。

⑧延：邀请。

【译文】

《晋书·礼志》：“汉代礼仪，三月上巳日，人们都在东流水上沐浴，祓除不祥，去除宿垢。”“称为大絜。絜，是说阳气畅通，万物都开始生长，开始焕然一新了。”“晋公卿以下以至百姓，都在洛水边上沐浴。晋怀帝在天泉池会宴群臣，赋诗。陆机说：‘天泉池的南侧通过石砌的水渠将御沟的水引入池中，天泉池西侧用石块堆砌建造了禊堂。’原本的习俗是直接在自然水流中漂流酒杯饮酒，并没有说刻意开凿弯曲的水渠。晋元帝再次下诏，废除连续三日的博戏活动。海西公在钟山设立流杯曲水，邀请百官，都是这一类事。”

祓灞上[①]

《汉书》:“武帝即位，数年无子。平阳公主求良家女十余人[②]，饰置其家[③]。帝祓灞上，还过平阳主，主见所偫美人[④]，帝不悦。既饮，讴者进[⑤]，帝独悦卫子夫[⑥]。”应劭注云：“祓，除也，今三月上巳祓禊是也。”

【注释】

①灞（bà）上：地名。在今陕西西安东、灞水西高原上，故名。

②平阳公主：汉武帝刘彻同母姐，初封阳信公主，嫁给平阳侯曹寿，故通称平阳公主。

③饰：装饰打扮。

④“帝祓灞上”几句：底本作“帝祓灞上而过焉还平阳公主，见所侍美人”，据《汉书·孝武卫皇后传》改。偫（zhì），预先准备。

⑤讴者：即唱歌的人。后多指歌女。

⑥卫子夫（？—前91）：即卫皇后，西汉河东平阳（今山西临汾西南）人。出身微贱，原为平阳侯家歌者。汉武帝见而悦之，召入宫中，后得宠幸。元朔元年（前128）生男据，遂立为皇后。

【译文】

《汉书》:“汉武帝登基后，几年过去还没有儿子。平阳公主挑选了十几名良家女子，装饰打扮后留在家里。武帝举行灞上祓祭后，回来顺便看望平阳公主，平阳公主将预先准备的美人引见给武帝，武帝都不喜欢。饮酒之后，歌姬进来献歌，武帝唯独喜欢卫子夫。”应劭注解说：“祓，就是除的意思，如今三月上巳日祓禊的意思。”

禊曲江

唐《辇下岁时记》："三月上巳，有锡宴群臣，即在曲江。倾都人物，于江头禊饮踏青[①]，豪家缚棚相接，至于杏园[②]。进士局在亭子上[③]，宏词、拔萃宴在池南岸[④]，内学士、驸马等[⑤]。张建封宴元巳曲江[⑥]，特命宰相同榻入食[⑦]。"

【注释】

①踏青：即春游。清明节前后郊野游览的习俗。

②杏园：园名。故址在今陕西西安大雁塔南。唐代新科进士赐宴之地。唐贾岛《下第》诗："下第只空囊，如何住帝乡？杏园啼百舌，谁醉在花傍？"

③局：筵席，宴会。

④宏词、拔萃：皆制科名目，始于唐，宋、金等朝亦相沿。制科，科举时代临时设置的考试科目。《新唐书·选举志下》："凡试判登科谓之'入等'，甚拙者谓之'蓝缕'。选未满而试文三篇，谓之'宏词'；试判三条，谓之'拔萃'。中者即授官。"

⑤内学士：指翰林学士，皇帝近臣，参与机要，负责起草诏书。

⑥张建封（735—800）：字本立，邓州南阳（今属河南）人。唐朝官员。德宗时李希烈反，张建封拒战有功，拜徐泗濠节度使。著有《张建封集》，已佚。

⑦同榻：此指同坐一席。

【译文】

唐代《辇下岁时记》："三月上巳日，皇帝召赐群臣共宴，就在曲江。整个京城的人，都在曲江岸边春游宴饮，豪贵之家搭建帐棚相互连接，直到杏园。进士科的宴席在亭子上，宏词科、拔萃科的宴席在曲江池南岸，陪同的有内学士、驸马等。张建封在上巳节参与曲江宴会，皇帝特别下诏让张建封与宰相同坐一席共餐。”

幸芳林

《齐书》[①]:“齐武帝永明元年三月三日[②],幸芳林园[③],禊饮朝臣,敕王融为诗序[④],文藻富丽[⑤],当代称之。”王融,字元长,其诗序见《文选》。

【注释】

①《齐书》:即《南齐书》,六十卷,南朝梁萧子显撰。该书为纪传体的南朝齐史。萧子显(489—537),字景阳,南兰陵(今江苏常州武进区)人。南朝梁史学家。

②永明元年:483年。永明,南齐武帝萧赜年号(483—493)。

③芳林园:东汉末建。在今河南洛阳东北汉魏洛阳故城内。三国魏曹芳改名为华林园。

④诗序:即王融《三月三日曲水诗序》。

⑤文藻富丽:指文章或言辞辞藻华丽,文采出众。

【译文】

《南齐书》:“齐武帝永明元年三月三日,齐武帝到芳林园,赐群臣共宴,命王融作诗序,诗序辞藻华丽,文采出众,为当代称颂。”王融,字元长,其诗序收录于《文选》。

承御沟[①]

戴延之《西征记》[②]:“天泉之内,有东西沟承御沟水。水之北有积石坛,云三月三日御坐流杯之处[③]。”

【注释】

①御沟：流经宫苑的河道。

②戴延之：即戴祚，字延之，江东人。东晋小说家。曾官西戎主簿（一说西戎太守），又曾从刘裕西征姚泓。另著有《洛阳记》《西征记》。

③御坐流杯：即流觞曲水。古人依修禊的习俗，每年农历的三月三日在水边盥洗，借以驱邪。后来参加者坐在曲折环绕的水流旁，在上游放酒杯，任它顺水流下，停在何处，则由某人取酒杯而饮。晋王羲之《兰亭集序》："又有清流激湍，映带左右，引以为流觞曲水，列坐其次。"

【译文】

戴祚《西征记》："天泉池内，有东西两沟接受流经宫苑河道的水。天泉池北有积石坛，说是三月三日流觞曲水的地方。"

注天泉

《邺中记》："华林园中千金堤①，作两铜龙②，相向吐水，以注天泉池③，通御沟中。三月三日，石季龙及皇后、百官临池会赏④。"

【注释】

①华林园：十六国的后赵石虎在邺城北修建的御苑。在今河北临漳西南邺镇东。《晋书·石季龙载记》："季龙于是使尚书张群发近郡男女十六万，车十万乘，运土筑华林苑及长墙于邺北，广长数十里。"

②铜龙：铜制的龙首。水自龙口吐出，古代以为喷器、漏器。

③注：灌入。

④石季龙：即石虎（295—349），字季龙，上党郡武乡县（今山西榆

社）人。十六国时期后赵皇帝（334—349年在位）。会赏：玩赏聚会。

【译文】

《邺中记》："华林园中有千金堤，在千金堤上制作两个铜制的龙首，面对面朝外喷水，用来灌入天泉池，与流经宫苑的河道相通。三月三日，后赵皇帝石虎及皇后、百官到天泉池边玩赏聚会。"

登故台

《宋书》："宋武帝三月三日，登八公山刘安故台[①]，曰：'城郭如匹帛之绕丛花也[②]。'"

【注释】

①八公山：在今安徽淮南西，寿县之北，淮河之南。相传西汉时淮南王刘安与八位门客炼丹于此，故名。

②城郭：城墙。

【译文】

《宋书》："宋武帝刘裕三月三日，登上八公山刘安故台，说：'城墙就像用白绢围绕着花丛。'"

赏胜地[①]

《南部新书》："贞元初，三月三日，宜任百僚择胜地追赏为乐[②]，仍赐钱充宴会[③]。"

【注释】

①胜地：名胜之地。

②追赏：追随游赏。

③充：供应。

【译文】

《南部新书》："贞元初年，三月三日，适宜听任百官选择名胜之地相互追随游赏取乐，并赏赐金钱作为宴会费用。"

临杯池[1]

《晋起居注》[2]："海西泰和六年三月庚午[3]，诏三月三日，临杯池，依东堂小会[4]。"

【注释】

①杯池：即流杯池。三国魏洛阳池沼。在今河南洛阳东北汉魏故城内。《河南志》引郭缘生《述征记》曰："广阳门北，明帝流杯池犹有处所。"

②《晋起居注》：晋代皇帝的言行录。起居注，两汉时由宫内修撰，魏晋以后设官专修。唐宋时凡朝廷命令赦宥、礼乐法度、赏罚除授、群臣进对、祭祀宴享、临幸引见、四时气候、户口增减、州县废置等事，皆按日记载。

③泰和六年：即太和六年，371年。太和，东晋废帝司马奕（海西公）年号（366—371）。三月庚午：三月初一。

④东堂：指晋宫的正殿。晋武帝时郤诜于东堂殿试得第，后因以为试院的代称。小会：指一般宴会。

【译文】

《晋起居注》："海西公太和六年三月初一，颁发诏令三月三日到流杯池，在东堂举行宴会。"

禊洛水

《竹林七贤论》[①]:“王济尝解禊洛水[②],明日,或问王曰:‘昨日游,有何语议[③]?’答曰:‘张华善说《史》《汉》[④],裴逸民叙前言往行[⑤],滚滚可听[⑥]。’”

【注释】

①《竹林七贤论》:二卷,晋戴逵撰。戴逵(?—395),字安道,谯国铚(今安徽宿州)人。另著有《释疑论》《放达为非道论》《五经大义》等。

②王济:字武子,西晋太原晋阳(今山西太原)人。善《易》及《老子》《庄子》,好清谈。识马,时称“马癖”。解禊:祓除不祥的祭祀。古代多于三月上巳临水举行。

③语议:言谈议论。

④《史》《汉》:《史记》《汉书》的并称。

⑤裴逸民:即裴頠(wěi,267—300),字逸民,河东闻喜(今属山西)人。著有《崇有论》。前言往行:以往圣贤之言行。

⑥滚滚:滔滔不绝。

【译文】

《竹林七贤论》:“王济曾于洛水边参与解禊活动,第二天,有人问王济:‘昨天游赏,大家谈论了哪些内容?’王济回答道:‘张华善于讲述《史记》和《汉书》,裴頠述说前代圣贤的言论与事迹,滔滔不绝,引人入胜。’”

置赏亭

《西京杂记》:“乐游园[①],汉宣帝所立[②]。”唐长安中[③],太平公主于原上置亭游赏[④]。其亭四望宽敞,每上巳、重九,士女戏就祓禊登高，幄幕云布[5]，车马填塞[6]，绮罗耀日[7]，馨香满路[8]。朝士词人赋诗[9]，翌日传于京师。老杜《乐游园歌》曰[10]："乐游古园崒森爽[11]，烟绵碧草萋萋长[12]。公子华筵势最高[13]，秦川对酒平如掌[14]。"

【注释】

①乐游园：古苑名。故址在今陕西西安南郊。本为秦时的宜春苑，汉宣帝时改建乐游苑。

②汉宣帝：即汉宣帝刘询（前91—前49），原名刘病已，字次卿，沛县丰邑（今江苏丰县）人。西汉皇帝（前74—前49年在位）。

③长安：武则天年号（701—704）。

④太平公主（？—713）：唐高宗李治之女，生母武则天。

⑤幄幕：帷幕。云布：形容众多，到处都是。

⑥车马填塞：车马堵住道路。

⑦绮罗：泛指华贵的丝织品或丝绸衣服。此指穿着绮罗的人。多为贵妇、美女之代称。

⑧馨香：散播很远的香气。

⑨朝士：朝廷之士。泛称中央官员。

⑩老杜：指唐代诗人杜甫，以别于杜牧（称"小杜"）。

⑪崒：通"崪（zú）"，形容山势高峻、险峻。森爽：指树木参天，疏朗有致。

⑫烟绵：如烟雾般连绵不绝，形容草色朦胧柔美。萋萋：草木茂盛的样子。

⑬公子：指主人杨长史。华筵：丰盛的宴席。

⑭秦川：古地区名。指今陕西、甘肃的秦岭以北的关中平原地带。因春秋、战国时地属秦国而得名。对酒：相对饮酒。平如掌：指秦

川地势平坦如手掌。沈佺期《长安道》诗："秦地平如掌。"

【译文】

《西京杂记》："乐游园，汉宣帝时所建。"唐长安年间，太平公主在原上设置亭子游览观赏。这个亭子四面宽敞，每年上巳节、重阳节，男男女女参与节日活动，上巳节进行祓禊，重阳节则登高游乐。这时乐游园到处都是帷幕，车马堵住道路，人们身着华丽的衣裳，香气弥漫街道。朝廷官员与词人纷纷作诗，第二天就传到京城。杜甫《乐游园歌》写道："乐游古园崒森爽，烟绵碧草萋萋长。公子华筵势最高，秦川对酒平如掌。"

出临水

《邺中记》："石虎三月三日临水会，公主妃主①，名家妇女，无不毕出。临水施帐幔②，车服灿烂③，走马步射④，饮宴终日⑤。"

【注释】

①妃主：似指妃嫔。

②施：搭建。

③车服：车舆服饰。

④走马：骑马疾走，驰逐。步射：立地射箭的运动。

⑤饮宴：摆宴畅饮。

【译文】

《邺中记》："石虎在三月三日举办临水会，公主妃嫔，名门望族的妇女，无不出席。在水边搭建帐棚，车舆服饰华丽，人们骑马驰逐或立地射箭，从早到晚摆宴畅饮。"

饮乐苑

《宋略》[①]:“宋文帝元嘉十一年三月丙申[②],禊饮于乐游苑,且祖道江夏王义恭、衡阳王义季[③]。有诏会者咸作诗。”诏太子中庶子颜延年作序[④],见《文选》。

【注释】

①《宋略》:二十卷,南朝梁裴子野撰。该书记南朝宋一代史事。裴子野(469—530),字几原,河东闻喜(今属山西)人。南朝梁史学家。另著有《集注丧服》《续裴氏家传》《众僧传》等。

②宋文帝:即宋文帝刘义隆(407—453),小字车儿,彭城(今江苏徐州)人。南朝宋皇帝(424—453年在位)。元嘉十一年:434年。元嘉,南朝宋文帝刘义隆年号(424—453)。

③且:底本作“旦”,据《文选》改。祖道:古代为出行者祭祀路神,并设宴送行。江夏王义恭:即江夏王刘义恭(413—465)。南朝宋宗室、宰相,武帝刘裕第五子,少帝刘义符、文帝刘义隆异母弟。衡阳王义季:即衡阳王刘义季(415—447),小字师护。南朝宋宗室,宋武帝刘裕第七子。少帝刘义符、文帝刘义隆之弟。

④太子中庶子:官名,为太子属官,秦置,汉因之,西汉属太子太傅、少傅,东汉属太子少傅,为太子侍从官。颜延年:即颜延之(384—456),字延年,琅邪临沂(今属山东)人。因曾担任金紫光禄大夫,后世称其“颜光禄”。明人辑有《颜光禄集》。

【译文】

《宋略》:“宋文帝元嘉十一年三月丙申,与众臣禊饮于乐游苑,并为江夏王刘义恭、衡阳王刘义季二人设宴送行。文帝命到会的人都要作诗。”并下诏太子中庶子颜延年作了这篇序,见《文选》。

宴华林

《晋书》:"晋朝上巳集宴于华林园也。"曾子固《上巳瑞圣园锡宴呈同舍》诗云[1]:"华林清集缀儒冠[2]。"

【注释】

①曾子固:即曾巩(1019—1083),字子固,建昌军南丰(今属江西)人。著有《曾巩集》《元丰类稿》《隆平集》等。

②华林清集缀儒冠:底本作"华林清缀儒冠集",据《元丰类稿》改。清集,犹雅集。风雅的聚会。儒冠,古代儒生戴的帽子。借指儒生。

【译文】

《晋书》:"晋朝上巳日在华林园集会宴饮。"曾巩《上巳瑞圣园锡宴呈同舍》诗写道:"华林清集缀儒冠。"

集西池[1]

《王直方诗话》:"元祐中,秘阁上巳日集西池[2]。王仲至有诗[3],张文潜和最工[4],云:'翠浪有声黄伞动,春风无力彩旌垂[5]。'秦少游云:'帘幕千家锦绣垂[6]。'仲至笑曰:'又待入《小石调》也[7]。'"

【注释】

①西池:即金明池。在宋都开封西郑门西北。

②秘阁:指尚书省。

③王仲至:即王钦臣,字仲至,应天宋城(今河南商丘)人。北宋藏书家、校勘学家。著有《广讽味集》,已佚。

④张文潜：即张耒（lěi，1054—1114），字文潜，号柯山，楚州淮阴（今江苏淮安）人。人称“宛丘先生”“张右史”。著有《柯山集》《宛丘集》《柯山诗余》等。

⑤翠浪有声黄伞动，春风无力彩旌垂：出自张耒《次韵王敏仲至西池会饮》，原诗为“沸浪有声黄帽动，春风无力彩旗垂”。翠浪，碧波。黄伞，黄颜色的伞。即黄罗伞盖，皇帝仪仗之一。彩旌，插于车上的彩色旗子，此代指车辆。

⑥帘幕千家锦绣垂：出自秦观《西城宴集二首·其一》。

⑦《小石调》：词曲音乐的十二宫调之一。此处因张耒作《大石调·风流子》，故云。

【译文】

《王直方诗话》：“元祐年间，尚书省上巳日在金明池集会宴饮。王钦臣作诗，张耒唱和的诗最为工巧，写道：‘翠浪有声黄伞动，春风无力彩旌垂。’秦观写道：‘帘幕千家锦绣垂。’王钦臣笑着说：‘这句诗又要归入《小石调》了。’”

禊南涧[①]

孙绰《诗序》[②]：“以暮春之始，禊于南涧之滨[③]。高岭千寻[④]，长湖万顷[⑤]。”

【注释】

①南涧：南面山涧。

②孙绰《诗序》：即孙绰《三月三日兰亭诗序》。孙绰（314—371），字兴公，太原中都（今山西平遥）人。著有《天台山赋》《道贤论》《喻道论》等。

③滨：水边。

④千寻:古以八尺为一寻。千寻,形容极高或极长。

⑤长湖:即镜湖,又名鉴湖。东汉永和五年(140)由会稽太守马臻主持修筑,在今浙江绍兴南会稽山北麓。周三百余里。万顷:百亩为一顷。万顷,形容面积广阔。

【译文】

孙绰《三月三日兰亭诗序》:"暮春三月初,在南面山涧水边修禊。这里山岭高大陡峭,镜湖万顷。"

会兰亭[①]

王羲之《兰亭序》:"永和九年[②],岁在癸丑,暮春之初,会于会稽山阴之兰亭[③],修禊事也[④]。群贤毕至[⑤],少长咸集[⑥]。此地有崇山峻岭[⑦],茂林修竹[⑧]。又有清流激湍[⑨],映带左右。引为流觞曲水,列坐其次[⑩]。向之所欣[⑪],俯仰之间[⑫],已为陈迹[⑬]。"东坡词云:"君不见兰亭修禊事,当时坐上皆豪逸。到如今、修竹满山阴,空陈迹[⑭]。"又诗云:"流觞曲水无多日,更作新诗继永和[⑮]。"

【注释】

①兰亭:亭名。在浙江绍兴西南之兰渚山上。东晋永和九年(353)王羲之、谢安等同游于此,羲之作《兰亭集序》。

②永和九年:353年。永和,晋穆帝司马聃年号(345—356)。

③会稽:古郡名。秦始皇二十五年(前222)灭楚国、降越君后,于原吴、越地置,治吴县(今江苏苏州)。东汉顺帝永建四年(129)分浙江以西置吴郡,会稽郡移治山阴县(今浙江绍兴)。山阴:本越王勾践之都,秦置县,因在会稽山之阴(北)而得名。治今浙江

绍兴。

④修禊：古代民俗于农历三月上旬的巳日（三国魏以后始固定为三月初三）到水边嬉戏，以祓除不祥，称为修禊。

⑤群贤毕至：众多德才兼备的人聚集在一起。

⑥少长咸集：年少的和年老的都来了。

⑦崇山峻岭：高大陡峭的山岭。

⑧茂林修竹：茂密的树林和修长的竹子。

⑨激湍（tuān）：急流。

⑩列坐：以次相坐。

⑪向：从前。欣：快乐。

⑫俯仰：低头抬头。此形容时间短暂。

⑬陈迹：过去的事情。

⑭"君不见兰亭修禊事"几句：出自苏轼《满江红·东武会流杯亭》。豪逸，指才智杰出、豪放洒脱的人。

⑮流觞曲水无多日，更作新诗继永和：出自苏轼《和王胜之三首·其二》。无多，没有多少。新诗，新的诗作。

【译文】

王羲之《兰亭序》："永和九年，时在癸丑之年，暮春三月之初，名士们会集在会稽郡山阴县的兰亭，到水边举行修禊活动。众多德才兼备的人聚集在一起，年少的和年老的都来了。兰亭这里有高大陡峭的山岭，有茂密的树林和修长的竹子。又有清澈湍急的溪流，像轻柔飘动的绸带一样环绕在左右。把水引到亭中的环形水渠里来，让酒杯漂流水上供人们取饮，大家依次坐在水边。从前所感到的快乐，顷刻之间，已成为过去的事情。"苏轼有词写道："君不见兰亭修禊事，当时坐上皆豪逸。到如今、修竹满山阴，空陈迹。"又有诗写道："流觞曲水无多日，更作新诗继永和。"

游山阴

《法书要录》[①]:“晋穆帝永和九年暮春三月三日[②],尝游山阴,与太原孙统承公、孙绰兴公、广汉王彬之道生、陈郡谢安石、高平郄昙重熙、太原王蕴叔仁、释支遁道林[③],王逸少子凝、徽、操之等四十有一人[④],修祓禊之礼,挥毫制序[⑤],兴乐而书,用蚕茧纸、鼠须笔[⑥],遒媚劲健[⑦],绝代更无。凡二十八行,三百十四字,字有重者皆构别体[⑧],就中‘之’字最多。”

【注释】

①《法书要录》:十卷,唐张彦远辑。该书为书法论著汇编,收载东汉至唐宪宗元和时各代名家书法理论文章和著名法书著录等,凡三十四种,皆具录原文。未见原书者,则存其目。张彦远,字爱宾,蒲州猗氏(今山西临猗)人。另著有《历代名画记》。

②晋穆帝:即司马聃(343—361),字彭子,河内郡温县(今属河南)人。东晋皇帝(344—361年在位)。

③孙统承公:即孙统,字承公,太原中都(今山西平遥)人。东晋文学家。王彬之道生:即王彬之,字道生,广汉(今属四川)人。谢安石:即谢安(320—385),字安石,陈郡阳夏(今河南太康)人。东晋政治家。郄昙重熙:即郄昙(320—361),字重熙,高平金乡(今属山东)人。王羲之妻弟。工书法。王蕴叔仁:即王蕴(330—384),字叔仁,太原晋阳(今山西太原)人。释支遁道林:即支遁(314—366),字道林,东晋陈留(今河南开封东)人,一说为河东林虑(今河南林州)人。本姓关,世称“支公”或“林公”。东晋高僧。

④凝:王凝之(?—399),字叔平,琅邪临沂(今属山东)人。王羲

之的次子，善草书、隶书。官至江州刺史、左将军、会稽内史。徽：王徽之（？—386），字子猷，琅邪临沂（今属山东）人。王羲之第五子，东晋书法家。后世传帖《承嫂病不减帖》《新月帖》等。操之：王操之，字子重，琅邪临沂（今属山东）人。王羲之第六子，历任秘书监、侍中、尚书、豫章太守等职。

⑤挥毫：提起毛笔写字。

⑥蚕茧纸：晋代纸名。用蚕茧壳制成的纸。该纸色泽洁白，质地细密。鼠须笔：一种毛笔，以老鼠胡须为主材制成。

⑦遒（qiú）媚劲健：苍劲而妩媚，强健有力。

⑧构：构思。别体：其他字体。

【译文】

《法书要录》："晋穆帝永和九年暮春三月三日，王羲之曾游赏山阴，与太原孙统、孙绰、广汉王彬之、陈郡谢安、高平郗昙、太原王蕴，僧人支遁，以及自己的儿子凝之、徽之、操之等四十一人，到水边举行祓禊仪式，王羲之提笔撰写《兰亭集序》，书写时兴高采烈，使用蚕茧纸和鼠须笔，字体苍劲而妩媚，强健有力，当世独一无二。共二十八行，三百一十四个字，其中字有重复的，都构思用其他字体，其中'之'字最多。"

宴太学

昌黎文《上巳宴太学听弹琴序》："天子肇置三令节[①]，诏公卿有司率厥官属饮酒以乐[②]。司业武公于是总太学儒官三十有六人[③]，列宴于祭酒之堂[④]。有一儒生，抱琴而来。"云云。

【注释】

①肇（zhào）：开始。

②公卿：泛指高官。官属：属吏。

③司业：即国子监司业。国子监的副长官，协助祭酒，掌儒学训导之政。武公：即武少仪，缑氏（今河南偃师）人。大历二年（767），登进士第。累官至卫尉少卿，后为国子监司业。总：统领。儒官：古代掌管学务的官员或官学教师。

④祭酒：即国子监祭酒。国子监的主管官。

【译文】

韩愈《上巳宴太学听弹琴序》："皇帝开始设置三个佳节，诏令公卿大臣及各部门主管官员每到节日率领属吏饮酒为乐。国子监司业武少仪于是统领太学儒官三十六人，在国子祭酒的正堂摆设宴席。有一个儒生，抱琴而来。"等等。

宴洛滨[①]

《白氏长庆集·禊洛诗序》[②]："开成二年三月三日[③]，河南尹李待价以人和岁稔[④]，将禊于洛滨。前一日，启留守裴令公[⑤]。公明日召太子少傅白居易、太子宾客萧籍、李仍叔、刘禹锡、前中书舍人郑居中、国子监司业裴恽、河南少尹李道枢、仓部郎中崔晋、司封员外郎张可续、驾部员外郎卢言、虞部员外郎苗愔、和州刺史裴俦、淄州刺史裴洽、检校礼部员外郎杨鲁士、四门博士谈宏谟一十五人[⑥]，合宴于舟中[⑦]。由斗亭，历魏堤[⑧]，抵津桥[⑨]，登临溯沿[⑩]，自晨及暮，簪组交映[⑪]，歌笑间发。前水嬉而后妓乐，左笔砚而右壶觞[⑫]。望之若仙，观者如堵，尽风光之赏，极游泛之娱。美景良辰[⑬]，赏心乐事[⑭]，尽得于今日矣。

【注释】

①洛滨:洛水边。

②《白氏长庆集》:又名《白氏文集》,白居易撰。此书最早的编辑者是元稹。元稹在其《白氏长庆集序》中说:"长庆四年(824),乐天自杭州刺史以右庶子诏还,予时刺会稽,因得尽征其文,手自排缵成五十卷,凡二千一百九十一首。前辈多以前集、中集为名,予以为陛下明年(秋)当改元长庆,讫于是,因号曰《白氏长庆集》。"其后白居易又亲自编辑,并在后记中说:"白氏前著长庆集五十卷,元微之为序。后集二十卷,自为序。今又续后集五卷,自为记。前后七十五卷,诗笔大小凡三千八百四十首。"

③开成二年:837年。

④李待价:即李珏(784—852),字待价,赵郡赞皇(今属河北)人。元和七年(812)进士,开成元年(836)迁河南尹。开成三年(838)授同平章事。

⑤留守:即东都留守。唐代以洛阳为东都,皇帝不在东都时则置留守。裴令公:即裴度(765—839),字中立,河东闻喜(今属山西)人。贞元五年(789)进士,在穆宗、敬宗、文宗三朝数度出镇、拜相,后官终中书令,故称裴令公。晚年留守东都时,与白居易、刘禹锡等唱酬甚密,为洛阳文事活动的中心人物。

⑥太子少傅:官名。掌辅佐太子,位在太子太傅之后。太子宾客:官名。为太子官属,掌侍从规谏调护等。萧籍:唐穆宗长庆中历御史中丞、襄州刺史。李仍叔:字周美,初名章甫。唐宗室后裔。宪宗元和五年(810)进士,后入为太子宾客,分司东都。郑居中(?—837):唐文宗时官至中书舍人。裴恽(yùn):时任国子监司业。裴,底本作"李",据《白氏长庆集》改。河南少尹:官名。唐玄宗开元元年(713)改洛州为河南府,置二员为佐官,掌贰府州之事。李道枢:唐赵郡(今河北赵县)人。文宗开成二年

(837),任河南少尹,与白居易等修禊洛滨。仓部郎中:官名。唐代设仓部郎中,属户部,掌管粮食收藏和发放等。崔晋:文宗开成二年(837)在仓部郎中任,曾在洛阳参加上巳节游乐活动。司封员外郎:官名。尚书省吏部司封司员外郎省称。张可续:时任司封员外郎。驾部员外郎:官名。尚书省兵部驾部司员外郎省称。卢言:洛阳(今属河南)人。可能为卢思道之后人。开成二年(837)官驾部员外郎。撰有《兵部尚书卢纶碑》。虞部员外郎:官名。尚书省工部虞部司员外郎省称。苗愔(yīn):字宜之,原名执规,潞州壶关(今属山西)人。穆宗长庆二年(822)进士,历官虞部员外郎、度支郎中、户部郎中。和州:北齐天保六年(555)置,治历阳县(今安徽和县)。裴俦:河东闻喜(今属山西)人。唐敬宗宝历元年(825)以"军谋宏远材任边将"科登第。淄州:隋开皇十六年(596)置,大业初废。唐武德元年(618)复置,治淄川(今山东淄博淄川区)。裴洽:九十岁时致仕在洛,三月三日参加洛滨修禊会。杨鲁士:字宗尹,本名殷士。长庆元年(821)进士。四门博士:学官名。唐国子监四门馆置,掌教授四门学生。谈宏谟:白居易女婿。

⑦合宴:会饮。

⑧魏堤:即魏王堤。唐时名胜之一。洛水流入洛阳城内,过皇城端门,经尚善、旗善两坊之北,南溢为池,贞观中赐魏王泰,故名魏王池,有堤与洛水相隔,名魏王堤。在今河南洛阳旧城西南洛水岸边。

⑨津桥:即天津桥。在唐洛阳城皇城正南洛水上,今河南洛阳旧城西南。

⑩登临:登山临水或登高临下,泛指游览山水。溯沿:盘旋。

⑪簪组:冠簪和冠带。

⑫壶觞:此指酒杯。

⑬美景良辰:美好的时光和景物。

⑭赏心乐事：指欢畅的心情和快乐的事情。赏心，心情欢畅。乐事，快乐的事情。

【译文】

《白氏长庆集·禊洛诗序》："唐文宗开成二年三月三日，河南尹李待价因社会安定，年景丰饶，拟在洛水边举行除灾求福的祭祀大典。前一天，去信给东都留守裴度。裴度第二天召集太子少傅白居易、太子宾客萧籍、李仍叔、刘禹锡、前中书舍人郑居中、国子监司业裴恽、河南少尹李道枢、仓部郎中崔晋、司封员外郎张可续、驾部员外郎卢言、虞部员外郎苗愔、和州刺史裴俦、淄州刺史裴洽、检校礼部员外郎杨鲁士、四门博士谈宏谟等十五人，在船中会饮。他们由斗亭登船，经过魏王堤，抵达天津桥，登山游水左右盘旋，从清晨直到日暮，官员们的华美衣冠在阳光下交相辉映，歌声与笑声此起彼伏。船前有水上表演，船后伴随歌舞妓乐，众人左手持笔，右手端着酒杯。远远望去，就像神仙一般，围观的人挤得水泄不通，尽情享受自然美景，极尽游览之兴。美好的景物和时光，欢畅的心情和快乐的事情，都在今天一起得到了。

"若不记录，谓洛无人。晋公首赋，铿然玉振①，顾谓四座②，继而和之③。居易举酒抽毫④，奉十二韵以献。"诗曰："三月草萋萋⑤，黄莺歇又啼⑥。柳桥晴有絮⑦，沙路润无泥⑧。禊事修初毕⑨，游人到欲齐。金钿耀桃李⑩，丝管骇凫鹥⑪。转岸回船尾，临流簇马蹄。闹平杨子渡⑫，踏破魏王堤。妓接谢公宴⑬，诗陪郇令题⑭。舟同李膺泛⑮，醴为穆生携⑯。水引春心荡⑰，花牵醉眼迷⑱。尘街从鼓动⑲，烟树任鸦栖⑳。舞急红腰旋，歌迟翠黛低㉑。夜归何用烛，新月凤楼西。"

【注释】

①铿然玉振：文辞声调铿锵有力。

②顾谓四座：回头看看坐在周围的人。

③继而：接着。

④举酒：拿起酒杯劝人喝酒。抽毫：抽笔出套。亦借指写作。

⑤萋萋（qī）：草木茂盛貌。

⑥黄莺：即黄鹂。

⑦柳桥：柳荫下的桥。古代常折柳赠别，因泛指送别之处。

⑧沙路：唐代专为宰相通行车马所铺筑的沙面大路。唐李肇《唐国史补》卷下："凡拜相礼，绝班行，府县载沙填路。自私第至于子城东街，名曰沙堤。"

⑨禊事：禊祭之事。指三月上巳临水洗濯、祓除不祥的祭祀活动。

⑩金钿（tián）：指嵌有金花的妇人首饰。桃李：桃花与李花。

⑪丝管：弦乐器与管乐器。泛指乐器。亦借指音乐。骇：惊吓。凫鹥（yī）：凫和鸥。泛指水鸟。

⑫杨子渡：古津渡名。

⑬妓接谢公宴：谢公，指谢安。《晋书·谢安传》："安虽放情丘壑，然每游赏，必以妓女从。"

⑭诗陪郇令题：郇令，《白氏长庆集》作"荀令"。未详典出何处，待考。五代后蜀韦縠《才调集·白居易〈祓禊日游于斗门亭〉》、东博本《白氏长庆集》作"江令"。江令，指江总（519—594），字总持，济阳考城（今河南民权东北）人。南朝陈时，官至尚书令，故称"江令"。《南史·江总传》："既当权任宰，不持政务，但日与后主游宴后庭，多为艳诗，好事者相传讽玩，于今不绝。唯与陈暄、孔范、王瑳等十余人，当时谓之狎客。"

⑮舟同李膺泛：《后汉书·郭太传》："郭太字林宗，太原界休人也。家世贫贱……乃游于洛阳。始见河南尹李膺，膺大奇之，遂相友

善，于是名震京师。后归乡里，衣冠诸儒送至河上，车数千两。林宗唯与李膺同舟而济，众宾望之，以为神仙焉。”后因以“李郭同舟”“李郭同船”比喻知己相处，不分贵贱，亲密无间。

⑯醴（lǐ）为穆生携：据《汉书·楚元王刘交传》，楚元王刘交以礼贤下士著称，曾聘鲁地贤士穆生为中大夫。穆生不善饮酒，刘交每次设宴必特备低度甜酒以待。刘交去世后，其孙刘戊继位。刘戊起初延续设醴之礼，但后来逐渐怠慢，忘记为穆生备酒。穆生察觉主君礼遇不再，遂决意去。醴，甜酒。

⑰水引：春水的流动。春心：既指春天萌发的生机，也暗喻游春者内心的愉悦与情思。

⑱醉眼迷：形容沉醉于花丛中的迷离状态。

⑲鼓动：更鼓振响。指夜晚。

⑳烟树：云烟缭绕的树木、丛林。

㉑翠黛：眉的别称。古代女子用螺黛（一种青黑色矿物颜料）画眉，故名。

【译文】

“如果不记录下来，好像是洛阳没有人才。裴度先赋诗一首，文辞声调铿锵有力，回头看看在座的人，大家接着纷纷唱和。白居易在宴饮中举杯饮酒后，提笔即兴创作，作了十二韵诗献给与会诸人。”诗写道：“三月草萋萋，黄莺歇又啼。柳桥晴有絮，沙路润无泥。禊事修初毕，游人到欲齐。金钿耀桃李，丝管骇凫鹥。转岸回船尾，临流簇马蹄。闹平杨子渡，踏破魏王堤。妓接谢公宴，诗陪郇令题。舟同李膺泛，醴为穆生携。水引春心荡，花牵醉眼迷。尘街从鼓动，烟树任鸦栖。舞急红腰旋，歌迟翠黛低。夜归何用烛，新月凤楼西。”

访东山

《东坡志林》[①]："黄州定慧院东小山上[②]，有海棠一株。每岁盛开时，必为置酒[③]，已五醉其下矣。今年复与参寥及二三子访焉[④]，则园已易主。主虽市井人，然以余故，稍加培治[⑤]。山上多老枳木[⑥]，花白而圆，香色皆不凡，以余故，亦得不伐。既饮，憩于尚氏之第，竹林花木皆可喜。醉卧阁上。稍醒，闻坐客崔成老弹雷琴[⑦]，作悲风晓角[⑧]，铮铮然[⑨]，意谓非人间也。晚乃步出城东，入何氏竹园，置酒竹阴下，兴尽乃径归。元丰七年三月三日也[⑩]。"先生辄作数句云云。

【注释】

①《东坡志林》：五卷，北宋苏轼撰。该书内容为苏轼平生随手所记，在他生前没有汇辑成书，死后由后人编次刊行。

②黄州：隋开皇五年（585）改衡州置，治南安县（今湖北新洲），后改称黄冈县。唐中和五年（885）迁治今湖北黄冈。定慧院：即定惠院。在今湖北黄冈。苏轼贬官黄州时在此寓居数月。

③置酒：摆设酒宴。

④参寥：即僧道潜（1043—?），俗姓何，本名昙潜，号参寥子，赐妙总大师。杭州於潜（今浙江临安西）人。善诗，与苏轼、秦观为诗友，著有《参寥子集》。

⑤培治：修治，整治。

⑥老枳（zhǐ）木：枯老的枳木。枳，又称枸橘。木似橘而小，果小，味酸苦不能食，可入药。成条可作篱笆。

⑦坐客：座中客人。崔成老：一作"诚老"，名闲，号玉润道人。居庐山，曾来黄州看望苏轼。雷琴：唐代琴工雷威所制作的琴。据唐

李肇《唐国史补》载："蜀中雷氏斫琴，常自品第，第一者以玉徽，次者以瑟瑟徽，又次者以金徽，又次者螺蚌之徽。"

⑧悲风：凄凉的风声。晓角：报晓的号角声。

⑨铮铮：金属撞击声。

⑩元丰七年：1084年。元丰，宋神宗赵顼年号（1078—1085）。

【译文】

《东坡志林》："黄州定慧院东边的小山上，有一株海棠树。每年海棠花盛开的时候，我必带人摆设酒宴，已经五次醉倒在海棠树下。今年又与参寥以及其他两三个人前去访赏，然而那个园子已更换了主人。主人虽然是市井之人，然而因为我的缘故，还是对这个园子稍加治理。山上有很多老枳木，开的花白且圆，芳香和颜色都不凡，也因为我的缘故，没有被砍伐。喝过酒以后，到尚姓人家休息，竹林和花木都讨人喜欢。我醉卧在阁楼里。一会儿醒了，听到座中客人崔成老弹奏雷琴，琴声像凄凉的风和报晓的号角，铮铮有声，心想这不是人间所有。傍晚时分我信步出城东，进入何氏家族的竹园，在竹林的树荫下摆设酒席，酒酣兴尽后才归家。元丰七年三月三日。"苏轼在游览过程中触景生情，随手提笔写下几句。

乐新堤

《古今词话》："东坡自禁城出守东武①，适值霖潦经月②，黄河决流，漂溺巨野③，及于彭城④。东坡命力士⑤，持畚插⑥，具薪刍⑦，万人纷纷，增塞城之败坏者⑧。至暮，水势益汹，东坡登城野宿⑨，愈加督责⑩，人意乃定⑪。城不没者一板⑫，不然，则东武之人尽为鱼鳖矣⑬。坡复用僧应言之策⑭，凿清冷口⑮，积水入于古废河⑯，又东北入于海。水既退，坡具利害，屡请于朝，筑长堤十余里，以拒水势，复建黄楼以厌之[17]。堤成，水循故道，分流城中。上巳日，命从事乐成之，有一妓前曰：'自古上巳旧词多矣，未有乐新堤而奏雅曲者[18]，愿得一阕，歌公之前。'坡写《满江红》曰：'东武城南，新堤就、涟漪初溢[19]。遍长林翠阜外[20]，卧红堆碧[21]。枝上残花吹尽也，与君试向江头觅。问向前、犹有几多春？三之一[22]。　官里事，何时毕[23]。风雨外，无多日。相将泛曲水[24]，满城争出。君不见、兰亭修禊事，当时座上皆豪逸。到如今、修竹满山阴，空陈迹。'俾妓歌之，坐席欢甚[25]。"

【注释】

①禁城：京城。东武：北宋密州治所诸城县的古称。西汉置东武县，治所即今山东诸城。隋开皇十八年（598）改为诸城县。

②适值：恰好遇到。霖潦（lǎo）：下个不停的雨。

③漂溺：冲没，淹没。巨野：古湖泽名。在今山东巨野北五里。

④彭城：徐州的古称。秦置彭城县，治今江苏徐州。

⑤力士：力气大的人。

⑥畚（běn）插：指挖运泥土的用具。

⑦薪刍：薪柴和牧草。

⑧塞：堵住。败坏：破坏。

⑨野宿：露宿野外。

⑩督责：督察责罚，督促责备。

⑪人意：人的意愿、情绪。

⑫板：数量词。古代表示墙垣长度或宽度的单位，其制不一。

⑬鱼鳖：鱼和鳖。泛指鳞介水族。

⑭应言：荐诚禅院的高僧。荐诚禅院，其地位于今山东平阴东阿镇

铁杨村。

⑮清冷口：古地名。今山东东阿任集村。

⑯古废河：黄河故道。

⑰黄楼：楼名。故址位于今江苏徐州鼓楼区。因楼粉以黄土，故称。宋熙宁十年（1077），苏轼知徐州时所建。厌（yā）：以迷信的方法，镇服或驱避可能出现的灾祸。

⑱雅曲：典雅的乐曲。

⑲涟漪：水面波纹，微波。

⑳长林：茂密的树木。翠阜：绿色的山冈。阜，土山。

㉑卧红堆碧：指坠落的花瓣堆积在绿枝之下。

㉒三之一：意谓从今往后的春日，只剩三分之一了。

㉓官里事，何时毕：官府里的事情何时才算完？

㉔相将：相携，相跟。泛曲水：游于曲水之上。

㉕坐席：原指座位、席位。此指坐在宴席上的人。

【译文】

《古今词话》："苏轼从京城到东武上任，恰好遇到下了一个月的雨，黄河决流，淹没了巨野湖，殃及彭城。苏轼命令有力气的人，手持畚插，备办薪柴和牧草，众人纷纷向前，增加人手堵住被冲坏的城防。到傍晚，水势更加汹涌，苏轼登上城楼露宿野外，严加督责，人们的情绪才稳定下来。距离城墙淹没只有一板的高度，若洪水再涨一板，东武百姓将全被淹没，如同鱼鳖般葬身水中。苏轼又用僧人应言的办法，开凿清冷口，使积水进入黄河故道，又从东北方向流入大海。洪水消退后，苏轼陈述利弊，多次请示朝廷，修筑十里长堤用来抵挡水势，又修建黄楼用来镇压水患。长堤建成，水沿着黄河故道，分道而流入城中。上巳日，苏轼命僚属奏乐庆贺，有一歌妓上前说：'从前关于上巳节的旧词太多了，没有为庆贺新堤而演奏的雅乐，希望用一首新词，在您面前歌唱。'苏轼写了一首《满江红》道：'东武城南，新堤就、涟漪初溢。遍长林翠阜外，卧红堆碧。枝上残花吹尽也，与君试向江头觅。问向前、犹有几多春？三之一。　　官里事，何时毕。风雨外，无多日。相将泛曲水，满城争出。君不见、兰亭修禊事，当时座上皆豪逸。到如今、修竹满山阴，空陈迹。’主人令歌妓吟唱助兴，满座的人甚是欢乐。”

出北门

《成都古今记》[①]：“三月三日，太守出北门，宴学射山[②]。盖张伯子以是日上升[③]，即此地也。男觋女巫会于此[④]，写符篆以鬻于人，云宜田蚕、辟灾疫[⑤]，佩者戴者，信以为然。东坡《和子由》诗云：‘何人聚众称道人[⑥]，遮道卖符色怒嗔[⑦]。宜蚕使汝茧如瓮[⑧]，宜畜使汝羊如麕[⑨]。’”

【注释】

①《成都古今记》：三十卷，北宋赵抃撰。该书系统记录了成都的历史、地理、风俗及治理经验。赵抃（biàn，1008—1084），字阅道，号知非，衢州西安（今浙江衢州）人。景祐元年（1034）进士，善诗文，有《赵清献集》。

②学射山：一名斛石山。在今四川成都北。北宋范镇《仲元龙图兄邀游学射》诗注：“学射山者，以刘主禅于此学射，故名。”

③张伯子：道士，相传三月三日得道升天。上升：道家谓修炼功成，得道升天。

④男觋（xí）：即男巫。古代男性巫官。祭祀时多作舞以娱鬼神。

⑤田蚕：泛指农桑。灾疫：指疫疠这种灾祸。

⑥何人聚众称道人：这句是倒装语，意思是说：那称道人的是什么人，众人都在聚观他？

⑦遮道：拦路。怒嗔（chēn）：发怒。

⑧茧如瓮：指蚕茧如瓮大。汉刘向《列仙传》："园客者，济阴人也，姿貌好而性良，邑人多以女妻之，客终不取。常种五色香草，积数十年，食其实。一旦有五色蛾止其香树末，客收而荐之以布，生蚕桑焉。至蚕时，有好女夜至，自称客妻，道蚕状。客与俱收蚕，得百二十头，茧皆如瓮大，缫一茧六十日始尽，讫则俱去，莫知所在。"

⑨麕（jūn）：獐子。哺乳动物，形状像鹿而较小，身体上面黄褐色，腹部白色，毛较粗，没有角。

【译文】

《成都古今记》："三月三日，太守出了城郭北门，在学射山摆设酒宴。大概张伯子在这一天得道升天，就是在这个地方。男女巫师聚集于此，写符篆卖给他人，说可使农桑丰收、躲避疫疠，购买者将符篆佩戴于身，深信其功效。苏轼《和子由》诗写道：'何人聚众称道人，遮道卖符色怒嗔。宜蚕使汝茧如瓮，宜畜使汝羊如麕。'"

游金明

《岁时杂记》："京师有金明池，自三月一日开，人间多不知[①]，故月初游人甚少。御史台预出榜[②]，申明祖宗故事[③]，许士庶游金明池一月。其在京官司[④]，不妨公事，任便宴游[⑤]，阁门、御史不得弹劾[⑥]。池在州西顺天门外街北[⑦]，周围约九里，池面径七里。"

【注释】

①人间：民间。

②御史台：官署名。专司弹劾之职。

③申明：郑重宣明，阐明。

④官司：普通官吏，百官。

⑤任便：听便，任随自便。

⑥阁门：官署名。掌朝会宴幸、供奉赞相礼仪之事。弹劾：由国家的专门机关对违法失职官吏采取揭发和追究法律责任的行为。

⑦顺天门：北宋东京城（今河南开封）外城西面南门。

【译文】

《岁时杂记》："京城有金明池，自三月一日开放，民间大多都不知道，因此月初游人很少。御史台提前发布公告，郑重申明依据祖制，允许士人百姓每年三月游览金明池一个月。其他在京城的百官，只要不妨碍公事，任随其便宴饮游乐，阁门、御史台不能弹劾。金明池在京城顺天门外街北，环绕一周大约九里，池面直径七里。"

至浮桥

《晋书·夏统别传》[①]："统，字仲御。母病，诣洛中药会[②]。三月三日，洛中公卿以下，莫不方轨连轸[③]，并至南浮桥边修禊。男则朱服耀路[④]，女则锦绮粲烂[⑤]。仲御在舟中，曝所市药[⑥]，危坐不顾。贾充望见[⑦]，深奇其节，愿相与语：'此人有心胆[⑧]，有似冀缺[⑨]。'走问：'船中安坐者为谁？'仲御不应。重问，乃徐答曰：'会稽北海闲民夏仲御[⑩]。'"

【注释】

①夏统：字仲御，会稽永兴（今浙江萧山）人。幼孤贫，以孝闻。

②诣：前往。洛中：洛阳。

③方轨连轸（zhěn）：车辆相接。形容车水马龙。方轨，车辆并行。

连轸，车后横木相接。形容车多。

④朱服：红色官服。

⑤锦绮：华丽的丝织绸缎。粲烂：鲜明。

⑥曝：晒。

⑦贾充（217—282）：字公闾，西晋平阳襄陵（今山西襄汾东北）人。曾主持修订《晋律》。

⑧心胆：心志胆量。

⑨冀缺（？—前597）：亦称郤缺、郤成子，春秋时晋国人。他以德行著称，曾因在田间耕作时与妻子相敬如宾，被臼季（胥臣）举荐给晋文公，后成为晋国重臣。

⑩北海：可能为地理代称或强调其隐逸状态。闲民：表明其淡泊世俗、不慕荣利的生活态度。

【译文】

《晋书·夏统别传》："夏统，字仲御。因为母亲病重，他前往洛阳买药。三月三日，洛阳公卿以下官员，无不乘坐车马出行，都到南浮桥边修禊。男的身穿闪耀光芒的红色官服，女的身穿鲜明华丽的锦衣绸缎。夏统坐在船中，晒自己所买的药，正身而坐也不理会外面。贾充从远处看到，对其节操深感惊奇，希望与他交谈，说道：'这个人胆识过人，与冀缺的贤德相似。'走过去问：'船中安然端坐的是谁？'夏统不回应。又问，夏统才缓缓答道：'会稽郡北海闲民夏仲御。'"

宴江渚[1]

《荆楚岁时记》："荆楚四民，三月三日，并出江渚池沼间[2]，为流杯曲水宴。取黍曲菜汁和蜜为食[3]，以厌时气[4]。一云，用黍曲和菜作羹。"

【注释】

①江渚（zhǔ）：江中小洲。亦指江边。

②池沼：池塘。

③黍曲菜：即鼠曲草，也称鼠耳草、佛耳草。二年生草本。中医以全草入药，有祛痰止咳功能。

④厌（yā）：镇服。时气：时疫。

【译文】

《荆楚岁时记》："荆楚一带的百姓，三月三日，一起到江中小洲、池塘边，作流觞曲水宴。用黍曲草汁和蜜为食，以镇服时疫。另一说法说，用黍曲草汁和菜作菜羹。"

会薄津①

《魏志》："袁绍三月上巳②，大会宾徒于薄落津③。闻魏郡兵反④，黑山贼于毒等数万人共覆邺城⑤，杀守。坐中客家在邺者，皆忧怖失色⑥，或起而泣，绍容貌自若，不改常度。"

【注释】

①薄津：薄落津，一名薄洛河。古有漳水，其在今河北广宗境内的一段称薄洛津。

②袁绍（？—202）：字本初，汝南汝阳（今河南商水西南）人。东汉末年军阀，汉末群雄之一。

③宾徒：宾客随从。

④魏郡：西汉高帝十二年（前195）置，治所在邺县（今河北临漳西南）。

⑤黑山贼：指东汉末年的黑山军，活跃于太行山地区的农民起义军

联盟，首领包括张燕、于毒、白绕等，规模曾达百万之众。他们与黄巾军类似，劫掠官府，对抗豪强。于毒：黑山军重要首领之一，多次参与攻伐冀州、东郡等地，是袁绍的主要对手之一。覆：颠覆，灭亡。此指攻占。邺城：古城名。故址在今河北临漳西南。相传春秋为晋邺邑。汉置邺县。

⑥忧怖：忧愁害怕。

【译文】

《魏志》："袁绍在三月上巳日，在薄落津大宴宾客随从。得知魏郡的士兵反叛，并同黑山贼寇于毒等几万人一道攻占邺城，杀害了郡守。当时在座宾客家住邺城的，都忧愁害怕，大惊失色，有人站起来哭泣，而袁绍面不改色，好像什么事也没有发生过，不失平常的风度。"

问曲水[1]

《续齐谐记》："晋武帝问尚书郎挚虞曰[2]：'三日曲水，其义何指？'对曰：'汉章帝时[3]，平原徐肇以三月初生三女[4]，至三日俱亡，一村以为怪，乃相携之水滨洗祓，因水以泛觞[5]。曲水之义，盖起此也。'帝曰：'若如所谓，便非佳事。'尚书郎束皙曰[6]：'挚虞小生[7]，不足以知此[8]，臣请说其始。昔周公城洛邑[9]，因流水以泛酒，故《逸诗》云"羽觞随波"[10]。又秦昭王三日置酒河曲[11]，有金人自泉而出[12]，捧水心剑曰[13]："令君制有西夏[14]。"及秦霸诸侯，乃因其处立为曲水祠。二汉相沿[15]，皆为盛集。'帝曰：'善！'赐金五十斤。左迁挚虞为阳城令[16]。"东坡诗云："岁月斜川似，风流曲水惭[17]。"又上巳词云："曲水浪低蕉叶稳[18]。"

【注释】

①曲水：古代风俗，于农历三月上巳日就水滨宴饮，认为可祓除不祥，后人因引水环曲成渠，流觞取饮，相与为乐，称为曲水。

②尚书郎：官名，为尚书的属官。挚虞（？—311）：字仲洽，京兆长安（今陕西西安）人。西晋文学家，著有《文章流别集》《文章流别志论》等。

③汉章帝：即汉章帝刘炟（58—88），东汉皇帝（75—88年在位）。

④平原：即平原郡。西汉高帝置，治平原县（今山东平原西南）。

⑤泛觞：谓饮酒。

⑥束皙（约261—约300）：字广微，西晋阳平元城（今河北大名）人。太康二年（281），校理汲冢竹书，并以今文写成。才学博通，著有《三魏人士传》《晋书》等。

⑦小生：年轻人，后辈。

⑧不足：不能。

⑨城：营建。洛邑：一作雒邑。故址在今河南洛阳东北白马寺东。西周成王时由周公主持扩建，称成周城，迁殷人居此。同时又筑王城于今洛阳西王城公园一带，为周人所居。

⑩《逸诗》：指《诗经》未收的古代诗歌。羽觞：古代一种酒器。作鸟雀状，左右形如两翼。一说，插鸟羽于觞，促人速饮。

⑪秦昭王：即秦昭襄王（前324—前251），嬴姓，名则，一名稷。战国时期秦国国君（前306—前251年在位）。河曲：古地名。指今山西芮城风陵渡一带。黄河自北向南流，至此折而向东流成曲，故名。

⑫金人：铜铸的人像。

⑬水心剑：传说中的宝剑名。

⑭西夏：战国时期指代西部戎狄之地，与秦国接壤。

⑮二汉：指西汉和东汉。

⑯左迁：降低官职，即"降官"。犹言下迁。汉代贵右贱左，故将贬官称为左迁。阳城：本春秋郑阳城邑。秦置县，治今河南登封东南告成镇。

⑰岁月斜川似，风流曲水惭：出自苏轼《立春日小集戏李端叔》。斜川，古地名。在今河南郏县境，宋苏轼子苏过移家颍昌，营湖阴水竹数亩，名为小斜川，自号斜川居士，并名其所著曰《斜川集》。

⑱曲水浪低蕉叶稳：出自苏轼《望江南·暮春》。蕉叶，浅底的酒杯。胡仔《苕溪渔隐丛话后集·回仙》引宋陆元光《回仙录》："饮器中，惟钟鼎为大，屈卮、螺杯次之，而梨花、蕉叶最小。"

【译文】

《续齐谐记》："晋武帝问尚书郎挚虞：'三月初三人们在水边宴饮，它的意义是什么？'挚虞回答说：'汉章帝时，平原人徐肇在三月初生了三个女儿，到三月初三都死了，全村的人都认为是怪事，于是一起到水边沐浴以除灾求福，并且在水里放置酒杯任其流去。曲水之义，大概就出在这里。'晋武帝说：'这样说来，曲水就不是件好事。'尚书郎束皙说：'挚虞小儿，不了解这个典故，请允许我说说这个典故的来源吧。从前周公旦营建洛邑，借流水泛杯饮酒，所以《逸诗》说"羽觞随波流"。又有秦昭王三月三日在黄河的拐弯处饮酒，有一金人从泉水中出来，手捧水心剑说："这把剑可以使您统治西夏。"等秦国称霸诸侯时，就在那里建了曲水祠。西汉和东汉递相沿袭，上巳日曲水就成为盛大集会。'晋武帝说：'好！'赐给他黄金五十斤。将挚虞降职为阳城县县令。"苏轼有诗写道："岁月斜川似，风流曲水惭。"又有上巳日词写道："曲水浪低蕉叶稳。"

适东流

《风土记》："汉末，有郭虞者，有三女，一以三月上辰，一以上巳，一以上午[①]，三日而三女产乳并亡[②]，迄今时俗以为大忌。故到是月是日,妇女忌讳,不复止家,皆适东流水上,就通远地祈祓[3],自洁濯也。”

【注释】

①上午:农历每月上旬的午日。

②产乳:分娩。

③通远:通达高远。祈祓:祈神除灾去秽。

【译文】

《风土记》:“汉朝末年,有个叫郭虞的人,他有三个女儿,分别在三月的上辰日、上巳日、上午日分娩后死亡,导致至今民间形成忌讳。因此到这个月这一天,妇女有所顾忌,不敢住在家里,都到东流水边,在通达高远之地祈神除灾去秽,大家各自清洁洗涤。”

祠江上

《拾遗录》[1]:“周昭王二十年[2],东欧贡女[3],一曰娟延,二曰延蝉,俱辩丽辞巧[4],能歌笑[5],步尘无迹,日中无影。及王游江汉[6],与二女俱溺,故江汉之间,至今思之,及立祠于江上。后十年,人每见二女拥王泛舟[7],戏于水际[8]。至暮春上巳之日,禊集祠间,或以鲜时甘果[9],采兰杜包之[10],以沉于水中。或结五色彩以包之,或以金铁系其上,乃蛟龙不侵[11],故祠所号招祇之祠。”

【注释】

①《拾遗录》:即《拾遗记》。

②周昭王(? —前977):姬姓,名瑕。西周君主(前995—前977年

在位）。

③东欧：即东瓯，古族名。越族的一支。相传为越王勾践的后裔。分布在今浙江南部瓯江、灵江流域。其首领摇助汉灭项羽，受封为东海王，因都东瓯（今浙江温州），俗称东瓯王。

④辩丽辞巧：美丽纤巧，能言善辩。

⑤歌笑：歌唱笑乐。

⑥江汉：指长江与汉水之间及其附近的一些地区。古荆楚之地，在今湖北境内。

⑦泛舟：坐船游玩。

⑧水际：水边。

⑨甘果：香甜的果子。

⑩兰杜：兰花和杜若。

⑪蛟龙：传说中能使洪水泛滥的一种龙。

【译文】

《拾遗记》："周昭王登基二十年的时候，东瓯越族进献两个女子，一个叫娟延，另一个叫延蝉，都美丽纤巧，能言善辩，能歌唱笑乐，走路不留痕迹，在太阳下没有影子。周昭王游览江汉时，与两位女子一同溺水身亡，因此江汉一带的人们至今怀念他们，并且在江边修建祠堂。十年后，人们经常看见二女簇拥着周昭王坐船游玩，在水边嬉戏。到暮春三月上巳日，人们都集中到祠堂前祭祀，有的拿来时鲜香甜的果子，头兰花和杜若将其包好，沉入水中。或用五彩丝线包裹祭品，或在祭品二系挂金属制品，可防止蛟龙夺取，因此这个祠被称为招祇之祠。"

祓西沼[1]

《湘山野录》[2]："太祖、太宗潜耀日[3]，尝与一道士游，无定姓名，自曰'混沌'，或曰'真无'。自御极[4]，不复见。上已祓禊西沼，道士揖太祖曰：‘别来喜安。’上亟见之，一如平昔，抵掌而谈[⑤]。上曰：‘我寿还得几多？’对曰：‘今年十月二十夜，晴，则可延一纪；不尔，当速措置[⑥]。’上留之后苑，或见于木鸟巢中，或数日不见。至所期之日，上御太清阁以望气[⑦]。是夕晴明，星斗光灿[⑧]，上心方喜。俄而阴霾四起[⑨]，天地陡变，雪雹骤降。移仗下阁[⑩]，急传宫钥开端门[⑪]，召开封王，则太宗也。延入太寝[⑫]，酌酒对饮，悉屏宫宦[⑬]，太宗避席[⑭]，有不可胜之状。饮讫，禁漏三鼓[⑮]，雪已数寸。帝引柱斧戳雪[⑯]，顾太宗曰：‘好做，好做！’遂解带就寝，鼻息如雷[⑰]。将五鼓，众无所闻，帝已崩矣[⑱]。”

【注释】

①西沼：西边水池。上古时期，池和沼都表水池，塘在中古时期才表示水池。一说圆曰池，曲曰沼。

②《湘山野录》：三卷，续录一卷，或作续录三卷，北宋僧文莹撰。文莹多与馆阁名士交游，耳闻目接，因撰是书。该书所记多北宋前期朝野杂事。

③太祖：即宋太祖赵匡胤。太宗：即宋太宗赵光义。潜耀：隐藏光辉。这里指未登基之时。

④御极：登极，即位。

⑤抵掌而谈：指谈得很融洽。抵掌，击掌，指人在谈话中的高兴神情。

⑥措置：安置，安排。

⑦望气：古代方士的一种占候术。观察云气以预测吉凶。

⑧星斗光灿：群星光辉灿烂。

⑨阴霾（mái）：天气阴晦昏暗。

⑩移仗：谓天子出行。

⑪宫钥：帝王宫门的锁钥。端门：宫殿的正南门。

⑫延入：引入。太寝：帝王的祖庙。

⑬宫宦：宫女太监。

⑭避席：离开座位。

⑮禁漏：宫中计时漏刻。亦指漏刻发出的声响。

⑯柱斧：用水晶制的小斧。

⑰鼻息：特指熟睡时的鼾声。

⑱崩：旧指帝王死亡。

【译文】

《湘山野录》："太祖皇帝和太宗皇帝在未登基前，曾经和一道士交游，道士没有说自己的本名，自称'混沌'，或称'真无'。自从太祖当皇帝后，再没见过这名道士。上巳日太祖在西沼举行祓禊仪式时偶遇道士，道士向太祖行礼问候说：'别来无恙。'太祖急忙召见他，道士还和往常一样，两人谈得很融洽。太祖说：'我还能活多久？'道士答道：'如果今年十月二十日夜间，天气晴朗，你的寿命就能再延续十二年；不然的话，你就要赶紧安排后事了。'太祖将道士留在宫苑，宫苑的人有时发现道士栖息在树梢的鸟巢中，有时会连续多日消失无踪。到了十月二十日夜晚，太祖登太清阁观测天象。当晚天气最初晴朗，群星明亮闪耀，太祖因天气符合预期而心中喜悦。突然间天色阴沉下来，雾气弥漫，天气急剧恶化，突降大雪与冰雹。太祖立刻出了太清阁，摆驾回宫，紧急传诏打开宫门，宣召开封王，就是太宗皇帝。太祖把太宗引入祖庙，屏退宫女太监，兄弟二人举杯对饮，太宗时而起身离开座位，表现出不能承受的样子。二人饮完，已是三更时分，外面的积雪已有数寸之厚。太祖用柱斧戳雪，回头对太宗说：'好好地做，好好地做！'随后太祖回到寝宫宽衣睡觉，一会儿就鼾声如雷。将五更时分，众人均未察觉异动，而太祖皇帝已经驾崩了。"

歌《薤露》[①]

后汉梁商[②]，字仲夏，上巳会宾客于洛水。酒酣，继以《薤露歌》。周举叹之曰："哀乐失时[③]，殃咎及矣[④]！"商至秋，果薨。按崔豹《古今注》云："《薤露》《蒿里》[⑤]，并丧歌也，出田横门人[⑥]。横自杀，门人伤之，为作悲歌，言人命如薤上露，易晞灭也[⑦]。亦谓人死，魂魄归于蒿里。故有二章，其一曰：'薤上朝露何易晞，露稀明朝更复滋，人死一去何时归？'其二曰：'蒿里谁家地，聚敛魂魄无贤愚[⑧]。鬼伯一何相催促[⑨]，人命不得久踟蹰[⑩]。'至孝武时[⑪]，李延年分二章为二曲[⑫]，《薤露》送王公贵人，《蒿里》送士大夫庶人，使挽柩者歌之[⑬]，世呼为挽歌。"老杜诗云："尚缠漳水疾，永负蒿里饯[⑭]。"东坡诗云："清唱一声闻《薤露》[⑮]。"杜甫又《哭李尚书》诗云[⑯]："漳滨同蒿里。"

【注释】

①《薤（xiè）露》：乐府诗题。原为汉代葬歌。古辞以朝露感兴成篇，感叹人生短暂。

②梁商（？—141）：字伯夏，安定乌氏（今宁夏固原东南）人。东汉外戚大臣。

③失时：不当其时。

④殃咎：灾祸。

⑤《蒿里》：乐府诗题。原为汉代葬歌。古辞是对生死问题的思索。蒿里，山名，在泰山南。传说人死后魂魄归于蒿里。

⑥田横（？—前202）：秦末狄县（今山东高青东南）人。战国时齐

国贵族。自立齐王，后军败，不愿低首称臣，于途中自杀。刘邦以王礼葬之，其宾客闻其死讯，皆自杀。门人：门客。

⑦晞（xī）灭：谓受日照而消失。

⑧聚敛：犹收集。

⑨鬼伯：犹鬼王。指阎王。一何：何其，多么。

⑩踟蹰（chí chú）：徘徊，心中犹疑，要走不走的样子。

⑪孝武：即汉武帝刘彻。

⑫李延年（？—前87）：中山（今河北定州）人。西汉音乐家，代表作《佳人曲》。

⑬挽柩（jiù）：古代送葬之礼，牵引柩车的绳索前行，称挽柩。

⑭尚缠漳水疾，永负蒿里饯：出自杜甫《八哀诗·故秘书少监武功苏公源明》。底本作"尚缠漳滨疾，永负蒿水饯"，据《杜工部集》改。缠，此指痼疾缠身。漳水疾，汉刘桢《赠五官中郎将》诗之二："余婴沉痼疾，窜身清漳滨。"后因用为卧病他乡的典故。漳水，有清漳河、浊漳河两源，邺城在漳河边，这里代指邺城。

⑮清唱一声闻《薤露》：出自苏轼《与胡祠部游法华山》。清唱，指无乐器伴奏的纯人声演唱。

⑯李尚书：即李之芳（？—768），陇西成纪（今甘肃秦安）人。唐宗室，后授礼部尚书、太子宾客。

【译文】

东汉梁商，字仲夏，上巳日在洛水边宴会宾客。酒喝得尽兴，继而唱《薤露歌》。周举叹息说："哀乐不当其时，灾祸就要到了！"到秋天，梁商果然死了。按崔豹《古今注》记载："《薤露》《蒿里》，都是办理丧事唱的歌，出自田横的门客。田横自杀，门客很悲伤，为他作悲歌，说人的生命如同薤叶上的露水，容易受日照而消失。又说人死后，魂魄归于蒿里。因此有两章，其一写道：'薤上朝露何易晞，露稀明朝更复滋，人死一去何时归？'其二写道：'蒿里谁家地，聚敛魂魄无贤愚。鬼伯一何相催促，人命不得久踟蹰。’到汉武帝时，李延年分二章作为二曲，《薤露》送给王公贵人，《蒿里》送给士大夫庶人，让挽柩的人唱，世人称为挽歌。”杜甫有诗写道：“尚缠漳水疾，永负蒿里饯。”苏轼有诗写道：“清唱一声闻《薤露》。”杜甫又有《哭李尚书》诗写道：“漳滨与蒿里。”

作蛮语[①]

《世说》[②]：“晋郝隆为南蛮参军[③]，三月三日作诗曰：‘娵隅跃清池[④]。’桓温问何物[⑤]，答曰：‘蛮人名鱼为娵隅。’桓温曰：‘何为蛮语？’隆曰：‘千里投公，始得一蛮府参军[⑥]，那得不作蛮语耶？’”杜甫诗云：“儿童解蛮语，不必作参军[⑦]。”

【注释】

①蛮语：南方少数民族的言语。

②《世说》：即《世说新语》。六卷，南朝宋刘义庆撰写（一说为刘义庆组织门客编写）。该书为文言志人小说集，主要记载东汉后期到魏晋间一些名士的言行与轶事。刘义庆（403—444），字季伯，彭城（今江苏徐州）人。另著有《徐州先贤传》《江左名士传》等。

③郝隆：字佐治，东晋汲郡（今河南汲县）人。桓温时任荆州刺史，兼领南蛮校尉，郝隆为南蛮校尉属下之参军。参军：东汉末始有“参某某军事”的名义，谓参谋军事，简称“参军”。

④娵隅（jū yú）：古代西南方少数民族称鱼为“娵隅”。

⑤桓温（312—373）：字元子，谯国龙亢（今安徽怀远西）人。曾为安西将军、荆州刺史、领南蛮校尉，率军伐蜀，进征西大将军。

⑥蛮府：此指安西将军府。

⑦儿童解蛮语，不必作参军：出自杜甫《秋野五首·其五》。

【译文】

《世说新语》:“晋人郝隆为南蛮参军,三月三日作诗写道:‘娵隅跃清池。’桓温问娵隅是什么东西,郝隆回答说:‘南蛮人管鱼叫娵隅。’桓温问:‘你为什么用蛮语?’郝隆说:‘我千里迢迢来投奔您,才得到一个蛮府参军的官职,怎能不用蛮语呢?’”杜甫有诗写道:“儿童解蛮语,不必作参军。”

赐柳卷[1]

《景龙记》:“三月三日,祓禊于渭滨[2],上赐侍臣细柳卷各一,言带之免虿毒[3]。”

【注释】

①柳卷(quān):即折柳为卷,即柳圈。卷,卷曲。

②渭滨:渭水边。

③虿(chài)毒:虿尾之毒。虿,蝎子一类的有毒的虫。

【译文】

《景龙文馆记》:“三月三日,在渭水边举行除灾去邪之祭,皇帝赏赐亲近大臣每人一个细柳圈,说带上可免虿尾之毒。”

引流杯[1]

《文选》颜延年有《三月三日应诏宴曲水诗序》,注云:“曲水者,引水环曲为渠[2],以流酒杯而行焉。”

【注释】

①流杯:指流觞。古民俗,每年农历三月三日在弯曲的水流旁设酒

杯，流到谁面前，谁就取下来喝，可以除去不吉利。

②渠：水渠。

【译文】

《文选》中颜延年有《三月三日应诏宴曲水诗序》，注解说："所谓曲水，就是引弯曲的水流作为水渠，以使酒杯流动而行。"

置羽觞

《逸诗》："羽觞随波。"《文选注》云："羽觞，谓其置鸟羽于觞，以急饮也。"陆士衡诗云[①]："四坐咸同志，羽觞不可算[②]。"杜少陵诗云："昨日琼树间，高谈随羽觞[③]。"

【注释】

①陆士衡：即陆机。

②四坐咸同志，羽觞不可算：出自陆机《拟今日良宴会》。四坐，指四周座位上的人。同志，志趣相同，志向相同。

③昨日琼树间，高谈随羽觞：出自杜甫《入衡州》，原诗为"昨者间琼树，高谈随羽觞"。琼树，树木的美称。高谈，高明的谈吐，高尚的言谈。

【译文】

《逸诗》："羽觞随波。"《文选注》解释说："羽觞，就是把鸟羽插于觞，以促人急饮。"陆机有诗写道："四坐咸同志，羽觞不可算。"杜甫有诗写道："昨日琼树间，高谈随羽觞。"

饮罚酒

《世说》："郝隆为桓温南蛮参军，上巳会作诗不成，罚酒三斗[①]，而隆得一句而已。”

【注释】

①斗：我国市制容量单位，十升为一斗。

【译文】

《世说新语》：“郝隆为桓温南蛮参军，上巳日宴会因为作诗不成，被罚饮酒三斗，而郝隆仅作成一句而已。”

命赋诗

《翰林志》[①]：“天后上巳日宴从臣于龙门[②]，命赋诗。”

【注释】

①《翰林志》：一卷，唐李肇撰。该书记载唐代翰林职掌沿革。李肇，活动于唐宪宗至唐文宗时期。另著有《唐国史补》。

②天后：唐高宗永徽六年（655）废王皇后，立武则天为后。上元元年（674），高宗称天皇，武后称天后。从臣：侍从之臣。龙门：又名伊阙、伊阙山、阙口、阙塞、阙塞山。以有龙门山（西山）和香山（东山）隔伊河夹峙如门，故名。在今河南洛阳南，为其南面门户。

【译文】

《翰林志》：“天后上巳日在龙门宴请侍从之臣，命赋诗。”

献鞋履

唐《卢公范·馈饷仪》：“凡三月三日，上踏青鞋履子。”

【译文】

唐《卢公家范·馈饷仪》:“凡是三月三日,穿踏青的鞋子。”

结钱龙[1]

《妆楼记》[2]:“长安有妓乐者[3],以三月三日结钱为龙,作钱龙宴[4]。”

【注释】

①钱龙:指结成龙形的钱串。

②《妆楼记》:一卷,南唐张泌撰。该书所记以汉唐间迹近香艳、脂粉气者为主,间有抄录正史与其他传世文献者。张泌,一作张佖,字子澄,常州(今属江苏)人。五代南唐词人。

③长安有妓乐者:唐代长安城中以音乐、歌舞为职业的妓女和乐伎群体的统称。

④钱龙宴:宴饮名。宴时张挂结成龙形的钱串,以示豪侈。

【译文】

《妆楼记》:“长安妓乐从业者,在三月三日结钱为龙形,作钱龙宴。”

为龙饼

《岁时记》:“三月三日,或为龙舌饼[1]。”

【注释】

①龙舌饼:亦称“龙舌粄”。屑米饼。用鼠曲草汁作羹,以蜜和粉,蒸而食。为南北朝时期上巳日之时令食品,谓可禳邪气瘟疫。

【译文】

《岁时杂记》:“三月三日,制作龙舌饼。”

吞白蟾

《茅亭客话》[①]:“有鲜于熙者,上巳日,饮万岁池旁[②],见一小白虾蟆,遂取之。即席有姓刘人,夺而吞之。熙戏之曰:‘阁下吞此白蟾[③],苟成道,只成强盗耳。’吞讫,仓忙饮水,昏闷旬余,医治方愈。”

【注释】

①《茅亭客话》:十卷,宋黄休复撰。该书杂录其所见闻。始于王(建)、孟(知祥)二氏,终于宋真宗时,皆蜀中轶事,无一条旁涉他郡。此书论炼丹之术居大半,余虽多及神怪,然往往借以劝戒。黄休复,字归本,江夏(今湖北武昌)人。另著有《益州名画录》等。

②万岁池:亦名万顷池。战国秦惠王二十七年(前311)建成都城取土成池,在成都凤凰山东南。东晋常璩《华阳国志·蜀志》:“其筑城取土,去城十里,因以养鱼,今万岁池是也。”

③阁下:对人的敬称。

【译文】

《茅亭客话》:“有个叫鲜于熙的人,上巳日,在万岁池旁边饮酒,看见一只小白蛤蟆,于是将其捉在手中。座席中有个姓刘的人,一把夺过小白蛤蟆生吞下去。鲜于熙开玩笑说:‘你吞下这只白蛤蟆,如果成道,也只能成为强盗而已。’姓刘的人吞下白蛤蟆后,匆忙喝水,头晕目眩十多天,经医生诊治方才痊愈。”

祭蚕神

《隋·礼仪志》:“隋制,于宫北三里为坛。季春上巳,皇后服鞠衣[①],乘重翟[②],率三夫人、九嫔、内外命妇[③],以太牢制。币[④],祭先蚕于坛[⑤],用一献礼[⑥]。”

【注释】

①鞠(qū)衣:古代王后六服之一,颜色为桑叶初生时的淡黄色,象征农桑。

②重翟(dí):皇后专属车驾,以翟鸟(雉鸡)羽毛装饰车厢,属最高等级的“五路”车之一,象征身份尊贵。翟,长尾的野鸡。

③三夫人:古代天子后宫分主六宫之官。九嫔:宫中女官。也是帝王的妃子。内外命妇:即内命妇和外命妇。内命妇,古称皇帝的妃、嫔、世妇、女御等为“内命妇”。外命妇,古称卿、大夫之妻。后亦称因夫或子而得封号的妇女,与内命妇相对。

④币:献上缯帛。

⑤先蚕:古代传说始教民育蚕之神。相传周制王后享先蚕,以后历代封建王朝由皇后主祭先蚕。

⑥一献:古代祭祀和宴饮时进酒一次为一献。

【译文】

《隋书·礼仪志》:“隋朝制度,在皇宫以北三里建坛。季春三月上巳日,皇后身穿鞠衣,乘坐重翟车,率领三夫人、九嫔、内外命妇,用太牢礼制。献上缯帛,在坛上祭祀蚕祖,使用一次献酒的礼仪。”

知蚕善

《杂五行书》:“欲知蚕善恶,以三月三日,天阴而无日,不见雨，则蚕大善。”

【译文】

《杂五行书》：“想要知道蚕收成的好坏，就以三月三日那天判断，如果天阴而没有太阳，又不见雨，蚕的收成就会特别好。”

祈蚕福

《成都记》：“三月三日，远近祈蚕福于龙桥[①]，曰蚕市。”

【注释】

①龙桥：在今四川成都北。汉时即为蚕丝贸易地。

【译文】

《成都记》：“三月三日，远近的百姓在龙桥祈蚕福，称为蚕市。”

占桑柘[①]

《博闻录》：“浙人以三月三日晴雨，占桑柘贵贱。谚曰：‘雨打石头遍，叶子三钱片[②]。’或言‘四日雨，尤甚’。杭人云：‘三日尚可，四日杀我[③]。’又曰：‘三月十六晴，树上挂银饼[④]。三月十六雨，树上挂泥土[⑤]。’皆桑柘之先兆也。”

【注释】

①桑柘（zhè）：桑木与柘木。此指农桑之事。

②雨打石头遍，叶子三钱片：指农历三月初三下大雨，桑叶的售价就贵。三钱片，三个钱买一片桑叶。

③三日尚可，四日杀我：指三月三日下雨，预示桑叶产量少，价钱贵，但还可以应付；四日下雨，则贵得要命。

④挂银饼：指桑叶价格昂贵。

⑤挂泥土：指桑叶不值钱。

【译文】

《博闻录》："浙江人以三月三日是晴天还是雨天，来预测农桑的贵贱。谚语说：'雨打石头遍，叶子三钱片。'又说'四日下雨，尤其严重'。杭州人说：'三日尚可，四日杀我。'又说：'三月十六晴，树上挂银饼。三月十六雨，树上挂泥土。'都是农桑好坏的征兆。"

祝荠花[①]

《图经》："池阳上巳日，妇女以荠花点油，祝而洒之水中，若成龙凤花卉之状则吉，谓之油花卜[②]。"

【注释】

①荠花：即荠菜花。

②油花卜：古代民俗，三月上巳节，以油点水占卜，故称。

【译文】

《图经》："池阳在上巳日，妇女用荠菜花点油，祷告后洒入水中，如果成龙凤花卉的形状就吉利，称为油花卜。"

忌果菜

《养生必用》[①]："三月三日，勿食鸟兽五脏及一切果品、蔬菜、五辛，大吉。"

【注释】

①《养生必用》:即《古今录验养生必用方》,三卷,宋初虞世撰。该书记录了古今医案及个人亲验之方,内容详尽,简便易用,方便人们按方治病。初虞世(1037—?),字和甫。宋医学家,另著有《尊生要诀》。

【译文】

《养生必用》:"三月三日,不要食用鸟兽的五脏以及一切果品、蔬菜、五种辛味的蔬菜,就会非常吉利。"

上冢墓

东坡云:"南海人不作寒食[①],而以上巳上冢。"

【注释】

①南海:隋开皇十年(590)分番禺县置,与番禺县同城而治,治今广东广州。

【译文】

苏轼说:"南海人不在寒食节上坟,而在上巳节上坟。"

淘里化

《燕北杂记》:"三月三日,戎人以木雕为兔[①],分两朋,走马射之[②],先中者胜。其负朋下马,跪奉胜朋人酒,胜朋于马上接杯饮之。番呼此节为'淘里化',汉人译云:'淘里是兔,化是射。'"

【注释】

①戎人：古指诸戎之人。后亦泛指我国西部少数民族的人。

②走马：骑着马跑。

【译文】

《燕北杂记》："三月三日，诸戎之人用木头雕刻成兔，将人马分成两队，骑着马轮流射箭，先射中的为胜。输的人要下马向获胜的人跪献美酒，获胜的人在马上接杯一饮而尽。番人称呼此礼节为'淘里化'，汉人翻译说：'淘里是兔，化是射。'"

卷十九

上巳 下

【题解】

本卷《上巳下》篇。其条目均为上巳节时俗节物，主要有上巳养生保健“食乌芋”“丸黄芩”“蓄紫给”“干赤举”“剪白薇”“服芫花”“铺荠花”“煮苦菜”“制艾叶”“摘蔓菁”等；上巳农桑耕种“粪青瓜”。“观御札”，记在蔡微处观看宋徽宗赵佶与蔡京上巳日御札事。“谶状元”，记囊山寺妙应禅师预言应验事。“会群臣”，记上巳日隋炀帝会群臣于曲水以观水饰事。“避车驾”，记崔圆益州游江遇神事。“遇仙道”，记王可交天台遇仙事。“获狐书”，记何让之遇仙获狐书事。“感前定”，记李泌感应命中注定事。“归艳女”，记太学进士郑生与汜人相恋事。“索幽婚”，记卢充与崔少府已故的女儿结婚生子的传说。

观御札①

王明清《挥麈余录》云：“某顷于蔡微处②，得观祐陵与蔡元长赓歌一轴③，皆真迹也。《上巳日赐太师》云④：‘金明春色正芳妍，修禊佳辰集众贤⑤。久矣愆阳罹暵旱⑥，沛然膏雨润农田⑦。乘时剩插花盈帽⑧，胥乐何辞酒满船⑨。所赖燮调功有自[⑩],伫期高廪报丰年[⑪]。’微,元长之孙也。”

【注释】

①御札:帝王的书札,手诏。

②蔡微:蔡京的孙子。

③祐陵:宋徽宗赵佶陵名“永祐陵”,宋人也以“祐陵”称徽宗。蔡元长:即蔡京(1047—1126),字元长。赓(gēng)歌:酬唱和诗。

④太师:古三公之最尊者。周置,为辅弼国君之官。《尚书·周官》:“立太师、太傅、太保。”孔传:“师,天子所师法。”

⑤众贤:众多的贤人。

⑥愆(qiān)阳:阳气过盛。本谓冬天温和,有悖节令。后亦指天旱或酷热。《左传·昭公四年》:“夫冰以风壮,而以风出,其藏之也周,其用之也遍,则冬无愆阳,夏无伏阴。”杜预注:“愆,过也。谓冬温。”罹(lí):因久旱无雨而忧愁。暵(hàn)旱:干旱,天旱。

⑦沛然:水势充盛貌。膏雨:滋润作物的霖雨。

⑧乘时:乘机,趁势。

⑨胥乐:都欢乐。胥,全,都。

⑩燮(xiè)调:指宰相的政务。《旧唐书·崔昭纬传》:“擢于侍从之司,委以燮调之任。”

⑪伫期:久立而等待。高廪:高大的米仓。亦指储藏的米。

【译文】

王明清《挥麈余录》:“我以前在蔡微处,看到宋徽宗与蔡京酬唱和诗一轴,都是真迹。《上巳日赐太师》诗写道:‘金明春色正芳妍,修禊佳辰集众贤。久矣愆阳罹暵旱,沛然膏雨润农田。乘时剩插花盈帽,胥乐何辞酒满船。所赖燮调功有自,伫期高廪报丰年。’蔡微,蔡京的孙子。”

谶状元

《夷坚乙志》:“福州福清县太平乡修仁里石竹山,俗曰虾蟆山,去邑十五里。乾道二年三月三日夜半后[①],居民郑周延等咸闻山上有声如震雷[②],移时方止[③]。或见门外天星光明[④],迹其声势,在瑞云院后石竹山上。明旦,相与视之,山顶之东南有大石,方可九丈,飞落半腰间。所过成蹊[⑤],阔皆四尺,而山之木石,略无所损。县士李槐云[⑥]:‘山下旧有碑,刊囊山妙应师谶语[⑦]。顷因大水碑失,今复在县桥下。其语曰:“天宝石移,状元来期,龙爪花红,状元西东。”’邑境有石陂[⑧],唐天宝中所筑,目曰天宝陂,距石竹山财十里[⑨]。是月,集英廷试多士[⑩],永福人萧国梁魁天下[⑪]。永福在福清之西,闽人以为应谶矣[⑫]。又三年,兴化郑侨继之[⑬],正在福清之东。状元西东之语,无一不验云。”

【注释】

①乾道二年:1166年。

②震雷:响雷。

③移时:一会儿。

④天星:星星。

⑤蹊(xī):小路。

⑥县士:职官名。掌县狱讼之职。

⑦囊山:即囊山寺。在今福建莆田北江口镇石庭村囊山山麓。始建于唐中和元年(881),系高僧妙应禅师所创,初名伏虎庵,后改称延福院。唐光启二年(886),闽王王审知扩建庙宇,为母祝寿,并

奏请赐额“囊山慈寿寺”。妙应师：即妙应禅师（820—898），法名涅槃、辟支、圆智。俗家姓黄名文矩，字崇法、子薰。唐末高僧，与本寂禅师（840—901）是同胞兄弟，莆仙佛门世代称为“黄家兄弟禅师”。著有《博山经》。谶（chèn）语：预言。

⑧陂（bēi）：山坡。

⑨财：通“才”。

⑩集英：即集英殿。北宋东京（今河南开封）官殿名。《宋史·地理志》：“旧名广政，开宝三年曰大明，淳化间曰含光，大中祥符八年名会庆，明道元年十月改今名。”殿在皇仪殿西，为宴殿。廷试：即殿试。科举制度会试中式后，由皇帝亲自策问，在殿廷上举行的考试。

⑪永福：北宋崇宁元年（1102）避哲宗陵（泰陵）名讳改永泰县置永福县，治今福建永泰。萧国梁：字挺之，永福（今福建永泰）人。乾道二年（1166）丙戌科状元。后官终朝奉郎、广东运判。魁天下：谓科举考试殿试得居首选，即中状元。

⑫应谶：预言应验。

⑬兴化：兴化军。北宋太平兴国四年（979）改太平军置，治兴化县（今福建仙游东北）。属福建路。八年移治今福建莆田。郑侨：字惠叔，号回溪，兴化军莆田（今福建莆田）人。乾道五年（1169）己丑科状元。工书法，善行书、草书，著有《书衡》三篇。

【译文】

《夷坚乙志》：“福州福清县太平乡修仁里的石竹山，俗称虾蟆山，距县城十五里。乾道二年三月三日后半夜，居民郑周延等都听到山上有响雷般的声音，过了一会儿才停。有的人看见门外星星明亮，根据声势推究，在瑞云院后的石竹山上。第二天早晨，众人相约察看，在山顶的东南方，有块大石，方圆九丈，飞落在半山腰。大石所过之地都成了四尺宽的小路，而山上的树木和石头，却毫无损坏。县士李槐说：‘山下过去有座碑，刊刻着囊山寺妙应禅师的预言。近来因发大水遗失了石碑，今天又出现在福清县的桥下。预言说：“天上宝石动，状元要来到，龙爪花又红，状元在西东。”’福清县境内有石头垒的山坡，唐代天宝年间修建，称为天宝陂，距离石竹山才十里。这个月，众多士子来到集英殿进行殿试，永福人萧国梁中了状元。永福在福清县西，闽地人认为是预言应验了。又过了三年，兴化人郑侨也中了状元，兴化正好在福清县东。状元在西东的预言，都应验了。”

会群臣

《大业拾遗》[①]：“隋炀帝敕学士杜宝修《水饰图经》十五卷[②]，新成，以三月上巳日会群臣于曲水，以观水饰[③]。

【注释】

①《大业拾遗》：又名《大业拾遗记》《南部烟花录》《隋遗录》，二卷，旧题唐颜师古作，后人多疑其伪。该书叙隋炀帝大业十二年（616）巡幸江都之逸事。

②《水饰图经》：十五卷，隋杜宝修。该书记载了古代水文传说与机械装置设计。杜宝，隋学士，入任著作佐郎。善文，尤长于史事。

③水饰：游船上用水力机械操纵的各色木偶。

【译文】

《大业拾遗》：“隋炀帝命令学士杜宝纂修的《水饰图经》十五卷，新近完成，三月上巳日在曲水边与群臣宴饮，一起观赏游船上用水力机械操纵的各色木偶。

“有神龟负卦[①]；黄龙负图[②]；元龟衔符[③]；大鲈衔箓[④]；凤鸟降洛[⑤]；丹龟衔书[⑥]；凤凰负图[⑦]；赤龙载图[⑧]；龙马衔

文[9];尧舜游河[10];尧见四子[11];舜渔雷泽[12];舜陶河滨[13];龙负符玺[14];舜歌鱼跃[15];人鱼捧图[16];龙尾导水[17];禹疏九河[18];黄龙负舟[19];授《山海经》[20];遇两神女[21];鱼化黑玉[22];姜嫄履巨迹,后稷弃寒冰[23];

【注释】

①神龟负卦:相传伏羲在黄河边见神龟负图而出,其甲壳上的神秘纹路启发了八卦的创作。

②黄龙负图:指黄龙背负《河图》而出。

③元龟衔符:特指黄帝伐蚩尤时出现的祥瑞,玄龟衔着兵符从水中献出,成为战争胜利的关键信物。

④大鲈衔箓(lù):大鲈鱼衔着符箓文书出现。

⑤凤鸟降洛:凤凰降临洛水。

⑥丹龟衔书:传说仓颉南巡时,丹甲灵龟从洛水浮现,背甲带有青纹文字,仓颉据此受到启发而造字。

⑦凤凰负图:黄帝时期凤凰衔玉匣图版降临。

⑧赤龙载图:赤色神龙携带河图出水。

⑨龙马衔文:龙马背负或口衔带有神秘图案的《河图》。龙马,其形似龙首马身。

⑩尧舜游河:指圣王巡狩获得天命启示的政治叙事。据《竹书纪年》等载,尧率舜登首山、临河渚时,遇五老(五星之精)、赤龙、凤凰等祥瑞,后设坛沉璧得《河图》《洛书》,完成禅让仪式。

⑪尧见四子:指尧帝在汾水北岸(汾水之阳)接见四位隐士王倪、齿缺、被衣、许由。

⑫舜渔雷泽:舜在雷泽(今山东菏泽一带)捕鱼时,以谦让德行感化当地渔民。

⑬舜陶河滨：指舜在黄河边制陶期间，其精益求精的态度带动工匠改进工艺，使陶器质量显著提升。

⑭龙负符玺（xǐ）：黄龙背负黄符玺书从黄河浮出水面献给舜。

⑮舜歌鱼跃：舜与百工和歌时出现“鱼跃于水”的祥瑞景象。

⑯人鱼捧图：白面鱼身人鱼献《河图》助禹治水。

⑰龙尾导水：大禹治水时，神龙以尾画地引导水流方向，形成河道。

⑱禹疏九河：指大禹治理黄河下游的九条支流。九河具体包括：徒骇、太史、马颊、覆釜、胡苏、简、洁、钩盘和鬲津。

⑲黄龙负舟：大禹治水时，黄龙曾背负其舟渡河。

⑳授《山海经》：大禹在治水过程中，玄夷苍水使者将《山海经》授予他，助其掌握山川地理、异兽神灵的奥秘。

㉑遇两神女：指大禹治水时在洛水之滨遇到两位神女相助的传说。

㉒鱼化黑玉：商汤（帝天乙）在洛水观景时，见两条黄鱼跃出水面，化作黑玉并附赤色纹路，被视为天命所归的吉兆。

㉓姜嫄（yuán）履巨迹，后稷弃寒冰：姜嫄（周始祖之母）因踩踏巨人足迹（或天帝拇指印）而感孕，生下后稷，因无夫生子被视为不祥。姜嫄将后稷置于冰上，群鸟以羽翼覆盖保暖，婴儿哭声洪亮，最终被抱回抚养。《史记·周本纪》：“周后稷，名弃。其母有邰氏女，曰姜原。姜原为帝喾元妃。姜原出野，见巨人迹，心忻然说，欲践之，践之而身动如孕者。”

【译文】

“有神龟负卦；黄龙负图；元龟衔符；大鲈衔箓；凤鸟降洛；丹龟衔书；凤凰负图；赤龙载图；龙马衔文；尧舜游河；尧见四子；舜渔雷泽；舜陶河滨；龙负符玺；舜歌鱼跃；人鱼捧图；龙尾导水；禹疏九河；黄龙负舟；授《山海经》；遇两神女；鱼化黑玉；姜嫄履巨迹，后稷弃寒冰；

“文王鱼跃沼①；太子发渡河②；武王渡孟津③；成王举

舜礼[4]；穆天子奏《钧天乐》[5]；西王母过瑶池[6]；涂修国献青凤[7]；王子晋吹凤笙[8]；秦始皇见海神[9]；汉高祖隐芒砀[10]；汉武帝泛楼船[11]；洛水神献明珠[12]；汉桓帝值青牛[13]；曹瞒浴谯水[14]；魏文帝兴师[15]；杜预造河桥，晋武帝临会[16]；五马浮渡江，一马化为龙[17]；仙人酌醴泉[18]；金人乘金船[19]；苍龟衔书[20]；青龙负书[21]；吕望钓磻溪[22]；

【注释】

①文王鱼跃沼：周文王修建灵沼，建成后，灵沼中鱼群欢跃。

②太子发渡河：周武王（太子发）率军渡河时，白鱼跃入舟中。

③武王渡孟津：周武王伐纣东渡孟津。孟津，古黄河津渡名。在今河南孟津东北、孟州西南。

④成王举舜礼：周成王仿效舜的礼仪制度。

⑤穆天子奏《钧天乐》：周穆王（穆天子）西巡至昆仑山瑶池，与西王母相会时，曾演奏《钧天乐》。

⑥西王母过瑶池：周穆王跟西王母在瑶池饮宴。

⑦涂修国献青凤：涂修国向周昭王献青凤、丹鹊。涂修国，古国名。不详待考。

⑧王子晋吹凤笙；王子晋吹笙引凤凰降临伊水。王子晋，春秋时周灵王子，姬姓，名晋。以直谏被废为庶人。一说好吹笙作凤鸣，游伊、洛之间。早卒。相传于缑氏山（今河南偃师南）上乘鹤升天。后世于此山立祠奉祀。

⑨秦始皇见海神：秦始皇东巡至琅邪、成山等沿海地与海神会面。

⑩汉高祖隐芒砀（dàng）：汉高祖刘邦在秦末起义前曾藏匿于芒砀山（今河南永城）。

⑪汉武帝泛楼船：汉武帝为征服南越、拓展疆域，建造大型楼船。

⑫洛水神献明珠：汉武帝游洛水，水神向他献上明珠。

⑬汉桓帝值青牛：东汉桓帝巡游黄河时，有青牛自河中浮现。

⑭曹瞒浴谯（qiáo）水：曹操在谯水（今安徽亳州一带）沐浴时击退水蛟。曹瞒，曹操小字阿瞒，因呼为曹瞒。

⑮魏文帝兴师：魏文帝曹丕率军出征时遭遇黄河阻隔未能渡河。

⑯杜预造河桥，晋武帝临会：西晋名臣杜预在富平津（今河南孟津）成功建造黄河浮桥，晋武帝亲临庆贺并赐酒。杜预（222—284），字元凯，京兆郡杜陵县（今陕西西安）人。魏晋时期军事家、经学家。晋武帝，即晋武帝司马炎（236—290），字安世，河内郡温县（今属河南）人。西晋开国皇帝（266—290年在位）。

⑰五马浮渡江，一马化为龙：指西晋末司马氏五王南渡长江，于建邺（今江苏南京）建立东晋王朝事。《晋书·元帝纪》："太安之际，童谣云：'五马浮渡江，一马化为龙。'……是岁，王室沦覆，帝与西阳、汝南、南顿、彭城五王获济，而帝竟登大位焉。"帝指东晋元帝司马睿，原为琅邪王。

⑱仙人酌醴泉：仙人饮醴泉水。

⑲金人乘金船：金人偶乘坐金船。

⑳苍龟衔书：传说夏禹时玄龟背负《洛书》献瑞。

㉑青龙负书：指黄河出现青龙背负《河图》。

㉒吕望钓磻（pán）溪：姜太公垂钓磻溪得到玉璧而辅佐周文王。吕望，即周初人吕尚。尚年老。隐于渔钓，文王出猎，遇于渭滨，与语大悦，曰："吾太公望子久矣。"故号之曰"太公望"。磻溪，河川名。在今陕西宝鸡东南，传说为周吕尚未遇文王时垂钓处。

【译文】

"文王鱼跃沼；太子发渡河；武王渡孟津；成王举舜礼；穆天子奏《钧天乐》；西王母过瑶池；涂修国献青凤；王子晋吹凤笙；秦始皇见海神；汉高祖隐芒砀；汉武帝泛楼船；洛水神献明珠；汉桓帝值青牛；曹瞒浴谯水；

魏文帝兴师；杜预造河桥，晋武帝临会；五马浮渡江，一马化为龙；仙人酌醴泉；金人乘金船；苍龟衔书；青龙负书；吕望钓磻溪；

“楚王得萍实①；秦王宴河曲②；吴帝临钓台③；刘备渡檀溪④；淄邱䜣战水神⑤；澹台子羽两龙夹舟⑥；屈原遇渔父⑦；卞随投颍水⑧；秋胡妻赴水⑨；阳谷女浴日⑩；屈原沉汨罗⑪；简子值津吏女⑫；孔子值浴河女子⑬；周处斩蛟⑭；许由洗耳⑮；孔愉放龟⑯；庄惠观鱼⑰；郑弘樵径还风⑱；赵炳张盖过江⑲；巨灵开山⑳；长鲸吞舟㉑。

【注释】

①楚王得萍实：楚昭王渡江时，遇一斗大红色物体触舟，孔子辨识为“萍实”。楚王，即楚昭王（？—前489），芈姓，熊氏，名壬，又名轸（珍），春秋时期楚国国君。萍实，汉刘向《说苑·辨物》：“楚昭王渡江，有物大如斗，直触王舟，止于舟中。昭王大怪之，使聘问孔子。孔子曰：‘此名萍实，令剖而食之，惟霸者能获之，此吉祥也。’”后遂以“萍实”谓甘美的水果。

②秦王宴河曲：指秦昭王在黄河河曲（今山西芮城附近）设宴。秦王，即秦昭王。

③吴帝临钓台：指孙权登临在武昌（今湖北鄂州）修建的钓鱼台。吴帝，即吴大帝孙权。

④刘备渡檀溪：蜀汉先主刘备骑的卢宝马渡过檀溪，摆脱被追杀的危机。

⑤淄邱䜣战水神：淄邱䜣与水神大战。

⑥澹（tán）台子羽两龙夹舟：澹台子羽携玉璧渡黄河时，遭遇河神派出的两条蛟龙夹击木船。他拔剑斩杀蛟龙，并将玉璧抛入河

中，但河神惧其威势不敢受璧，最终他毁璧而去。澹台子羽，即澹台灭明（前512—?），复姓澹台，名灭明，字子羽，东周时期鲁国武城（今山东费县）人。孔子弟子，教育家。

⑦屈原遇渔父：屈原被流放后行吟泽畔，遇渔父劝其"与世推移"，但他以"新沐者必弹冠"为喻，坚持不与浊世同流合污，最终选择投江明志。

⑧卞随投颍水：卞随为商汤时期的隐士，因拒绝参与权力纷争而投颍水自尽。

⑨秋胡妻赴水：秋胡妻在丈夫离家十年后，因丈夫归途中调戏采桑女（实为其妻）而愤然投水。

⑩阳谷女浴日：阳谷女为太阳洗澡的神话。

⑪屈原沉汨罗：屈原因遭谗言流放，目睹楚国灭亡，投汨罗江殉国。

⑫简子值津吏女：赵简子（赵鞅）渡河时遇津吏之女，女子以"死生无二"回应简子的调戏，后简子感叹其贞洁。简子，即赵鞅（? —前476），又名志父，亦称赵孟，谥简。春秋时期晋国大夫。

⑬孔子值浴河女子：孔子南行时，子贡受命向河畔洗耳女子索水，女子以"礼不亲授"拒绝，并婉拒馈赠。

⑭周处斩蛟：周处年少凶暴，射虎斩蛟除害，后自新成为忠臣。其中"斩蛟"指他潜入水底三日杀死蛟龙。

⑮许由洗耳：尧欲让天下于许由，许由认为污耳，遂至颍水洗耳，后人赞其高洁。

⑯孔愉放龟：东晋孔愉买龟放生。《晋书·孔愉传》："（孔愉）以讨华轶功，封余不亭侯。愉尝行经余不亭，见笼龟于路者，愉买而放之溪中，龟中流左顾者数四。及是，铸侯印，而印龟左顾，三铸如初。印工以告，愉乃悟，遂佩焉。"

⑰庄惠观鱼：庄子与惠施在濠梁关于"鱼乐"的哲学辩论。《庄子·秋水》："庄子与惠子游于濠梁之上。庄子曰：'鲦鱼出游从容，是鱼

之乐也?’惠子曰:‘子非鱼,安知鱼之乐?’庄子曰:‘子非我,安知我不知鱼之乐?’惠子曰:‘我非子,固不知子矣;子固非鱼也,子之不知鱼之乐,全矣。’庄子曰:‘请循其本。子曰汝安知鱼乐云者,既已知吾知之而问我。我知之濠上也。”

⑱郑弘樵径还风:郑弘年轻时进山砍柴,仙人以风助他背柴出山。孔灵符《会稽记》曰:“射的山南有白鹤山,此鹤为仙人取箭。汉太尉郑弘尝采薪,得一遗箭,顷有人觅,弘还之,问何所欲,弘识其神人也,曰:‘常患若邪溪载薪为难,愿旦南风,暮北风。’后果然。故若邪溪风至今犹然,呼为‘郑公风’。”

⑲赵炳张盖过江:描述东汉方士赵炳的神异能力。赵炳渡江时船夫拒载,他张伞坐船中,呼风助舟逆流而渡。赵炳,字公阿,东阳(今浙江金华)人。东汉方士、巫医。

⑳巨灵开山:巨灵神劈开华山疏通黄河。

㉑长鲸吞舟:指巨大的鲸鱼吞噬舟船。

【译文】

“楚王得萍实;秦王宴河曲;吴帝临钓台;刘备渡檀溪;淄邱䜣战水神;澹台子羽两龙夹舟;屈原遇渔父;卞随投颍水;秋胡妻赴水;阳谷女浴日;屈原沉汨罗;简子值津吏女;孔子值浴河女子;周处斩蛟;许由洗耳;孔愉放龟;庄惠观鱼;郑弘樵径还风;赵炳张盖过江;巨灵开山;长鲸吞舟。

“若此等总七十二势[①],皆刻木为人,或乘舟,或乘山,或乘平洲,或乘盘石,或乘宫殿。木人长二尺许,衣以绮罗,装以金碧,及作禽兽鱼鸟,皆能运动如生,随曲水而行。水中安机,如斯之妙,皆出黄衮之思[②],巧性今古罕俦[③]。”

【注释】

①势:样式。

②黄衮:隋代著名建筑师。参与了营建新都大兴城的工作,以善绘建筑图著称。

③罕俦:很少可与相比。

【译文】

"上述这样的用水力操纵的机械玩具共有七十二种样式,所有人都是用木头雕刻而成,木人或乘船,或立于山石、水中陆地、盘石或宫殿之上。木人高约二尺,用绮丽的丝绸作为外衣,以金箔碧玉装饰表面,制作出的禽鸟、野兽、游鱼等形态的机械,都能够像活物般灵动自如,沿着蜿蜒曲折的水道自动运行。这些在水中设置的精密机械装置,展现出极其精妙的效果,皆源于黄衮的奇思妙想,其技艺之巧,在古今历史上都难有匹敌者。"

避车驾

《集异记》[①]:"天宝末,崔圆在益州[②]。暮春上巳,与宾客将校数十百人[③],具舟楫游于江[④],都人纵观如堵。是日,风色恬和[⑤],波流静谧[⑥]。初宴作乐,宾从肃然。忽闻下流十数里,丝竹竞奏,笑语喧然,风水传送如咫尺[⑦]。须臾渐近,楼船百艘[⑧],塞江而至,皆以锦绣为帆,金玉饰舟,旄纛盖伞[⑨],旌旗戈戟,缤纷照耀。中有朱紫十数人,绮罗妓女凡百,饮酒奏乐方酣。他舟则列从官武士五六千人,持兵戒严[⑩],溯沿中流,良久而过。圆即令询问,随行数里,近舟,舟中方言曰:'天子将幸巴剑[⑪],蜀中诸望神祇[⑫],迁移避驾,幸无深怪。'圆骇愕[⑬],因罢会。时朝廷无事,自此先为其备。明岁南狩[14],圆应办卒无所阙。"

【注释】

①《集异记》:又题《古异记》,原书三卷,唐薛用弱撰。该书主要记载隋唐间奇闻异事,性属"轶事",亦间杂"志怪"。薛用弱,字中胜,河东(今山西永济)人。唐文学家。

②崔圆(705—768):字有裕,唐贝州武城(今山东武城西北)人。喜读兵书,开元中以钤谋射策甲科,授执戟。后为杨国忠引荐,拜尚书郎。天宝末特迁蜀郡大都督府长史、剑南节度,事先为玄宗入蜀做了准备。

③将校:将官和校官。

④舟楫:船和桨。此泛指船只。

⑤风色:天气。恬和:安静平和。

⑥静谧(mì):平静。

⑦咫尺:比喻相距很近。

⑧楼船:有楼的大船。

⑨旄纛(máo dào):指古代帝王乘舆上用牦牛尾制成的用以翳蔽之物。

⑩持兵:手握兵器。

⑪巴剑:巴州和剑州。底本作"已敛",误。巴州,北魏延昌三年(514)置,"盖取古巴国以为名",治汉昌县(今四川巴中)。剑州,唐先天二年(713)改始州置,"取剑阁为名",治普安县(今四川剑阁)。

⑫神祇(qí):指天神和地神。泛指神明。

⑬骇愕:惊讶,惊愕。

⑭南狩:犹南巡。此指唐玄宗因安史之乱南逃到蜀地。

【译文】

《集异记》:"天宝末年,崔圆在益州。暮春三月上巳日,崔圆与宾客及属下将官、校官近百人,乘船游锦江,江岸上人都在观看,围得水泄不通。这一天，天气温和，水面平静无波。起初演奏宴乐时，宾客和仆从都很肃静。忽然听到下游十几里处，有多种乐器同时奏响，音乐声中夹杂着人群谈笑声，借助风水传递，竟似近在咫尺。一会儿逐渐靠近，有百余艘高大的楼船到来，几乎堵塞了江面，船帆都用锦绣制成，船体镶金嵌玉，牦牛尾装饰的华盖与伞具，各类旗帜兵器阵列，色彩斑斓、光芒夺目。居中一条船上有身穿红色、紫色官服的十几人，还有身穿绮罗的歌女舞妓近百人，众人正沉浸在饮酒奏乐的欢畅中。其他船上则是属官和武士五六千人，手握兵器警戒，船队在河流中央逆流而行，很长时间才过去。崔圆随即派人打听，跟了几里地，才靠近船队，船上的人说：'皇帝要巡幸巴州、剑州一带，蜀中各地神明，都必须迁移回避圣驾，希望你们不要见怪。'崔圆听后非常惊愕，因而停止游江宴会。当时朝廷平安无事，崔圆根据神灵预示提前进行筹备。第二年安史之乱，皇帝因战乱南逃至蜀地，因崔圆早有准备，所需人员、物资均未出现短缺。"

降真圣

《玄天大圣本传经》①："昔大罗境上无欲天宫净乐国王善胜皇后②，夜梦吞日，觉乃怀孕。其母气不纳邪③，日常行道④。既经二十四载，仍及八千余辰，于开皇元年三月三日申时降诞⑤，相貌殊伦⑥。后既长成，玉皇有诏封为玄武⑦，镇于北方，显迹之因⑧，自此始也。"

【注释】

①《玄天大圣本传经》：即《太上说玄天大圣真武本传神咒妙经》，一卷。道教经典之一。

②大罗境：即大罗天。道教所称三十六天中最高一重天。

③母气：指母亲（善胜皇后）怀孕期间的胎气。

④行道：修道。

⑤降诞：诞生，降生。

⑥殊伦：出众。

⑦玄武：北方的神，即今道教所奉祀的真武大帝，宋代因避宋圣祖赵玄朗之讳改玄为真。又因其居北方，北方属水，故一说为水神。

⑧显迹：显赫的业迹。

【译文】

《太上说玄天大圣真武本传神咒妙经》："从前大罗天上无欲天宫净乐国王善胜皇后，夜里梦见吞下太阳，醒来后即怀有身孕。善胜皇后怀孕期间的胎气不受邪气侵扰，每日坚持修行道法。历经二十四年，及八千余辰，真武大帝于开皇元年三月三日申时诞生，相貌超越常人、无与伦比。后来长大成人，玉皇大帝下诏封为玄武大帝，镇守北方，显赫业迹的起因，就从这时开始。"

遇仙道

《续神仙传》[①]："王可交，苏州华亭人也[②]，以耕钓自业[③]，居于松江南赵屯村。一旦[④]，棹渔舟高歌入江[⑤]。行数里间，忽见一彩舫[⑥]，漾于中流[⑦]。有道士七人，皆玉冠霞帔[⑧]，服色各异，侍卫皆鬏角云鬟[⑨]。一人呼可交姓名，方惊异，不觉渔舟已近舫侧。一道士令引可交上舫，见七人之前，各有杯盘，可交立于筵末。一人曰：'好骨相[⑩]，合有仙分[⑪]。生于凡贱间[⑫]，已炙破矣[⑬]。可与酒吃。'侍者泻酒[⑭]，再三不出。道士曰：'酒乃灵物，若得入口，当换骨也[⑮]。泻之不出，亦命分也[⑯]。但与栗吃。'俄一人于筵上取二栗与可交，令便吃。视之，其栗有赤光[17]，如枣，长二寸许，啮之有核[18]，肉脆而甘。久之，食尽。一人曰：'王可交已见之矣，可令去。'觅所乘渔舟，不见。道士曰：'不必渔舟，但合眼自到。'于是合眼，似行非行，所闻若风水林木浩浩之声[19]。及开眼，但见峰峦重叠[20]，松柏参天，坐于石上。

【注释】

①《续神仙传》：又称《续仙传》，三卷，南唐沈汾撰。该书为神仙人物传记，计三十六人。沈汾，一作沈玢，五代南唐时人。历官溧水县令兼监察御史，晚年退居乐道，尤好神仙之说。

②苏州华亭：今上海松江。

③耕钓：种田打鱼。

④一旦：有一天。

⑤棹（zhào）：划船的一种工具，形状和桨差不多。

⑥舫：船。

⑦漾：漂荡。

⑧玉冠：道士的帽子。霞帔（pèi）：绣有云霞图形的披肩。

⑨鬃角：束发为髻。云鬟（huán）：高耸的环形发髻。

⑩骨相：指人或动物的骨骼、形体、相貌。

⑪仙分：谓成仙的素质及缘分。

⑫凡贱：凡间贫贱之家。

⑬炙破：原指被火灼烧破损，此处为相学术语，特指眉间（印堂）因某种原因受损。

⑭泻酒：斟酒。

⑮换骨：道家谓服食仙酒、金丹等使之化骨升仙。

⑯命分：犹命运。

⑰赤光：红光。

⑱啮（niè）：咬，啃。

⑲浩浩：声音宏大。

⑳峰峦：连绵的山峰。

【译文】

《续神仙传》："王可交，苏州府华亭县人，以务农和捕鱼作为谋生手段，居住在松江南岸的赵屯村。有一天，他划着渔船高唱着渔歌进入松江。划行了几里地，忽然看见一只彩船，在水中漂荡。彩船中有七位道士，都戴着道士帽，披着绣有云霞图形的披肩，衣服颜色各不相同，侍从都是束发或高耸的环形发髻。船上有个道士喊王可交的名字，他正感到惊异时，没察觉自己的渔船已经靠近了彩船的船舷。一个道士领王可交上了彩船，只见七位道士的面前，都各自摆有杯盘，王可交站在筵席最末端。一个道士说：'这人骨相很好，应该有成仙的缘分。只是他生于凡间贫贱之家，眉间受损。可赐予灵酒。'一名侍者前来斟酒，怎么也倒不出来。道士说：'酒是通灵之物，若能入口，当能换骨升仙。灵酒无法倾倒入口，也是命中不该。以栗子替代。'一会儿一位道士从酒桌上拿了两个栗子，给了王可交，让他吃。王可交看那栗子，那栗子有红光，像枣，二寸多长，一啃有核，栗肉又脆又甜。吃了很久，才把两个栗子吃完。一个道士说：'王可交已经见过了，可以让他回去了。'王可交寻找自己乘坐的渔舟，却不见踪影。道士说：'不必坐渔船，你闭上眼就到了。'王可交于是闭上眼睛，感觉自己似走非走，耳边听到风声、水声和林木之声。睁开眼时，只见连绵起伏的山峰层层叠叠，高大的松柏直插云霄，自己坐在一块石头上。

"俄顷，采樵者并僧十余人来，问可交何人，具以前事对。又问何日离家，可交曰：'今日早离家。'又问：'今日是何日？'对：'是三月三日。'樵者与僧惊异：'今日九月九日矣。’可交问地何所，僧曰：‘此是天台瀑布寺前[1]。’又问：‘此去华亭多少地？’僧曰：‘水陆千余里[2]。’可交自讶不已。僧邀归寺，设食，可交但言饱，不喜闻食气[3]，唯饮水耳。可交食栗之后，已绝谷[4]，动静若有神助。不复耕钓，归挈妻子往四明山[5]。居十余年，复出明州货药[6]，里巷皆言王仙人药，图其形像，可辟邪魅[7]。后三十年，再入四明山，不复出，亦时有见之者。”

【注释】

①天台：即天台山。又称“天梯山”“台岳”。位于今浙江天台北。以山形如八叶覆莲，有八支八溪及上台、中台、下台等，似三星之台宿，故称天台。

②水陆：水路和陆路。

③食气：食物的气味。

④绝谷：即辟谷。谓不食五谷。道教的一种修炼术。辟谷时，仍食药物，并须兼做导引等工夫。

⑤挈（qiè）：带，领。四明山：古称勾余山。在浙江宁波西南。天台山支脉。据《浙江通志》载：“上有方石，四面如窗，中通日月星宿之光，故曰四明山。”

⑥明州：唐开元二十六年（738）分越州地置，治鄮县（今浙江宁波东南），大历中移治今宁波。因境内四明山得名。货：卖。

⑦邪魅：作祟害人的鬼怪。

【译文】

“一会儿，打柴的樵夫和十多个僧人一同到来，问王可交是什么人，王可交就把详情说了。又问他什么时候离开的家，王可交说：‘今天早上离开的家。’那些人又问：‘今天是几月几日？’王可交回答：‘是三月三日。'打柴的樵夫和僧人都很惊异,说:'今天已是九月九日了。'王可交又问这里是什么地方,一位僧人说:'这里是天台山的瀑布寺前。'王可交又问:'这里离华亭有多远?'僧人说:'水路和陆路相加一千多里。'王可交惊讶不已。僧人邀请他到寺院,并请他吃饭,王可交只说不饿,不喜欢闻食物的气味,只是想喝水。王可交自从吃了道士给的栗子后,就已不食五谷,一举一动都像有神明暗中相助。从此他不再种田打鱼,回家后带着妻儿前往四明山。住了十多年,又出山到明州卖药,乡邻都说是王仙人药,画一张王可交的像,可以避除作祟害人的鬼怪。过了三十多年,王可交又进入四明山,不再出来,现在也时常有人见到他。"

获狐书

《乾𦠆子》①:"唐神龙中②,庐江何让之③,上巳日将陟老君庙④,瞰洛中游春冠盖⑤。庙之东北二百余步,有大丘三四,时亦号后汉诸陵。故张孟阳《七哀》诗云⑥:'恭文遥相望⑦,原陵郁膴膴⑧。'原陵,即光武陵。又一陵上有柏枝数株,其下盘土,可容数人坐。见一翁,姿貌异常辈⑨,眉须皓然⑩,着赍幪巾⑪,襦袴⑫,帻乌纱⑬,抱膝南望,吟曰:'野田荆棘春⑭,闺阁绮罗新⑮。出没头上日,生死眼中人。欲知我家在何处,北邙松柏正为邻⑯。'

【注释】

①《乾𦠆(zhuàn)子》:三卷,唐温庭筠撰。该书为唐代志怪杂事集。《乾𦠆子》乃受《酉阳杂俎》影响而撰。陈振孙《直斋书录解题》云:"序言不爵不觥,非炰非炙,能悦诸心,聊甘众口,庶乎'乾𦠆'之义。'𦠆'与'馔'同字。"温庭筠(约812—约870),字飞卿,

号温锺馗、温八叉，太原祁县（今属山西）人。工诗，与李商隐齐名，人称“温李”；又为“花间派”词人之首，与韦庄齐名，合称“温韦”。后人辑有《温飞卿诗集》等。

②神龙：周武则天年号，唐中宗李显沿用（705—707）。

③庐江：南朝梁天监末置庐江县，治今安徽庐江。隋、唐属庐州。

④陟（zhì）：登。老君庙：在今河南洛阳西北。唐宝应元年（762），仆固怀恩等于此败史朝义。

⑤瞰：俯视。游春：春天外出踏青。冠盖：泛指官员的冠服和车乘。

⑥张孟阳：即张载，字孟阳，安平武邑（今属河北）人。西晋文学家，与弟协、亢并称“三张”。

⑦恭：恭陵。东汉安帝刘祜之陵。文：文陵。东汉灵帝刘宏之陵。遥相望：二陵遥遥相对。

⑧原陵：陵名。东汉光武帝刘秀之陵。朊朊（wǔ）：膏腴，肥沃。《诗经·大雅·绵》：“周原朊朊，堇荼如饴。”毛传：“朊朊，美也。”

⑨见一翁，姿貌异常辈：底本作“见一翁婆貌异常辈”，据《太平广记》改。

⑩眉须皓然：眉毛胡须都白了。

⑪賨幪（cóng méng）巾：古代西南少数民族賨人的织锦头巾。賨，古代西南地区少数民族之一。

⑫襦袴（rú kù）：短衣与裤。

⑬帻（zé）：古代的头巾。

⑭荆棘：泛指山野丛生多刺的灌木。

⑮闺阁：特指女子卧室。

⑯北邙：山名。即邙山。因在洛阳之北，故名。东汉、魏、晋的王侯公卿多葬于此。

【译文】

《乾𦠆子》：“唐代神龙年间，庐江人何让之，上巳日将要登临老君庙，俯视洛阳城中人们游春冠盖相望车乘连连的景象。老君庙东北二百多步的地方，有三四座大坟丘，当时号称后汉诸陵。因此张孟阳《七哀》诗写道：'恭文遥相望，原陵郁膴膴。'原陵，就是汉光武帝的陵墓。又有一座陵上长有几株柏树，那下边有土堆，可容纳几个人坐在那里。只见一老翁，容貌气质异于常人，眉须皆白，头戴賨幪巾，身穿短衣裤，配乌纱头饰，抱着膝向南瞭望，吟诵道：'野田荆棘春，闺阁绮罗新。出没头上日，生死眼中人。欲知我家在何处，北邙松柏正为邻。'

"俄有一贵戚，金翠舆车[①]，如花之婢数十[②]，连袂笑乐而出徽安门[③]。让之方叹栖迟[④]，独行踽踽[⑤]，翁忽又吟曰：'洛阳女儿多，无奈狐翁老去何！'让之讶翁非人，遽前执之。翁倏然跃入丘中[⑥]，让之从焉。初入丘瞑黑，久辨其隧，翁已复本形矣。遽见一狐跳出，尾有火，复如流星。让之出玄堂外[⑦]，见一几，上有朱盏笔砚之属[⑧]，又一帖文书，纸尽灰色，文字不可晓解，略记可辨者，其一云：'正色鸿焘[⑨]，神思化伐[⑩]。穹施后承[⑪]，光负玄设[⑫]。呕沦吐萌[⑬]，垠倪散截[⑭]。迷肠郗曲[⑮]，霿音朦露乙林切霾噎入声[⑯]。雀毁龟水[⑰]，健驰御屈[⑱]。拿尾研动[⑲]，袾袾晰晰[⑳]。淈用秘功[㉑]，以岭以穴。拖薪伐药[㉒]，莽野万茁[㉓]。顺律则祥[㉔]，佛伦惟萨[㉕]。牡虚无有[㉖]，颐咽蕊屑[㉗]。肇素未来[㉘]，晦明兴灭[㉙]。'其二辞曰：'五行七曜[㉚]，成此闰余[㉛]。上帝降灵，岁旦涒徐[㉜]。蛇蜕其皮，吾亦神摅[㉝]。九九六六[㉞]，束身天除[㉟]。何以充喉[㊱]，吐纳太虚[㊲]。何以蔽踝，霞袂云袽[㊳]。哀尔浮生[㊴]，栉比荒墟[㊵]。吾复颢气[㊶]，还形之初[㊷]。在帝左右，道济忽诸[㊸]。'题云《应天狐超异秘策八道》[㊹]。后文甚繁，难以详载。让之获此书帖，怀以出穴。

【注释】

①金翠：指金玉和翠羽装饰，形容车辇的华贵。舆车：古代贵族乘坐的车驾。

②婢：底本作“妓”，据《太平广记》改。

③连袂（mèi）：手拉手。徽安门：隋唐时东都洛阳的城门。

④让之方叹栖迟：底本作“让之正方叹栖迟”，据《太平广记》改。栖迟，漂泊失意。

⑤独行踽踽（jǔ）：独自孤寂行走。

⑥倏然：突然。

⑦玄堂：指墓穴的后室或核心区域。

⑧朱盏：古代文具。盛贮朱色墨汁的盂盏。笔砚：毛笔和砚台。

⑨正色：这里指天。焘（dào）：覆盖。

⑩神思：精神，心绪。

⑪穹：苍穹。

⑫光：象征显化。负：承载。玄设：指深奥的宇宙法则。

⑬呕沦：拟声词，或指混沌初开时的翻涌状态。吐萌：吐出萌芽，象征万物从混沌中萌发、生长。

⑭垠倪散截：底本作“垠倪斫截”，据《太平广记》改。指天地秩序的崩坏或自然力量的失控。垠倪，象征天地的边界。垠，边际。倪，涯际。散截，暗示分散截断，可能暗喻宇宙混沌或人世动荡。

⑮迷肠郗曲：底本作“迷旸郗曲”，据《太平广记》改。迷肠，指思绪混乱。郗曲，或作“却曲”，指蜿蜒曲折。合指精神迷失或人生坎坷。

⑯霨霒霾曀（duì yīn mái yì）：形容混沌阴暗的自然景象。霨霒，浓云密布。霒，同“阴”。霾曀，指昏暗阴沉的天气。

⑰雀毁：可能指鸟类破坏。龟水：或为龟形水域。

⑱健驰：指强健奔驰。御屈：受制，屈服。

⑲拿尾：可能指抓住尾部或尾部动作。

⑳祩祩（zhù）：祷告的样子。哳哳（zhā）：形容声音烦杂细碎。

㉑湣（mǐn）：推测与水流或秘法运转相关。

㉒拖薪：即砍伐柴薪。伐药：指采集草药。

㉓莽野万茁：谓原野草木众多茂盛。

㉔顺律：顺应自然法则。

㉕佛伦：指佛门伦理。萨：可解为菩萨境界。

㉖牡虚：丘陵虚空。《大戴礼记·易本命》："丘陵为牡，溪谷为牝。"

㉗颐咽：吞咽动作，或指道家修炼中的吐纳导引之术。蕊屑：花蕊碎末，象征精微物质。

㉘肈（zhào）素：原初，初始。

㉙晦明：昼夜交替，象征阴阳消长。兴灭：万物生灭循环。

㉚七曜（yào）：指日、月及金、木、水、火、土五星。

㉛闰余：农历一年和一回归年相比所多余的时日，或指闰月。

㉜涒（tūn）徐：古代历法术语，通常指太岁运行至某一方位，也可能与岁星（木星）运行周期相关。

㉝摅（shū）：舒展。

㉞九九六六："九九"象征阳数至极，"六六"对应阴数，可能暗指阴阳调和或宇宙循环的法则。

㉟束身：底本作"東身"，据《太平广记》改。意为约束自身。天除：指顺应天道、涤除凡尘。

㊱充喉：可能关联道家"服气"之术。

㊲吐纳太虚：吐故纳新，吸收天地之气。

㊳霞袂云袽（rú）：以云霞为衣袖，以粗布为衣襟。袽，旧絮，粗布。

㊴哀尔浮生：表达对众生易逝的悲悯。浮生，指短暂虚幻的人生。

㊵栉比：如梳齿般密集排列。

㊶颢（hào）气：指天地间清朗纯白之气。

㊷还形：返归本真形态。

㊸道济：道之济助。引申为修道者的境界得到圆满成就。忽诸：古汉语感叹词，或作“忽然”“迅速”解。

㊹天狐超异秘策：天狐科举考试的科目。

【译文】

“一会儿有一位贵戚，乘坐镶嵌黄金和翠玉饰物的车子，几十个如花似玉的婢女随行，她们手拉手说笑着走出徽安门。何让之正为自身漂泊困顿的境遇而叹息，独自孤单行走时，老翁忽然又吟诵道：‘洛阳女儿多，无奈狐翁老去何！’何让之察觉到眼前老翁并不是人，急忙上前去抓他。老翁忽然跳入坟丘，何让之也跟着跳了进去。初进墓穴时里面环境昏暗，一段时间后才分辨清楚地道，老翁已经恢复狐狸原形。何让之突然发现一只狐狸窜出，尾巴有火光，如流星般耀眼。何让之退出墓穴后室外，看到一张几案，上有朱盏、毛笔和砚台之类的东西，还有一帖文书，文书用纸全都是灰色的，上边的文字已经不能辨认。他将略微可辨别的文字记录如下，其一写道：‘正色鸿焘，神思化伐。穹施后承，光负玄设。呕沦吐萌，垠倪散截。迷肠郗曲，霿读音朦雺乙林切霾曀入声。雀毁龟水，健驰御屈。拿尾研动，袾袾晰晰。溜用秘功，以岭以穴。拖薪伐药，莽野万茁。顺律则祥，佛伦惟萨。牡虚无有，颐咽蕊屑。肇素未来，晦明兴灭。’其二写道：‘五行七曜，成此闰余。上帝降灵，岁旦涒徐。蛇蜕其皮，吾亦神摅。九九六六，束身天除。何以充喉，吐纳太虚。何以蔽踝，霞袂云袽。哀尔浮生，栉比荒墟。吾复颢气，还形之初。在帝左右，道济忽诸。’题目是《应天狐超异秘策八道》。后边的文字特别繁杂，难以详细记载。何让之得到这一书帖，揣在怀里出了墓穴。

“后数日，水北同德寺僧志静来访让之[1]，说云：‘前者所获丘中文书，非郎子所用[2]，留之不祥。其人近捷上界之科[3]，可以祸福中国。其人已备三百缣[4]，欲购赎此书[5]，如何？'让之许诺。志静明日挈三百缣送让之[6]，让之领讫，遂绝志静[7]，言其书为往还所借，更一两日当征之[8]，便可归。后志静来，让之悉讳云[9]：'殊无此事，兼不曾有此文书。'志静无言而退。

【注释】

①同德寺：在洛阳城内景行坊。《唐会要》："华严寺，在景行坊。景云三年立为寺，开元二十一年改为同德寺。"

②郎子：对少年男子的美称。

③其人：底本作"前人"，据《太平广记》改。

④缣（jiān）：双丝织的浅黄色细绢。

⑤购赎：赎取，赎买。

⑥挈（qiè）：携带。

⑦绝：回绝。

⑧征：讨要。

⑨讳：隐瞒，不认账。

【译文】

"几天之后，水北岸同德寺僧人志静来拜访何让之，说道：'前两天您在坟丘中得到的文书，不能为您所用，留着会引发灾祸。文书的主人近来通过了天界的科举考试，可以左右中原的灾殃与幸福。那人已准备三百匹绢帛，想要赎回这本书，怎么样？'何让之答应了。志静第二天带三百匹绢送给何让之，何让之收下绢，却拒绝交出书帖给志静，说书帖被别人借去了，要过一两天才能讨要回来，就可以还给书帖主人了。过后志静来取书帖，何让之却全然不认账，说：'根本没有送三百匹绢这件事，更不曾有此书帖。'志静无言而退。

“经月余，让之先有弟在东吴[①]，别已逾年，一旦其弟且至焉。让之话家私中外[②]，因言一月前曾获野狐之文书，今见存焉。其弟固不信，让之揭箧[③]，取书帖示弟。弟捧而读之，掷于让之前[④]，化为一狐矣。未几，遽有敕捕内库被人盗贡绢三百匹，寻踪及此。俄又吏掩至[⑤]，直挐让之囊揭焉，果获同类缣，已费数十匹[⑥]，执让之付法[⑦]。让之不能雪[⑧]，卒毙枯木[⑨]。”

【注释】

①东吴：泛指吴地。

②家私中外：家庭内外的事。

③箧（qiè）：藏物的箱子。

④掷：跳跃。

⑤掩至：突然袭到。

⑥费：花费。

⑦付法：谓交付法司论罪。

⑧雪：洗刷，昭雪。

⑨枯木：指刑具。唐高彦休《唐阙史·秦中子得先人书》：“富室少年列状始末，诉于县官，诘问伏罪，遂置枯木。”

【译文】

“过了一个多月，何让之原本有个弟弟在吴地生活，兄弟分别已经一年多了，突然有一天他弟弟到家来。何让之与他谈及家庭内外的事情，顺带说到一个月前曾获得野狐狸的一帖文书，如今还在。他弟弟怎么也不相信，何让之打开书箱，取出书帖给弟弟看。弟弟捧着书帖读后，跳到何让之面前，变成了一只狐狸。不久，就有朝廷捕快因皇宫的府库被人偷盗贡绢三百匹，按踪迹找到这里。一会儿又有官吏突然到来，直接拿出何让之的口袋揭开看，果然查获同样的绢帛，已经用掉了几十匹，官吏抓住何让之交付法司论罪。何让之不能洗刷冤屈，最终死在刑具之下。”

感前定[①]

《前定录》：“天宝十四年，李泌三月三自洛乘驴归别墅[②]。路旁有朱门，而驴径入，不可制，其家人各将出。泌因相问，遂并入宅。邀泌入，既坐，又见妻子悉罗拜[③]，泌莫测之，疑是妖魅[④]。问其姓氏，答曰：‘窦廷芬[⑤]。’且请宿，泌甚惧之。廷芬曰：‘中桥有筮者胡芦生[⑥]，神之久矣。昨因筮告某曰：“不出三年，当有赤族之祸[⑦]，须觅黄中君方免[⑧]。”问如何觅黄中君，曰：“问鬼谷子[⑨]。”又问：“安得鬼谷子？”言公姓名是也。“宜三月三日，全家出城觅之。不见，必籍死无疑[⑩]。若见，但举家悉出哀祈[⑪]，必免矣。”适全家出访觅，而偶遇公，乃天济其举族命也。’供待备至。凡十余日，方得归。自此献遗不绝[⑫]。及禄山乱[⑬]，肃宗收西京[⑭]，将还秦[⑮]，收陕府[⑯]，获刺史窦廷芬，肃宗令诛之而籍其家。泌因具其事，且请使人问之，令其手疏验之[⑰]。肃宗乃遣使，使回，一如泌说。肃宗大惊，遽命赦之。因曰：‘天下之事，皆前定矣。’”

【注释】

①前定：预先注定。

②别墅：本宅外另建的园林住宅。

③罗拜：罗列而拜。

④妖魅：妖怪邪魅。

⑤窦廷芬：即窦庭芝。曾任陕郡太守。

⑥中桥：位于今河南洛阳长夏门。为石墩木梁桥。建于唐咸亨三年（672），因水涨桥受损，内使李昭德始垒石柱，自后无患。《元和郡县志·洛阳》："中桥，咸亨三年造，累石为脚，如天津桥之制。"

⑦赤族：诛灭全族。《汉书·扬雄传下》："客徒欲朱丹吾毂，不知一跌，将赤吾之族也。"颜师古注："诛杀者必流血，故云赤族。"

⑧黄中君：天子的别称。

⑨鬼谷子：此指李泌。因李泌祖先的坟墓在河清谷前的鬼谷，故称。

⑩籍死：犯罪被籍没致死。

⑪哀祈：哀求祈祷。

⑫献遗：谓奉赠财物。

⑬禄山乱：即安史之乱。

⑭西京：指西京长安。

⑮秦：此指唐都长安。

⑯陕府：即陕州，北魏太和十一年（487）置，治今河南三门峡陕州区。唐天宝元年（742）改为陕郡，乾元元年（758）复为陕州。

⑰手疏：亲自书写奏章。

【译文】

《前定录》："天宝十四年，李泌三月三日自洛阳骑驴回别墅。路旁有一富贵人家，而毛驴径自走了进去，李泌不能制止，这时遇到这家的人正要出门。李泌问了问，便一起走进宅院。主人邀请李泌进屋，坐下后，又见主人的妻子儿女出来罗列而拜，李泌不知道为什么，怀疑是妖怪鬼魅。李泌问其姓氏，主人回答：'窦廷芬。'并且请求李泌留宿，李泌很害怕。窦廷芬说：'中桥有个算命的胡芦生，占卜灵验如神，声名传播已久。昨天他为我算命时告诉我说："不出三年，你当有灭族之祸，必须找到黄中君才能幸免。"我问他怎么才能找到黄中君，他说："问鬼谷子。"我又问："怎么找到鬼谷子？"他说的就是您的姓名。"必须在三月三日这一天，全家出城去寻找。如果找不到，全家必被籍没致死。如果找到，需全家共同哀求祈祷，方可免于灾祸。"正当全家外出寻访时，偶然遇见了您，这正是上天为拯救整个家族的命运所做的安排。'窦廷芬对李泌招待得十分周到。过了十多天，李泌才回家。自此窦廷芬不断地给李泌赠送礼物。到安禄山叛乱，唐肃宗收复西京，将还师长安，收复陕府，抓获刺史窦廷芬，肃宗下令诛杀其全家，并登记所有的财产，加以没收。李泌详细向肃宗陈述了相关事件的来龙去脉，并且请求肃宗派人实地查证，让涉事者亲笔写奏章作为证据。肃宗于是派遣使者，使者返回汇报，结果与李泌的分析完全一致。肃宗非常惊奇，随即下令赦免窦廷芬的死罪。肃宗因而说：'天下的事，都是预先注定的。'"

归艳女

《异闻录》："垂拱中[①]，太学进士郑生，晨发铜驼里[②]，乘晓月[③]，渡洛桥[④]。桥下有哭声，甚哀。生下马察之，见一艳女，翳然蒙袂曰[⑤]：'孤养于兄嫂，嫂恶[⑥]，苦我，今欲赴水[⑦]，故留哀须臾。'生曰：'能逐我归否[⑧]？'应曰：'婢御无悔。'遂载与归所居，号曰汜人。能诵楚词《九歌》《招魂》《九辩》之书[⑨]，亦常拟词赋为怨歌[⑩]。其词艳丽，世莫有属者[⑪]，因撰《风光词》曰：'隆往秀兮昭盛时，播薰绿兮淑华归[⑫]。顾室荑与处萼兮[⑬]，潜重房以饰姿[⑭]。见耀态之韶华兮[⑮]，蒙长霭以为帷[⑯]。醉融光兮眇眇弥弥[⑰]，远千里兮涵烟湄[⑱]。晨陶陶兮暮熙熙，无婑娜之秾条兮[⑲]，娉盈盈以披迟[⑳]。酬游颜兮倡蔓卉[㉑]，谷流倩电兮发随旋[㉒]。'生居贫，汜人尝出轻缯一端卖之[㉓]，有胡人酬千金。后居岁余，生将游长安，汜人谓生曰：'我湘中蛟室之姝也[24]，谪而从君[25]。今岁满，无以久留君所。'乃与生诀而去。

【注释】

①垂拱：唐武则天年号（685—688）。

②晨发：清晨出发。铜驼里：即铜驼陌、铜驼街。《太平御览》卷一五八引晋陆机《洛阳记》："洛阳有铜驼街，汉铸铜驼二枚，在宫南四会道相对。俗语曰：'金马门外集众贤，铜驼陌上集少年。'"后因以"铜驼陌"借指繁华游乐之区。

③晓月：拂晓的残月。

④洛桥：指洛阳天津桥。桥在洛水上，故亦称"洛桥"。

⑤翳（yì）然：形容昏暗或阴郁的状态，此指人物神情哀伤。蒙袂（mèi）：指用衣袖遮住脸，谓不愿见人。

⑥恶：恶毒。

⑦赴水：指投水自尽。

⑧逐：跟随。

⑨楚词：楚辞，本为战国时代南方楚国的诗歌。战国楚屈原吸收其营养，创作出《离骚》等巨制鸿篇，后人仿效，名篇继出，成为一种有特点的文学作品，通称楚辞。《九歌》：《楚辞》篇名。《九歌》原为传说中一种远古歌曲的名称。《招魂》：《楚辞》篇名。司马迁认为是屈原所作。王逸《楚辞章句》以为是宋玉作，"宋玉怜哀屈原忠而斥弃，愁懑山泽，魂魄放佚，厥命将落，故作《招魂》，欲以复其精神，延其年寿"，朱熹《楚辞集注》从之。《九辩》：《楚辞》篇名。王逸认为此篇是宋玉"闵惜其师忠而放逐，故作《九辩》以述其志"。

⑩怨歌：悲歌。

⑪属：匹敌，比肩。

⑫橎（fán）：木名。薰绿：绿色的薰草。薰，香草。淑：美好。华：花。

⑬顾：顾盼。室荑（tí）、处萼：都是以初生的花草比喻少女。荑，茅的嫩芽。泛指草木萌生的叶芽。萼，花萼、萼片的总称。

⑭潜：深藏。重房：即深闺。饰姿：修饰姿容。

⑮耀态：指光彩照人的姿态。韶华：底本作“韶差”，据《太平广记》改。指青春年华。或作“韶羞”，娇美羞涩貌。

⑯霭：云气。帷：帐幔。

⑰醉：陶醉。融光：和谐惬意的时光。

⑱涵烟湄（méi）：水天交接，涵混一气。涵，包览。湄，水边。

⑲婑娜（wǒ nuó）：轻柔美好貌。秾（nóng）条：开满繁花的枝条。

⑳娉（pīng）：美。盈盈：仪态美好貌。盈，通“嬴”。

㉑酬：回应，酬答。游颜：指宴游或游赏时的容颜。倡：通“娼”，此处指歌舞女子。蔓卉：形容如蔓生花卉般繁盛、蔓延的舞姿。

㉒旎（nǐ）：柔美的样子。

㉓端：古布帛长度名，一端为六丈。

㉔湘中：此指湘水。蛟室：犹龙宫。姝（shū）：美女。

㉕谪（zhé）：旧时迷信指神仙受处罚，被降到人间。

【译文】

《异闻录》：“垂拱年间，太学进士郑生，清晨出发前往铜驼陌，趁着拂晓的残月，渡过洛桥。听到桥下有哭声，声音甚是哀切。郑生下马前去察看，看见一个美艳的女子，神情哀伤地用袖子蒙住脸说：‘我是个孤儿，由兄嫂抚养，但嫂子很恶毒，狠心折磨我，今天我想投水自尽，故在此短暂停留哀泣。’郑生说：‘你愿意随我回家吗？’女子应声说：‘就是做婢女服侍您，我也绝不后悔。’于是就用船载着女子一同回家，称女子为汜人。女子能背诵《楚辞》中的《九歌》《招魂》《九辩》等，也经常模仿《楚辞》辞赋的体例创作以哀怨为主题的诗歌。她的作品文辞华美绮丽，世间无人能与之相提并论，其中一首《风光词》写道：‘隆往秀兮昭盛时，橎薰绿兮淑华归。顾室荑与处萼兮，潜重房以饰姿。见耀态之韶差兮，蒙长霭以为帷。醉融光兮眇眇弥弥，远千里兮涵烟湄。晨陶陶兮暮熙熙，无矮娜之秾条兮，娉盈盈以披迟。酬游颜兮倡蔓卉，谷流倩电兮发随旎。'郑生家中贫困，汜人曾经出售一端丝织品，有西域商人以千金高价购买了去。过了一年多后，郑生将要游历长安，汜人对郑生说：'我是湘水龙宫的神女，因受天界责罚下凡追随您。今年贬谪期限已至，不能久留您家了。'于是与郑生诀别而去。

"后十余年，生兄为岳州刺史[①]。会上巳日，与家徒登岳阳楼[②]，望鄂渚[③]，张宴[④]，乐酣。生愁思，吟曰：'情无限兮荡洋洋[⑤]，怀佳期兮属三湘[⑥]。'声未终，有画舻浮漾而来[⑦]。有彩楼，高百余尺，其上施帷帐，栏笼画饰[⑧]。帏褰[⑨]，有弹弦歌吹者，皆神仙蛾眉[⑩]，披服烟霞，裾袖[⑪]。中有一人起舞，含嚬怨慕[⑫]，形类汜人[⑬]，舞而歌曰：'溯青春兮江之隅[⑭]，拖湖波兮袅绿裾。何拳拳兮来舒，非同归兮何如！'舞毕敛袖，翔然凝望[⑮]。楼中纵观，生方临槛，而波涛崩怒，遂迷所往。"东坡《赠人过徐州》词云："秋风南浦送归船[⑯]，画帘重见水中仙。"

【注释】

①岳州：隋开皇九年（589）改巴州置，治巴陵县（今湖南岳阳）。

②家徒：家人，家属。

③鄂渚：沙洲名。相传在今湖北武汉黄鹄山上游三百步的长江中。隋开皇九年（589）置鄂州，即取鄂渚为名。

④张宴：设宴。

⑤无限：无边际。洋洋：盛大貌。

⑥佳期:《楚辞·九歌·湘夫人》:"登白薠兮骋望,与佳期兮夕张。"王逸注:"佳谓湘夫人也……与夫人期歆飨之也。"后用以指男女约会的日期。三湘:湖南湘乡、湘潭、湘阴(或湘源),合称三湘。但古人诗文中的三湘,多泛指湘江流域及洞庭湖地区。

⑦画舻:装饰华丽的船。画,表示有画饰。舻,指船头或船尾,借指船。浮漾:在水面漂浮荡漾。

⑧栏笼:指彩楼的栏杆和围栏结构,可能包含镂空或雕花设计,形似笼状。画饰:指栏杆及周围装饰的彩绘图案。

⑨帏褰(qiān):撩起帘幕。褰,撩起,用手提起。

⑩蛾眉:美女的代称。

⑪裾(jū):衣服的大襟。

⑫含嚬(pín):怀忧皱眉。嚬,同"颦",皱眉。怨慕:泛指因不得相见而思慕。

⑬形类汜人:底本作"形颜汜人",据《太平广记》改。

⑭溯(sù):沿流而上。隅(yú):边,角。

⑮翔然:神态安详。凝望:注目远望。

⑯南浦:南面的水边。后常用称送别之地。《楚辞·九歌·河伯》:"子交手兮东行,送美人兮南浦。"王逸注:"愿河伯送己南至江之涯。"

【译文】

"十多年后,郑生的哥哥成为岳州刺史。恰逢上巳日,郑生与家人一同登上岳阳楼,从岳阳楼远眺鄂渚,大设宴席,众人情绪高涨。郑生心生愁绪,吟咏道:'情无限兮荡洋洋,怀佳期兮属三湘。'吟诵声未落,有装饰华丽的船从水面漂浮荡漾而来。船上有座彩楼,高约百尺,上面悬挂帘幕,围栏上布满精美彩绘。撩起帘幕,里面有弹奏乐器、歌唱吹奏的人,都容貌超凡,眉目如画,身披云雾霞光般的服饰,宽大衣袖随风飘动。彩船中有一女子起身舞蹈,女子面带愁容流露哀怨思慕之情,形态像是汜人，她边舞边唱道：'溯青春兮江之隅，拖湖波兮袅绿裾。何拳拳兮来舒，非同归兮何如！'她跳完舞，收敛衣袖，神态安详，注目远望。众人在岳阳楼远眺江景，郑生正倚靠在围栏边，突然江面风浪大起，波涛汹涌，画舫与舞者瞬间消失。"苏轼《赠人过徐州》词写道："秋风南浦送归船，画帘重见水中仙。"

索幽婚[①]

《搜神记》："卢充，范阳人[②]。家西三十里，有崔少府墓。充冬至日，出宅西猎，射獐中之[③]。獐倒而起，充逐之，不觉远。忽见道北一高门，如府舍[④]，问铃下[⑤]，对曰：'崔少府宅也。'充进见少府，酒数行，曰：'近得尊府君书[⑥]，为君索小女为婚，故相迎尔。'崔以书示充，乃亡父手迹，即欷歔无复辞免[⑦]。便敕内云：'卢郎已来，便可使女庄严[⑧]。'至黄昏，内白女郎严竟，崔语充：'可至东廊。'既至，妇已下车，即共拜。为给食三日毕，崔谓充曰：'君可归，生男当以奉还，无相疑。生女当留养。'充到家，母问其故，充悉以对。

【注释】

①幽婚：魏晋志怪小说中谓人与鬼结婚。

②范阳：三国魏黄初七年（226）改涿郡置，治涿县（今河北涿州）。

③獐：野兽名。像鹿，比鹿小，头上无角，有长牙露出嘴外。皮可以做衣服。也叫"牙獐"。

④府舍：官舍，官邸。

⑤铃下：指侍卫、门卒或仆役。

⑥尊府：对他人父亲的敬称。

⑦欷歔（xī xū）：指不停地哭泣抽噎。

⑧庄严：装饰端正。

【译文】

《搜神记》："卢充，范阳郡人。他家西边三十里，有崔少府的墓。卢充在冬至日，出门往西去打猎，射中一头獐子。獐子中箭倒地后又突然站起来逃跑，卢充紧追不舍，不知不觉就追远了。忽然看见道北有一座高大的门，如同官舍，问门卒，门卒回答：'这是崔少府的宅院。'卢充进去拜见少府，敬了几次酒后，崔少府说：'近来得到令尊的书信，为你讨取我的小女儿为婚，因此在这里迎接你。'崔少府把书信拿给卢充看，果然是卢充死去父亲的手迹，卢充十分难过，抽噎不停，于是就不再推辞。崔少府就向里面的人说道：'卢郎已来，可使女儿梳妆打扮。'到黄昏时，里面的人说女儿已梳妆好，崔少府对卢充说：'可到东廊去。'到了东廊，崔女已经下车，两人立即拜堂成婚。卢充在崔府吃喝三天后，崔少府对卢充说：'你可以回去了，如果生了儿子必当奉还，不要怀疑。如果生了女儿就留在我这儿养。'卢充回到家，母亲问他怎么回事，卢充详细讲了事情的全部经过。

"别后四年，三月三日，充临水戏，忽见傍有犊车[①]，乍沉乍浮，既而上岸。充往开车，见崔氏女与三岁男共载。女抱儿以还充，又与金碗，并赠诗曰：'煌煌灵芝质[②]，光丽何猗猗[③]。华艳当时显[④]，嘉异表神奇[⑤]。含英未及秀[⑥]，中夏罹霜萎[⑦]。荣耀长幽灭[⑧]，世路永无施。下悟阴阳运[⑨]，哲人忽来仪[⑩]。'充取儿、碗及诗，忽然不见。充后诣市卖碗，崔氏姨识之。语充曰：'昔我姨嫁少府，生女，未出而亡。家亲痛之，赠以金碗着棺中。可说得碗本末？'充以事对。赍碗白母，母即令迎充及儿还。诸亲悉集，儿有崔氏之状，又似充貌。儿、碗俱验，姨母曰：‘我外生也[11]。’即字温休。长成令器[12]，历郡守，子孙冠盖相承至今。其后植[13]，字子幹，有名天下。”杜诗云：“昨日玉鱼蒙葬地，早时金碗出人间[14]。”《广异记》云：“汉天子以玉鱼一双，殓葬楚王戊之太子[15]。”

【注释】

①犊车：牛车。

②煌煌：明亮辉耀貌，光彩夺目貌。

③光丽：华美。猗猗（yī）：美盛貌。

④华艳：华丽。

⑤嘉异：特别赞美。

⑥含英：花含苞而未放。

⑦中夏：夏季之中，指农历五月。后亦指盛夏。

⑧荣耀：美好的声誉。

⑨下悟：没有觉察。

⑩哲人：智慧卓越的人。来仪：比喻杰出人物的降临。

⑪外生：这里指甥外孙，姊妹之外孙。

⑫令器：优秀的人才。

⑬植：即卢植（？—192），字子幹，涿郡涿县（今河北涿州）人。东汉末年大臣、经学家，著有《尚书章句》《三礼解诂》等。

⑭昨日玉鱼蒙葬地，早时金碗出人间：出自杜甫《诸将五首·其一》。玉鱼，传说吴楚七国反时，楚王戊太子适朝京师，未从坐，死于长安，天子敛以玉鱼一双。见唐韦述《两京新记》。后因以“玉鱼”指殉葬品。

⑮楚王戊：即楚王刘戊（？—前154），西汉宗室，楚王（前174—前154年在位）。

【译文】

“卢充与崔氏女分别后四年，三月三日，卢充在水边嬉戏，忽然看见岸旁水中有一辆牛车，一会儿沉没一会又浮起，后来就上岸了。卢充前去打开牛车，看见崔氏女抱着一个三岁的男孩。崔氏女把孩子交给卢充，又给了一个金碗，还赠诗写道：‘煌煌灵芝质，光丽何猗猗。华艳当时显，嘉异表神奇。含英未及秀，中夏罹霜萎。荣耀长幽灭，世路永无施。下悟阴阳运，哲人忽来仪。’卢充接过孩子、金碗和题诗后，崔氏女忽然消失了。卢充后来去街市卖碗，崔氏女的姨妈认出了这个金碗。她儿子对卢充说：‘当年我姨妈嫁给崔少府，生了一个女儿，还没出嫁就死了。家里的长辈很悲痛，赠了一个金碗在棺中给她陪葬。你能告诉我你得到这金碗的经过吗？’卢充就如实说了。儿子带着金碗回来告诉母亲，他母亲立即下令迎接卢充及孩子回家。所有亲戚都来看望，这孩子长得既像崔氏又像卢充。孩子、金碗都验证过后，崔氏女的姨妈说：‘这是我的甥外孙。’就给他起名卢温休。后来卢温休长大成才，当了郡守，他的子孙代代做官，一直传到现在。卢充有个后代叫卢植，字子幹，天下闻名。”杜甫诗写道：“昨日玉鱼蒙葬地，早时金碗出人间。”《广异记》记载：“汉朝天子用玉鱼一双，殓葬楚王刘戊的太子。”

食乌芋[①]

《本草》：“乌芋，一名水萍。三月三日，采根暴干[②]，主消渴益气[③]。”《衍义》曰[④]：“乌芋，今人呼为葧脐[⑤]。皮厚黑肉硬者，谓之猪葧脐。皮薄色白淡紫者，谓之羊葧脐。正、二月人采食之，药罕用。荒岁人多采以充粮[⑥]，亦以作粉，食之厚人肠胃不饥。服丹石尤宜，以其能解毒。”《尔雅》谓之“芍”。

【注释】

①乌芋：荸荠的别名。

②暴（pù）：晒。

③消渴益气：生津止渴，益气养阴。

④《衍义》：即《本草衍义》，二十卷，北宋寇宗奭撰。该书以《证类本草》为蓝本，参考诸家之说，并结合了许多自己的实际考察和实验结果，以订正旧说的纰缪。寇宗奭，曾任澧州（今湖南澧县）县吏。宋药物学家。

⑤葧（bí）脐：即荸荠。

⑥荒岁：荒年。

【译文】

《证类本草》："乌芋，又叫水萍。三月三日，采挖它的根晒干，可以生津止渴，益气养阴。"《本草衍义》记载："乌芋，现在的人称为荸荠。皮厚、色黑、肉质坚硬的，称为猪荸荠。皮薄、色白、淡紫的，称为羊荸荠。在正月、二月间人们采来食用，极少作为药物使用。荒年的时候人们多采来充当食物，也制作成粉，食用后能增强肠胃功能、增加饱腹感以抵御饥饿。尤其适合服丹药的人食用，因为它可以解丹药的毒。"《尔雅》称为"芍"。

丸黄芩[①]

《千金方》："巴郡太守奏加减三黄丸[②]，疗男子五劳七伤[③]，消渴不生肌肉[④]，妇人带下手足寒热者[⑤]。春三月，黄芩四两，大黄三两[⑥]，黄连四两；夏三月，黄芩六两，大黄一两，黄连七两；秋三月，黄芩六两，大黄三两，黄连三两；冬三月，黄芩三两，大黄五两，黄连二两。三物随时合捣，蜜丸如乌豆大[7]，米饮服五丸[8]，日三。不知稍增七丸，服一月，病愈。久服，走及奔马[9]，近频有验。食禁猪肉。”《本草》云：“黄芩，一名腐肠，一名空肠，一名黄文，一名妒妇。三月三日采，阴干。”

【注释】

①黄芩（qín）：也称空肠。植物名。唇形科黄芩属，多年生草本。根黄色，可入药。

②巴郡：本巴国地，秦惠文王灭巴国置郡，治江州县（今重庆）。汉高祖六年（前201）分巴、蜀二郡置广汉郡，辖境缩小。东汉兴平元年（194）刘璋分置永宁、固陵二郡。建安六年（201）改巴郡为巴西郡，永宁郡为巴郡。加减三黄丸：又名三黄丸、神芎丸。方剂名。

③五劳七伤：中医学上五劳指心、肝、脾、肺、肾五脏的劳损；七伤指大饱伤脾，大怒气逆伤肝，强力举重、久坐湿地伤肾，形寒饮冷伤肺，忧愁思虑伤心，风雨寒暑伤形，恐惧不节伤志。泛指身体虚弱多病。

④消渴：中医学病名。口渴，善饥，尿多，消瘦。包括糖尿病、尿崩症等。《素问·奇病论》：“肥者令人内热，甘者令人中满，故其气上溢，转为消渴。”

⑤带下：古代称妇科疾病。中医学以为带脉环绕人体腰部一周，犹如腰带。凡带脉以下，名曰“带下”，故妇科病统称之为“带下”。寒热：中医指人身有病时，时冷时热的症状。

⑥大黄：药草名。也叫川军。多年生草本，分布于我国湖北、陕西、四川、云南等省。根茎可入药，性寒，味苦，主治实热便秘、腹痛胀满、瘀血闭经、痈肿等症。

⑦乌豆：黑大豆的别名。

⑧米饮：米汤。

⑨走及奔马：走路的速度赶上奔跑的马，形容走路飞快。

【译文】

《千金方》："巴郡太守上奏加减三黄丸，可以治疗男子身体虚弱多病，消渴不生长肌肉，妇科疾病如手脚时冷时热的症状。春季三月，黄芩四两，大黄三两，黄连四两；夏季三月，黄芩六两，大黄一两，黄连七两；秋季三月，黄芩六两，大黄三两，黄连三两；冬季三月，黄芩三两，大黄五两，黄连二两。以上三味药根据不同季节而取不同的量捣合在一起，加蜜制成如黑大豆般大小的丸药，每次用米汤送服五丸，每日三次。若不见效，就渐渐增加到七丸，服用一个月，病就痊愈了。如果长期服用它，走起路来像奔跑的马儿，近来屡次尝试都有应验。服用加减三黄丸期间禁止吃猪肉。"《证类本草》记载："黄芩，又名腐肠、空肠、黄文、妒妇。在三月三日采摘，阴干。"

蓄紫给[①]

《本草》："紫给，味咸，主毒风头、泄注[②]。一名野葵，生高陵下地[③]。三月三日采，根如乌头[④]。"

【注释】

①紫给：杂草类。野生，根似乌头，可疗疾。

②毒风头：指由风邪挟毒上攻头部引发的病症，如头痛、眩晕、头面肿胀等。泄注：指急性腹泻如水注，多因湿热或风邪内陷肠胃所致。

③下地：瘠地，下等的土地。

④乌头：毛茛科，多年生有毒草本植物。

【译文】

《证类本草》："紫给，味咸，主治风邪挟毒上攻引发的头痛等病症与急性腹泻。又名野葵，生长在高山贫瘠的土地上。三月三日采其根，根像乌头。”

干赤举[1]

《本草》云：“赤举，味甘无毒，主腹痛。一名羊饴，一名陵蝎，生山阴。二月花兑音锐[2]，蔓草上。五月实黑，中有核。三月三日采叶，阴干。”

【注释】

①赤举：杂草类。蔓生山野，花锐，夏日结黑实，色黑。叶可疗疾。

②兑：底本作“瓮”，据《政和本草》改。兑，通“锐”。

【译文】

《证类本草》：“赤举，味甘没有毒，主治腹痛。又名羊饴、陵蝎，生长在山坡背阴面。二月开花花形尖锐音锐，附在蔓草上。五月结实，色黑，中有核。三月三日采其叶，阴干。”

剪白薇[1]

《本草》：“白薇，无毒，利阴益精，久服利人。一名骨美，一名薇草。近道处处有，根状如牛膝而短，茎俱青，颇类柳叶。三月三日采根，干用。”

【注释】

①白薇：植物名。萝藦科白薇属，多年生草本。根可供药用。

【译文】

《证类本草》："白薇，无毒，服用有利于阴气，能增补精气，长久服用有利于人的身体。又名骨美、薇草。近处各个地方都有，它的根形状像牛膝而短小，茎都是青色，很像柳叶。三月三日采根，晾干后服用。"

粪青瓜[1]

《齐民要术》："种瓜，宜用三月三日及戊辰日[2]。"黄鲁直诗云："春粪辰瓜满百区。"

【注释】

①青瓜：黄瓜。

②戊辰日：我国干支历法中的第五个组合，由天干"戊"与地支"辰"组成。天干戊属阳土，地支辰为水库亦属阳土，两者结合形成"土土相叠"的五行属性，古人认为土旺之日适宜播种扎根作物（如瓜类）。

【译文】

《齐民要术》："种瓜，适宜在三月三日及戊辰日。"黄庭坚有诗写道："春粪辰瓜满百区。"

渍桃花

《太清草木方》[1]："三月三日，收桃花渍酒，服之，好颜色，治百病。"又云："三月三日，收桃叶晒干为末，井花水调服一钱[2]，治心痛。"《本草》云："桃花，令人好颜色，杀疰恶[3]，味苦，平[4]，无毒，除水气[5]，破石淋[6]，利大小便，悦泽人面[7]。

三月三日采，阴干。”又云：“三月三日，采花，供丹方所须[8]。”又言“服三树桃花尽，则面色如桃花”，人亦无试之者。

【注释】

①《太清草木方》：《通志·艺文略》：“《太清草木方集要》，三卷，陶隐居撰。”

②调服：调制并服用。

③杀疰（zhù）恶：能杀除引起疰病、中毒病的邪毒。疰，指具有传染性和病程长的慢性病。

④平：药性平和。

⑤水气：中医称寒水之气。谓人体之水气因受寒而凝滞不化。

⑥破：攻克。石淋：病名。诸淋之一，指淋证见有小便涩痛、尿出砂石者。又称砂淋、沙石淋。《诸病源候论·石淋候》：“石淋者，淋而出石也。肾主水，水结则化为石，故肾客沙石。肾虚为热所乘，热则成淋，其病之状，小便则茎里痛，尿不能卒出，痛引少腹，膀胱里急，沙石从小便道出，甚者塞痛令闷绝。”多因下焦积热、煎熬水液所致。

⑦悦泽：光润悦目。

⑧须：需要。

【译文】

《太清草木方》：“三月三日，收取桃花泡酒，服用后，使人容颜美好，可治疗各种疾病。”又说：“三月三日，收取桃叶晒干后碾成末，用清晨初汲的水调制服用一钱，可治疗心痛。”《证类本草》说：“桃花，可使人容颜美好，能杀除引起疰病、中毒病的邪毒，味道苦涩，药性平和，无毒，可以去除人体寒水之气，攻克石淋病，利于大小便，使人脸光润悦目。三月三日采摘桃花，阴干。”又说：“三月三日，采摘桃花，供丹方所需要。”又说“服用完三棵树上的桃花，则使人面如桃花”，人们也没有去试验。

折楝花

《琐碎录》:"三月三日,取苦楝花或叶于荐席下[1],辟蚤虱[2]。"

【注释】

①苦楝(liàn)花:又名川楝花。为楝科植物川楝或苦楝的花,可清热祛湿,杀虫,止痒。荐席:席子。

②蚤虱:跳蚤和虱子。亦泛指小害虫。

【译文】

《琐碎录》:"三月三日,选取苦楝花或叶放在席子下,可以驱除跳蚤和虱子。"

服芫花[1]

《三国志》[2]:"魏初平中[3],有青牛先生常服芫花[4],年如五六十人,或亲识之[5],谓其已百余岁。"《图经》曰:"芫花,生淮源川谷[6],今在处有之。春生苗,叶小而尖,似杨枝柳叶,开紫花,颇似紫荆而作穗[7]。三月三日,采阴干,须未成蕊,蒂细小未生叶时收之。叶生花落,即不堪用。"

【注释】

①芫(yuán)花:植物名。又名芫华、鱼毒、药鱼草。瑞香科瑞香属,落叶小灌木。

②《三国志》:六十五卷,西晋陈寿撰。该书为纪传体史书,记三国时期六十年间史事。分《魏书》三十卷、《蜀书》十五卷、《吴书》

二十卷。三志本独立，至北宋始合为一书，并改称《三国志》。与《史记》《汉书》《后汉书》合称“前四史”。

③初平：汉献帝刘协年号（190—193）。

④青牛先生：《魏略》：“初平中有青牛先生，山东人也。”

⑤亲识：亲近熟识。

⑥淮源：指淮河发源处。在今河南桐柏县西北桐柏山。川谷：河谷。

⑦紫荆：树名。落叶乔木或灌木。树皮、木材、根均可入药。穗：指植物器官（如茎、叶）呈现类似穗的形态。

【译文】

《三国志》记载：“三国魏初平年间，有位青牛先生经常服用芫花，像五六十岁的人，有亲近熟识的，说他已经一百多岁了。”《图经》记载：“芫花生长在淮河发源的河谷，如今到处都有。春季长出幼苗，叶子小而尖，像杨柳的枝叶，开紫色花，芫花的花序形态与紫荆花相似，但排列方式呈穗状。三月三日，须趁花蕾未完全形成，花蒂细嫩叶片未展开时采摘，采摘后阴干。如果叶片生成或花朵凋谢，则失去药用及食用价值了。”

铺荠花[①]

《琐碎录》：“淮西人三月三日取荠花[②]，铺灶上及床席下，可辟虫蚁，极验。”

【注释】

①荠花：荠菜花。

②淮西：古地区名。隋唐以前，从长江下游通向中原一般都在今安徽寿县附近渡淮，这一段淮水流向系自南向北，故习称今皖北豫东淮河北岸一带为淮西，亦称淮右。

【译文】

《琐碎录》："淮西人三月三日选取荠菜花，铺在灶上及床席下，可驱除虫蚁，非常灵验。"

煮苦菜

《本草》："苦菜，味苦寒[①]，无毒。久服安心益气，聪察少卧[②]，轻身耐老，耐饥寒，豪气不老。一名荼，一名游冬[③]，生益州川谷，山陵道傍，凌冬不死[④]。三月三日采，阴干。"陶隐居云："取叶作屑煮汁饮，即通夜不睡。煮盐人惟资此饮，交、广人最所重[⑤]，客来先供，加以香芼音耄[⑥]。"

【注释】

①味苦寒：味苦性寒。

②聪察：明察，明白清楚。此指头脑清醒。少卧：减少睡眠。

③游冬：一种苦菜。味苦，入药，生于秋末，经冬春而成，故名。

④凌冬：越冬，过冬。

⑤交、广：交州和广州。交州，东汉建安八年（203）改交州刺史部置，治所在广信县（今广西梧州）。建安十五年（210）移治番禺县（今广东广州）。三国吴黄武五年（226）分为交、广二州，交州治龙编县（今越南河内东）。

⑥香芼（mào）：香草佐料。

【译文】

《证类本草》："苦菜，味苦性寒，无毒。长久服用可以使人安心并补充元气，头脑清醒减少睡眠，身体轻盈延缓衰老，受得住饥饿寒冷，豪迈气势不减。又称为荼，又称为游冬，生长在益州一带的河谷，山地和道路旁，经过冬天也不会冻死。三月三日采摘，阴干。”陶弘景说：“选取它的叶子磨成碎屑和水煮成汁液饮用，就可以使人整夜不眠。煮盐的人全靠饮用这种汁液，交州和广州一带的人最为看重，客人来了都先奉上，还要添加香芼音耄。”

制艾叶

《本草》：“艾叶，能灸百病①。一名冰台，一名医草。生田野，叶背白苗短者为佳。三月三日、五月五日采曝干，作煎②，勿令见风，经久方可用。”又云：“艾实③，壮阳，助水藏及暖子宫④。”梁简文帝《三月三日》诗云：“握兰唯是日⑤，采艾亦今朝⑥。”

【注释】

①灸：灼，烧。中医治疗方法之一。以艾绒制品熏烤于穴位或患部。

②作煎：用来入汤药。作，用来。煎，煎剂，汤药。

③艾实：又名艾子。为菊科植物艾的果实。

④水藏：中医指肾脏。《素问·逆调论》：“肾者，水藏，主津液，主卧与喘也。”

⑤握兰：指手持兰草以祛秽祈福。

⑥采艾：采摘艾草。古有采艾疗疾禳毒之俗。《诗经·王风·采葛》：“彼采艾兮，一日不见，如三岁兮。”毛传：“艾所以疗疾。”

【译文】

《证类本草》：“艾叶，能灸治各种疾病。又称为冰台、医草。生长在田野间，叶子背面发白苗芽短小的为佳。在三月三日、五月五日采摘晒干，用来入汤药，不要使它见风，经过较长时间才可以使用。”又说：“艾的果实，可以壮阳，强肾以及温暖子宫。”梁简文帝《三月三日》诗写道：“握兰唯是日，采艾亦今朝。”

摘蔓菁[1]

《千金方》：“三月三日，摘蔓菁花，阴干为末，空心井水服方寸匕[2]。久服长生明目，可夜读书。”

【注释】

①蔓菁：植物名。十字花科，一年或二年生草本。春日开黄花，根长圆多肉，与叶俱可供食用。

②空心：空腹。方寸匕：古代量取药末的器具。

【译文】

《千金方》：“三月三日，采摘蔓菁花，阴干碾碎为末，空腹用井水服用一方寸匕。长久服用可使人延年益寿，眼睛明亮，可在夜间读书。”

种甘草

《本草》云：“木甘草，主疗痈肿[1]。盛热[2]，煮洗之。生木间。三月，生大叶如蛇状，四四相值[3]，但折枝种之便生。五月，花白，实核赤[4]。三月三日采。”

【注释】

①痈肿：症状名。由气血受邪毒所困而壅塞不通，引起局部肿胀的症状。《素问·生气通天论》：“营气不从，逆于肉理，乃生痈肿。”

②盛热：热性病。

③相值：引申为互相对称。《本草纲目·草一·萎蕤》："其叶如竹，两两相值。"

④实核：种子。

【译文】

《证类本草》记载："木甘草，主治痈肿。有热性病，把它烹煮后清洗。生在树木间。三月生，大叶像蛇的形状，四四互相对称，只要折枝插种即活。五月，开白色花，种子红色。三月三日采摘。"

取羊齿

《图经》："羊齿骨及五藏[①]，皆温平而主疾[②]。惟肉性大热，时疾初愈[③]，百日内不可食，食之当复发及令人骨蒸也[④]。"《本草》云："羊齿，主小儿羊痫寒热[⑤]，三月三日取之。"

【注释】

①五藏：即五脏。指心、肝、脾、肺、肾。中医谓"五脏"有藏精气而不泻的功能，故名。

②温平：性温平和。

③时疾：季节性流行病。

④骨蒸：中医学病证名。指阴虚内热导致的潮热、盗汗症状，患者自觉热自骨髓蒸腾而出，常见于肺结核、骨结核等消耗性疾病。

⑤羊痫（xián）：癫痫的俗称。亦称"羊癫风""羊角风"。病发时，突然昏倒，四肢抽搐，口吐白沫，声似羊鸣，故名。寒热：中医指怕冷发热的症状。今泛称发烧。

【译文】

《图经》："羊齿骨及五脏，都性温平和并且可以治病。只是羊肉属于热性，季节性流行病刚好，百日内应禁吃羊肉，吃了羊肉会使旧病复发或导致阴虚内热。”《证类本草》记载：“羊齿，主治小儿癫痫及发烧，在三月三日采取。”

粉鼠耳①

《荆楚岁时记》：“三月三日，取鼠曲汁，蜜和为粉，谓之龙舌粄②，以压时气③。山南人呼为香茅④，取花杂榛皮染褐⑤，至破犹鲜。江西人呼为鼠耳草。《日华子》云：‘鼠曲草，味甘平，无毒。调中益气⑥，止泄除痰，压时气，去热嗽⑦。杂米粉作糗⑧，食之甜美。生平岗熟地⑨，高尺余，叶有白毛，黄花。’”

【注释】

①鼠耳：鼠曲草的别名。

②粄（bǎn）：同“饼”。用米粉或麦面做的饼。

③时气：因气候变化而流行的传染病。

④山南：古时泛指终南山（今秦岭）、太华山（今华山）以南之地。香茅：多年生草本植物。茎和叶子可以提取香茅油，用作香水的原料。

⑤褐：粗布或粗布衣服。

⑥调中：中医用语。调和中焦阻塞。

⑦热嗽：病证名。指邪热犯肺或积热伤肺所致的咳嗽。

⑧糗（qiǔ）：冷粥。

⑨平岗：指山脊平坦处。熟地：经过多年耕种的土地。

【译文】

《荆楚岁时记》：“在三月三日，采摘鼠曲草，用蜜汁加粉调和，做成饼团，称为龙舌粄，可以治疗时气病。山南人称为香茅，用它的花掺杂榛皮染布或衣服，到穿破时颜色还很鲜艳。江西人称为鼠耳草。《日华子诸家本草》记载：'鼠曲草，味道甘甜，不温不凉，无毒。调和中焦阻塞，补充元气，止泄除痰，治疗时气病，去除热嗽。掺杂米粉做成冷粥，吃起来味道甜美。生长在山脊平坦经过多年耕种的土地，高一尺多，叶子上有白毛，开黄花。'"

熬泽漆[①]

《圣惠方》[②]："治十种水气[③]，用泽漆十斤，夏间采茎嫩叶，入水一斗，研汁，约二斗，于银锅内慢火熬，如稀饧即止，瓷器内收。每日空心温酒调下一茶匙[④]，以愈为度。"《本草》云："泽漆，大戟苗也。三月三日、七月六日采茎叶阴干。"

【注释】

①泽漆：中药名。又称五朵云、猫眼草、五凤草。大戟科草本植物，以全草入药。春夏采集全草，晒干入药。

②《圣惠方》：即《太平圣惠方》，一百卷，北宋王怀隐等编。该书分一千六百七十门，载一万六千余方。每方之前，都冠以巢元方《诸病源候论》，接着列出处方及治疗法。王怀隐，宋州睢阳（今河南商丘南）人。宋医官。

③水气：指水肿。《医宗金鉴·张仲景〈金匮要略·水气病〉》"肿重"注："咳喘而不肿胀，谓之痰饮；肿重而不咳喘，谓之水气。"

④茶匙：调制饮料用的小匙。

【译文】

《太平圣惠方》："治疗十种水肿，用泽漆十斤，夏天采摘茎和嫩叶，添水一斗，碾碎成汁，大约二斗，在银锅内慢火熬，熬成糖稀状立即停止，用瓷器收取。每天空腹用温酒调一茶匙，以病好为标准。”《证类本草》说：“泽漆，大戟科草木的苗。三月三日、七月六日采摘茎叶阴干。”

浴泽兰[①]

《本草》：“泽兰，一名虎兰，一名龙枣。三月三日采阴干。陶隐居云：‘今处处有，多生湿地。叶微香，可煎油。或生泽傍，故名泽兰。亦名都梁香[②]，可作浴汤，人家多种之，今妇人方中最急用也。’”

【注释】

①泽兰：多年生草本植物，茎叶可提制芳香油。

②都梁香：泽兰的别名。

【译文】

《证类本草》：“泽兰，又称为虎兰，又称为龙枣。三月三日采摘阴干。陶弘景说：‘如今到处都有，大多生长在湿地。叶子微香，可以煎油。有的生长在水泽旁边，因此称为泽兰。也称为都梁香，可以作浴汤，家家多为种植，如今妇人方中最为急用。’”

收射干[①]

《荀子》云[②]：“西方有木焉，名射干，茎长四寸，生于高山之上，而临百仞之渊[③]。其茎非能长也，所立者然。”又阮公诗云[④]：“射干临层城[⑤]。”《本草》云：“三月三日采，阴干，能疗肿毒[⑥]。”

【注释】

①射（yè）干：多年生草本，叶剑形排成两行。根可入药。《广雅·释草》："鸢尾、乌萐，射干也。"王念孙疏证："方多作'夜干'字，今'射'亦作'夜'音。"

②《荀子》：亦称《荀卿新书》《孙卿子》，二十卷，三十二篇，战国荀况的代表作。该书为儒家著作，其文长于论辩，说理精透，结构严密，有很强的逻辑性。荀况（约前313—前238），名况，字卿（一说时人相尊而号为卿），战国末期赵国人。两汉时因避汉宣帝刘询名讳称"孙卿"，儒家学派的代表人物，先秦时代百家争鸣的集大成者。曾三次担任齐国稷下学宫的祭酒，两度出任楚兰陵令。晚年蛰居兰陵县著书立说，收徒授业，终老于斯，被称为"后圣"。

③仞：古时八尺或七尺叫做一仞。

④阮公：即阮籍（210—263），字嗣宗，陈留尉氏（今属河南）人。官至步兵校尉，世称"阮步兵"，三国时期魏国诗人，"竹林七贤"之一。著有《咏怀八十二首》《大人先生传》等。

⑤射干临层城：出自阮籍《咏怀·其四十五》。层城，指高山之巅。

⑥肿毒：各种毒疮的通称。

【译文】

《荀子》说："西方有一种草，名叫射干，茎长四寸，生在高山之上，能俯临百仞的深渊。它的茎并非能长这么高，是它生长的地方决定的。"又有阮籍诗写道："射干临层城。"《证类本草》说："三月三日采摘，阴干，能治疗各种毒疮。"

用寄生[①]

《本草》云："桑上寄生，坚发齿，长须眉。其实明目、轻身、通神。一名寓木，一名茑生[②]。生弘农川谷桑树上[③]，三月三日采茎阴干。陶隐居云：'桑上生者名桑寄生，方家亦有用杨上、枫上者，各随其树名之，形类一般[④]。三四月开花白，五月实赤，大如小豆。今处处有之，俗呼为续断用之[⑤]。'"

【注释】

①寄生：即桑寄生。常绿小灌木。常寄生于山茶科和山毛榉科等植物上。中医以茎叶入药，叫广寄生，能治风湿痛、腰背酸痛等。

②茑：音 niǎo。

③弘农：即弘农郡。西汉元鼎四年（前113）置，治所在弘农县（今河南灵宝北）。川谷：河谷。

④一般：一样。

⑤续断：植物名。二年生或多年生草本。中医学上以根入药，性微温味苦。可补肝肾、强筋骨、补血脉、利关节。《急就篇》卷四："远志续断参土瓜。"颜师古注："续断，一名接骨，即今所呼续骨木也。又有草续断，其叶细而紫色，根亦入药用。"

【译文】

《证类本草》："桑上寄生，可以强健头发，坚固牙齿，促进毛发生长。它的果实，可使人眼睛明亮、身体轻盈、精神清明。又称为寓木，又称为茑生。生长在弘农郡河谷的桑树上，三月三日采摘茎部阴干。陶弘景说：'桑上生又称为桑寄生，医生也有用杨寄生、枫寄生的称呼，各自根据寄主树名命名，其外形相似。三四月份开白色花，五月结红色果实，大小如同小豆。如今到处都有，世俗称为续断并使用。'"

浸南烛[①]

孙思邈《千金月令》："南烛叶煎，益髭发及容颜[②]，兼补暖。三月三日采叶并蕊子，入大净瓶中干[3]，盛以童子小便，浸满瓶，固济其口[4]，置闲处[5]。经一周年取开，每日一两次温酒服之，每服一盏，调煎一匙，极有效验[6]。”

【注释】

①南烛：又称南天烛、乌饭草等。杜鹃花科，常绿灌木。产于我国江南各地。

②髭（zī）发：须发。

③净瓶：净水瓶。

④固济：粘结。

⑤闲处：僻静的处所。

⑥效验：成效，效果。

【译文】

孙思邈《千金月令》：“把南烛叶煎汁服用，有益于须发以及容颜，兼及补充热量。三月三日采摘它的叶子以及花蕊，放入大的净水瓶中晾干，再盛上儿童的小便，浸满净水瓶，把瓶口粘结紧密，放置在僻静的处所。经过一周年后打开瓶口，每天一到两次，用温酒服用，每次服用一盏，烹煮调制一汤匙，很有成效。”

采地筋[1]

《本草》云：“地筋，味甘，无毒，主益气，止渴除热，在腹脐利筋[2]。一名菅根[3]，一名土筋。生泽中，根有毛。三月生，四月实白。三月三日采根。”

【注释】

①地筋：又称为菅根、土筋、黄茅、毛针子草，是多年生草本植物黄茅的须根。

②腹脐：肚脐。

③菅：音 jiān。

【译文】

《证类本草》："地筋，味道甘甜，无毒，可补充元气，解渴除热，放在肚脐有利于筋骨。又称为菅根、土筋。生长在水泽中，根部有毛。三月生长，四月结白色果实。三月三日采摘它的根。"

带杜蘅[①]

《本草》云："杜蘅，香人衣体。三月三日采根，熟洗曝干。陶隐居云：'根叶都似细辛[②]，惟香小异。处处有之。方药少用[③]，惟道家服之[④]，令人身衣香。'"《图经》："杜蘅叶似马蹄，故俗名马蹄香。三月三日采根，熟洗曝干。"《山海经》云："天帝之山有草[⑤]，状如葵，其臭如蘼芜[⑥]，名曰杜蘅。可以走马[⑦]。"郭璞注云："带之可以走马，或曰马得之则健走尔[⑧]。"

【注释】

①杜蘅：也作杜衡。多年生草本植物，野生在山地里，开紫色小花。根茎可入药。

②细辛：又名少辛、小辛。马兜铃科多年生草本。有祛风、散寒、行水、开窍等功效。常用于风冷头痛、鼻渊、齿痛、痰饮咳逆、风湿痹痛等。细辛既能外散风寒，又能内祛阴寒，同时止痛、镇咳功效较佳。

③方药：医方和药物。

④道家：炼丹服药、修道求仙之士。

⑤天帝之山：即天帝山。《山海经》里的山名。

⑥蘼（mí）芜：草名。《本草纲目·草三·蘼芜》："蘼芜，一作蘪芜，其茎叶靡弱而繁芜，故以名之。当归名蕲，白芷名蓠。其叶似当归，其香似白芷，故有蕲茝、江蓠之名。"

⑦可以走马：指将杜蘅佩戴在身上，可提升马的奔跑能力。

⑧健：善于。

【译文】

《证类本草》记载："杜蘅，可以使人身体衣服生香。三月三日采摘杜蘅的根，仔细洗净晒干。陶弘景说：'杜蘅的根和叶像细辛，只有香气稍微不同。各个地方都有。方药中很少使用，只有道家服用，使人身体衣服生香。'"《图经》记载："杜蘅的叶子像马蹄，因此俗称马蹄香。三月三日采摘杜蘅的根，仔细洗净晒干。"《山海经》记载："天帝山上有种草，它的形状像葵，散发出的气味和蘼芜相似，名字叫杜蘅。骑马的人把它佩戴在身上，可以使马跑得快。"郭璞注解说："将杜蘅佩戴在身上，可提升马的奔跑能力，或者说马直接接触或食用杜蘅后，会变得善于奔跑。"

掘参根

《本草》云："参果根，味苦，有毒。主鼠瘘[①]。一名百连，一名乌蓼，一名鼠茎，一名鹿蒲。生百余根，有衣裹茎[②]。三月三日采根。"

【注释】

①鼠瘘（lòu）：病名。即瘰疬。淋巴腺结核症。

②衣：膜，薄软柔韧的片、张或层。

【译文】

《证类本草》:“人参果的根,味道苦涩,有毒性。主治淋巴腺结核症。又称为百连、乌蓼、鼠茎、鹿蒲。人参果生有一百多条根,根有外皮或纤维状结构包裹。三月三日,采集人参果的根。”

卷二十

佛日

【题解】

本卷《佛日》。佛日，即佛祖释迦牟尼的诞生之日。佛祖释迦牟尼的诞生之日有二月八日与四月八日之二说，其中多以周历建卯四月八日为正当。卷首一段总叙文字概说佛日之义。

本卷条目均属佛日时俗节物，主要有佛日起源“生太子”“成佛道”“出王内”等；佛日仪式“洗法身”“作龙华”“设斋会”“煎香水”“为法乐”“建变灯”“行关戒”“绕城歌”“乞子息”“礼佛山”等；佛日典故“放光明”“现祥瑞”“学非想”“行摩柯”“现莲花”“倸百金”“舍项钱”“雕悉达”“溺金像”“诞慧藏”“生灵慧”等；佛日节令物品“献节物”；佛日宜忌之事“忌远行”“服生衣”“戒杀生”等；佛日卜筮“占果实”；佛日养生保健“收菥蓂”；佛日道家之事“登玉霄”“现真人”等。

国朝孤山沙门释智圆注《四十二章经》云[①]：“隋翻经学士费长房[②]，以《瑞应》及《普曜》《本行》等经校雠鲁史[③]，定知佛以姬周第十六主庄王十年[④]，即春秋鲁庄公七年四月八日生也[⑤]。按龙宫海藏诸经及《景德传灯录》、吴虎臣《佛运统纪》[⑥]，皆言我佛世尊以周昭王二十四年四月八日降生[7]，未知孰是。”然姬周之历，以十一月为正，言四月八日者，即今之二月八日也。故《荆楚岁时记》云“二月八日，释氏下生”，良有自也。近代以今之四月八日为佛之生日者，姑徇俗云耳[8]。

【注释】

①孤山：山名。在浙江杭州西湖中，孤峰独耸，秀丽清幽。释智圆（976—1022）：俗姓徐，字无外，号中庸子，又号潜夫，钱塘（今浙江杭州）人。大中祥符末，隐居西湖孤山玛瑙禅院，世称孤山法师。诗僧，著有《闲居编》等。《四十二章经》：一卷，迦叶摩腾、竺法兰译。该经是最早的一部汉译佛经。因全经共有四十二篇短小经文，故名。

②翻经：翻译佛经。费长房：隋成都（今属四川）人。博学能文，通佛儒两家。隋兴，开设译场，受诏为翻经博士。复因见列代经录散落，乃撰《历代三宝纪》十五卷，成为唐代经典目录的重要参考。

③《瑞应》：即《太子本起瑞应经》，简称《瑞应本起经》《瑞应经》等，二卷，三国吴支谦译。该经叙述释迦牟尼之前生、投胎、修行、成道，直至化度三迦叶的事迹。支谦，亦作“支越”，字恭明。祖籍月支，祖父法度在汉灵帝时率国人数百归附东汉，任“率善中郎将”。三国佛经翻译家，另译有《维摩诘经》《大明度无极经》《阿弥陀经》等三十余部佛经。《普曜》：即《普曜经》，八卷，西晋竺法护译。该经叙述释迦牟尼降生、为太子、出家修行、创教的神话故事和佛教的基本教义。《本行》：即《佛本行集经》，六十卷，隋阇那崛多译。该经为释迦牟尼佛传故事集。阇那崛多（527—604），本为北印度犍陀罗国富留沙富罗城（在今巴基斯坦白沙瓦西北地区）人。隋佛经翻译家，另译有《法炬陀罗尼经》《威德陀

罗尼经》《大集贤护菩萨经》等。校雠(chóu):一人独校为校,二人对校为雠。谓考订书籍,纠正讹误。鲁史:鲁国历史。晋杜预《〈春秋经传集解〉序》:"仲尼因鲁史策书成文,考其真伪,而志其典礼。"南朝梁刘勰《文心雕龙·史传》:"于是就太师以正《雅》《颂》,因鲁史以修《春秋》。"

④姬周:周朝。庄王:即周庄王姬佗(?—前682),东周第三任君主(前696—前682年在位)。

⑤鲁庄公:即鲁庄公姬同(前706—前662),春秋时鲁国国君(前693—前662年在位)。

⑥龙宫:指佛寺。据佛经故事:海龙王诣灵鹫山,闻佛说法,信心欢喜,欲请佛至大海龙宫供养。佛许之。龙王即入大海化作大殿,佛与诸比丘菩萨共涉宝阶入龙宫,受诸龙供养,为说大法。见《海龙王经·请佛品说》。因以"龙宫"指佛寺。《景德传灯录》:三十卷,宋道原撰。以灯能照明,法系相承,犹如灯火辗转相传,喻师资正法永不断绝,故称"传灯"。此书写成于宋景德年间,故称《景德传灯录》。道原,宋代禅僧。师事天台德韶国师,嗣其法,为法眼宗传人。吴虎臣:即吴曾,字虎臣,抚州崇仁(今属江西)人。宋文学家。另著有《君臣论》《负暄策》《毛诗辨疑》《左传发挥》《得闲文集》等。《佛运统纪》:《佛祖统纪·修书旁引》有云:"祖琇,隆兴初,居龙门,撰《佛运统纪》,仿左氏,寓褒贬法,兼述篡弑反叛灾异之事。永嘉薛洽,《叙释迦谱》云:琇师《统纪》,多附小机所见,学最上乘者,尚深病之。"

⑦佛世尊:佛教术语。依成实论则佛为十号中之第九号,世尊为第十号,合云佛世尊。依智度论则佛为第十号,世尊为具十号尊德之总号。世尊之梵名为薄伽梵。周昭王:即周昭王姬瑕(?—前977),西周第四任君主(前995—前977年在位)。

⑧徇:依从。

【译文】

本朝孤山僧人智圆注解《四十二章经》曰："隋朝翻译佛经的学士费长房，以《瑞应经》及《普曜经》《佛本行集经》等经考校鲁国历史，确知佛祖在周朝第十六任君主周庄王十年，即春秋鲁庄公七年四月八日降生。按佛寺中收藏的各种佛经以及《景德传灯录》、吴虎臣《佛运统纪》，都说佛祖在周昭王二十四年四月八日降生，不知道哪个对。"然而周朝的历法，以十一月为正月，说是四月八日，就是如今的二月八日。因此《荆楚岁时记》说"二月八日，佛祖降生"，确实有其原因。近代以四月八日为佛祖生日，姑且依从世俗的说法罢了。

生太子

《佛运统纪》："姬周昭王二十四年甲寅岁四月八日，中天竺国净饭王妃摩耶氏生太子悉达多①。年三岁，王携太子谒天神庙，神像致拜。王惊曰：'我太子于天神中更尊！'因字之曰天中。及十九岁，乘天马逾城出家②，入雪山阿蓝伽处落发③，不用处定④。二十二岁，迁郁头蓝佛处⑤，习非非想处定⑥。二十五岁，迁象头山⑦，同诸外道日餐麻麦⑧，鹊巢于项，以无心意无受行⑨，而外道摧伏⑩。三十五岁，于菩提场中成无上道⑪，号曰佛世尊。以周穆王五十二年二月十五日⑫，世尊于拘尸罗国娑罗双树间入般涅槃⑬，住世七十九年⑭。"大慧禅师浴佛上堂语云⑮："今朝正是四月八，净饭王宫生悉达。吐水九龙天外来，捧足七莲从地发。"

【注释】

①中天竺国：《梁书·诸夷传》："在大月支东南数千里，地方三万里，

一名身毒。汉世张骞使大夏，见邛竹杖、蜀布，国人云，市之身毒。身毒即天竺，盖传译音字不同，其实一也。”净饭王：亦名“白净王”“真净王”“首图驼那”等。相传为释迦牟尼的父亲，古印度迦毗罗卫国国王。摩耶氏：《大唐西域记》载，摩耶是释迦牟尼的生母，有陵墓寝殿供奉。悉达多：释迦牟尼出家前的本名。

②天马：骏马。出家：离开家庭。

③雪山：佛教传说中的雪山指古时印度北部，今尼泊尔与中国交界的喜马拉雅山脉。传说释迦牟尼成道前，在此勤苦修行过。《涅槃经》二十七：“雪山有草，名为忍辱，牛若食者，则出醍醐。”阿蓝伽：又作阿啰拏迦罗摩、阿蓝迦蓝、阿罗逻等。为释尊初出王宫时，最先问道之外道仙人，系印度毗舍离城人（一说王舍城附近之人）。落发：剃发出家。

④不用处定：即无所有处定。佛家八种禅定之一。

⑤郁头蓝佛：人名。

⑥非非想处定：即非想非非想处定。佛家八种禅定之一。

⑦象头山：地名。梵名伽耶、竭夷。有二处，一在灵鹫山北三四里，同一界内，提婆于此行破僧罪。二在尼连禅河傍，佛度三迦叶之所。

⑧外道：指佛教以外之一切宗教。

⑨无心意：无心，一时休止心识而使之不生。意，意识。

⑩摧伏：折伏，制服。《隋书·经籍志四》：“释迦之苦行也，是诸邪道，并来嬲恼，以乱其心，而不能得。及佛道成，尽皆摧伏，并为弟子。”

⑪菩提场：菩提道场。佛成就菩提之道场也。在摩竭陀国尼连禅河边，菩提树下之金刚座是也。释尊于此成道，故谓之菩提道场。无上道：指最上无比大道之佛道。盖如来所得之道，无有出其上者，故称无上道。

⑫周穆王：即周穆王姬满（？—约前922），又称“穆天子”。西周第五位君主（前977—前922年在位）。

⑬拘尸罗国：即拘尸那迦。亦译“俱尸那”“拘尸那”“渴罗”等，意译“角城”“茅城”。佛教圣地。相传为释迦牟尼涅槃处。古印度末罗国的都城。在今印度北方邦哥拉克浦县凯西郊外，名“摩达孔瓦尔”，意为“死王子”。娑罗：梵语的译音。植物名。即柳安。原产于印度、东南亚等地。常绿大乔木，木质优良。北魏贾思勰《齐民要术·娑罗》：“盛弘之《荆州记》曰：‘巴陵县南有寺，僧房床下，忽生一木，随生旬日，势凌轩栋。道人移房避之，木长便迟，但极晚秀。有外国沙门见之，名为娑罗也。’”般（bō）涅槃：佛教术语，译为入灭。指僧侣死亡。

⑭住世：谓身居现实世界。

⑮大慧禅师：即释宗杲（1089—1163），字昙晦，俗姓奚，法名妙喜，赐号“大慧普觉禅师”，宣州宁国（今属安徽）人。临济宗僧人，宋代禅宗史上“看话禅”派的创始人。浴佛：相传农历四月八日为释迦牟尼的生日，每逢该日，佛教信徒用拌有香料的水灌洗佛像，谓“浴佛”。亦称“灌佛”。《后汉书·陶谦传》：“每浴佛，辄多设饮饭，布席于路。”上堂：禅林用语。禅师上法堂、登法座为僧众说法。

【译文】

《佛运统纪》曰：“周昭王二十四年甲寅岁四月八日，中天竺国净饭王王妃摩耶氏生太子悉达多。三岁时，净饭王携太子拜谒天神庙，神像都起立向太子致拜。净饭王惊叹道：‘我的太子在天神中更受尊崇！’因而取字为天中。十九岁时，骑骏马跨越城墙离开家，到雪山阿蓝伽处剃发出家，学习不用处定。二十二岁，迁居到郁头蓝佛处，学习非非想处定。二十五岁，迁居到象头山，同诸多外道修行者一同每日只吃芝麻和麦子，喜鹊在他脖项筑巢，以无心之意识、无领受之行为，而使外道修行者折伏。三十五岁，在菩提道场成无上道，号称佛世尊。周穆王五十二年二月十五日，世尊在拘尸罗国娑罗双树间圆寂，在世七十九年。”大慧普觉禅师四月八日浴佛时上法堂、登法座为僧众说法讲道："今朝正是四月八，净饭王宫生悉达。吐水九龙天外来，捧足七莲从地发。"

洗法身[①]

《正法眼藏》[②]："黄龙和尚住同安[③]，示众云：'今朝四月八，我佛生之日，天下精蓝[④]，皆悉浴佛。记得遵布衲在药山会里充殿主[⑤]，浴佛之辰，药山问："汝只浴得这个，还浴得那个么？"遵云："把将那个来。"药山便休[⑥]。或云这个是铜像，那个是法身。铜像有形可以洗涤，法身无相如何洗得？药山只知其一，不知其二，被遵公说得口似匾担[⑦]，不胜懡㦬[⑧]。'"

【注释】

①法身：佛教语。梵语意译。谓证得清净自性，成就一切功德之身。"法身"不生不灭，无形而随处现形，也称为佛身。各乘诸宗所说不一。

②《正法眼藏》：宋释宗杲撰。为了补救后期禅宗的流弊，宗杲乃"决择五家提挈最正者，凡百余人，裒以成帙，目曰《正法眼藏》"。该书不分门类，不问云门、临济、曹洞、沩仰、法眼宗，但有正知正见可以令人悟入者，皆收之。

③黄龙和尚：即黄龙慧南禅师（1002—1069），俗姓章，因在隆兴黄龙山（今属江西南昌）振兴禅宗，故称"黄龙慧南"，谥"普觉禅师"，信州玉山（今属江西）人。北宋临济宗黄龙派创始人。同安：今属福建。

④精蓝：即僧徒所居之伽蓝。蓝，伽蓝之略。伽蓝为精进修行者所居，故称精蓝。此指寺院。

⑤遵布衲：布衲指僧衣，也代指僧人。遵即清平令尊，翠薇无学法嗣，青原下第四世。药山：即惟俨（751—834），俗姓韩，绛州（今山西新绛）人。十七岁时依湖阳西山慧照禅师出家。大历八年（773），就衡山希澡律师受具足戒。后参谒石头希迁和尚，密证心印，嗣其法。住澧州药山，传扬青原、石头一系禅法。四众云会，禅风大振。故世称“药山惟俨”。殿主：僧门中掌管神佛殿堂的职事人员。

⑥休：作罢。

⑦口似匾担：意谓哑口无言，闭口不言。

⑧不胜：非常。懡㦬（mǒ luǒ）：惭愧，狼狈。

【译文】

《正法眼藏》：“黄龙慧南禅师住持同安时，开示众人说：‘今天四月八日，是我佛祖的生日，天下寺院，都要浴佛。我记得清平令遵和尚在药山惟俨门下当殿主，浴佛的时候，药山问他：“你只是为这个佛洗浴，还能为那个佛洗浴吗？”清平令遵和尚说：“你把那个拿来。”药山便作罢了。有人说这个佛是佛的铜像，那个佛是佛的法身。铜像有形可以洗涤，法身无相怎么洗得？药山只知其一，不知其二，被清平令遵反问得哑口无言，非常狼狈。’”

放光明[①]

《藏经·示生品》[②]：“菩萨以四月八日化乘白象贯日之精[③]，因母昼寝[④]，以示其梦，从右胁入夫人腹[⑤]，寤而自知身重[⑥]。天献饮食，自然而至。菩萨在胎，母无妨碍。后以四月八日，将诸彩女[⑦]，游蓝毗尼园[⑧]，攀无忧树[⑨]。于时树下忽出莲花，大如车轮，菩萨降右胁而生，堕彼华上[⑩]。自行七步，举右手，作狮子吼[11]：'天上天下，唯我独尊。'帝释执盖[12]，梵王持拂[13]，左右侍立。九龙空中吐清净水，灌太子身。三十二相[14]，八十种好[15]，放大光明，普照三千大千世界[16]。"

【注释】

①光明：指佛菩萨之发光。由佛菩萨自身发出之光辉，称为光；而照射物体之光，则称为明。光明具有破除黑暗、彰显真理之作用。此由佛菩萨身上所发出之光，又称色光、身光、外光；对此而言，智慧具有照见事物真相之作用，故称为心光、智光、智慧光或内光。佛之光明可分为常光（圆光）与现起光（神通光、放光）两种，前者指恒常发自佛身，永不磨灭之光；后者指应机教化而发之光。常光一般为一寻或一丈之圆光。

②《藏经》：即《大藏经》。又作《一切经》《三藏》等。指包含三藏等之诸藏圣典。亦即以经、律、论三藏为中心之佛教典籍之总集。

③贯日：遮蔽太阳，干犯太阳。古人常以之为君王蒙难或精诚感天的天象。《战国策·魏策四》："夫专诸之刺王僚也，彗星袭月；聂政之刺韩傀也，白虹贯日。"

④母：指释迦牟尼之生母摩耶夫人。昼寝：午睡。

⑤右胁：底本作"左胁"，据《佛说太子瑞应本起经》改。

⑥寤：睡醒。身重：有身孕。

⑦彩女：身份较低的宫女。

⑧蓝毗尼园：亦译"岚毗尼""龙弥尼""林微尼"等。佛教圣地。相传为释迦牟尼的诞生地。地处古印度拘利和迦毗罗卫之间，在今尼泊尔境内靠近印度边境的小镇罗美德旁，据说原是善觉王为其夫人蓝毗尼建造的一座花园。

⑨无忧树：佛教传说的一种异树。相传悉达太子即生此树下。

⑩堕：落。华：通"花"。

⑪狮子吼:佛教语。比喻佛菩萨说法时震慑一切外道邪说的神威。

⑫帝释:亦称“帝释天”。佛教护法神之一。佛家称其为三十三天(忉利天)之主,居须弥山顶善见城。盖:伞盖。古代一种长柄圆顶、伞面外缘垂有流苏的仪仗物。

⑬梵王:指色界初禅天的大梵天王。亦泛指此界诸天之王。拂:白色的拂尘。

⑭三十二相:又作三十二大人相、三十二大丈夫相、三十二大士相、大人三十二相。系转轮圣王及佛之应化身所具足之三十二种殊胜容貌与微妙形相。与八十种好(微细隐密者)合称“相好”。

⑮八十种好:又称八十随形好、八十随好、八十微妙种好、八十种小相、众好八十章。为佛菩萨之身所具足之八十种好相。

⑯三千大千世界:又作一大三千大千世界、一大三千世界、三千世界。系为古代印度人之宇宙观。谓以须弥山为中心,周围环绕四大洲及九山八海,称为一小世界,乃自色界之初禅天至大地底下之风轮,其间包括日、月、须弥山、四天王、三十三天、夜摩天、兜率天、乐变化天、他化自在天、梵世天等。此一小世界以一千为集,而形成一个小千世界,一千个小千世界集成中千世界,一千个中千世界集成大千世界,此大千世界因由小、中、大三种千世界所集成,故称三千大千世界。然据正确推定,所谓三千世界实则为十亿个小世界,而三千大千世界实为千百亿个世界,与一般泛称无限世界、宇宙全体之模糊概念实有差距。又于佛典之宇宙观中,三千世界乃一佛所教化之领域,故又称一佛国。

【译文】

《大藏经·示生品》:“菩萨在四月八日化身乘坐白象、遮蔽太阳的精灵,趁着摩耶夫人在午睡,在她的梦中显现,从右肋进入摩耶夫人的身体,摩耶夫人睡醒而自知有了身孕。天人奉献的饮食,自然到来。菩萨在胎中,摩耶夫人毫无不适。后来在四月八日,摩耶夫人带领诸多宫女,游览蓝毗尼园，攀折无忧树。在这时候树下忽然出现莲花，像车轮一样大，菩萨从摩耶夫人右肋而降生，落在莲花上。自己走了七步，举起右手，发出狮子吼：'天上天下，唯我独尊。'帝释手执伞盖，梵王手持白拂，左右站立侍候。九龙在空中吐出清净的水，浇到太子身上。三十二相，八十种好，放大光明，普照三千大千世界。"

现祥瑞

《破邪论》[①]："周昭王即位二十四年，四月八日，江河泉池，忽然泛涨，大地震动。夜，五色光入贯太微[②]，遍于四方，作青红色。昭王问太史苏由曰[③]：'是何祥也？'由对曰：'有大圣人生于西方，故现此瑞。'王曰：'于天下何如？'由对曰：'即时无他，千年外声教被及此土[④]。'此时乃佛初生也。"

【注释】

①《破邪论》：又名《对傅奕废佛僧事》，二卷，唐释法琳撰。该书是佛教与道教论战之文，引用大量佛教及道教史料破斥傅奕的反佛言论，扬佛抑道。认为"佛教兴行，于今不绝者，实荷人王之力也"。法琳（572—640），俗姓陈，颍川（今河南许昌）人。唐佛教著述家，另著有《辩正论》等。

②五色光：五色祥光。太微：即太微垣。天区名。指北斗星之南，轸宿、翼宿之北，五帝座及其周围天区。

③太史：官名。西周、春秋时掌管记载史事、编写史书、起草文书，兼管国家典籍和天文历法等。

④声教：声威教化。被及：延及。

【译文】

《破邪论》:“周昭王即位二十四年,四月八日,江河泉池,忽然水流上涨泛滥,大地震动。夜里,有五色祥光贯穿太微垣区域,布满四方,天空变作青红色。周昭王问太史苏由:‘这是什么祥瑞之兆?’苏由回答说:‘有大圣人出生于西方,因此出现这祥瑞。’周昭王说:‘对全国有什么影响?’苏由回答说:‘当前没有什么影响,千年后声威教化会延及本土。’这时是佛祖刚刚出生的时候。”

学非想

《传灯录》:“释迦佛生刹利王家[①],放大智光明[②],照十方世界[③]。涌金莲花,自然捧双足。分手指天地,作狮子吼声。即周昭王二十四年也。年十九,欲出家,夜有天人名净居,于窗牖中叉手白太子言[④]:‘出家时至。’乃于檀特山修道[⑤],郁头蓝佛处学求非想。于二月八日明星出时成佛[⑥],号天人师。”

【注释】

①释迦佛:即释迦牟尼。刹利:亦作“刹帝利”,梵语的音译。古印度第二族姓,掌握政治和军事权力。为世俗统治者。

②大智:广大的智慧。

③十方世界:佛教称东、西、南、北、东南、西南、东北、西北、上、下十个方位为十方。

④窗牖(yǒu):窗户。叉手:佛教的一种敬礼方式。两掌对合于胸前。

⑤檀特山:又作檀陀山、檀拏迦山、弹宅迦山,或大泽山。位于北印度犍陀罗国。约今印度沙萨达东北约六十四公里之帕罗罕立地方。

⑥明星：启明星。即金星。《诗经·郑风·女曰鸡鸣》："子兴视夜，明星有烂。"朱熹集传："明星，启明之星，先日而出者也。"成佛：佛教谓修行者证得圆满觉悟的境界。

【译文】

《景德传灯录》："释迦牟尼佛出生在刹帝利王族家庭，显现出充满大智慧的光明之相，普照十方世界。大地涌出一朵金色莲花，自然而然托起释迦牟尼的双脚。他一手指天，一手指地，发出如同狮子吼叫般的声音。这一年即周昭王二十四年。释迦牟尼十九岁时，想要出家修行，夜里有一位叫净居的天神，在窗户中叉手行礼告诉太子说：'出家修行的良机已到。'于是释迦牟尼来檀特山修行道术，在郁头蓝佛处学习非想非非想处定。在二月八日启明星升起之时成佛，号称天人师。"

行摩诃[①]

《岁时杂记》："诸经说佛生日不同，其指言四月八日生者为多。《宿愿果报经》云[②]：'诸佛世尊皆是此日，故用四月八日灌佛也[③]。'今但南方皆用此日，北人专用腊月八日。近岁因圆照禅师来慧林[④]，始用此日行《摩诃刹头经》法[⑤]，自是稍稍遵。"

【注释】

①摩诃：亦作"摩呵"。梵语译音。有大、多、胜三义。

②《宿愿果报经》：即《明宿愿果报经》，一卷。

③灌佛：即浴佛。

④圆照禅师：即宗本（1020—1099），俗姓管，字无哲，无锡（今属江苏）人。宋禅僧，元丰五年（1082），受神宗之诏，为相国寺慧林禅

刹第一祖。开法次日，神宗召至延和殿问道。哲宗诏赐“圆照禅师”，著有《归元真指集》《慧辨录》等。慧林：即相国寺慧林禅刹。

⑤《摩诃刹头经》：底本作“摩诃利头经”，据《众经目录》改。一卷，西秦圣坚译。该经说四月八日灌佛之事。以经首有摩诃刹头（摩诃萨也），诸天人民长老明听之语，故名。圣坚，或云法坚，或云坚公，西秦僧人。另译有《虚空藏经》等。

【译文】

《岁时杂记》：“各种佛经中记载的佛的生日不同，其中说四月八日出生的为多。《宿愿果报经》说：‘诸佛世尊都是这一天出生，因此在四月八日浴佛。’如今只有南方在这一天庆祝，北方人专门在十二月八日庆祝。近年因圆照禅师来相国寺慧林禅刹，才开始在这一天实行《摩诃刹头经》中记载的方法，从此人们逐渐遵从这种做法。”

成佛道①

《岁华纪丽》：“佛以四月八日，生于母右肋。年十九岁，于四月八日夜半，逾城往雪山入道。六年思道不食，又以四月八日成佛。”

【注释】

①佛道：佛法之道。

【译文】

《岁华纪丽》：“佛祖释迦牟尼在四月八日，从母亲右肋降生。十九岁时，在四月八日半夜，翻越城墙前往雪山出家修道。六年来修道期间不吃食物，又在四月八日成佛。”

作龙华[1]

《荆楚岁时记》:“荆楚以四月八日,诸寺各设斋,香汤浴佛。共作龙华会,以弥勒下生之征也[2]。”

【注释】

①龙华:即龙华会。即浴佛会。

②弥勒:佛教菩萨之一,胸腹袒露,满面笑容。下生:出生。征:征兆。

【译文】

《荆楚岁时记》:“荆楚之地在四月八日这一天,每座寺院各自举行斋会,用香汤浴佛。共同举办龙华会,作为弥勒出生的象征。”

设斋会

《东京梦华录》:“四月八日,佛生日,京师十大禅院[1],各有浴佛斋会,煎香药糖水相遗,名曰浴佛水。”东坡词云:“烘暖晚香阁,轻寒浴佛天[2]。”

【注释】

①十大禅院:北宋汴京禅院多达数十所,《宋会要辑稿·道释一》记载,仁宗天圣二年(1024)二月诏在京寺观剃度名额,寺院依次提及开宝寺、相国寺、太平兴国寺、天清寺、景德寺、显宁寺、显净寺、显圣寺、报恩寺、启圣院、定力院、实相院、观音院、天寿院、皇建院、普净院、洪福院、普安院、等觉院、奉行资福院、鸿禧院、长庆院、护国院、广福院、光教院、乾明寺、崇夏寺、崇真资圣院、妙觉院等。此处“十大禅院”应指最著名的十大寺院。

②烘暖晚香阁,轻寒浴佛天:出自苏轼《南歌子·黄州腊八日饮怀民小阁》,原诗为"烘暖烧香阁,轻寒浴佛天"。轻寒,微寒。

【译文】

《东京梦华录》:"四月八日,是释迦牟尼佛的生日,京城中十大禅院,各自都要举行浴佛斋会,煎熬放有香药的糖水相互赠送,这种香水被称为浴佛水。"苏轼有词写道:"烘暖晚香阁,轻寒浴佛天。"

煎香水

《高僧传》[1]:"《摩诃刹头》[2]:四月八日浴佛,以都梁香为青色水[3],郁金香为赤色水[4],丘隆香为白色水[5],附子香为黄色水[6],安息香为黑色水[7],以灌佛顶。"

【注释】

①《高僧传》:又作《梁高僧传》,十四卷,南朝梁慧皎撰。该书收录自东汉明帝永平十年(67)佛教传入我国以来,至梁朝天监十八年(519),凡四百五十三年间,二百五十七位高僧之传记,加上旁出附见者,实收五百人之传记。慧皎(497—554),会稽上虞(今属浙江)人。南朝梁僧人,佛教史学家,另撰有《涅槃义疏》《梵网经疏》。

②《摩诃刹头》:即《摩诃刹头经》。

③都梁香为青色水:都梁香捣碎浸泡制成青色水。都梁香,唇科植物地瓜儿苗的茎叶,形似藿香。

④郁金香为赤色水:郁金香根部捣碎浸泡制成赤色水。

⑤丘隆香为白色水:丘隆香捣碎浸泡制成白色水。丘隆香,具体不详,推测为白色香料。

⑥附子香为黄色水:附子香捣碎浸泡制成黄色水。附子香,毛茛科

植物乌头的子根。

⑦安息香为黑色水：安息香捣碎浸泡制成黑色水。安息香，安息国（今伊朗）香树的树脂。

【译文】

《高僧传》："《摩诃刹头经》：四月八日浴佛时，把都梁香捣碎浸泡制成青色水，郁金香根部捣碎浸泡制成赤色水，丘隆香捣碎浸泡制成白色水，附子香捣碎浸泡制成黄色水，安息香捣碎浸泡制成黑色水，用这五色水灌沐佛顶。"

为法乐[①]

《荆楚岁时记》："荆楚人相承，四月八日迎八字之佛于金城[②]，设幡幢鼓吹[③]，以为法乐。"

【注释】

①法乐：指于佛前转读讲论诸经论、唱诵经文、陀罗尼等，乃使佛菩萨得法乐之意。

②金城：古城名。三国吴筑，在今江苏句容西北。

③幡幢：即幢幡。佛教道场用来装饰的长形旗帜。鼓吹：演奏乐曲。此指唱诵经文。

【译文】

《荆楚岁时记》："荆楚人相续传承，四月八日将八字之佛迎接到金城，设置幢幡唱诵经文，作为法乐。"

建变灯

《荆楚岁时记》："二月八日，释氏下生之日[①]，迦文成道之时[2]。信舍之家[3]，建八关斋戒[4]，车轮宝盖[5]，七变八会之灯[6]。至今二月八日，平旦，执香花绕城一匝[7]，谓之行城[8]。"

【注释】

①释氏：释迦牟尼佛姓释迦氏，故称为"释氏"。

②迦文：释迦文佛之略称。即释迦牟尼佛。

③信：信徒。

④八关斋戒：亦称"八斋戒""八戒"。佛教在家男女教徒短期遵守的八项戒条。即不杀生、不偷盗、不邪淫、不妄语、不饮酒、不眠坐高广华丽床座、不涂饰香鬘及观听歌舞、不食非时食。

⑤宝盖：佛道或帝王仪仗等的伞盖。

⑥七变八会之灯：七变八会，源于《华严经》"七处八会"，即佛陀在不同地点（七处）说法八次，象征佛法广布。七变八会之灯为佛教行像仪式（绕城巡行）中的重要元素。

⑦一匝：指一圈。

⑧行城：也称行像。用宝车载着佛像巡行城市街衢的一种宗教仪式。一般多在佛生日举行，西域也有在其他节日举行的。《大唐西域记·屈支国》："每岁秋分数十日间，举国僧徒皆来会集……诸僧伽蓝庄严佛像，莹以珍宝，饰之锦绮，载诸辇舆，谓之行像。"

【译文】

《荆楚岁时记》："二月八日，释迦牟尼出生之日，也是释迦牟尼成佛之时。信佛的人家，持守八项戒条，准备车轮宝盖、七变八会之灯。直到现在，每到二月八日清晨，人们手执香花绕城一圈，称为行城。"

出王内[①]

《本起经》[②]："二月八日夜半，太子被马当出，天使鬼神捧马足出，至于王内，则行城中矣。"

【注释】

①王内：王城。指都城。

②《本起经》：底本作"本内经"，据《荆楚岁时记》改。即《佛说太子瑞应本起经》。

【译文】

《佛说太子瑞应本起经》："二月八日半夜时，悉达多太子便骑马出来，天使鬼神各捧马足而出，到了都城，就用宝车载着太子巡行城内了。"

行关戒

《阿含经》[①]："二月八日，当行八关之戒。"又《佛经》云："在家菩萨[②]，此日当行八关之斋戒也。"

【注释】

①《阿含经》：又称《阿铪》《阿含暮》《阿笈摩》等，原始佛教基本经典。

②在家菩萨：指在家学佛受持菩萨戒的人。佛教术语，如维摩居士不存梵仪而修佛道者。但受五戒八戒或十善戒。《优婆塞戒经》曰："菩萨有二种：一者在家，二者出家。"

【译文】

《阿含经》："二月八日，应当实行八关之戒。"又有《佛经》曰："在家学佛受持菩萨戒的人，这天应当实行八关斋戒。"

绕城歌

《寿阳记·梁陈典》曰:“二月八日,行城。”《乐歌》曰:“皎镜寿阳宫[①],四面起香风。楼形似飞凤,城势如盘龙。”

【注释】

①皎镜:明镜。

【译文】

《寿阳记·梁陈典》曰:“二月八日,用宝车载着佛像巡行城内。”《乐歌》写道:“皎镜寿阳宫,四面起香风。楼形似飞凤,城势如盘龙。”

现莲花

《夷坚甲志》:“绍兴二十一年四月,池州建德县田人汪二十一家[①],镬内现金色莲花[②],有僧立其上,自四月八日至十日不退,其家以煮犬,遂灭。闻自彭泽至石门民家[③],镬多生花,但无僧。此异所未闻也。是年,雨泽及时[④],乡老以为大有年之祥[⑤]。”

【注释】

①建德县:三国吴黄武四年(225)分富春县置,治今浙江建德东北。

②镬(huò):大锅。

③彭泽:西汉置,因县西彭蠡泽得名,治今江西湖口东。属豫章郡。隋开皇九年(589)改置龙城县,十八年复名彭泽县。治今江西彭泽西。

④雨泽:降雨。

⑤大有年：丰收年。

【译文】

《夷坚甲志》："绍兴二十一年四月，池州建德县种田人汪二十一家，大锅里出现金色莲花，有僧人站在莲花上，自四月八日到十日都不消失，汪二十一家用大锅煮狗肉，于是莲花、僧人都消失了。听说从彭泽到石门，百姓家里的大锅大都出现花，但没有僧人。这种奇异之事没有听说过。这一年，降雨及时，乡里老人认为这是丰收年的征兆。"

儭百金[①]

《南史》："宋新安王子鸾四月八日建斋并灌佛[②]，僚佐儭者多至一万[③]，少者不减五千[④]，张融独注儭百金[⑤]。"

【注释】

①儭（chèn）：同"嚫"，即布施之意。一般称供养僧侣之钱为儭钱。

②新安王子鸾：即新安王刘子鸾（456—465），字孝羽，彭城（今江苏徐州）人。宋孝武帝刘骏第八子，封新安王。

③僚佐：属官，属吏。

④不减：不少于。

⑤张融（444—497）：字思光，吴郡吴县（今江苏苏州）人。仕宋为新安王北中郎参军，出为封溪令。入齐，累官太子中庶子、司徒左长史。南朝齐文学家，著有《玉海集》《大泽集》《金波集》等。注儭：底本作"往儭"，据《南史·张融传》改。即捐献金钱或物品以资助佛事之启建。

【译文】

《南史》："宋新安王刘子鸾四月八日建斋坛并灌沐佛顶，属官布施大多至万金，少的不少于五千金，唯独张融只布施了一百金。"

舍项钱

《南史・宋书》:"刘敬宣[①],父牢之[②],八岁丧母。四月八日,敬宣见众人浴佛,乃以项上金钱,为母灌佛。因泣下,悲不自胜[③]。桓序谓牢之曰[④]:'卿此儿非唯家之孝子,必为国之忠臣。'"

【注释】

①刘敬宣(371—415):字万寿,彭城(今江苏徐州)人,家居京口(今江苏镇江)。东晋将领。

②牢之:即刘牢之(?—402),字道坚,彭城(今江苏徐州)人,家居京口(今江苏镇江)。东晋名将。

③悲不自胜:悲伤得自己禁受不了。形容极悲伤。胜,禁受。

④桓序:谯国龙亢(今安徽怀远)人。东晋桓云之子。时任辅国将军。

【译文】

《南史・宋书》:"刘敬宣,父亲是刘牢之,敬宣八岁时母亲就去世了。四月八日,敬宣见众人举行浴佛仪式,就用项上金钱,为母亲浴佛献礼。因而哭泣,悲伤得不能自已。桓序对刘牢之说:'你这个儿子不仅是家中的孝子,也一定会成为国家的忠臣。'"

雕悉达

《燕北杂记》:"四月八日,京府及诸州[①],各用木雕悉达太子一尊,城上舁行[②],放僧尼、道士、庶民行城一日为乐。"

【注释】

①京府：京都地区。

②舁（yú）：抬。

【译文】

《燕北杂记》："四月八日，京城地区及各州，各自用木头雕刻悉达太子像一尊，在城中抬着行走，允许僧人、尼姑、道士、平民用宝车载着佛像在城内巡行一日为乐。"

溺金像[①]

《世说》："四月八日，吴孙皓以金像溺之[②]，云浴佛。后阴病[③]，忏悔乃瘥[④]。"

【注释】

①溺（niào）：同"尿"。金像：金身佛像。

②孙皓（242—283）：字元宗，吴郡富春（今浙江富阳）人。三国时吴末帝（264—280年在位）。天纪四年（280），晋武帝司马炎六路出兵攻吴，大将王濬先到建业，他归降称臣，封归命侯。

③阴病：病名。指病在里、在脏而属三阴的疾患。《伤寒论条辨·卷一》："脏主内，内里也。里为阴，脏亦阴，故曰阴病。阴病者，脏受腑之谓也。"此阴病是对里病，脏病或三阴病而言。阴病由外而内，由腑而脏传来。所谓阴病，除三阴病外，亦包括一般的虚证、寒证。

④忏悔：佛教语。佛教规定，出家人每半月集合举行诵戒，给犯戒者以说过悔改的机会。后遂成为自陈己过、悔罪祈福的一种宗教仪式。引申为认识了错误或罪过而感到痛心。瘥（chài）：病愈。

【译文】

《世说新语》："四月八日，吴末帝孙皓往金身佛像上尿尿，说是浴佛。后来得了阴病，经过忏悔才病愈。"

登玉霄[①]

《灵宝朝修图》："四月初八，乃启夏之日[②]，太上玉晨大道君登玉霄琳房[③]，四眄天下[④]。"

【注释】

①玉霄：天界。传说中天帝、神仙的居处。

②启夏：开启夏季。

③太上玉晨大道君：又称"道君""太上（大）道君""灵宝天尊""上清大帝""玉晨"等，其全称为"圣师高圣太上玉晨元皇大道君"。元始天尊之弟子，太微帝君及老君之师，受灵宝上品度人之道，是次于元始天尊的上清派第二位至尊神。琳房：炼丹房的美称。

④眄（miǎn）：看，望。

【译文】

《灵宝朝修图》："四月初八，是开启夏季的日子，太上玉晨大道君登上天界炼丹房，环顾天下。"

现真人

《道藏·玄微集》："四月八日，太上老君西入流沙化胡[①]，三天无上尊尹真人诞现[②]。"

【注释】

①太上老君：道教对老子的尊称。《老子内传》："太上老君，姓李名耳，字伯阳，一名重耳；生而白首，故号老子；耳有三漏，又号老聃。"流沙：指今新疆维吾尔自治区白龙堆沙漠。古时中原与西域交通多经此地。化胡：指老子曾西游天竺，化身为释迦牟尼，教化胡人。

②三天：道教称清微天、禹余天、大赤天为三天。无上尊尹真人：即道教神话人物尹喜。又称关令尹，字公文，天水（今属甘肃）人。相传为战国时道家人物，曾任函谷关令。道教尊为无上真人、文始先生。著有《关尹子》一书，道教称为《文始真经》。

【译文】

《道藏·玄微集》："四月八日，太上老君曾西入流沙化身为释迦牟尼对胡人实行教化，三天无上尊尹真人诞生。"

乞子息[①]

《荆楚岁时记》："四月八日，长沙寺阁下九子母神[②]，市肆之人无子者[③]，供薄饼以乞子，往往有验。"

【注释】

①子息：子嗣。

②长沙寺：东晋永和中滕畯捐献自己住宅而建造的寺院，因滕畯曾任长沙太守，因名。在今湖北江陵城内。阁下：指在藏书阁中。九子母神：古代迷信传说，谓能佑人生子的女神。

③市肆：市镇。无子：病名。指不孕症。病名。《脉经》卷九："妇人少腹冷恶寒久，年少者得之，此为无子。"

【译文】

《荆楚岁时记》:“四月八日,长沙寺藏书阁中有九子母神,市镇之中没有孩子的人,供奉薄饼以乞求子嗣,往往有效果。”

献节物

《文昌杂录》:“唐岁时节物,四月八日则有糕糜[①]。”

【注释】

①糕糜(mí):糕饼。

【译文】

《文昌杂录》:“唐代一年中应节的物品,四月八日这一天有糕饼。”

忌远行

《摄生月令》:“四月八日,不宜远行,宜安心静念[①],沐浴斋戒[②],必得福庆[③]。”

【注释】

①静念:使思想感情宁静、澄净。

②沐浴:濯发洗身。泛指洗澡。斋戒:佛教语。指八关斋戒。

③福庆:幸福。

【译文】

《摄生月令》:“四月八日,不宜远行,适宜安心静念,洗澡斋戒,这样必定能获得幸福。”

服生衣[1]

《齐人月令》:“四月八日,不宜杀草木,宜进温酒[2],始服生衣。”

【注释】

①服:穿。生衣:即夏衣。夏季穿的衣服。

②进:喝。

【译文】

《齐人月令》:“四月八日,不宜砍伐草木,宜喝温酒,开始穿夏季的衣服。”

戒杀生[1]

《河图》:“四月八日,勿杀生,勿伐草木,仙家大忌[2]。”

【注释】

①杀生:佛教用语。佛教五戒之一。后来道教亦承继这项戒律。凡是杀死有情识的生命,包括亲手去杀,教唆人去杀害,以及称赞杀生的行为均属之。

②仙家:仙人。

【译文】

《河图》:“四月八日,不要杀生,不要砍伐草木,这是仙家大忌。”

占果实

《阴阳书》[1]:“四月八日雨,主果实少。”

【注释】

①《阴阳书》:本指战国时邹衍、邹奭等所作阴阳历律之书。后多指择日、占卜、星相等书。

【译文】

《阴阳书》:"四月八日有雨,预示果实产量少。"

收菥蓂[①]

《本草》:"荠[②],味甘,无毒,主利肝气明目[③]。今人作羹食[④]。陈士良云[⑤]:'实亦呼菥蓂子,明目,去翳障[⑥]。久食视物鲜明。四月八日收实,良。其花将去席下,辟虫。'"

【注释】

①菥蓂(xī mì):亦作"析冥""大荠"等。一年生草本植物,直立茎,叶呈长椭圆形,总状花序,开白色小花。植株均可入药,起清热解毒作用,种子有祛风去湿作用。《尔雅·释草》:"菥蓂,大荠。"明李时珍《本草纲目·菜二·菥蓂》:"荠与菥蓂一物也,但分大小二种耳。小者为荠,大者为菥蓂。菥蓂有毛,故其子功用相同。"

②荠:底本作"虀",据《证类本草》改。

③肝气:中医指两肋胀痛、胸闷不舒,并常见消化机能紊乱或月经不调等症状。

④羹食:羹和饭。《礼记·内则》:"羹食,自诸侯以下至于庶人,无等。"郑玄注:"羹食,食之主也。"孔颖达疏:"食,谓饭也。言羹之与饭,是食之主。"

⑤陈士良:一作"陈仕良",汴州(今河南开封)人。五代南唐医学家,撰有《食性本草》。

⑥翳(yì)障:即白内障。

【译文】

《证类本草》:“荠菜,味道甘甜,无毒,主要功效为疏通肝气,使人眼睛明亮。今天的人用它来制作羹和饭。陈士良说:‘果实也称菥蓂子,可以使人眼睛明亮,去除翳障,长久食用看物鲜明。四月八日采收果实,效果好。把花放在席子下面,可以驱虫。’”

诞慈藏[①]

“承”字函《续高僧传》曰[②]:“释慈藏,父享高位,绝无后嗣,幽忧每积[③]。素仰佛理[④],乃造千部《观音》[⑤],希生一息[⑥],后若长成[⑦],愿发道心[⑧],度诸生类[⑨]。冥祥显应[⑩],梦星入怀,因而有娠。以四月八日诞载良辰[⑪],道俗咸庆希有瑞也。”

【注释】

①释慈藏:底本作“释慧藏”,据《续高僧传》改。俗姓金,名善宗,新罗国人。善德王仁平三年(634,即唐贞观八年),奉敕率门人僧实等十余人来唐,初登五台山礼拜文殊,数日后有异僧赠以释尊之袈裟及舍利数粒。后入京师,得太宗知遇,先后住胜光别院、云际寺。贞观十七年(643),善德王召返。归后,常入宫讲大乘论。著有《羯磨私记》《木叉记》《出观行法》等。

②“承”字函:即《大藏经》千字文“承”字编号。下文“左”“达”与此相同。《续高僧传》:亦称《唐高僧传》,三十卷,唐释道宣撰。该书是继慧皎的《高僧传》而作,故题书名为《续高僧传》。道宣(596—667),俗姓钱,润州丹徒(今属江苏)人,一说长城(今浙江长兴)人。唐佛教文学史家,南山律宗之创始者,另著有《广弘

明集》《四分律删繁补阙行事钞》《四分律拾毗尼义钞》《四分律含注戒本疏》等。

③幽忧：过度忧劳，忧伤。每积：底本作“无积”，据《续高僧传》改。

④佛理：佛教的教理。

⑤《观音》：即《观音经》，亦称《观世音菩萨普门品经》《法华经普门品》《观音普门品》，一卷。该经原系后秦鸠摩罗什译《妙法莲华经》中的《观世音菩萨普门品第二十五》，是中国观音信仰的主要经典。

⑥一息：一个子嗣。

⑦后若长成：底本作“后若长城”，据《续高僧传》改。

⑧道心：佛教语。菩提心，悟道之心。

⑨度：僧尼道士劝人离俗出家。生类：泛指一切有生命之物。

⑩冥：泛指主宰人世祸福的神灵世界。显应：显灵。

⑪诞载：诞生，出生。

【译文】

“承”字函《续高僧传》曰：“释慈藏，父亲身居高位，却无子嗣，经常过度忧伤。父亲一向信仰佛理，于是制作了一千部《观音经》，希望生下一个子嗣，以后若长大成人，愿让他出家修佛，度化各种生灵。于是主宰人世祸福的神灵世界祥兆显灵，母亲梦到星坠入怀，因而怀孕。在四月八日吉时出生，僧人和世俗百姓都来庆贺这罕有的祥瑞。”

生灵睿[①]

“左”字函《续高僧传》曰：“释灵睿，母以二月八日道观设斋，因乞有子。还家，梦见在松林下坐，有七宝钵于木颠飞来入口[②]，便觉有娠，遂生灵睿。”

【注释】

①灵睿:原文作“灵慧”,据《续高僧传》改。《续高僧传》卷十五:“释灵睿,姓陈,本惟颍川,流寓蜀部,益昌之陈乡人也。”

②钵(bō):僧侣所用的食具,像碗,底平,口略小。木颠:树顶。

【译文】

“左”字函《续高僧传》曰:“释灵睿,他母亲二月八日在道观设斋,借此乞求有子嗣。回到家里,梦见自己坐在松林下,有七宝钵从树顶飞来进入口中,便觉怀孕,于是生下灵睿。”

育僧伦[①]

“达”字函《续高僧传》曰:“释僧伦,未孕之初,二亲对坐[②],忽有胡僧,秀眉皓首[③],二侍持幡在左右,曰:‘愿为母子,未审如何[④]?’即礼拜之,因而有娠。四月八日四更后生,还见二幡翊其左右[⑤],兼有异香。”

【注释】

①僧伦(565—659):底本作“释僧论”,据《续高僧传》改。俗姓吕,卫州汲(今河南汲县)人。隋、唐时僧人。

②二亲:父母。

③秀眉:老人眉毛中的长毛,为长寿的象征。《诗经·小雅·南山有台》:“乐只君子,遐不眉寿。”毛传:“眉寿,秀眉也。”皓首:白头。

④审:知道。

⑤翊(yì):飞的样子。

【译文】

“达”字函《续高僧传》曰:“释僧伦,起初母亲未怀孕时,父母二人相对而坐,忽然有一位胡僧,秀眉白头,有两个侍从手持纸幡站在左右,胡僧说:'我希望和你成为母子,不知道你意下如何?'随即以礼相拜,因而怀孕。四月八日四更后出生,又看见两个纸幡在左右飞动,同时还有奇异的香味。"

产元高[①]

《高僧传》曰:"释元高,小名灵育。母寇氏,梦见胡僧持伞,香花满座,便即怀胎。至四月八日生,忽有异香,及光明照壁,迄旦乃息[②],因名灵育也。"

【注释】

①元高(402—444):即玄高,避宋圣祖赵玄朗改。俗姓魏,名灵育,万年(今陕西临潼)人。南北朝僧人。

【译文】

《高僧传》曰:"释元高,小名灵育。母亲寇氏,梦见胡僧拿着伞,满座都是香花,于是就有了身孕。到四月八日出生,忽然有奇异的香味,还有光芒照亮墙壁,到天明才停息,因而取名灵育。"

迁雪窦[①]

《传灯录》:"雪窦师,讳重显,字隐之,遂州李氏子[②],生于兴国五年四月八日。后出家,受具[③],学经论[④],业于乡里[⑤]。晚参随州智门祚和尚[⑥],因扣'不起一念'之旨[⑦],豁然知归,遂遍游丛席[⑧],众所推仰[⑨]。居吴门之洞庭[⑩],迁四明之雪窦[⑪],由是云门之道[⑫],复振于江浙[⑬]。侍中贾公奏闻朝廷,乞赐'明觉'之号。"东坡诗云:"好句真传雪窦风[⑭]。"

又云:“他日从参雪窦师[15]。”

【注释】

①雪窦(980—1052):俗姓李,讳重显,字隐之,号长松长老,赐号“明觉大师”。因其久住雪窦寺,后世多以“雪窦禅师”称之。遂州(今四川遂宁)人。宋云门宗僧。

②遂州:今四川遂宁。

③受具:底本作“受其”,据《祖庭事苑》改。佛教语。“受具足戒”或“受具戒”的略语。具足戒,指比丘所受之二百五十戒,比丘尼所受之五百戒。

④经论:佛教指三藏中的经藏与论藏。

⑤业:佛教徒称一切行为、言语、思想为业。

⑥晚参:禅宗用语。指丛林中住持于晚间开示法要、参禅或念诵。若无晚参,鸣僧堂内钟,谓之“放参钟”。随州:今属湖北。智门祚:即智门光祚禅师。浙江人。宋云门宗僧。嗣法弟子有雪窦重显等三十余人,著有《智门祚禅师语录》一卷。

⑦扣:求教,探问。不起一念:佛教语。心中不起一个念头。旨:要旨。

⑧丛席:禅宗法会,禅院。

⑨推仰:推重敬仰。

⑩吴门:指苏州或苏州一带。为春秋吴国故地,故称。洞庭:即洞庭山。太湖中东洞庭山和西洞庭山的合称。

⑪四明:宁波的别称。雪窦:即雪窦寺。在今浙江奉化溪口镇西北雪窦山。属四明山。建于唐代,是佛教禅宗十刹之一。

⑫云门:即云门宗。禅宗之一派。以云门山文偃禅师为宗祖,故谓之云门宗。

⑬江浙:江苏与浙江。

⑭好句真传雪窦风:出自苏轼《再和并答杨次公·其二》。

⑮他日从参雪窦师：出自苏轼《圆通禅院，先君旧游也。四月二十四日晚，至，宿焉。明日，先君忌日也。乃手写宝积献盖颂佛一偈，以赠长老仙公。仙公抚掌笑曰："昨夜梦宝盖飞下，著处辄出火，岂此祥乎？"乃作是诗，院有蜀僧宣逮事讷长老识先君云》，原诗为"他日徒参雪窦禅"。

【译文】

《景德传灯录》："雪窦禅师，名重显，字隐之，遂州李家之子，生于太平兴国五年四月八日。后来出家，受具足戒，学习经藏与论藏，在乡里传授教义。晚参随州智门光祚禅师，因求教'心中不起一念'的要旨，豁然明白而知归向，于是遍游禅院，被众人所推重敬仰。起先住在苏州的洞庭山，后迁到宁波的雪窦寺，因此云门宗的教义，又在江浙一带振兴。侍中贾公上报朝廷，乞求赐与他'明觉'的称号。"苏轼有诗写道："好句真传雪窦风。"又写道："他日从参雪窦师。"

戮秃师

《广古今五行志》："北齐初，并州阿秃师者[①]，不知姓氏。尔朱未灭之前[②]，在晋阳游[③]，出入民间，语谲必有征验[④]。每行市[⑤]，众围绕之，因大呼曰：'怜尔百姓无所知，不识并州阿秃师。'人以此名焉。齐神武迁邺之后[⑥]，时来邺下[⑦]。所有军国大事未出帷幄者[⑧]，秃师先于人间露泄[⑨]。末年，执置城内，遣人防守，不听辄出。当日，并州城三门，各有一秃师荡出[⑩]，遍执不能禁[⑪]。未几，有人从北州来[⑫]，云：'秃师四月八日于雁门郡市舍命[⑬]，大众以香花送[⑭]，埋城外。'并州人怪笑[⑮]，相谓曰：'四月八日，从汾桥东出[⑯]，一脚有鞋，一脚跣跣[⑰]，但不知入何坊巷，人皆见之，何云雁门死也?'此人复往北州,报语乡众,开冢看之,唯见一只鞋耳。后还游并州,制约不从[18],浪语不息[19],虑动民庶[20],遂以妖惑戮之,以绳钩首[21]。七日后,有人从河西来,云:'道逢秃师,形状如故,但背负一大绳。与语,不应,急走西去。'"

【注释】

①并州:州名。治今山西太原。

②尔朱:羯族之姓,以地为氏。北魏尔朱羽健,登国初为领民酋长,率契胡(即羯胡)武士千七百人从驾平晋阳,定中心,论功拜散骑常侍,割北秀容三百里封之,世居尔朱川,因以为氏。

③晋阳:今山西太原。

④谲(jué):奇异怪诞。征验:应验。

⑤行市:巡视市中。

⑥齐神武:即齐神武帝高欢。迁:底本作"位",据《太平广记》改。邺:即邺城。今河北临漳。

⑦邺下:邺城的别称。

⑧军国大事:跟国家有关的大事。包括皇帝登基、立皇后立太子、出兵打仗、祭祀天地等。帷幄:指天子决策之处或将帅的幕府、军帐。

⑨露泄:泄露。

⑩荡:游荡。

⑪遍:底本作"遮",据《太平广记》改。

⑫北州:犹塞北。指我国长城以北地区。

⑬舍命:死亡。

⑭大众:佛教对信众的称呼。

⑮怪笑:嗤笑。

⑯汾桥:古桥名。在汾水之上。故址在今山西阳曲东。相传为战国

初期晋刺客豫让为其主智伯报仇而谋刺晋大夫赵襄子处。

⑰跛：瘸。跣（xiǎn）：光着脚。

⑱制约：限制约束。

⑲浪语：狂妄不实的话。不息：不停。

⑳民庶：百姓。

㉑钩：底本作“钓”，据《太平广记》改。

【译文】

《广古今五行志》：“北齐初年，并州有个阿秃师，也不知道他的姓氏。尔朱氏未灭之前，他就已经在晋阳游荡，往来民间，说话怪诞但都会应验。每当他在街上行走时，许多人都围着他，他就大声呼叫：‘怜尔百姓无所知，不识并州阿秃师。’人们因此把‘阿秃师’作为他的名字。北齐神武皇帝迁都邺城之后，他时常来邺城。所有还未公布的军国大事，阿秃师就会先在民间泄露出去。神武皇帝末年，阿秃师被抓进城里，派人看管起来，不允许随意外出。当时，并州有三座城门，每座城门各有一个阿秃师游荡而出，派人到处捉拿也限制不住他。不久，有人从北州来，说：‘阿秃师四月八日在雁门郡街市死了，信众用香花给他送殡，埋葬在城外。’并州人听了都嗤笑，便对那个人说：‘四月八日，阿秃师从汾桥东面走过，一只脚穿鞋，另一只光脚有残疾，只是不知他进了哪条街道，很多人都看见了，你怎么说他在雁门郡死了呢？’此人又返回北州，把这些话告诉众人，大家一起去挖开坟墓查看，只看见一只鞋而已。后来阿秃师还在并州到处游逛，也不服从朝廷的约束，不停地说狂妄不实的话，朝廷担忧民心浮动，便以妖言惑众的罪名杀了他，用绳索套住他的脑袋。刑后七天，有人从河西来，说：‘在路上遇见阿秃师，还是原来那个样子，只是后背上拴着一条绳索。与他说话，他也不应答，急急忙忙地往西走去。’”

笑三藏[①]

《启颜录》:"隋有三藏法师[②],父本胡商。法师虽生中国,其仪容面目,犹类胡人。然行业极高[③],又有辨捷[④]。尝以四月八日设斋讲说,一时朝官及道俗观者千余人,大德名僧与师问辨者数十辈[⑤]。法师随难即对[⑥],义理不穷[⑦]。最后有小儿姓赵,年十三,从众中出。法师辨捷既已过人,又向来皆是高名耆德[⑧],忽见此儿欲求论议[⑨],众皆怪笑。小儿精神自若,即就座,大声曰:'昔野犴和尚自有经文[⑩],未审"狐作阿阇梨"出何典诰[⑪]?'僧语云:'此子声高而身小,何不以声而补身?'儿即应云:'法师以弟子声高而身小,何不以声而补身,法师眼深而鼻长,何不截鼻而补眼?'众皆惊异,起立大笑。是时暑月,法师左手把如意,右手摇扇,众笑未定,法师又思量答语,以所摇扇掩面低头。儿又大声语云:'圆圆形如满月,不藏顾兔[⑫],翻掩雄狐[⑬]。'众益大笑。法师即去扇,以如意指麾别送[⑭],忽如意头落。儿即起谓法师曰:'如意既折,义锋亦摧。'即于座前,长揖而去[⑮]。此僧既怒且惭,大众无不惊叹称笑。"

【注释】

①三藏:指精通经、律、论三藏之法师。

②隋:底本作"随",据《太平广记》改。

③行业:佛教指恪守戒律的操行。

④辨捷:能言善辩,才思敏捷。辨,通"辩"。

⑤大德:佛菩萨或高僧之敬称。问辨:询问辨识。

⑥随难即对:底本作“随语随答”,据《太平广记》改。难,问难。

⑦义理:犹道理。

⑧高名:显赫的声名。耆(qí)德:年高德劭、素孚众望者之称。

⑨论议:又作论义、讲论、法问、问答。指借问答以显扬教义。其目的在显明真理使对方了解论理,其论义方式一般用因明法,即于立者(立论者)、敌者(问难者)之间,论诤所立之宗义,并论判决择是非。

⑩野犴(àn)和尚:野犴是古代传说中的一种猛兽,此处可能借喻某位行为狂放、不拘礼法的僧人。

⑪阿阇(shé)梨:旧称阿阇梨、阿只利。译曰教授。新称阿遮利夜、阿遮梨耶。译曰轨范正行。可矫正弟子行为,为其轨则师范高僧之敬称。典诰:《尚书》中《尧典》《汤诰》等篇的并称。亦泛指经书典籍。

⑫顾兔:亦作“顾菟”。古代神话传说月中阴精积成兔形,后因以为月的别名。此指左顾右盼的玉兔。

⑬雄狐:雄性的狐狸。多借指好色乱伦之徒。古人用以讽刺淫邪的君臣。《诗经·齐风·南山》:“南山崔崔,雄狐绥绥。”郑玄笺:“襄公之妹,鲁桓公夫人文姜也。襄公素与淫通……齐大夫见襄公行恶如是,作诗以刺之。”朱熹集传:“狐,邪媚之兽……言南山有狐,以比襄公居高位而行邪行。”

⑭指麾:指挥。

⑮长揖:拱手高举,自上而下行礼。《汉书·高帝纪上》:“沛公方踞床,使两女子洗。郦生不拜,长揖曰:‘足下必欲诛无道秦,不宜踞见长者。’”颜师古注:“长揖者,手自上而极下。”

【译文】

《启颜录》:“隋朝有位三藏法师,他父亲原本是西域的商人。法师虽然生长在中国,然而他的相貌举止,更像胡人。他恪守戒律的操行极高,又能言善辩、才思敏捷。他曾在四月八日设置斋会讲说佛法，当时前来听讲的朝中官员及普通僧众有一千多人，数十位大德高僧与法师围绕佛学义理进行探讨、辩论。法师面对各种问难立即答对，阐述义理层出不穷。最后有个姓赵的小孩，十三岁，从人群中走出。法师能言善辩、才思敏捷超过常人，而且向来与他围绕佛学义理进行探讨、辩论的都是有显赫的声名、年高德劭、素孚众望的人，忽然看见这个小孩要求论义，众人都嗤笑。小孩神态自若，随即入坐，大声说：'从前一些野和尚来讲经说法都有经文，不知道"狐作阿阇梨"出自什么经典？'法师说道：'这个小孩声音高而身材矮小，怎么不用声高来补身短呢？'小孩随即应答：'法师认为我声音高而身材矮小，为什么不用声音来补身材，法师你眼窝深而鼻子长，为什么不将鼻子截下一段补在眼窝上呢？'众人听后都异常震惊，站起身来大笑。当时正值盛暑，法师左手拿着一只如意，右手摇着一柄团扇，众人的笑声都没有停下来，法师又在思量怎么回答，就用所摇团扇掩面低头。小孩又大声说道：'圆扇的形状犹如一轮满月，没有藏着左顾右盼的玉兔，却遮掩着一只雄狐。'众人更是大笑不止。法师急忙收起团扇，用如意指向别处，忽然如意头坠落。小孩随即起身对法师说：'您的如意已断，经义的锋芒也被摧毁。'随即走到胡僧座前，拱手高举行了一礼，转身离去。胡僧既恼怒又羞愧，众人无不惊讶赞叹而又觉得好笑。"

异续生

《广古今五行志》："濮阳郡有续生[①]，莫知其来，身长七尺而肥黑，剪发留二三寸，破衫齐膝而已。人遗财帛，转施贫穷。每四月八日，市场戏处，皆有续生。郡人张孝恭不信，自在戏场对一续生，又遣兄弟往诸处看验[②]，场场悉有，以此异之。或天旱，续生入泥涂偃展[③]，久之必雨，土人谓之猪龙。市有大坑，水潦停注[④]，常有群猪止息其间，续生向夕来卧。冬月飞霜着体[⑤]，睡觉则汗气冲发。夜中，有人见北市灶火洞赤[⑥]，有一蟒蛇，身在电里，首出电外，往视之，乃续生拂灰而出。后不知所之。”

【注释】

①濮阳郡：西晋末改濮阳国为郡。治濮阳县（今河南濮阳西）。辖境约当今河南滑县、濮阳、范县，山东郓城、鄄城等市县。北魏移治鄄城（今山东鄄城北）。隋初废。唐天宝初曾改濮州为濮阳郡。

②看验：察看检验。

③泥涂：淤泥。偃展：蜷缩伸展。

④水潦：雨水。

⑤飞霜：降霜。

⑥灶火：底本作“雷火”，据《太平广记》改。

【译文】

《广古今五行志》：“濮阳郡有个人叫续生，没人知道他是从哪里来，身高七尺，又黑又胖，留着二三寸长的头发，一件破衣衫仅垂到膝盖。别人送给他钱财，他转而送给贫穷的人。每逢四月八日，市场上所有游戏之处，都有续生在。郡中有个叫张孝恭的人不相信，便自己坐在一个戏场里面对着一个续生，又派兄弟往各处去察看检验，结果场场都有个续生，由此便认为续生是个奇异的人。天旱时，续生钻到淤泥里躺卧翻滚一阵子，肯定就下雨，当地人称他为猪龙。街市上有个大坑，雨水积聚在里面，常有一群猪躺在里面休息，续生到了夜晚也来这里躺着。冬天时霜雪落在他的身上，被他睡觉时的汗气融化而蒸发。夜间，有人看见北市灶火通红，有一条大蟒，身子在灶中，脑袋在灶外，过去一看，原来是续生拂去身上的灰出来了。后来不知道续生去哪里了。”

礼佛山

《杜阳杂编》:“唐代宗崇释氏之教[①],舂百品香和银粉,以涂佛室[②]。遇新罗国献五色氍毹及万佛山[③],可高一丈,置于佛室,以氍毹藉其地。氍毹之巧丽,亦冠绝一时,每方寸之内,即有歌舞伎乐,列国山川之状。或微风入室,其上复有蜂蝶动摇,燕雀飞舞。俯而视之,莫辨真伪。万佛山即雕沉檀、珠玉成之,其佛形大者或逾寸,小者八九分。其佛之首,有如黍米者[④],有如半菽者[⑤]。其眉目口耳,螺髻毫相悉具[⑥]。而更镂金玉、水晶为幡盖、流苏[⑦],庵罗、薝卜等树[⑧],构百宝为楼阁台殿[⑨],其状虽微,势若飞动。前有行道僧[⑩],亦不啻千数[⑪]。下有紫金钟,阔三寸,以蒲索衔之。每击钟,行道僧礼首至地,其中隐隐然若闻梵声[⑫]。其山虽以万佛名,其数则不可胜纪[⑬]。上置九光扇于岩巘间[⑭],每四月八日,召两街僧徒[⑮],入内道场[⑯],礼万佛山。是时观者叹非人工,及睹九色光于殿中,咸谓之佛光。由是上命三藏僧不空[⑰],念天竺密语千口而退[⑱]。”

【注释】

①唐代宗:底本作“唐恭宗”,据《太平广记》卷四零四“万佛山”条引《杜阳杂编》改。即唐代宗李豫(726—779),初名李俶(chù),陇西狄道(今甘肃临洮)人。唐代第九位皇帝(762—779年在位)。

②佛室:此指供佛的场所。

③氍毹(qú shū):毛织的地毯。

④黍米:黍子去壳后的子粒。

⑤菽(shū):豆类的总称。

⑥螺髻:螺形的发髻。

⑦幡盖:器物或车顶上覆盖的饰物,如宝幢华盖之类。流苏:用彩色羽毛或丝线等制成的穗状垂饰物。常饰于车马、帷帐等物上。

⑧庵罗:即菴摩勒。又称"余甘"。果为球形,有棱。薝(zhān)卜:梵语Campaka音译。又译作瞻卜伽、旃波迦、瞻波等。义译为郁金花。

⑨构:构造。

⑩行道:修行佛道之意。

⑪不啻:不止。

⑫梵声:念佛诵经之声。

⑬不可胜纪:亦作"不可胜记"。非常多,以致无法一一记载。

⑭岩巘(yán):山顶,山峰。

⑮两街:唐代首都长安的横街和朱雀大街的合称,指朝廷和官署所在,或泛指权贵和士大夫所居之繁华处所,也借指长安。

⑯内道场:又作内寺。指大内之道场。即设于宫中之佛事修行场所。

⑰不空(705—774):意译"不空金刚"的简称,音译"阿目佉跋折罗"。原名"智藏",赐号"大广智三藏",谥"大辩正广智不空三藏和尚"。原籍北天竺,一说师子国(今斯里兰卡)。中国佛教密宗创始人之一,与善无畏、金刚智并称"开元三大士"。唐佛经翻译家,译有《金刚顶一切如来真实摄大乘现证大教王经》《金刚顶瑜伽中发阿耨多罗三藐三菩提心论》等。

⑱密语:指佛陀真实、秘密之言语与教示。佛陀真意自表面之理解而言,是隐藏的,称为密意。

【译文】

《杜阳杂编》:"唐代宗尊崇释迦牟尼创立的佛教,就捣碎百品香和入银粉,用来涂刷供佛的场所。赶上新罗国进献了一块五色毛地毯和一尊万佛山，万佛山高一丈，摆放在佛室里，把五色毛地毯铺在地上。五色毛地毯精巧华丽，也是冠绝一时，每方寸之内，就有歌舞妓乐以及各国山川的形状。有的可以看出是微风入室，上面还有蜂蝶摇摆，燕雀飞舞。低头看去，也不能辨别真假。万佛山是用沉檀、珠玉雕刻而成，那些佛像大的超过一寸，小的只有八九分。再看那佛的头，有的像米粒那么大，有的像半个豆粒那么大。但是佛的眉毛、眼睛、嘴巴、耳朵，连螺形的发髻也都具备。而又镂刻金玉、水晶为幡盖、流苏，庵罗、薝卜等树，又用各种珍宝构建起楼阁亭台，造型虽然极小，但姿态飘逸生动。前面有修行佛道的僧人雕像，数量不止一千。下边有紫金钟，三寸宽，用蒲索牢牢捆缚住。每敲一下钟，行道僧便跪拜在地，同时还有隐隐的念佛诵经的声音。这山虽然以“万佛”为名，但是佛的数量不可胜数。上面放置一个九光扇在山顶上，每到四月八日，召集长安的僧众，进入宫中修行佛事的场所，礼拜万佛山。这时观看的人都赞叹万佛山不是人工所能建造的，等看到九色光从殿中发出，都说是佛光。于是皇上命三藏法师不空，念了一千句天竺密语，佛光才消退。”

卷二十一

端五 上

【题解】

本卷《端五上》篇。端五，指农历五月初五，我国传统的民间节日，亦以此纪念是日自沉汨罗江的爱国诗人屈原。晋周处《风土记》：“仲夏端午。端者，初也。”到了唐代，因唐玄宗八月五日生，宋璟为了讨好皇帝，避“五”字的讳，将“端五”正式改为“端午”，在其《请以八月五日为千秋节表》中有云：“月惟仲秋，日在端午。”卷首一段总叙文字概说端五之义。

本卷条目均为端五时俗节物，主要有端五起源“端一日”“端五日”“符天数”“趍天中”等；端五节日游乐“竞龙舟”“治凫车”“斗草戏”等；端五节日祈福辟邪“祭天神”“祠郡守”“五彩丝”“五色索”“续命索”“延年缕”“长命索”“辟兵缯”等；端五节令物品“进节料”“备节物”“买桃艾”“进鼓扇”；端五节日饮食“啖菹龟”“烹鹜鸟”“裹黏米”“藏饧糖”“造白团”“射粉团”“为枣糕”“菖华酒”“艾叶酒”等；端五节日宜忌之事“忌菜蔬”“谨饮食”“戒曝荐”“讳盖屋”等；端五节日卜筮“占稼穑”“择符术”等；端五诗文典故“求新词”“取墙雪”等。

梁吴均《续齐谐记》曰：“屈原，楚人也。遭谗不见用[①]，以五月五日，投汨罗之江而死。楚人哀之，至此日，以竹筒子贮米，投水以祭之。汉建武中[②]，长沙区回忽白日见一士人，自云三闾大夫[③]，谓回曰：'闻君当见祭，甚善。但常年所遗，每为蛟龙所窃。今若有惠[④]，可以楝树叶塞其筒，上以彩丝缠之。此二物，蛟龙所惮也[⑤]。'回依其言，后复见原感之。今世人五月五日作粽，并带五色丝及楝叶，皆汨罗水之遗风也[⑥]。"按《图经》云："汨罗江，在湘阴县北五十里[⑦]。"苏东坡作《皇太后阁端五帖子》云："翠筒初裹楝[⑧]，芗黍复缠菰[⑨]。"又诗云："尚可饷三闾，饭筒缠五彩[⑩]。"又诗云："楚人悲屈原，千载意未歇。精魂飘何在，父老空哽咽。至今苍江上，投饭救饥渴[⑪]。"区回，一作区曲。

【注释】

①谗（chán）：谗言。见用：被任用。

②建武：汉光武帝刘秀年号（25—56）。

③三闾大夫：即屈原。

④惠：惠赠。

⑤惮：畏惧。

⑥汨罗水：即汨罗江。

⑦湘阴县：今属湖南。

⑧翠筒初裹楝（liàn）：《苏轼诗集》卷四六查慎行注："《茗溪渔隐丛话》：'新筒裹练明'，唐明皇《端阳》诗也。按，唐仲子陵《五丝续命赋》：'楝叶结，彩丝裲。'注云：'五月五日祭屈原，竹筒贮米，以楝叶塞其上，彩丝缚之。先生正用此事。'"

⑨芗黍复缠菰（gū）：《苏轼诗集》卷四六查慎行注："《礼记·曲礼》下：'黍曰芗合。'疏云：'谷秫者黍，秫既软而相合，气息又香，故曰芗合也。'"菰，多年生草本植物，生长池沼中，地下茎白色，嫩茎基部经有菌寄生后膨大，即茭白也。果实狭圆柱形，名菰米，一

称雕胡米，可以作饭。

⑩尚可饷三闾，饭筒缠五彩：出自苏轼《和黄鲁直食笋次韵》。饭筒，指粽子。相传屈原五月五日投汨罗江，楚人哀之，至此日以竹筒子贮米，制成筒粽，投水以祭之。后世遂演变为粽子。

⑪“楚人悲屈原”几句：出自苏轼《屈原塔》。精魂，精神魂魄。哽咽，悲叹气塞，泣不成声。苍江，以江水呈苍色，故称。此指汨罗江。

【译文】

南朝梁吴均《续齐谐记》曰：“屈原，楚国人。因遭谗言而不被任用，在五月五日，投汨罗江而死。楚国人哀悼他，到这一天，人们用竹筒子装米，投进水里来祭奠他。汉建武年间，长沙人区回忽然大白天看见一个士人，自称是三闾大夫，他对区回说：‘听说您要来祭奠我，很好。只是往年大家所送的东西，常常被蛟龙所偷吃。今天如果有惠赠，可以用楝树叶塞住筒口，上面用五彩丝缠上。这两种物件，是蛟龙所畏惧的。’区回就按照他的话去做，后来再次相见，屈原很感谢他。如今世人在五月五日包粽子时，还要缠上五彩丝以及楝树叶，这些都是汨罗江一带遗留下来的风俗。”按《图经》记载：“汨罗江，在湘阴县往北五十里。”苏轼《皇太后阁端五帖子》写道：“翠筒初裹楝，芗黍复缠菰。”又有诗写道：“尚可饷三闾，饭筒缠五彩。”还有诗写道：“楚人悲屈原，千载意未歇。精魂飘何在，父老空哽咽。至今苍江上，投饭救饥渴。”区回，又作区曲。

端一日[①]

《岁时杂记》：“京师市廛人[②]，以五月初一日为端一，初二日为端二，数以至五，谓之端五。”洪迈舍人《容斋随笔》云：“唐玄宗八月五日生，以其日为千秋节[③]。张说《上大衍历序》云[④]：‘谨以开元十六年八月端五，赤光照室之一夜献之[5]。'《唐类表》有宋璟《请以八月五日为千秋节表》云[6]:'月惟仲秋,日在端午。'然则凡月之五日,皆可称端午也。"

【注释】

①端一:农历五月初一的别称。

②市廛(chán):指店铺集中的市区。此指市民。

③千秋节:唐开元十七年(729),百官以八月初五为唐玄宗诞辰日,定此日为千秋节,天宝七年(748)改为天长节。

④张说(yuè,667—730):字道济,一字说之,谥文贞,原籍河东(山西永济),后徙居洛阳(今河南洛阳)。开元元年(713)拜中书令,封燕国公。唐政治家、军事家、文学家。著有《张燕公集》。《大衍历》:唐玄宗开元九年(721),因《麟德历》日食不验,诏僧一行作新历,一行测量各地纬度,南至交州,北尽铁勒,十五年而历成,因用《周易》大衍之数立说,故名为"大衍历"。

⑤赤光照室:古人认为帝王将相是上天授予,降世之时必有异兆,常见的说法有赤光照室、祥龙托胎等。

⑥《唐类表》:宋陈振孙《直斋书录解题》卷十五著录《唐类表》二十卷,不著撰人,又言《馆阁书目》有李吉甫所集五十卷(未见)。宋璟(663—737):字广平,谥文贞,邢州南和(今河北邢台)人。唐政治家、文学家。

【译文】

《岁时杂记》:"京城的市民,以五月初一为端一,初二为端二,数至初五,称为端五。"舍人洪迈《容斋随笔》曰:"唐玄宗在八月初五出生,于是就把这天定为千秋节。张说《上大衍历序》曰:'我恭敬地在开元十六年八月初五即皇帝诞生之日的夜晚,献上《大衍历》。'《唐类表》中有宋璟《请以八月五日为千秋节表》写道:'月惟仲秋,日在端午。'那么每个月的初五,都可称为端午。"

端五日

李正文《资暇集》引周处《风土记》曰“仲夏端五”[①]，注云：“端，始也，谓五月初五日也。今书‘端午’，其义无取。予家元和中《端五诏书》[②]，无作‘午’字。”

【注释】

①李正文：即李匡乂，字济翁。唐宗室，元和间宰相李夷简子。《资暇集》：亦作《资暇》《资暇录》，三卷，唐李匡乂撰。据李匡乂自序，因世俗之谈多有讹误，故著此书。上篇正误，中篇谈原，下篇本物。

②予：人称代词。我。

【译文】

李匡乂《资暇集》引周处《风土记》“仲夏端五”，注解说：“端，就是开始的意思，说是五月初五日。今天的人写作‘端午’，其意义是没有根据的。我家有元和年间的《端五诏书》，没有写为‘午’字。”

符天数[①]

《提要录》：“张说云：‘五月五日，乃符天数也。’”唐明皇诗云：“五日符天数[②]。”

【注释】

①天数：指一、三、五、七、九诸奇数。此五数相加为二十五。《周易·系辞上》：“天数五，地数五，五位相得而各有合。天数二十有五，地数三十；凡天地之数五十有五，此所以成变化而行鬼神也。”

②五日符天数:出自唐明皇《端午三殿宴群臣探得神字》,原诗为“五月符天数”。

【译文】

《提要录》:“张说称:‘五月五日,是符合天数的。’”唐明皇有诗写道:“五日符天数。”

趁天中

《提要录》:“五月五日,乃符天数也。”午时为天中节。王沂公《端五帖子》云:“明朝知是天中节。”万俟公词云:“梅夏暗丝雨,麦秋扇浪风。香芦结黍趁天中。五日凄凉今古、与谁同[①]。”

【注释】

①“梅夏暗丝雨”几句:出自万俟咏《南歌子》。梅夏,指初夏。因梅熟于夏初,故称。丝雨,像丝一样的细雨。麦秋,麦熟的季节。通指农历四、五月。《礼记·月令》:“(孟夏之月)靡草死,麦秋至。”陈浩集说:“秋者,百谷成熟之期。此于时虽夏,于麦则秋,故云麦秋。”香芦结黍,用苇叶包黄黏米粽子。周处《风土记》:“仲夏端午,烹鹜角黍。”五日凄凉,指屈原因国政腐败,无力挽救,于五月五日投汨罗江自尽。

【译文】

《提要录》:“五月五日,是符合天数的。”午时为天中节。王曾《端五帖子》写道:“明朝知是天中节。”万俟咏有词写道:“梅夏暗丝雨,麦秋扇浪风。香芦结黍趁天中。五日凄凉今古、与谁同。”

祭天神

《岁时杂记》："京师人自五月初一日，家家以团粽、蜀葵、桃柳枝、杏子、林禽、柰子[①]，焚香，或作香印[②]。祭天者以五日。"古词云："角黍厅前，祭天神、妆成异果[③]。"

【注释】

①蜀葵：即蜀葵花。别称一丈红、大蜀季、戎葵。《太平御览》卷九九四引晋傅玄《蜀葵赋序》："蜀葵，其苗如瓜瓠，尝种之，一名引苗而生华，经二年春乃发。"林禽：即沙果。柰（nài）子：苹果的一种。

②香印：即印香。印有文字的末香。用火烧后，灰烬中仍留存着字迹。

③角黍厅前，祭天神、妆成异果：出自宋无名氏《失调名》。

【译文】

《岁时杂记》："京城的人从五月初一起，家家都用团粽、蜀葵、桃柳枝、杏子、沙果、苹果作祭品，烧香，有的人还会制作香印。在五月初五祭祀天神。"有古词写道："角黍厅前，祭天神、妆成异果。"

祠郡守

《后汉书》："陈临为苍梧太守[①]，推诚而治[②]，导人以孝悌[③]。临征去后[④]，本郡以五月五日祠临东门城上，令小儿洁服舞之。"魏收《五日》诗云[⑤]："因想苍梧郡，兹日祀陈君[⑥]。"

【注释】

①陈临：字子然，广州香山（今广东中山）人。汉顺帝永建年间郡举孝廉，官至苍梧太守。苍梧：即苍梧郡。西汉元鼎六年（前111）

置，治广信县（今广西梧州）。因苍梧山为名。

②推诚而治：以诚心进行治理。

③孝悌：孝顺父母，敬爱兄长。

④征：调走。

⑤魏收（506—572）：字伯起，小名佛助，钜鹿下曲阳（今河北晋州）人。南北朝时期北齐文学家、史学家，与邢邵并称“邢魏”，又与温子昇、邢邵并称“北地三才”。善为文，工诗赋，被称为北朝“文章大手”。

⑥陈君：即陈临。

【译文】

《后汉书》：“陈临为苍梧郡太守，用真诚的态度治理地方，引导人们孝顺父母，敬爱兄长。陈临被调走以后，苍梧郡的人五月五日在东门城楼上祭祀陈临，让小孩身穿洁净的衣服跳舞。”魏收《五日》诗写道：“因想苍梧郡，兹日祀陈君。”

进节料

《文昌杂录》：“唐岁时节物，五月五日有百索、粽子[①]。”又《唐六典》云：“膳部节日食料，谓五月五日粽、饐[②]。”

【注释】

①百索：用五色丝线编结的索状饰物，亦名长命缕。唐韩鄂《岁华纪丽·端午》：“百索绕臂，五彩缠筒。”原注：“以五彩缕造百索系臂，一名长命缕。”

②粽、饐（yè）：都是粽子一类的食物。

【译文】

《文昌杂录》：“唐代一年中应节的物品，五月五日有百索、粽子。”又有《唐六典》曰："膳部在节日的食材供应中，说五月五日有粽、糧。"

备节物

《东京梦华录》："都人争造百索、艾花、银样鼓儿、花花巧画扇、香糖果子、粽子、白团、紫苏、菖蒲、木瓜[①]，并皆茸切[②]。以香药相和，用梅红匣子盛裹，谓之端五节物。"

【注释】

①艾花：古代端午节妇女的头饰，流行于中原和江南地区。农历五月初五，民间将绸、纸之类剪成艾花；或用真艾，剪贴为蜈蚣、蚰蜒、蛇、蝎、草虫之类及天师形像，刻制石榴、萱草等假花，或用香药作花，妇女将艾花簪戴在头上，以为能辟恶祛邪。银样鼓儿：一种小鼓，端午节时悬于屋梁，或置于台座之上。其形制，或为鼗鼓，即拨浪鼓，或为雷鼓，即八面鼓，古代祭祀天神时所用。花花巧画扇：绘有花卉等图案的小彩扇。宋代汴京端午节用物。香糖果子：以各种果子为原料，用糖腌制的甜食。白团：以麦面蒸团，称为"白团"，与粽子一起相互馈赠。紫苏：又名桂荏。一年生草本植物，茎方形，花淡紫色，种子可榨油，嫩叶可以吃，叶、茎和种子均可入药。木瓜：蔷薇科植物贴梗海棠的果实，又名"铁脚实""宣木瓜"等。可直接食用，也可入药，有健胃功效。

②茸切：切得十分细碎。

【译文】

《东京梦华录》："京城的人争着制作百索、艾花、银样鼓儿、花花巧画扇、香糖果子、粽子、白团、紫苏、菖蒲、木瓜，并且都切得十分细碎。用香药混合，盛在梅红色的盒子里，称为端五节物。"

买桃艾

《东京梦华录》:"自五月一日及端午前一日,城内外争买桃、柳、葵花、蒲叶、佛道艾[①]。次日,家家铺陈于门首[②],以粽子、五色水团、茶酒供养[③]。又钉艾人于门上[④],士庶递相宴会[⑤]。"

【注释】

①葵花:指蜀葵花。蒲叶:指菖蒲叶。佛道艾:即伏道艾。宋时以为艾中之佳品,因其产于汤阴伏道,故称。古代端午节用以辟邪。

②铺陈:摆设。门首:门口,门前。

③五色水团:一种用糯米粉制作的团子,因杂五色人兽花果之状,故称。供养:供品。

④艾人:古俗用艾蒿扎草人悬门上,以除邪气。南朝梁宗懔《荆楚岁时记》:"五月五日……采艾以为人,悬门户上,以禳毒气。"

⑤递相:互相。

【译文】

《东京梦华录》:"从五月初一到端午节的前一天,京城内外的人都争着买桃、柳、葵花、蒲叶、佛道艾。第二天端午节,家家户户都将这些东西摆设在门口,与粽子、五色水团、茶酒等一起作为供品。又将艾草扎成的草人钉在门上,京城里的士子、平民都互相设宴招待。"

送鼓扇

《岁时杂记》:"鼓、扇、百索市在潘楼下[①],丽景门外[②],阊阖门外[③],朱雀门内外,相国寺东廊外,睦亲、广亲宅前[④],

皆卖此物。自五月初一日，富贵之家多乘车萃买⑤，以相馈遗⑥。鼓皆小鼓，或悬于架，或置于座，或鼗鼓、雷鼓⑦，其制不一。又造小扇子，皆青黄赤白色，或绣或画，或缕金，或合色，制亦不同。”又《秦中岁时记》云：“端五前二日，东市谓之扇市⑧，车马于是特盛。”

【注释】

①市：卖。潘楼：酒楼名。北宋东京（今河南开封）著名的大酒楼之一。位于宫城东南角楼十字街东之潘楼街路。

②丽景门：北宋时期都城东京城门。

③阊阖门：五代梁开平元年（907）改东京城（今河南开封）西面北门梁门为乾象门，仍俗称梁门。后北宋太平兴国四年（979）又改名阊阖门。

④睦亲：即睦亲宅。又叫“南宫”。宋太祖、太宗诸王子孙后裔的住宅名。景祐二年（1035），在旧玉清昭应宫地基上修建。先设专官管勾宅事，熙宁三年（1070）以其事归大宗正司。广亲宅：又叫“北宅”。宋太祖第四子秦王赵德芳子孙后裔的住宅名。庆历七年（1047）扩建前宰相王钦若府第而成。先设专官管勾，熙宁三年（1070），以其事归大宗正司。

⑤萃：聚集。

⑥馈遗：赠与。

⑦鼗（táo）鼓：有柄的小鼓。以木贯之，摇之作声。古祭礼用的一种乐器。雷鼓：小鼓。犹今之拨浪鼓。

⑧东市：东面市场。扇市：古代一种定期集市。初为赏灯而设，逐渐成为定期市。如宋代的四川成都，一年中每月均有定期市：正月灯市，二月花市，三月蚕市，四月锦市，五月扇市，六月香市，七月宝

市，八月桂市，九月药市，十月酒市，十一月梅市，十二月桃符市。

【译文】

《岁时杂记》："卖鼓、扇、百索的集市在潘楼下，丽景门外，阊阖门外，朱雀门内外，相国寺东廊外，睦亲宅、广亲宅前面，都有卖这些物品。自五月初一起，富贵人家大多乘坐马车来集市选购，以便用来相互赠与。鼓都是小鼓，有的悬挂在架子上，有的放置在底座上，还有鼗鼓、雷鼓，制作式样不一。又制作了小扇子，有青黄赤白等颜色，有的绣成图案，有的画成画，有的镶有金丝，有的拼凑几种颜色，制作式样不同。"又有《秦中岁时记》曰："端五节前两天，东面市场称为扇市，这时车马众多。"

竞龙舟[①]

《荆楚岁时记》："五月五日竞渡[②]，俗为屈原投汨罗，人伤其死所，并命舟楫以拯之[③]，至今为俗。"又《越地传》云[④]："竞渡起于越王勾践[⑤]，盖断发文身之俗[⑥]，习水而好战者也[⑦]。"刘梦得《竞渡曲》云："沅江五月平地流[⑧]，邑人相将浮彩舟[⑨]。灵均何年歌已矣，哀谣振楫从此起[⑩]。"欧阳公诗云："楚俗传筒粽，江人喜竞舡[⑪]。"东坡诗云："遗风成竞渡，哀叫楚山猿[⑫]。"又古诗云："湘江英魂在何处，犹教终日竞龙舟[⑬]。"

【注释】

①龙舟：每年端午为纪念诗人屈原而竞渡的龙形船。

②竞渡：划船比赛。

③舟楫：船和桨。借指船只。拯：救。

④《越地传》：《越绝书》篇名，即《越绝外传记越地传》。

⑤越王勾践（？—前464）：也作“句践”，姒姓，本名鸠浅，一作菼执，会稽（今浙江绍兴）人。春秋时期越国国君（前496—前464年在位）。

⑥断发文身：剪短头发，身上刺着花纹。古代吴越等地民族的风俗。

⑦习水：谓熟习水性。好战：热衷于战争。

⑧沅江：又称沅水。在今湖南西部。上游称清水江。源出贵州东南云雾山，东北流入湖南，至洪江黔城以下始名沅江。

⑨邑人：同邑的人，同乡的人。相将：相谐，相共。

⑩振楫：用力摇桨。

⑪楚俗传筒粽，江人喜竞舡：出自欧阳修《端午帖子词》。

⑫遗风成竞渡，哀叫楚山猿：出自苏轼《屈原塔》，原诗为“遗风成竞渡，哀叫楚山裂”。楚山，泛指楚地之山。

⑬湘江英魂在何处，犹教终日竞龙舟：出自王珪《端午内中帖子词》。

【译文】

《荆楚岁时记》：“五月五日举行划船比赛，这个风俗是因为屈原在这一天投汨罗江而死，人们为他的死而哀伤，所以都驾船去救他，到现在已成风俗。”又有《越绝外传记越地传》曰：“划船比赛起源于越王勾践，大概是由剪短头发、身上刺着花纹、熟习水性而热衷于战争的人发明。”刘禹锡《竞渡曲》写道：“沅江五月平地流，邑人相将浮彩舟。灵均何年歌已矣，哀谣振楫从此起。”欧阳修有诗写道：“楚俗传筒粽，江人喜竞舡。”苏轼有诗写道：“遗风成竞渡，哀叫楚山猿。”又有古诗写道：“湘江英魂在何处，犹教终日竞龙舟。”

治凫车[①]

《荆楚岁时记》：“南方竞渡者治其舟，使轻利[②]，谓之飞凫[③]，又曰水车，又曰水马，州将及土人悉临水而观之[④]。盖越人以舟为车，以楫为马。”古诗云：“兰汤备浴传荆俗，水马浮江吊屈魂⑤。”又章简公《端五帖子》云：“丝竹渐高铙鼓急⑥，云津亭下竞凫车。”

【注释】

①凫车：渡船。

②轻利：轻快。

③飞凫：借指轻舟。

④州将：地方州牧或州刺史的别称。

⑤兰汤备浴传荆俗，水马浮江吊屈魂：出自唐无名氏之散句。兰汤，熏香的浴水。

⑥铙（náo）鼓：乐器中鼓的一种。唐时大驾出行，卤簿鼓吹，有前后两部，皆有铙鼓十二。又凯旋入京都，行献俘仪，奏凯乐，所有铙吹二部乐中，亦有铙鼓。

【译文】

《荆楚岁时记》：“南方参与比赛的人会修整他们的船，使船轻快，称为飞凫，又称为水车、水马，州郡长官以及当地人都会到水边观看比赛。大概是越人把船当作车，把船桨当作马。”古诗写道：“兰汤备浴传荆俗，水马浮江吊屈魂。”又有元绛《端五帖子》写道：“丝竹渐高铙鼓急，云津亭下竞凫车。”

啖菹龟①

《风土记》：“仲夏端午，俗重此日，与夏至同，煮肥龟，令极熟，去骨，加盐豉蒜蓼②，名曰菹龟。表阳外阴内之形③，所以赞时也④。”章简公《端五帖子》云：“寿术先供饵[5]，灵龟更荐菹。”

【注释】

①菹（zū）：剁成肉酱。

②蓼（liǎo）：蓼属植物的泛称。一年生或多年生草本植物，花小，白色或浅红色，生长在水边或水中。叶味辛，可用以调味。

③阳外阴内：即龟甲外露坚硬为阳，龟肉内藏柔软为阴，符合中医理论中“外为阳，内为阴”的划分。

④赞时：端午节为夏至前后，阳气极盛，此时通过饮食调和阴阳，体现“天人相应”的养生观，助人顺应自然节律。

【译文】

《风土记》：“五月端午，世俗重视这个节日，如同重视夏至一样，烹煮肥龟，煮到熟烂，去除骨头，加上盐、豆豉、蒜、蓼等佐料，称为菹龟。龟甲外露坚硬为阳，龟肉内藏柔软为阴，所以通过饮食调和阴阳，助人顺应自然节律。”元绛《端五帖子》写道：“寿术先供饵，灵龟更荐菹。”

烹鹜鸟[1]

《风土记》：“端五烹鹜。先节一日，以菰叶裹黏米[2]，用栗枣灰汁煮[3]，令极熟，节日啖之。盖取阴阳包裹未分之象也[4]。”《本草》云：“菰，又谓之茭白。菰，音孤。”欧阳诗云：“香菰黏米煮佳茗，古俗相传岂足矜[5]。”

【注释】

①鹜（wù）鸟：野鸭。

②菰（gū）：多年生草本植物，生在浅水里，嫩茎称“茭白”，可做蔬

菜。果实称“菰米”“雕胡米”，可煮食。

③灰汁：植物灰浸泡过滤后所得之汁。主要成分为碳酸钾，呈碱性，可供洗濯用。

④阴阳包裹未分之象：粽子以菰叶包裹黍米，外层菰叶象征“阳”，内层黍米象征“阴”。这种包裹形态即为“阴阳尚相包裹未分散之象”。

⑤香菰黏米煮佳茗，古俗相传岂足矜：出自欧阳修《端午帖子》，原诗为“香菰黏米著佳茗，古俗相传岂足矜”。香菰，茭白。秋结实，曰菰米，又称雕胡米。佳茗，好茶，好茶叶。矜（jīn），自夸。

【译文】

《风土记》：“端五节烹食野鸭。在端五节的前一天，用茭白的叶子包裹黍米，用栗枣灰汁来煮，煮到熟透，就在端五节当天吃。大概是取粽子阴阳尚相包裹未分散之象。”《证类本草》曰：“菰，又称为茭白。菰，音孤。”欧阳修有诗写道：“香菰黏米煮佳茗，古俗相传岂足矜。”

裹黏米

《岁时杂记》：“端五，因古人筒米而以菰叶裹黏米名曰角黍[1]，相遗，俗作糉[2]。子弄反，也作粽。或加之以枣，或以糖，近年又加松栗、胡桃、姜桂、麝香之类。近代多烧艾灰淋汁煮之，其色如金。”古词云：“角黍包金，香蒲切玉[3]。”《异苑》云：“粽，屈原姊所作也。”

【注释】

①筒米：食品名。以菰叶裹黏米，类似后世的粽子。

②糉（zòng）：同“粽”。

③角黍包金，香蒲切玉：出自黄裳《喜迁莺·端午泛舟》。包金，黍米色黄，故称。香蒲切玉，香蒲，一名甘蒲，根茎可食，切碎腌之以佐餐，名曰昌歜。

【译文】

《岁时杂记》："端五节，依据古人筒米的做法，而用茭白叶子包裹黏米，名叫角黍，人们相互赠送，一般称作糉。子弄反，也作粽。有的添加枣，有的添加糖，近年又有添加松栗、胡桃、姜桂、麝香之类的东西。近代多用艾草灰浸泡过的水烹煮，煮后呈现金色。"有古词写道："角黍包金，香蒲切玉。"《异苑》曰："粽子，是屈原的姐姐制作的。"

作角粽

《岁时杂记》："端五粽子，名品甚多[①]，形制不一，有角粽、锥粽、茭粽、筒粽、秤锤粽。又有九子粽，按《古今乐录·十月节折杨柳歌》[②]，其五月云：'菰生四五尺。作得九子粽，思想劳欢手[③]。'"王沂公《端五皇后阁帖子》云："争传九子粽，皇祚续千春[④]。"又章简公《端五帖子》云："九子黏筒玉粽香，五丝萦臂宝符光[⑤]。"

【注释】

①名品：名目品类。

②《古今乐录》：十三卷，南朝陈释智匠撰。该书为古代音乐著述，已佚。《乐府诗集》《太平御览》《初学记》中辑有其中汉太乐食举曲、汉鼓吹铙歌、魏鼓吹曲、晋鼓吹曲、宋鼓吹铙歌、梁鼓角横吹曲、相和歌、清商乐、梁雅歌、琴曲、散乐、舞曲等遗篇。释智匠（约518—588），南北朝陈僧人。

③思想：想念，怀念。

④皇祚（zuò）：帝统，皇位。千春：千年。形容岁月长久。

⑤萦：缠绕。宝符：古时避邪驱鬼的符箓。

【译文】

《岁时杂记》："端五节的粽子，种类很多，形制都不一样，有角粽、锥粽、茭粽、筒粽、秤锤粽。还有九子粽，按《古今乐录·十月节折杨柳歌》，其中五月写道：'菰生四五尺。作得九子粽，思想劳欢手。'"王曾《端五皇后阁帖子》写道："争传九子粽，皇祚续千春。"还有元绛《端五帖子》写道："九子黏筒玉粽香，五丝萦臂宝符光。"

解粽叶

《岁时杂记》："京师人以端五日为解粽节。又解粽为献[①]，以叶长者胜，叶短者输，或赌博，或赌酒。"李之问《端五》词云[②]："愿得年年，长共我儿解粽。"

【注释】

①解粽：端午吃粽子需解开绳子，除去箬叶，故曰解粽。

②李之问：南宋时期文人。

【译文】

《岁时杂记》："京城的人把端五日称为解粽节。古人端午吃粽子时，会解下粽叶比较长度，以粽叶长的为胜，粽叶短的为输，以此有的赌博，有的赌酒。"李之问《端五》词写道："愿得年年，长共我儿解粽。"

藏饧糖

《岁时杂记》："自寒食时，晒枣糕及藏稀饧，至端五日食之，云治口疮，并以稀饧食粽子。”

【译文】

《岁时杂记》：“从寒食节开始，人们就暴晒枣糕并收存糖稀，到端五节时吃，说可以治疗口疮，并以糖稀搭配粽子吃。”

造白团[①]

《岁时杂记》：“端五作水团，又名白团。或杂五色人兽花果之状，其精者名滴粉团。或加麝香。又有干团，不入水者。”张文潜《端五》词云：“水团冰浸砂糖裹[②]，有透明角黍松儿和。”

【注释】

①白团：一种用糯米粉制作的团子。因水煮而食，故又名水团。

②砂糖：甘蔗煎熬而成的颗粒状的糖。

【译文】

《岁时杂记》：“端五节制作水团，又称为白团。有的掺杂各种颜色，做成人兽花果的形状，其中精致的称为滴粉团。有的添加麝香。还有干团，不用水煮食。”张耒《端五》词写道：“水团冰浸砂糖裹，有透明角黍松儿和。”

射粉团

《天宝遗事》：“唐宫中，每端五造粉团、角黍，饤金盘中[①]，纤妙可爱[②]。以小小角弓架箭[③]，射中粉团者，得食。

盖粉团滑腻而难射也。都中盛行此戏。”

【注释】

①饤（dìng）：贮食，堆放食品于器。

②纤妙：精细美妙。

③小小：很小，最小。角弓：以兽角为饰的硬弓。《诗经·小雅·角弓》：“骍骍角弓，翩其反矣。”朱熹集传：“角弓，以角饰弓也。”

【译文】

《开元天宝遗事》：“唐代宫中，每到端五节制作粉团、角黍，摆放在金盘中，精细美妙，非常可爱。用很小的角弓搭弓射箭，射中粉团的人，可以吃。大概因为粉团光滑细腻，很难射中。京城盛行这种游戏。”

为枣糕

《岁时杂记》：“京都端五日，以糯米煮稠粥，杂枣为糕。”

【译文】

《岁时杂记》：“京城端五节，用糯米煮成稠粥，掺杂枣做成枣糕。”

干草头

《岁时杂记》：“都人以菖蒲、生姜、杏、梅、李、紫苏，皆切如丝，入盐，曝干，谓之百草头。或以糖蜜渍之[①]，纳梅皮中[②]，以为酿梅，皆端午果子也[③]。”

【注释】

①蜜渍:用蜂蜜浸渍。

②纳:放入。

③果子:即馃子。泛指糖食糕点。

【译文】

《岁时杂记》:"京城的人把菖蒲、生姜、杏、梅、李、紫苏,都切成丝,加入盐,晒干,称为百草头。有的用糖和蜂蜜浸渍,放入梅子皮中,做成酿梅,都是端午节的糖食糕点。"

菖华酒[①]

《岁时杂记》:"端五,以菖蒲,或缕或屑,泛酒[②]。"又坡词注云:"近世五月五日,以菖蒲渍酒而饮。"《左传》云:"享有菖歜[③]。"注云:"菖蒲也。"古词云:"旋酌菖蒲酒,灵气满芳樽[④]。"章简公《端五帖子》云:"菖华泛酒尧樽绿[⑤],菰叶萦丝楚粽香[⑥]。"王沂公《端五帖子》云:"愿上菖花酒,年年圣子心[⑦]。"菖华,菖蒲别名也。

【注释】

①菖华酒:亦称"菖蒲华酒""菖花酒"。以菖蒲浸泡的酒。古俗于端午节时饮用,谓可消灾辟邪。

②泛酒:古人用于重阳或端午宴饮的酒,多以菖蒲或菊花等浸泡,因称"泛酒"。

③菖歜(chù):即菖蒲。

④旋酌菖蒲酒,灵气满芳樽:出自宋无名氏《失调名》。芳樽,精致的酒器。亦借指美酒。

⑤尧樽：酒杯。帝王用器之特指。

⑥萦丝：纠结的丝缕。楚粽：即粽子。相传屈原五月五日投汨罗江死，楚人哀之，于此日以竹筒盛米投水以祭，后因称粽子为楚粽。

⑦圣子：超凡入圣的儿子或登帝位的儿子。

【译文】

《岁时杂记》："端五节，把菖蒲切成丝或研成碎末，浸泡在端五宴饮的酒中。"还有苏轼词注解说："近代在五月五日，用菖蒲泡酒来饮用。"《左传》曰："享有菖歜。"注解说："就是菖蒲。"古词写道："旋酌菖蒲酒，灵气满芳樽。"元绛《端五帖子》写道："菖华泛酒尧樽绿，菰叶萦丝楚粽香。"王曾《端五帖子》写道："愿上菖花酒，年年圣子心。"菖华，菖蒲的别名。

艾叶酒

《金门岁节》："洛阳人家，端五作术羹、艾酒[①]，以花彩楼阁插鬓[②]，赐辟瘟扇、梳[③]。"

【注释】

①术羹：用术制成的羹。

②花彩楼阁：即花彩楼阁造型的簪。其纹样和结构是在真实的楼阁形象上加以夸张和变形，像微雕一样，逼真地再现了楼阁的华丽。

③辟瘟扇：因为扇子大多以蒲叶制成，由于菖蒲具有禳毒的功效，故称辟瘟扇。

【译文】

《金门岁节》："洛阳的人家，在端五节制作术羹、艾酒，用花彩楼阁造型的簪插在发髻上，赏赐辟瘟扇、梳子。"

五彩丝[①]

《风俗通》："五月五日，以五彩丝系臂者，辟鬼及兵[②]，令人不病瘟。"又曰："亦因屈原。一名长命缕，一名续命缕，一名辟兵缯，一名五色缕，一名五色丝，一名朱索。又有条脱等织组杂物[③]，以相遗赠。"东坡词云："彩线轻缠红玉臂[④]。线与綖同。"又王晋卿《端五》词云："合彩丝、对缠玉腕[⑤]。"又云："斗巧尽输年少，玉腕彩丝双结[⑥]。"

【注释】

①五彩丝：古俗于端午节结成各种形状的彩丝，缠系手臂，用以辟邪延寿。

②兵：兵灾。

③条脱：古代臂饰。呈螺旋形，上下两头左右可活动，以便紧松。一副两个。织组：谓经纬相交，织为布帛。组，编织。

④彩线轻缠红玉臂：出自苏轼《浣溪沙·端午》。红玉，形容女子的肤色红润光洁。

⑤彩丝：旧俗以彩丝为端午日应节之物。玉腕：洁白温润的手腕。亦借指手。

⑥斗巧尽输年少，玉腕彩丝双结：出自黄裳《喜迁莺·端午泛舟》。斗巧，古代七夕宫廷游戏。

【译文】

《风俗通义》："五月五日，用五彩丝缠系在手臂上，可以躲避鬼怪及兵灾，使人不生瘟疫。"又曰："也是因为屈原的缘故。又称为长命缕，又称为续命缕，又称为辟兵缯，又称为五色缕，又称为五色丝，又称为朱索。还有臂饰等各种编织的物品，用来相互赠送。"苏轼有词写道："彩线轻缠红玉臂。线与缐相同。”还有王诜《端五》词写道：“合彩丝、对缠玉腕。”又写道：“斗巧尽输年少，玉腕彩丝双结。”

五色索

《续汉书》：“五月五日，以朱索五色为门户饰[①]，禳止恶气[②]。”欧阳公诗云：“五色双丝献女功，多因荆楚记遗风[③]。”

【注释】

①朱索：红绳。旧时端午节用以饰门户，谓可避邪恶。

②恶气：存在于自然界，有损于人体的毒害之气。

③五色双丝献女功，多因荆楚记遗风：出自欧阳修《端午帖子词》。女功，旧谓妇女从事的纺织、刺绣、缝纫等。荆楚，荆为楚之旧号，略当古荆州地区，在今湖北湖南一带。

【译文】

《续汉书》：“五月五日，用五色绳作为大门的饰物，可以消除恶气。”欧阳修有诗写道：“五色双丝献女功，多因荆楚记遗风。”

续命缕

《风俗通》：“五月五日，作续命缕，俗说以益人命[①]。”欧阳公诗云：“绣茧夸新巧，萦丝喜续年[②]。”又云：“更以亲蚕茧，纫为续命丝[③]。”章简公《端五皇帝阁帖子》云：“清晓会披香[④]，朱丝续命长。一丝增一岁，万缕献君王。”

【注释】

①益人命：延长寿命。

②绣茧夸新巧，萦丝喜续年：出自欧阳修《端午帖子词》。

③更以亲蚕茧，纫为续命丝：出自欧阳修《端午帖子词》。蚕茧，蚕吐丝结成的椭圆形壳。缫丝的原料。

④披香：即披香殿。

【译文】

《风俗通义》："五月五日，制作续命缕，民间流传说可以延长寿命。"欧阳修有诗写道："绣茧夸新巧，萦丝喜续年。"又写道："更以亲蚕茧，纫为续命丝。"元绛《端五皇帝阁帖子》写道："清晓会披香，朱丝续命长。一丝增一岁，万缕献君王。"

延年缕

《提要录》："端五日，集杂色茸丝作延年缕[①]，云辟恶延龄[②]。"王沂公《端五皇帝阁帖子》云："夕燃辟恶仙香度，朝结延年帝缕成。"欧阳公诗云："深宫亦行乐，彩索续长年[③]。"

【注释】

①茸丝：也称"绒线"。刺绣用的丝线，谓其茸散而可分擘，故称。

②辟恶：祛邪避灾。延龄：长生，延长寿命。

③深宫亦行乐，彩索续长年：出自欧阳修《端午帖子词》。行乐，消遣娱乐，游戏取乐。"

【译文】

《提要录》："五月端五，收集各种颜色的丝线制作延年缕，据说能祛邪避灾延长寿命。"王曾《端五皇帝阁帖子》写道："夕燃辟恶仙香度，朝结延年帝缕成。"欧阳修有诗写道："深宫亦行乐，彩索续长年。"

长命缕

《酉阳杂俎》:"北朝妇人[①],端五日,进长命缕、宛转绳[②],皆为人象带之。"王禹玉《端午皇帝阁帖子》云:"更传长命缕,宝历万年余[③]。"又《帖子》云:"六宫竞进长生缕[④],天子垂衣一万年[⑤]。"章简公《帖子》云:"楚俗彩丝长命缕,仙家神篆辟兵符[⑥]。"颖滨作《太后端五帖子》云:"万寿仍萦长命缕[⑦],虚心不着赤灵符[⑧]。"

【注释】

①北朝:北魏(后分裂为东魏、西魏)、北齐、北周的合称。

②宛转绳:底本作"宛转",据《酉阳杂俎》补。古时北方妇女在端午日佩带的结成人像的绳子。

③宝历:指国祚,皇位。万年:祝祷之词。犹万岁,长寿。《诗经·大雅·江汉》:"虎拜稽首,天子万年。"郑玄笺:"拜稽首者,受王命策书也。臣受恩无可以报谢者,称言使君寿考而已。"

④六宫:古代皇后的寝宫,正寝一,燕寝五,合为六宫。《礼记·昏义》:"古者,天子后立六宫,三夫人、九嫔、二十七世妇、八十一御妻,以听天下之内治,以明章妇顺,故天下内和而家理。"郑玄注:"天子六寝,而六宫在后,六官在前,所以承副施外内之政也。"因用以称后妃或其所居之地。竞进:争进。《楚辞·离骚》:"众皆竞进以贪婪兮,凭不厌乎求索。"游国恩纂义引陈第曰:"竞,争也。"

⑤垂衣:谓定衣服之制,示天下以礼。后用以称颂帝王无为而治。《周易·系辞下》:"黄帝尧舜垂衣裳而天下治,盖取诸乾坤。"韩康伯注:"垂衣裳以辨贵贱乾尊坤卑之义也。"

⑥辟兵符:指可避兵器伤害的符箓。

⑦万寿：长寿。祝福之词。

⑧赤灵符：旧时佩挂胸前以避灾邪的符箓。

【译文】

《酉阳杂俎》："北朝的妇女，在端五节，要进献长命缕、宛转绳，都是用彩绳编织成人像佩戴。"王珪《端午皇帝阁帖子》写道："更传长命缕，宝历万年余。"还有《帖子》写道："六宫竞进长生缕，天子垂衣一万年。"元绛《帖子》写道："楚俗彩丝长命缕，仙家神篆辟兵符。"苏辙作《太后端五帖子》写道："万寿仍萦长命缕，虚心不着赤灵符。"

辟兵缯[①]

《新语》[②]："五月五日，集五彩缯，谓之辟兵缯。"章简公作《皇帝阁端五帖子》云："金缕臂缯长，冰丝酒面香[③]。"又《帖子》云："茧彩初成长命缕，珠囊仍带辟兵缯[④]。"子由作《皇帝阁端五帖》云："饮食祈君千万寿[⑤]，良辰更上辟兵缯。"

【注释】

①辟兵缯：旧俗端午节时系绕臂上的五彩丝线。谓可防避兵灾瘟疫，故名。《事类赋》卷四引汉应劭《风俗通义》："五月五日以五彩丝系臂，名长命缕，一名续命缕，一名辟兵缯，一名五色缕，一名朱索。"一说，谓以始出茧为丝织成，染以日月星辰鸟兽之状的绢。

②《新语》：也称《陆子》，二卷，西汉陆贾撰。该书为古代论述君臣政治得失的政论性著作。陆贾（约前240—前170），汉初楚人。西汉思想家、政论家、辞赋家。

③酒面：饮酒后的面色。

④珠囊：珠饰之囊。

⑤千万寿：犹言万岁，祝颂帝王长寿的套语。

【译文】

《新语》："五月五日，收集五色丝线，称为辟兵缯。"元绛作《皇帝阁端五帖子》写道："金缕臂缯长，冰丝酒面香。"又有《帖子》写道："茧彩初成长命缕，珠囊仍带辟兵缯。"苏辙作《皇帝阁端五帖》写道："饮食祈君千万寿，良辰更上辟兵缯。"

集色缯

《风俗通》："五月五日，集五色缯，辟兵[①]。余问服君[②]，服君曰：'青赤白黑，以为四方，黄为中央[③]。襞方缀于胸前[④]，以示妇人蚕功也[⑤]。织麦䴷悬于门[⑥]，以示农工也。转声，以襞为辟兵耳。'"

【注释】

①辟兵：消除兵灾。

②服君：即服虔，字子慎，河南荥阳（今属河南）人。东汉经学家。

③"青赤白黑"几句：按纬书所说，天上五帝分别为：中央黄帝，东方苍帝，南方赤帝，西方白帝，北方黑帝。青赤白黑，底本作"青黄赤白"，据《太平御览》改。中央，四方之中，中间。

④襞（bì）方：旧时端午节风俗之一。谓用五色丝缠纸帛折成菱角方片，然后按一定方位（青、赤、白、黑为四方，黄居中央）缀于胸前，以示妇人养蚕之功。南朝梁宗懔《荆楚岁时记》："五色丝，一名朱索，名拟甚多，青赤白黑以为四方，黄为中央，襞方缀于胸前，以示妇人计功也。"宋程大昌《演繁露·端午彩索》："裁色缯为

方片，各案四色位而安之于衣，而黄缯居四色缯之中，以此缀诸衣上，以表蚕工之成，故名襞方。襞者，积而会之也；方者，各案其方以其色配之也。今人用彩线系臂益文也。”缀：装饰。

⑤蚕功：蚕丝事业的成就。

⑥䅌（juān）：同“稍”。稻、麦的茎。《说文解字·禾部》：“稍，麦茎也。”

【译文】

《风俗通义》：“五月五日，收集五色彩丝，可以消除兵灾。我问服虔，服虔说：‘青色、红色、白色、黑色，象征着东西南北四方，黄色象征中央。将折成方形的五色织物，装饰在胸前，以显示妇女养蚕事业的成就。将麦茎编成的东西悬挂在门前，可以显示农业生产的成就。后来因为语音变化，将襞误读为辟兵而已。’”

双条达①

《风俗通》：“五月五日，以杂色线织条脱，一名条达，缠于臂上。”沂公作《夫人阁端午帖》云：“绕臂双条达，红纱昼梦惊。”易安居士词云②：“条脱闲揎系五丝③。”

【注释】

①条达：即条脱。古代臂饰。呈螺旋形，上下两头左右可活动，以便紧松。一副两个。

②易安居士：即李清照（1084—约1155），号易安居士，济南章丘（今属山东）人。宋代女词人，有“千古第一才女”之称。著有《易安集》《漱玉集》。

③条脱闲揎（xuān）系五丝：出自李清照《失调名》。揎，捋袖露臂。

【译文】

《风俗通义》：“五月五日，用各种丝线织条脱，又叫条达，缠绕在手臂上。"王曾作《夫人阁端午帖》写道:"绕臂双条达,红纱昼梦惊。"李清照有词写道:"条脱闲揎系五丝。"

结百索

《岁时杂记》:"端五百索,乃长命缕等物,遗风尚矣。时平既久[①],而俗习益华[②],其制不一。"《纪原》云[③]:"百索即朱索之遗事[④],本以饰门户,而今人以约臂[⑤]。"又云:"彩丝结纫而成者为百索,纫以作服者名五丝。"古词云:"自结成同心百索,祝愿子、更亲自系着[⑤]。"

【注释】

①时平:时世承平。

②俗习:流俗,习尚。华:繁荣。

③《纪原》:即《事物纪原》,又名《事物纪原集类》,十卷,北宋高承撰。该书为一部考证事物起源和沿革的专门类书。高承,汴京(今河南开封)人。生活在北宋元丰前后。

④遗事:前代或前人留下来的事迹。

⑤约臂:戴在手臂上的环形装饰品。

⑤自结成同心百索,祝愿子、更亲自系着:出自宋无名氏《失调名》。

【译文】

《岁时杂记》:"端五节的百索,就是长命缕等物,这种风俗流传已久。时世承平已经很久了,流俗更加华丽,形式也多种多样。"《事物纪原》记载:"百索就是朱索流传下来的,原本用来装饰门户,然而现在成为人们戴在手臂上的环形装饰品。"又记载:"用彩丝打结缝纫而成的叫百索,用来缝纫制作衣服的丝线叫五色丝。"古词写道:"自结成同心百索,祝愿子、更亲自系着。"

合欢索

《提要录》:“北人端五以杂丝结合欢索,纑于臂膊[①]。”张子野《端五》词云[②]:“又还是兰堂新浴,手捻合欢彩索。笑偎人、富寿低低祝[③]。金凤颤[④],艾花矗[⑤]。”又张文潜词云:“菖蒲酒满劝人人,愿年年欢醉。偎倚。把合欢彩索,殷勤寄与[⑥]。”又云:“手把合欢彩索,殷勤微笑殢檀郎。低低告,不图系腕,图系人肠[⑦]。”

【注释】

①纑(lú):麻线。此指缠或系。臂膊:两臂。

②张子野:即张先(990—1078),字子野,乌程(今浙江湖州)人。北宋词人,著有《张子野词》(一名《安陆词》)。

③低低:低声,轻声。

④金凤:饰有凤凰的首饰。

⑤矗:矗立。

⑥“菖蒲酒满劝人人”几句:出自张耒《失调名·其二》。菖蒲酒,用菖蒲叶浸制的药酒。旧俗端午节饮之,谓可去疾疫。人人,用以称亲昵者。寄与,传送给。

⑦“手把合欢彩索”几句:出自张耒《失调名·其三》。殢(tì),缠绵。檀郎,《世说新语·容止》载,晋潘岳美姿容,乘车出洛阳道,路上妇女慕其丰仪,手挽手围之,掷果盈车。岳小字檀奴,后因以“檀郎”为妇女对夫婿或所爱慕男子的美称。

【译文】

《提要录》:“北方的人在端五节用各种丝线打结做成合欢索,系在两臂上。”张先《端五》词写道:“又还是兰堂新浴,手捻合欢彩索。笑偎人、富寿低低祝。金凤颤，艾花矗。”又有张耒词写道：“菖蒲酒满劝人人，愿年年欢醉。偎倚。把合欢彩索，殷勤寄与。”又写道：“手把合欢彩索，殷勤微笑殢檀郎。低低告，不图系腕，图系人肠。”

合头缁[1]

《岁时杂记》：“端五日，大族家作合色头缁[2]，上下均给[3]，逮牛马猫犬皆带之。”

【注释】

①头缁（xū）：《二仪实录》：“女娲之女以羊毛为绳，向后系之。后世易以丝及彩绢，名头缁。”

②合色：用几种颜色拼成。

③上下：位分上的高低，犹言君臣、尊卑、长幼。此指所有人。

【译文】

《岁时杂记》：“端五日，大族家制作合色的头缁，所有的人都有，连牛马猫狗都要佩戴。”

道理袋

《岁时杂记》：“端五，以赤白彩造如囊，以彩线贯之，搐使如花[1]，俗以稻、李置彩囊中带之，谓之道理袋。”

【注释】

①搐（chù）：缚，束。

【译文】

《岁时杂记》：“端五日，用红、白色的彩布制作成袋子，再用彩线穿起来，把袋口扎束得像花一样，按习俗把稻子、李子放置在彩囊中携带，称为道理袋。”

赤白囊

《岁时杂记》：“端五，以赤白彩造如囊，以彩线贯之，搐使如花形，或带或钉门上，以禳赤口白舌[①]，又谓之搐钱。”古《端午》词云：“及妆时结薄衫儿。蒙金艾虎儿[②]。画罗领抹裾裙儿[③]。盆莲小景儿。　香袋子，搐钱儿。胸前一对儿。绣帘妆罢出来时。问人宜不宜。”

【注释】

①赤口白舌：言语恶毒或说惹是非、不吉利的话。

②艾虎儿：古俗，端午日采艾制成虎形的饰物，佩戴之谓能辟邪祛秽。

③画罗：有画饰的丝织品。领抹：领系之类服饰。宋孟元老《东京梦华录·正月》：“及州南一带，皆结彩棚，铺陈冠梳、珠翠、头面、衣着、花朵、领抹、靴鞋、玩好之类。”裾（xié）：用衣服的下摆兜围东西。

【译文】

《岁时杂记》：“端五日，用红、白色的彩布制作成袋子，再用彩线穿起来，把袋口扎束得像花一样，或随身携带，或钉在门上，用来消除口舌是非，又称为搐钱。”古人《端午》词写道：“及妆时结薄衫儿。蒙金艾虎儿。画罗领抹裾裙儿。盆莲小景儿。　香袋子，搐钱儿。胸前一对儿。绣帘妆罢出来时。问人宜不宜。”

蚌粉铃[①]

《岁时杂记》:"端五日,以蚌粉纳帛中,缀之以棉,若数珠[②],令小儿带之,以裛汗也[③]。"古《端五》词云:"门儿高挂艾人儿。鹅儿粉扑儿[④]。结儿缀着小符儿。蛇儿百索儿。 纱帕子,玉环儿。孩儿画扇儿。奴儿自是豆娘儿。今朝正及时。"

【注释】

①蚌粉:中药材名。本品为蚌科动物背角无齿蚌、褶纹冠蚌或三角帆蚌等贝壳制成的粉。

②数珠:佛珠。

③裛(yì)汗:吸汗。

④鹅儿:指鹅黄酒。粉扑儿:扑粉的用具,多用棉质物制成。

【译文】

《岁时杂记》:"端五日,把蚌粉放入布帛中,用棉线缝上,像佛珠,让小儿佩带,用来吸汗。"古人《端五》词写道:"门儿高挂艾人儿。鹅儿粉扑儿。结儿缀着小符儿。蛇儿百索儿。 纱帕子,玉环儿。孩儿画扇儿。奴儿自是豆娘儿。今朝正及时。"

色纱罩

《岁时杂记》:"都人端五作罩子,以木为骨[①],用色纱糊之,以罩食。又为小儿睡罩,有甚华者。"

【注释】

①骨：骨架。

【译文】

《岁时杂记》："京城人端五节制作罩子，以木为骨架，用各色的纱绢糊住，用来遮盖食物。还有小儿睡罩，有些做得特别华丽。"

桃印符[①]

《续汉书》刘昭曰[②]："桃印本汉制[③]，以止恶气[④]。"今世端午以彩绘篆符，而相问遗[⑤]，亦以置帐屏之间。魏收诗云："辟兵书鬼字，神印题灵文[⑥]。"章简公《端五皇后阁帖子》云："桃印敞金扉[⑦]，鸣环茧馆归。"又云："玉轸薰风细，朱符彩缕长[⑧]。"又云："赤符神印穿金缕，团扇鲛绡画凤文[⑨]。"

【注释】

①桃印符：古代端午节所用之辟邪门饰。以桃木制为印玺形，故称。汉代已见，后亦置于屏帐间。《后汉书·礼仪志》："仲夏之月，万物方盛。日夏至，阴气萌作，恐物不楙……故以五月五日，朱索五色印为门户饰，以难止恶气。"又："以桃印长六寸，方三寸，五色书文如法，以施门户，代以所尚为饰。"

②刘昭：字宣卿，高唐（今山东禹城西南）人。南朝梁史学家、文学家，其集注《后汉书》，另著有《幼童传》等。

③桃印本汉制：底本作"桃印本汉朝"，据《后汉书》改。

④恶气：邪恶之气。

⑤问遗：馈赠。

⑥辟兵书鬼字，神印题灵文：出自魏收《五日诗》。灵文，指宗教经文。

⑦金扉:华贵的门户。

⑧玉轸薰风细,朱符彩缕长:出自元绛《端午帖子词》。玉轸,玉制的琴柱。唐李贺《追和柳恽》:"酒杯箬叶露,玉轸蜀桐虚。"王琦汇解:"轸者,琴柱所以系弦,丽者以玉为之。"

⑨赤符神印穿金缕,团扇鲛绡(jiāo xiāo)画凤文:出自元绛《端午帖子词》。赤符,汉朝的符命。汉为火德,火色赤,故称。北周庾信《周上柱国宿国公河州都督普屯威神道碑》:"昔者受律赤符,韩信当乎千里。"倪璠注:"《史记》:刘季为沛公,旗帜皆赤。由所杀蛇白帝子,杀者赤帝子,故上赤。'受律赤符',言信拜大将,受汉符命也。"鲛绡,指手帕、丝巾。

【译文】

《后汉书》中刘昭注解说:"桃印原本是汉代的规制,以防止邪恶之气。"如今世人端午节用彩色丝织品制作符咒,以相互馈赠,也有的将其放置在帐屏之间。魏收有诗写道:"辟兵书鬼字,神印题灵文。"元绛《端五皇后阁帖子》写道:"桃印敞金扉,鸣环茧馆归。"还写道:"玉轸薰风细,朱符彩缕长。"还写道:"赤符神印穿金缕,团扇鲛绡画凤文。"

赤灵符[①]

《抱朴子》:"或问辟兵之道[②],答曰:'以五月五日,作赤灵符着心前。'"王沂公《端五夫人阁帖子》云:"欲谢君恩却无语,心前笑指赤灵符。"又《帖子》云:"如何金殿里[③],犹献辟兵符。"章简公《帖子》云:"自有百神长侍卫[④],不应额备赤灵符。"欧阳公诗云:"君恩多感旧,谁献辟兵符[⑤]。"又《端五》词云:"五兵消以德[⑥],何用赤灵符。"

【注释】

①赤灵符：道家称佩之可避兵刃灾邪之符。

②道：方法。

③金殿：指宫殿。

④百神：指各种神灵。

⑤君恩多感旧，谁献辟兵符：出自欧阳修《端午帖子词》，原诗为“君心多感旧，谁献辟兵符”。

⑥五兵：五种兵器。所指不一。《周礼·夏官·司兵》：“掌五兵五盾。”郑玄注引郑司农云：“五兵者，戈、殳、戟、酋矛、夷矛也。”此指车之五兵。步卒之五兵，则无夷矛而有弓矢。见《司兵》郑玄注。《穀梁传·庄公二十五年》：“天子救日，置五麾，陈五兵五鼓。”范宁注：“五兵：矛、戟、钺、楯、弓矢。”《汉书·吾丘寿王传》：“古者作五兵。”颜师古注：“五兵，谓矛、戟、弓、剑、戈。”

【译文】

《抱朴子》：“有人问防避兵灾的方法，抱朴子回答说：‘在五月五日，制作赤灵符挂在胸前。’”王曾《端五夫人阁帖子》写道：“欲谢君恩却无语，心前笑指赤灵符。”又有《帖子》写道：“如何金殿里，犹献辟兵符。”元绛《帖子》写道：“自有百神长侍卫，不应额备赤灵符。”欧阳修有诗写道：“君恩多感旧，谁献辟兵符。”又有《端五》词写道：“五兵消以德，何用赤灵符。”

钗头符[1]

《岁时杂记》：“端五，剪缯彩作小符儿[2]，争逞精巧[3]，掺于鬓髻之上[4]，都城亦多扑卖[5]，名钗头符。”东坡词云：“小符斜挂绿云鬟[6]。”吴敏德词云[7]：“御符争带，更有天师神咒[8]。”又古词云：“双凤钗头，争带御书符[9]。”

【注释】

①钗头符:灵符之一种。因其多簪于发上作头饰以辟邪,故名。

②缯彩:彩色缯帛。

③逞:显示,夸耀。精巧:细致工巧。

④鬟髻(huán jì):古代妇女的环形发髻。

⑤扑卖:宋元民间盛行的一种博戏。以钱为博具,以字幕定输赢。小贩多用以招揽生意。

⑥小符斜挂绿云鬟:出自苏轼《浣溪沙·端午》。绿云鬟,即绿鬟。乌黑发亮的发髻。泛指妇女美丽的头发。

⑦吴敏德:宋人。

⑧御符争带,更有天师神咒:出自吴敏德《失调名·其四》。天师,东汉张道陵创五斗米道,其孙鲁传道汉沔间,信奉者称陵为天师。

⑨双凤钗头,争带御书符:出自宋无名氏《失调名》。

【译文】

《岁时杂记》:"端五节,剪彩色丝绸制作小符儿,人们争相展现自己的精巧工艺,插在妇女的环形发髻上,京城里也多扑卖,名叫钗头符。"苏轼有词写道:"小符斜挂绿云鬟。"吴敏德有词写道:"御符争带,更有天师神咒。"又有古词写道:"双凤钗头,争带御书符。"

画天师

《岁时杂记》:"端五,都人画天师像以卖。又合泥做张天师,以艾为头,以蒜为拳,置于门户之上。"苏子由作《皇太妃阁端五帖子》云:"太医争献天师艾[①],瑞雾长萦尧母门[②]。"艮斋先生魏元履词云[③]:"挂天师,撑着眼,直下觑。骑个生狩大艾虎[④]。闲神浪鬼[⑤],辟憡他方远方[⑥],大胆底,更敢来、上门下户。"

【注释】

①太医：古代宫廷中掌管医药的官员。天师艾：宋时端午日，都人作泥塑张天师像，以艾为须，称天师艾。

②尧母门：汉昭帝降生地钩弋宫的门名。《史记·外戚世家》"钩弋夫人"唐张守节正义引《括地志》云："钩弋宫在长安城中，门名尧母门也。"

③艮斋先生魏元履：即魏掞之（1116—1173），原名挺之，字元履，人称艮斋先生，建州建阳（今属福建）人。南宋文学家。

④生狞：凶猛，凶恶。

⑤闲神浪鬼：比喻游手好闲、不务正业的人。

⑥慄（dié）：恐惧，害怕。

【译文】

《岁时杂记》："端五节，京城的人都画天师像来卖。还用泥巴捏成张天师，用艾草做头，用蒜做拳头，挂在大门上。"苏辙作《皇太妃阁端五帖子》写道："太医争献天师艾，瑞雾长萦尧母门。"魏掞之有词写道："挂天师，撑着眼，直下觑。骑个生狞大艾虎。闲神浪鬼，辟慄他方远方，大胆底，更敢来、上门下户。"

带蒲人

《岁时杂记》："端五，刻蒲为小人子，或葫芦形，带之辟邪。"王沂公《端五帖子》云："明朝知是天中节，旋刻菖蒲要辟邪。"又秦少游《端五》词云："粽团桃柳，盈门共垒，把菖蒲、旋刻个人人。"

【译文】

《岁时杂记》:"端五节,把菖蒲雕刻为小孩子的形状,或葫芦形状,佩戴在身上可以避除邪祟。"王曾《端五帖子》写道:"明朝知是天中节,旋刻菖蒲要辟邪。"又有秦观《端五》词写道:"粽团桃柳,盈门共垒,把菖蒲、旋刻个人人。"

结艾人

《荆楚岁时记》:"荆楚人端五采艾结为人,悬门户上,以禳毒气。"王沂公《端五帖子》云:"仙艾垂门绿,灵丝绕户长[①]。"又云:"百灵扶绣户,不假艾为人[②]。"章简公《帖子》云:"双人翠艾悬朱户,九节丹蒲泛玉觞[③]。"又云:"艾叶成人后,榴花结子初[④]。"

【注释】

①灵丝:指传说中的续命丝。汉应劭《风俗通义》:"五月五日,赐五色续命丝,俗说以益人命。"

②百灵扶绣户,不假艾为人:出自王珪《端午内中帖子词》。绣户,雕绘华美的门户。多指妇女居室。不假,不需要。

③九节丹蒲:即九节蒲。菖蒲的一种。茎节密,每寸达九节以上,故名。晋葛洪《抱朴子·仙药》:"菖蒲生须得石上,一寸九节已上,紫花者尤善也。"玉觞(shāng):玉杯。亦泛指酒杯。

④艾叶成人后,榴花结子初:出自李清臣《端午帖子》。

【译文】

《荆楚岁时记》:"荆楚一带的人在端五节采摘艾草束扎成人形,悬挂在门上,用来消除毒气。"王曾《端五帖子》写道:"仙艾垂门绿,灵丝绕户长。”又写道：“百灵扶绣户，不假艾为人。”元绛《帖子》写道：“双人翠艾悬朱户，九节丹蒲泛玉觞。”又写道：“艾叶成人后，榴花结子初。”

掺艾虎

《岁时杂记》：“端五，以艾为虎形，至有如黑豆大者。或剪彩为小虎①，粘艾叶以戴之。”王沂公《端五帖子》云：“钗头艾虎辟群邪，晓驾祥云七宝车②。”章简公《帖子》云：“花阴转午清风细③，玉燕钗头艾虎轻。”王晋卿《端五》词云：“偷闲结个艾虎儿④，要插在、秋蝉鬓畔。”又古词云：“双双艾虎。钗袅朱符，臂缠红缕⑤。”又古词云：“才向兰汤浴罢，娇羞簪云髻，正雅称鸳鸯会⑥。”

【注释】

①剪彩：犹剪裁。

②祥云：指象征祥瑞的云气，传说中神仙所驾的彩云。七宝车：用多种珍宝装饰的车。亦泛指华贵的车子。

③转午：接近中午。

④偷闲：挤出空闲的时间。

⑤“双双艾虎”几句：出自杨无咎《齐天乐·端午》。原词为“衫裁艾虎。更钗袅朱符，臂缠红缕”。

⑥“才向兰汤浴罢”几句：出自宋无名氏《失调名》。娇羞，妩媚含羞。云髻，高耸的发髻。《文选·曹植〈洛神赋〉》：“云髻峨峨，修眉联娟。”李善注：“峨峨，高如云也。”正雅，《诗经》中正《小雅》、正《大雅》的统称。与变雅相对。据《小大雅谱》载：自《鹿鸣》至《菁菁者莪》为正小雅，自《文王》至《凫鹥》为正大雅；大雅

《民劳》、小雅《六月》之后，皆谓之变雅。故大雅十八篇、小雅十六篇为正雅。鸳鸯会，比喻男女欢聚的宴会。

【译文】

《岁时杂记》："端五节，把艾草束扎为老虎的样子，甚至有黑豆一样大小的。或剪裁为小虎的样子，粘上艾叶后随身佩带。"王曾《端五帖子》写道："钗头艾虎辟群邪，晓驾祥云七宝车。"元绛《帖子》写道："花阴转午清风细，玉燕钗头艾虎轻。"王诜《端五》词写道："偷闲结个艾虎儿，要插在、秋蝉鬓畔。"还有古词写道："双双艾虎。钗袅朱符，臂缠红缕。"还有古词写道："才向兰汤浴罢，娇羞簪云髻，正雅称鸳鸯会。"

衣艾虎

《陈氏手记》："京师风俗繁华，但喜迎新，不忺送旧[①]。才入夏，便询端五故事[②]。仕女所戴所衣，所用艾虎，皆未原其始，未晓其义。"欧阳公《端五》词云："衫裁艾虎，钗袅朱符，臂缠红缕。"又古词云："才向兰汤浴罢，娇羞困、殢人未忺梳掠。艾虎衫儿，轻衬素肌香薄[③]。"

【注释】

①不忺（xiān）：不喜欢，不高兴。

②询：打听。

③"才向兰汤浴罢"几句：出自宋无名氏《失调名》。殢（tì）人，情人，心上人。梳掠，梳理，梳妆。

【译文】

《陈氏手记》："京城的风俗十分繁华，但只喜欢迎新，不喜欢送旧。刚进入夏天，就打听端五节的习俗。仕女戴的、穿的，所用的艾虎，都不知道起源于什么时候，不明白它的意义。”欧阳修《端五》词写道：“衫裁艾虎，钗袅朱符，臂缠红缕。”又有古词写道：“才向兰汤浴罢，娇羞困、殢人未欣梳掠。艾虎衫儿，轻衬素肌香薄。”

插艾花

《岁时杂记》：“端五，京都士女簪戴[①]，皆剪缯楮之类为艾[②]，或以真艾，其上装以蜈蚣、蚰蜒、蛇蝎、草虫之类[③]，及天师形像，并造石榴、萱草、踯躅假花[④]，或以香药为花[⑤]。”古词云：“御符争带。斜插交枝艾[⑥]。”

【注释】

①簪戴：在幞头巾上插花。

②缯楮（chǔ）：帛和纸。

③蚰蜒（yóu yán）：动物名。节足动物，与蜈蚣同类，长约一二寸，黄黑色，脚细长，共十五对，捕食害虫，有益农事。

④踯躅（zhí zhú）：杜鹃花的别名。

⑤香药：香料。

⑥御符争带。斜插交枝艾：出自吴敏德《失调名·其四》。

【译文】

《岁时杂记》：“端五节，京城的士女在幞头巾上插艾花，都将帛和纸之类的材料裁剪为艾草的形状，有的用真艾，在上面装饰蜈蚣、蚰蜒、蛇蝎、草虫之类，以及天师的形像，并制作石榴、萱草、杜鹃等假花，有的用香料制作成花。”古词写道：“御符争带。斜插交枝艾。”

佩楝叶

陶隐居《诀》[①]:"楝树处处有之,俗人五月五日皆取叶佩之,云辟恶。其根以苦酒磨[②],涂疥,甚良。煮汁作糜食之[③],去蛔虫[④]。"《风俗通》云:"獬豸食楝[⑤]。"

【注释】

①陶隐居《诀》:即陶弘景《药总诀》。《通志·艺文略》:"《药总诀》,一卷。"

②苦酒:即醋。

③糜:粥。

④蛔虫:在人或其他动物肠中寄生的一种线形长虫。能损害人、畜健康,并能引起多种疾病。

⑤獬豸(xiè zhì):又称獬廌、解豸,古代神话传说中的神兽,体形大者如牛,小者如羊,类似麒麟,全身长着浓密黝黑的毛,双目明亮有神,额上通常长一角。

【译文】

陶弘景《药总诀》:"楝树到处都有,习俗是人们在五月五日都摘取楝树叶佩戴,说可以祛邪避灾。楝树根捣碎后与醋研磨成糊状,涂疥疮,效果很好。煮汁做成粥吃,可以消灭蛔虫。"《风俗通义》记载:"獬豸吃楝子。"

斗草戏

《荆楚岁时记》:"四人五月五日蹋百草[①]。"今人又有斗百草之戏。欧阳公诗云:"共斗今朝胜,盈襜百草香[②]。"章简公《端五帖子》云："五蓂开瑞荚，百草斗香茗。"又云："五日看花怜并蒂，今朝斗草得宜男[3]。"

【注释】

①四人：底本作"泗人"，据《荆楚岁时记》改。即四民。旧称士、农、工、商为四民。蹋百草：古代荆楚风俗，五月五日出门踏百草，谓可逐除灾疫。

②共斗今朝胜，盈襜（chān）百草香：出自欧阳修《端午帖子·夫人阁五首其一》。襜，系在身前的围裙。

③五日看花怜并蒂，今朝斗草得宜男：出自元绛佚句，原诗为"五日看花怜并叶，今朝斗草得宜男"。宜男，旧时祝颂妇人多子之辞。

【译文】

《荆楚岁时记》："士、农、工、商各行业的人五月五日出门蹋百草。"如今人们又有斗百草的游戏。欧阳修有诗写道："共斗今朝胜，盈襜百草香。"元绛《端五帖子》写道："五蓂开瑞荚，百草斗香茗。"还写道："五日看花怜并蒂，今朝斗草得宜男。"

浴兰汤

《大戴礼》："五月五日，蓄兰为沐浴。"《楚词》云[1]："浴兰汤兮沐芳华。"王禹玉作《夫人阁帖子》云："金缕黄龙扇[2]，兰芽翠釜汤[3]。"章简公《帖子》云："菖蒲朝觞满，兰汤晓浴温。"东坡《端五》词云："轻汗微透碧纨[4]，明朝端五沐芳兰[5]。"

【注释】

①《楚词》:即《楚辞》。

②黄龙:古代传说中的动物名。谶纬家以为是帝王之瑞征。

③兰芽:兰的嫩芽。翠釜:指精美的炊器。

④纨(wán):细绢。

⑤芳兰:兰花。

【译文】

《大戴礼记》:"五月五日,收集兰花用来沐浴。"《楚辞·离骚》写道:"浴兰汤兮沐芳华。"王珪作《夫人阁帖子》写道:"金缕黄龙扇,兰芽翠釜汤。"元绛《帖子》写道:"菖蒲朝觞满,兰汤晓浴温。"苏轼《端五》词写道:"轻汗微透碧纨,明朝端五沐芳兰。"

沐井水

《琐碎录》:"五月五日午时,取井花水沐浴,一年疫气不侵。俗采艾柳桃蒲,揉水以浴。"又《岁时杂记》云:"京师人以桃柳心之类,燂汤以浴[①],皆浴兰之遗风也。"

【注释】

①燂(tán):烧热。

【译文】

《琐碎录》:"五月五日午时,用清晨初汲的水洗浴,一年中不受瘟疫邪气侵害。习俗是摘取艾叶、柳叶、桃叶、菖蒲叶,揉碎后放到水中用来洗浴。"又有《岁时杂记》记载:"京城人用桃树和柳树的嫩叶,烧开水用来洗浴,这都是用兰花洗浴留下的风俗。"

书天地

《玄微集》:"预研朱砂、雄黄细末,五月五日水调,用槐纸五片[①],如小钱大,写'天地日月星'五字,捻作五圆[②],桃柳汤吞下,大治疟疾。汉三十代天师虚静先生秘法[③]。"

【注释】

①槐纸:掺入老槐树皮做的纸张,专门做符咒之用。

②圆:丸。圆而小的东西。

③虚静先生:即张继先(? —约1127),字嘉闻,号翛然子,信州贵溪(今属江西)人。北宋道士,三十代天师。徽宗召见,对应有方,赐号"虚靖先生",并赐玉印,上刻"阳平活都功印",为龙虎山镇山之宝。

【译文】

《玄微集》:"预先研磨朱砂、雄黄细末,五月五日用水调和,用槐纸五片,裁成如小钱一般大小,书写'天地日月星'五字,用手指搓揉成五个弹丸,和桃柳汤一同吞下,能很好地治疗疟疾。这是汉朝三十代天师虚静先生的秘法。"

篆斗名

《博闻录》:"治疟:用橘叶七枚[①],焚香,叩齿七通[②],写'魁䰢魓魒魓魖魒'七字于七叶上[③],焙干为细末[④],以井花水调,面北服之,大验。忌五辛、三厌七日[⑤]。端五书者,尤验。"

【注释】

①橘叶：橘树的叶子。可入药，治疗胸膈逆气，消肿散毒。

②通：遍，次。

③魁鮑（zhuó）鱹（huān）鮏（xìng）鯶（bì）鱤（fǔ）鰾（piāo）：皆为星名。

④焙干：在火上烤干。

⑤五辛：五种辛味的菜，一说即葱、蒜、韭、蓼蒿、芥。三厌：指道教谓三种不忍食的动物，即雁、狗、乌龟。

【译文】

《博闻录》："治疗疟疾：用七片橘树叶子，烧香，叩齿七遍，在七片橘树叶子上书写'魁鮑鱹鮏鯶鱤鰾'七颗星的名字，在火上烤干研成细末，用清晨初汲的水调和，面朝北方服用，效果灵验。禁食五辛、三厌七天。端五节书写并服用，特别灵验。"

钉赤口[①]

《陈氏手记》："今人端五日，多写'赤口'字贴壁上，以竹钉钉其'口'字中，云断口舌，不知起自何代。闽俗，又端五日以二纸写'官符上天，口舌入地'，颠倒贴于壁间，亦皆无据。"端五谑词云："从前浪荡休整理。钉赤口、防猜忌。而今魔难管全无，一似粽儿黏腻[②]。"

【注释】

①赤口：旧指一种恶神，主斗讼之事。

②"从前浪荡休整理"几句：出自宋无名氏《失调名》。浪荡，行为不检点，放荡。魔难，遭受的折磨、苦难。一似，很像。

【译文】

《陈氏手记》:"现在的人在端五节,多书写'赤口'二字贴在墙壁上,用竹钉钉在'口'字中,说可以断绝口舌是非之灾,不知起源于哪个朝代。闽地风俗,人们又在端五节用两张纸书写'官符上天,口舌入地'的字句,颠倒贴在墙壁之间,也都没有什么依据。"端五谑词写道:"从前浪荡休整理。钉赤口、防猜忌。而今魔难管全无,一似粽儿黏腻。"

圆朱龙

《博闻录》:"五月五日午时有雨,用雨水调朱,书'龙'字如小钱大。次年此日此时有雨,再用雨水磨墨,又书'龙'字如前字大。二字合之作小团儿,临产,用乳香汤吞下,催生如神,男左手、女右手握出。"

【译文】

《博闻录》:"五月五日午时如果有雨,就用雨水调制朱砂,书写'龙'字如小钱一般大小。第二年五月五日午时如果有雨,再用雨水磨墨,再书写'龙'字如前字一般大小。将两个字合在一起,搓成小团儿,孕妇临产时,用乳香汤一起吞下,催生如有神助,男左手、女右手握小团儿而出。"

写风烟

《琐碎录》:"五月五日,写'风烟'二字,贴窗壁下,辟蜒蝣、蚊蚋[①]。一云书'滑'字。"

【注释】

①蜓蝣：即蜓蚰。蚊蚋：蚊子。

【译文】

《琐碎录》："五月五日，书写'风烟'二字，贴在窗户、墙壁下，可防止蜓蚰、蚊子进入。又有说书写'滑'字的。"

念仪方

《提要录》："端五日午时，书'仪方'二字，倒贴于柱脚上[①]，能辟虫蛇。应有蛇虺处[②]，多以砖瓦写'仪方'二字，蛇自畏退。又云，入林默念'仪方'二字，则不见蛇；念'仪康'二字，则不见虎。"

【注释】

①柱脚：柱子的下端。

②蛇虺（huǐ）：泛指蛇类。

【译文】

《提要录》："端五日午时，书写'仪方'二字，倒贴在柱子的下端，能防止虫蛇进入。凡是有蛇的地方，多在砖瓦上书写'仪方'二字，蛇自会害怕而离开。又说，进入丛林默念'仪方'二字，就不会遇见蛇；念'仪康'二字，就不会遇见虎。"

贴茶字

《琐碎录》："端五日午时，以朱砂书'茶'字，倒贴屋壁间，蛇蝎、蜈蚣皆不敢近。一云，用倒流水研墨写'龙'字，贴四壁柱上[1]，亦验。”

【注释】

①四壁：屋子的四面墙壁。

【译文】

《琐碎录》：“端五日午时，用朱砂书写‘茶’字，倒贴在房屋的墙壁间，毒蛇、蝎子、蜈蚣都不敢靠近。又说，用倒流的水磨墨书写‘龙’字，贴在屋子的四面墙壁和柱子上，也很灵验。”

黏白字

《琐碎录》：“端五日午时，多写‘白’字，倒粘贴柱上四处，可以辟蝇子[1]。”

【注释】

①蝇子：苍蝇。

【译文】

《琐碎录》：“端五日午时，多书写‘白’字，倒着粘贴在柱子各处，可以驱除苍蝇。”

忌菜蔬

《千金方》：“黄帝云：‘五月五日，勿食一切菜，发百病[1]。’”

【注释】

①百病：各种疾病。

【译文】

《千金方》:"黄帝说:'五月五日,不要食用任何蔬菜,否则会引发各种疾病。'"

谨饮食

《千金方》:"五月五日,勿食鲤鱼子。共猪肝食之,必不消化,能成恶病[①]。"

【注释】

①恶病:难以医治的疾病。

【译文】

《千金方》:"五月五日,不要食用鲤鱼子。鲤鱼子与猪肝一同食用,必定不消化,会引发不好医治的疾病。"

占稼穑[①]

凤台《麈史》[②]:"乾道戊子五月五日夏至[③],安陆老农相谓曰[④]:'夏至连端五,家家卖男女。'果秋稼不登[⑤]。至冬艰食[⑥],卖子以自给,至委于路隅者[⑦]。明年己丑大旱,人相食,弃子不可胜数。"

【注释】

①稼穑(sè):耕种和收获。泛指农业劳动。

②凤台:即王得臣(1036—1116),字彦辅,自号凤台子,安州安陆(今湖北安陆)人。北宋文学家、诗论家,另著有《江夏辨疑》《凤

台子和杜诗》《江夏古今纪咏集》。《麈(zhǔ)史》:三卷,王得臣撰。该书内容涉及经史、文学、典章、制度、地理、民俗等方面,凡44门,280余条。

③乾道戊子:即乾道四年(1168)。乾道,宋孝宗的年号(1165—1173)。

④安陆:今属湖北。

⑤秋稼:秋季的庄稼。不登:歉收。

⑥艰食:粮食匮乏。《尚书·益稷》:"暨稷播,奏庶艰食鲜食。"孔传:"艰,难也。众难得食处,则与稷教民播种之。"

⑦委:丢弃。路隅(yú):路边。

【译文】

王得臣《麈史》:"乾道四年五月五日夏至日,安陆老农谈论说:'夏至连端五,家家卖男女。'果然秋季的庄稼歉收。到了冬季人们粮食匮乏,卖儿卖女以维持生计,甚至有孩子被丢弃在路边。第二年己丑年大旱,出现人吃人的惨状,遗弃的子女数不过来。"

择符术[1]

《岁时杂记》:"凡学符术禁持[2],下至禁蛇蝎者,率于端五日祭祷[3],不接人事[4],或服气不食不语[5]。盖其积力久则入[6],非诚则术不能成。然择术不可不慎,《雷法弓》[7]:'端五日,天罡加鬼门[8]。'"

【注释】

①符术:指道士巫师以符咒役使鬼神的法术。

②禁持:摆布。

③祭祷:祭祀祷告。

④人事：指人世间事。

⑤服气：又称“食气”“行气”。指呼吸吐纳锻炼。以呼吸为主。嵇康《养生论》：“呼吸吐纳，服气养身。”

⑥积力久则入：出自《荀子·劝学》：“真积力久则入。”指持续努力不懈，自然会深入而有所得。

⑦《雷法书》：道教书籍。雷法，又称“五雷正法”。道教法术。据说行法者用出自天上雷霆之府的经咒符箓，召请雷部诸神，可以祈雨求晴，降妖除怪。此法可能是道教徒看到功力深厚的气功师外气发动的效果，而对此种能力的夸张。雷法自有一套神仙谱牒、经籍和符箓。行法者须经精诚苦修，方能以本身的神炁合于天地之炁，化成雷部诸神，才可行此法术。

⑧天罡：星命家指月内凶神。《协纪辨方书》引《历例》：“阳建之月，前三辰为天罡，后三辰为河魁，阴建之月反是。”鬼门：阴阳家语。阴阳家谓西北间（乾）为天门，东南间（巽）为地门，西南间（坤）为人门，东北间（艮）为鬼门。鬼门为阴恶之气所聚，百鬼所居。

【译文】

《岁时杂记》：“凡是学符术禁持之法，哪怕是低到禁持蛇蝎之类的小法术，都要在端五日祭祀祷告，不接触人世间事，有人还会进行呼吸吐纳锻炼，不吃饭不说话。大概是持续努力不懈，自然会深入而有所得，心不诚符术就不能成。然而选取符术不可不慎重，《雷法书》说：‘端五那天，天罡辰加临鬼门方位。’”

谢罪愆[①]

《正一旨要》[②]：“道家有五腊日[③]，以五月五日为地腊日。其日五帝校定生人官爵[④]，血肉盛衰[⑤]，外滋万类[⑥]，内滋年寿[⑦]，记录长生。此日可以谢罪求请，移易官爵[⑧]，祭祀先祖，不可伐损树木、血食⑨，可服气消息⑩。”

【注释】

①罪愆（qiān）：罪过，过失。

②《正一旨要》：即《正一法文修真旨要》。该书为气功养生学专著，分别论述各法的操作方法，功效应用，注意事项。

③五腊日：道教以正月一日为“天腊”，五月五日为“地腊”，七月七日为“道德腊”，十月一日为“民岁腊”，十二月八日为“王侯腊”。谓五腊日为五帝会聚之日，在此日斋戒行醮，可得福免祸。

④五帝：即五老上帝。道教信奉的尊神。按《道教全真秘旨》言：“东方青灵始老苍帝九炁天君、西方皓灵黄老白帝七炁天君、南方丹灵真老赤帝三炁天君、北方五灵玄老黑帝五炁天君、中央元灵元老黄帝一炁天君。”生人：众人。

⑤血肉：血液和肌肉。指人的躯体。

⑥万类：万物。

⑦年寿：人的寿命。

⑧移易：更改。

⑨血食：谓受享祭品。古代杀牲取血以祭，故称。《汉书·高帝纪下》：“故粤王亡诸世奉粤祀，秦侵夺其地，使其社稷不得血食。”颜师古注：“祭者尚血腥，故曰血食也。”

⑩服气：吐纳。道家养生延年之术。消息：休养，休息。

【译文】

《正一法文修真旨要》：“道家有五腊日，以五月五日为地腊日。这一天五帝考核订正众人的官爵，评判其身体的盛衰情况，在外促万物生长，在内增添人的寿命，记录长生不老之法。这一天人们可以向神灵忏悔罪过，祈求愿望，请求更改官职和爵位，祭祀先祖，不可以砍伐损坏树木、受享祭品，可通过吐纳来调养身心。”

请寿算[①]

《道藏·朝修图》[②]:"五月五日乃续命之辰[③],其日可请道迎仙,请益寿[④]。"

【注释】

①寿算:寿命,年寿。

②《道藏·朝修图》:不详待考。

③续命:延长寿命。

④益寿:增延寿命。

【译文】

《道藏·朝修图》:"五月五日是延长寿命的日子,这一天可以请道迎仙,请求增延寿命。"

戒曝荐

《异苑》:"五月五日,戒曝荐席[①]。新野庾家[②],尝以此日曝荐席,忽见一小儿于席下,俄而失所在,因相传以为戒。"

【注释】

①荐席:席子。

②新野:西汉置,治今河南新野。

【译文】

《异苑》:"五月五日,禁止晒席子。新野县的庾家,曾经在这一天晒席子,忽然看见一小儿在席子下,一会儿就找不着了,因而相传以为戒。"

讳盖屋

《风俗通》:"五月五日以后,至月终,最忌翻盖屋瓦[1],令人发秃。"又《酉阳杂俎》云:"俗讳五月上屋,言五月人蜕[2],如上屋,即自见其影,魂魄不安矣[3]。"又《岁时杂记》云:"五月五日,人多忌不上屋,小儿不得下中庭[4]。"

【注释】

①屋瓦:指房屋。

②人蜕:旧时迷信谓人的灵魂脱离肉体。

③魂魄:古人想象中一种能脱离人体而独立存在的精神。附体则人生,离体则人死。

④中庭:庭院。

【译文】

《风俗通义》:"五月五日以后,到五月底,最忌讳翻盖房屋,因为这样会使人头发脱落。"又有《酉阳杂俎》记载:"时俗忌讳五月上屋顶,说五月人的灵魂脱离肉体,如果上屋顶,就能看见自己的影子,魂魄就不安宁了。"又有《岁时杂记》记载:"五月五日,人们大多忌讳不上屋顶,小孩子不能到庭院中。"

求新词

《蕙亩拾英集》:"鄱阳一护戎[1],失其姓,厥女极有词藻[2]。太守以端午泛舟[3],雅闻其风韵[4],因遣人求词。女走笔成《望海潮》以授使者[5],云:'云收飞脚[6],日祛怒暑[7],新蝉高柳鸣时[8]。兰佩紫囊[9],蒲抽碧剑,吴丝两腕双垂[10]。闻道五陵儿。蛟龙吼波面，冲碎琉璃[11]。画鼓声中[12]，锦标争处飐红旗[13]。　　使君冠盖追[14]，正霞翻酒浪，翠敛歌眉。扇动水，风生玉宇[15]，微凉透入单衣。日暮楚天低[16]。金蛇掣电漾[17]，千顷霜溪[18]。宴罢休燃宝蜡[19]，凭月照人归。'"

【注释】

①护戎：即护戎校尉。北魏军事职官名称，位第三品下。

②词藻：辞藻，诗文中蓄意加工的华丽词语。

③泛舟：乘船游玩。

④风韵：风度，韵致。

⑤走笔：谓挥毫疾书。《望海潮》：词牌名。首见北宋柳永《乐章集》。柳词咏钱塘（今浙江杭州），调名当是以钱塘作为观潮胜地取意。

⑥云收飞脚：指天气晴朗。乌云低垂称云脚。

⑦袪（qū）：除去。怒暑：猛烈的暑气。

⑧新蝉：初夏的鸣蝉。

⑨兰佩紫囊：端午节习俗，佩带兰草香囊，以除不祥。

⑩吴丝：吴地产的丝。唐李贺《李凭箜篌引》："吴丝蜀桐张高秋，空山凝云颓不流。"王琦注："丝之精好者，出自吴地，故曰吴丝。"

⑪蛟龙吼波面，冲碎琉璃：指赛龙舟。据说屈原投江，民间竞舟救之，演为竞龙舟风俗。琉璃，光滑平静的水面。

⑫画鼓：有彩绘的鼓。

⑬锦标：锦制的旗帜，古代用以赠给竞渡的领先者。后亦以称竞赛优胜者所得的奖品。飐（zhǎn）：被风吹动。红旗：竞赛中用以奖励优胜者的红色旗子。

⑭使君：尊称州郡长官。冠盖：指官员的冠服和车乘。此借指官吏。

⑮玉宇：天空。

⑯楚天：南方楚地的天空。

⑰金蛇：比喻雷电之光。

⑱霜溪：寒溪，清冷的溪流。

⑲宝蜡：蜡烛的美称。

【译文】

《蕙亩拾英集》："鄱阳县有一位护戎校尉，不知道他的姓名，他的女儿很有文采。太守在端午节乘船游玩，一向听闻护戎校尉女儿诗文的风韵，因而派人去求词。护戎校尉女儿挥毫疾书写成《望海潮》以交付使者，词写道：'云收飞脚，日袪怒暑，新蝉高柳鸣时。兰佩紫囊，蒲抽碧剑，吴丝两腕双垂。闻道五陵儿。蛟龙吼波面，冲碎琉璃。画鼓声中，锦标争处飐红旗。　　使君冠盖追，正霞翻酒浪，翠敛歌眉。扇动水，风生玉宇，微凉透入单衣。日暮楚天低。金蛇掣电漾，千顷霜溪。宴罢休燃宝蜡，凭月照人归。'"

取墙雪

《启颜录》："隋朝有人敏慧而吃[①]，杨素每闲闷，即召与剧谈[②]。尝岁暮无事对坐，因戏之云：'今日家中，有人为蛇咬足，若为医治？'此人应声曰：'取五月五日南墙下雪雪涂涂之，即即即瘥[③]。'素曰：'五月五日，何处可得雪？'答曰：'若五五五月无雪，腊月何何何处有蛇？'素笑而遣之。"

【注释】

①敏慧：聪明。吃：口吃。

②剧谈：犹畅谈。

③瘥（chài）：治好病。

【译文】

《启颜录》："隋朝时有个人非常聪明就是口吃，越国公杨素每到闲闷时，就召这个人来畅谈。曾在年底没事儿闲坐，杨素逗他说：'今天家里，有一个人被蛇咬伤了脚，请问该怎么给他治疗？'这个人应声说：'取五月五日南墙下的雪雪涂涂，就就就治好了。'杨素说：'五月五日，哪里能找到雪呀？'这个人回答说：'如果五五五月没有雪，腊月哪哪哪里有蛇呢？'杨素听了，笑着将他打发走了。"

卷二十二

端五 中

【题解】

本卷《端五中》篇，其条目均为端五时俗节物，主要有端五宫廷赏赐“赐公服”“赐时服”“赐金鱼”“赐寿索”“赐帛扇”“赐彩丝”“进御衣”等；端五节日典故“衣纱服”“置高会”“借裙襦”“宠妃子”“惑从婢”“生贤嗣”“兴吾宗”“举犹子”等；端五食疗滋补“沥神水”“送术汤”“制艾煎”“烧葵子”“粉葛根”“采菊茎”“刈葈耳”“取木耳”“食小蒜”“虆虆蒌”“摘苿苣”等；端五节日习俗“作门贴”“纳贡献”等。

赐公服[①]

皇朝《岁时杂记》：“端五，赐从官已上酒、团粽、画扇[②]，升朝官已上赐公服衬衫[③]，大夫已上加袴[④]，从官又加黄绣裹肚[⑤]，执政又加红绣裹肚、三襜[⑥]，经筵史官赐杂纱帽及头䌷帕子、涂金银装扇子、酒果[⑦]，史官又加团茗上尊[⑧]。仁宗时，自从官以上并讲官，赐御帛、书扇。”稽考李唐[⑨]，亦有此赐，故杜甫《端五日赐衣》诗云：“宫衣亦有名[⑩]，端五被恩荣[⑪]。细葛含风软[⑫]，香罗叠雪轻[⑬]。自天题处湿[⑭]，当暑着来清[15]。意内称长短[16]，终身荷圣情[17]。”

【注释】

①公服：旧时官吏的制服。

②从官：指君王的随从、近臣。

③升朝官：宋初对参与朝谒的常参官的称呼。

④袴（kù）：同“裤”。

⑤裹肚：宋元时男子长衣外包裹腰肚的绣袍肚。

⑥执政：即执政官。宋代副宰相与枢密院长贰官的总称。副宰相名称有参知政事、门下侍郎、中书侍郎、尚书左丞、尚书右丞。北宋乾德二年（964），始设参知政事为副宰相之职；元丰改官制，废罢参知政事，改以门下、中书侍郎与尚书左、右丞为副宰相；南宋高宗建炎三年（1129）复以参知政事为副宰相。枢密院长贰官，有枢密使、副使，知枢密院事、同知枢密院事、签书枢密院事、同签书枢密院事等。三襜（chān）：襜，指围在下身腰际前后的布幅，有长方形、梯形乃至花瓣型。三幅者为“三襜”，二幅者为“二襜”。

⑦经筵：汉唐以来帝王为讲论经史而特设的御前讲席。宋代始称经筵，置讲官以翰林学士或其他官员充任或兼任。宋代以每年二月至端午节、八月至冬至节为讲期，逢单日入侍，轮流讲读。

⑧团茗：团茶。上尊：上尊酒。

⑨稽考：查考，考核。李唐：指唐代。唐皇室姓李，故称。

⑩宫衣：宫人所制之衣。

⑪恩荣：谓受皇帝恩宠的荣耀。

⑫细葛：指最细最软的葛丝做成的布。含风软：指葛布像风一样柔软。

⑬香罗：绮罗的美称。叠雪轻：像雪花叠在一起那么轻。

⑭题：指衣服的领子部分。湿：指柔软的料子贴在颈上，凉凉的很舒服。

⑮当暑：指在天气热的时候。着：指穿着。清：清爽。

⑯意内：心里。称长短：指计算一下衣服的大小。

⑰荷圣情：指感怀皇上的恩情。

【译文】

本朝《岁时杂记》："端五节，皇帝从官以上赏赐酒、团粽、画扇，升朝官以上赏赐公服衬衫，大夫以上再加赐裤，从官又加赐黄绣裹肚，执政官又加赐红绣裹肚、三襜，经筵官及史官赏赐杂纱帽及头𢄼帕子、涂金银装扇子、酒果，史官又加赐团茶、上尊酒。宋仁宗时，自从官以上并讲官，赏赐御帛、书扇。"查考唐代制度，也有这种赏赐，因此杜甫《端五日赐衣》诗写道："宫衣亦有名，端五被恩荣。细葛含风软，香罗叠雪轻。自天题处湿，当暑着来清。意内称长短，终身荷圣情。"

赐时服[①]

《杨文公谈苑》："国朝之制，文武官诸军校在京者[②]，端五赐衣服。"《渑水燕谈》云："升朝官每岁端五赐时服。"又《王沂公笔录》云[③]："圣节、端五、冬初[④]，赐百官时服，旧制。"

【注释】

①时服：时兴的服装。

②军校：军中的副官。

③《王沂公笔录》：又作《王文正笔录》《沂公笔录》，一卷，北宋王曾撰。该书多述宋初朝廷旧闻，凡三十余条，于太祖、太宗二朝君臣言行尤详，颇有为正史所未载者。

④圣节：指皇帝生日。冬初：刚入冬时。

【译文】

《杨文公谈苑》："本朝的制度，在京城的文武百官以及各军中的副官，端五节赏赐衣服。”《渑水燕谈》记载：“升朝官每年端五节赏赐时兴的服装。”又有《王沂公笔录》记载：“过去的制度，在皇帝生日、端五节、刚入冬时，赏赐百官时兴的衣服。”

赐金鱼[①]

《李元纮传》[②]：“五月五日，宴武成殿[③]，群臣赐袭衣[④]，时以紫服、金鱼赐元纮及萧嵩[⑤]。”

【注释】

①金鱼：即金鱼符。金质的鱼符。唐代亲王及三品以上官员佩带，开元初，从五品亦佩带，用以表示品级身份。金制，四品以上佩带。

②《李元纮（hóng）传》：《新唐书》中李元纮的传记。李元纮（？—733），本姓丙，其曾祖粲因功而赐姓李氏，字大纲，谥文忠。滑州（今河南滑县）人，世居京兆万年（今陕西西安）。

③宴武成殿：底本作“宴武臣于殿”，据《新唐书·李元纮传》改。武成殿，唐洛阳宫殿之一，故址在今河南洛阳。

④袭衣：成套衣服。

⑤紫服：贵官朝服。萧嵩（？—749）：唐雍州长安（今陕西西安）人。开元初，为中书舍人。历宋州刺史、尚书左丞、兵部侍郎。开元十四年（726），领朔方节度使。开元十六年（728），以功加同平章事。

【译文】

《新唐书·李元纮传》：“五月五日，皇帝在武成殿宴请群臣，赏赐群臣衣裳，当时以紫服、金鱼符赏赐李元纮及萧嵩。”

赐寿索[①]

李肇《翰林志》:"端五,赐百官寿索。"

【注释】

①寿索:即端午索,也叫百索、长命缕。古时风俗,端午日绕于臂上以祈长寿的丝带。

【译文】

李肇《翰林志》:"端五节,皇帝赏赐百官寿索。"

赐帛扇

《唐会要》[①]:"贞观十八年五月五日[②],太宗谓长孙无忌、杨师道曰[③]:'五日旧俗,必用服玩相贺[④]。今朕各遗卿飞白扇二枚[⑤],庶动清风[⑥],增美德[⑦],以推旧俗之法。'"

【注释】

①《唐会要》:一百卷,北宋王溥撰。该书记唐宣宗后至唐末之事,分帝系、礼、宫殿、舆服、乐、学校、刑、历象、封建、佛道、官制、食货、四裔等13门,592目,其中有21目分上下篇,实为571目。其中于唐代典制之沿革损益所记尤详。

②贞观十八年:644年。贞观,唐太宗李世民年号(627—649)。

③长孙无忌(?—659):字辅机,河南洛阳(今属河南)人。唐初宰相、外戚。杨师道(?—647):字景猷,弘农华阴(今属陕西)人。唐诗人,今传有《杨师道集》。

④服玩:服饰器用玩好之物。

⑤朕：皇帝的自称。遗：赠与，送给。

⑥庶动清风：希望通过摇动扇子带来清风、仁风。庶，希望。

⑦增美德：增加个人美好的品德。

【译文】

《唐会要》："贞观十八年五月五日，唐太宗对长孙无忌、杨师道说：'五月五日按照旧风俗，人们必用服饰器用玩好之物相互庆贺。今天我各赠与你们两把飞白扇，希望通过摇动扇子带来清风、仁风，增加个人美好的品德，成为推动旧风俗的方法。'"

赐团扇

《翰林志》："初选者，召令赴银台[①]，试制书、批答三首[②]，内库给青绮被、紫丝履之类[③]。端五，赐青团扇。"

【注释】

①银台：即银台门。唐时翰林院、学士院都在银台门附近，后因以银台门指代翰林院。

②制书：古代帝王的一种诏令文书。先秦时期，凡天子、诸侯、国君的讲话，皆称作命、诰、誓。命即命令，诰即政令，誓即军令。秦并天下，改命为制。制书作为皇帝专用的一种文书自秦始皇开始。批答：古代一种官方文书。唐代君主对大臣疏奏的答复，称为批答。

③内库：皇宫的府库。青绮被：青色锦被。紫丝履：紫色丝鞋。

【译文】

《翰林志》："刚入选的翰林学士，命令前往翰林院，尝试写制书、批答三首，皇宫的府库发放青色锦被、紫色丝鞋之类的东西。端五节，赏赐青团扇。"

赐钟乳[1]

《芝田录》[2]："重五[3]，赐宋璟钟乳。璟命付医合炼[4]，儿侄曰[5]：'上赐必珍，付其家必欺换，不如就宅修制[6]。'璟曰：'持诚示信[7]，尚惧见猜[8]。示人以不信，其可得乎？尔勿以此待之。'"

【注释】

①钟乳：中药名，亦称"钟乳石"，即石灰岩顶部下垂的檐冰状物，状如钟乳而质为石，可入药。

②《芝田录》：一卷，唐丁用晦撰。该书记隋唐间杂事，杂有神异之说，凡六百则。原书已逸。丁用晦，唐末或五代时人。

③重五：农历五月初五日。即端午节，又称重午。

④付医合炼：指交给医生合入汤剂。

⑤儿侄：儿子与侄子。

⑥修制：制作。

⑦示：表示，展现。

⑧见：被，受到。猜：猜疑，怀疑。

【译文】

《芝田录》："端午节，皇帝赏赐宋璟钟乳石。宋璟命交给医生合入汤剂，儿侄辈说：'皇帝赏赐的东西肯定很珍贵，交给医生家肯定会被欺骗调换，不如就在家里制作。'宋璟说：'保持真诚对待别人，向人展现诚信，尚且害怕被人猜疑。如果不能诚信待人，又怎能得到别人诚恳的对待呢？你们切不可以这种态度对待别人。'"

赐彩丝

《唐文类·刘禹锡〈谢端五表〉》曰[①]:"端五,赐臣墨诏并衣一副[②],金花银器三事[③],彩丝一轴,大将衣四副[④],彩丝五轴。宠光洊至[⑤],庆赐曲沾[⑥]。"

【注释】

①《唐文类》:《文献通考》卷二四八:"《唐文类》二十卷,鼂氏曰:'皇朝陶叔献编。'"

②墨诏:皇帝亲笔书写的诏旨。

③金花银器:金花银器:底本作"金花器",据《刘梦得集》改。古代鎏金银器的一种。属于局部鎏金,即只在银器花纹部分鎏金,形成黄、白相映的立体装饰效果。鎏金方法有两种:一是先錾刻花纹再鎏金,一是鎏金后再錾刻花纹。事:件,副。

④大将衣:底本作"又将衣",据《刘梦得集》改。

⑤宠光:谓恩宠光耀。洊(jiàn)至:再至,相继而至。

⑥庆赐:赏赐。曲:表敬之词。沾:比喻恩泽沾润。

【译文】

《唐文类·刘禹锡〈谢端五表〉》记载:"端五节,皇帝赏赐我墨诏及衣服一副,金银花器三件,彩丝一轴,大将衣四副,彩丝五轴。恩宠光耀相继而至,赏赐接踵而来。"

衣纱服

《杂志》[①]:"一朝士五日起居[②],衣纱公服,为台司所纠[③]。三司使包拯亦衣纱公服[④],阁门使请易之[⑤],语曰:'有何条例？' 答曰：'不见旧例，只见至尊御此耳[⑥]。' 乃易之。"

【注释】

①《杂志》：即《嘉祐杂志》。

②朝士：职官名。掌建邦、外朝、官次和刑狱等事。泛称朝廷中所有官员。起居：指每五日群臣随宰相入见皇帝。其制始于后唐明宗，宋代沿袭之。《新五代史·杂传·李琪》："明宗初即位，乃诏群臣，五日一随宰相入见内殿，谓之起居。"

③台司：指御史台职司。

④包拯（999—1062）：字希仁，人呼"包待制"，谥孝肃，庐州合肥（今属安徽）人。北宋政治家、法学家，著有《奏议》。

⑤阁门使：宋代东上阁门使、西上阁门使通称。

⑥至尊：指皇帝。

【译文】

《嘉祐杂志》："一名朝廷官员五日见皇帝，身穿带纱公服，被御史台职司发现并纠正。三司使包拯也身穿带纱公服，阁门使请包拯更换掉，包拯说：'有什么条例不能穿带纱公服？' 阁门使回答说：'没看见以前的条例，只看见皇帝穿着而已。' 包拯于是换下带纱公服。"

进御衣[①]

杜甫《送向卿进奉端五御衣之上都惜别》云："裁缝云雾成御衣[②]，拜跪题封贺端午[③]。"

【注释】

①御衣：帝王所着的衣服。

②裁缝：裁剪缝缀衣服。云雾：有云雾状底纹的织物。

③题封：封缄题签。

【译文】

杜甫《送向卿进奉端五御衣之上都惜别》诗写道："裁缝云雾成御衣，拜跪题封贺端午。"

置高会[1]

《国朝事实》[2]："太宗征太原[3]，行次澶渊[4]，有太仆寺丞宋捷者[5]，掌出纳行在军储[6]，迎谒道左[7]。太宗见其姓名，喜，以为我师有必捷之兆。车驾将至[8]，令语攻城诸将曰：'我端午日，当置酒高会于太原城中。'至癸未[9]，继元降[10]，乃五月五日也。"

【注释】

①高会：盛大宴会。《战国策·秦策三》："于是使唐雎载音乐，予之五千金，居武安，高会相与饮。"鲍彪注："《高纪》注，大会也。"

②《国朝事实》：即《宋朝事实》，六十卷，南宋李攸撰。该书为典志体史书，叙述自宋太祖建隆元年（960）至徽宗宣和年间的史事。李攸，字好德，泸州（今属四川）人。南宋史学家，另著有《通今集》。

③太宗：即宋太宗赵光义。

④行次：谓行旅到达。澶渊：位于今河南濮阳西南，因古澶水所经而得名。宋真宗与辽人曾会盟于此。

⑤太仆寺丞：即太仆丞。官名。为太仆的副职，总管衙署内部事务。

⑥军储：指粮秣等军需物资。

⑦迎谒：迎接谒见。道左：道路旁边。

⑧车驾：天子出巡时乘坐的马车。后亦用为天子的代称。《汉

书·高帝纪下》:"车驾西都长安。"颜师古注:"凡言车驾者,谓天子乘车而行,不敢指斥也。"

⑨癸未:即癸未日。

⑩继元:底本作"继先",据《国朝事实类苑》改。即北汉末代皇帝刘继元(968—979年在位),后归降北宋。

【译文】

《宋朝事实》:"宋太宗御驾亲征太原,道经澶渊,有太仆寺丞名叫宋捷,掌管营中军储粮秣等军需物资出纳工作,跪在道路旁边拜谒太宗。宋太宗看到他的姓名,大为高兴,认为这是我军必获大捷的预兆。皇帝车驾将到太原城下时,传令攻城的将领们说:'我要在端午节这一天,在太原城中举行盛大宴会宴请众人。'到癸未日,刘继元投降,这天正是五月五日。"

作门帖①

皇朝《岁时杂记》:"学士院端午前一月②,撰皇帝、皇后、夫人阁门帖子,送后苑作院用罗帛制造③,及期进入④。先是诸公所撰⑤,但宫词而已,及欧阳修学士,始伸规谏⑥。《皇帝阁》曰:'佳辰共喜沐兰汤,毒冷何须采艾禳⑦。但得皋陶调鼎鼐⑧,自然灾殄变休祥⑨。'又曰:'楚国因谗逐屈原,终身无复入君门。愿因角黍询遗俗,可鉴前王惑巧言⑩。'后人率皆效之。春日亦然。民间以朱书诗或符咒作门帖⑪。"

【注释】

①门帖:门联。

②学士院:官署名。宋代学士院为皇帝的秘书处,专掌草拟“内制”,即重要官员(文官太中大夫以上、武官观察使以上)的任命书,以及国书、赦书、德音等重要诏令。凡册立皇太子、后妃,封亲王,拜相、枢密使、三公、三少、使相、节度使等,均由皇帝直接宣召学士院翰林学士草制,不须经中书门下(元丰改制后则不必经三省)。为便于皇帝随时宣召,翰林学士须轮流在院值夜。

③后苑作:即“后苑作制造御前生活所”。内廷官署名,隶入内侍省。北宋咸平三年(1000),生活所与后苑作合并,以供奉太上皇徽宗等帝后所需。南宋存后苑,专掌制造宫廷生活享受所需及皇族婚娶名物。

④及期:到时候。

⑤先是:在此以前。

⑥伸:通“申”。规谏:谓以正言劝诫谏诤。

⑦毒冷:指疫病或邪气。

⑧皋陶:上古舜帝时期的贤臣,以公正明断著称,象征治国能臣。调鼎鼐(nài):相传商武丁问傅说治国之方,傅以如何调和鼎中之味喻说,遂辅武丁以治国。后因以“鼎鼐调和”比喻处理国政。

⑨灾殄(tiǎn):灾害与祸患。休祥:吉祥。《尚书·泰誓中》:“朕梦协朕卜,袭于休祥,戎商必克。”孔传:“言我梦与卜俱合于美善。”

⑩“楚国因谗逐屈原”几句:出自欧阳修《端午帖子词》。君门,犹宫门。亦指京城。前王,已故帝王,先王。《诗经·周颂·烈文》:“于乎前王不忘。”毛传:“前王,武王也。”巧言,表面上好听而实际上虚伪的话。

⑪符咒:符箓和咒语的合称。僧道以为可以役使鬼神。

【译文】

本朝《岁时杂记》:“学士院在端午节前一个月,撰写皇帝、皇后、夫人阁门帖子,送到后苑作院用绫罗玉帛来制造,到端午节的时候进献。

在此以前众公卿所撰写的，仅仅是宫词而已，到了翰林学士欧阳修，开始在帖子中以正言劝诫谏诤。《皇帝阁》写道：‘佳辰共喜沐兰汤，毒冷何须采艾禳。但得皋陶调鼎鼐，自然灾殄变休祥。’又写道：‘楚国因谗逐屈原，终身无复入君门。愿因角黍询遗俗，可鉴前王惑巧言。’后人都仿效他这样做。立春之日也是如此。民间用朱墨书写诗或符咒作门联。”

纳贡献[①]

《汉·食货志》：“端五，四方贡献至数千万者[②]，加以恩泽[③]，而诸道侈靡以自媚[④]。”

【注释】

①贡献：进奉，进贡。

②四方：天下，各处。

③恩泽：帝王或朝廷给予臣民的恩惠。言其如雨露之泽及万物，故云。

④道：我国历史上行政区域的名称。在唐代相当于现在的省。侈靡：奢侈靡烂。自媚：自动去谄媚、巴结他人。

【译文】

《汉书·食货志》：“端午节，天下进贡达数千万，皇帝要给予臣民恩惠，而各地竞相进贡奢侈华丽的物品去谄媚皇帝。”

荐衣扇[①]

《唐·礼志》：“天宝二年[②]，诸陵常以五月五日荐衣扇。”

【注释】

①荐：献，祭。

②天宝二年：743年。天宝，唐玄宗李隆基的年号（742—756）。

【译文】

《新唐书·礼仪志》："天宝二年，常在五月五日向各处皇陵进献衣服、扇子。"

借裙襦[1]

《唐旧史》[2]："万年县法曹孙伏伽上表曰[3]：'近太常于民间借妇女裙襦[4]，以充妓女衣，拟五月五日玄武门游戏，非所以为子孙法也。'"

【注释】

①裙襦：裙子与短袄。此指妇女的衣裙。

②《唐旧史》：即《旧唐书》。

③万年县：西汉高帝十年（前197），葬太上皇于栎阳北原，号万年陵。因分置万年县以为奉陵邑，与栎阳县同城而治。在今陕西西安东北武屯镇东。

④太常：官名。掌礼乐郊庙社稷事宜。

【译文】

《旧唐书》："万年县法曹参军孙伏伽上表说：'近来太常在民间借用妇女的衣裙，以充当妓女的服饰，打算五月五日在玄武门表演，这不是可以让子孙后代效法的行为。'"

宠妃子

《天宝遗事》："五月五日，明皇避暑游兴庆池[1]，与妃子寝于水殿中[②]。宫嫔辈凭栏倚槛，争看雌雄二鸂鶒戏于水中[③]。帝时拥妃子于消金帐内[④]，谓宫嫔曰：'尔等爱水中鸂鶒，争如我被底鸳鸯[⑤]？'"

【注释】

①兴庆池：即唐长安兴庆宫龙池。因其宫名，称为兴庆池。

②水殿：临水的殿堂。

③鸂鶒（xī chì）：水鸟名。形大于鸳鸯，而多紫色，好并游。俗称紫鸳鸯。

④拥：抱。

⑤被底鸳鸯：比喻恩爱夫妻。

【译文】

《开元天宝遗事》："五月五日，唐明皇到兴庆池避暑，与妃子在临水的殿堂中睡觉。宫嫔们靠倚着栏杆，争着看雌雄两只紫鸳鸯在水中嬉戏。唐明皇当时抱着妃子在消金帐里，对宫嫔说：'你们看水中的紫鸳鸯戏水恩爱，怎么比得上我夫妻恩爱？'"

惑从婢[①]

《北齐史》[②]："冯小怜[③]，本穆后从婢也[④]。文襄王五月五日进之[⑤]，号曰续命。能弹琵琶，工歌舞。后主惑之。齐亡，周武以赐代王达[⑥]。达妃李氏，为小怜所谮[⑦]，几死。隋文以赐达妃兄李询[⑧]，询令着裙配舂[⑨]。"

【注释】

①从婢：侍婢。

②《北齐史》:书名。不详待考。

③冯小怜(?—约580):北齐后主高纬的嫔妃,原是高纬的皇后穆邪利身边的侍女。

④穆后:即穆邪利,小名黄花,后改小名舍利。北齐后主高纬的皇后。

⑤文襄王:即高澄(521—549),字子惠,谥文襄,渤海蓨县(今河北景县)人。东魏时期权臣、政治家、军事家,

⑥周武:即周武帝宇文邕(543—578),小字祢罗突,代郡武川(今内蒙古武川)人。北周第三位皇帝(560—578年在位)。代王达:即宇文达(?—581),北周文帝宇文泰第十一子,武帝宇文邕第十一弟。武成初,封代国公。

⑦谮(zèn):诬陷。

⑧隋文:即隋文帝杨坚。

⑨配舂(chōng):古代一种任治米的力役。为女犯所服之役。

【译文】

《北齐史》:"冯小怜,本是穆后的侍婢。文襄王五月五日把她进献给后主高纬,起名续命。冯小怜能弹琵琶,精于歌舞。后主高纬很迷恋她。北齐灭亡,北周武帝把她赏赐给北周代王宇文达。宇文达的妃子李氏,被小怜所诬陷,几乎致死。隋文帝把她赏赐给宇文达妃子的哥哥李询,李询命令她穿上布裙去舂米。"

生贤嗣

《异苑》:"田文母[①],五月五日生文,父敕令勿举之[②],后母私举。文长成童[③],以实告之,遂启父曰[④]:'不举五月子何?'父曰:'生及户,损父。'文曰:'受命于天,岂受命于户?若受命于户,何不高其户,谁能至其户耶!'父知其贤,

立为嗣[5]。齐封孟尝君。俗以五月为恶月，故忌。”

【注释】

①田文：即孟尝君，战国时齐国临淄（今山东淄博）人。战国四公子之一。

②举：抚养，生育。

③成童：年龄稍大的儿童。或谓八岁以上，或谓十五岁以上，说法不一。

④启：禀告。

⑤父知其贤，立为嗣：底本作“父知为贤嗣”，据《异苑》改。

【译文】

《异苑》：“田文的母亲，五月五日生了田文，父亲告诫母亲不要抚养他，后来母亲偷偷抚养田文。田文长大后，母亲便把实情告诉他，田文于是禀告父亲说：‘您为什么不让抚养五月出生的孩子？’父亲说：‘五月出生的孩子长到门户那么高时，会不利于他的父亲。’田文说：‘人的命运是由上天决定，怎么由门户决定呢？如果由门户决定，为何不把门户修得高高的，谁还能长得和门户一样高呢！’父亲由此知道田文贤能，立他为继承人。后来齐王封田文为孟尝君。世俗认为五月为恶月，因而忌讳。”

兴吾宗

《宋略》：“王镇恶以五月五日生[1]，家人欲弃之。其祖猛[2]，曰：‘昔孟尝君以此日生，卒得相齐。此儿必兴吾宗。’以镇恶名之。”

【注释】

①王镇恶(373—418):北海剧县(今山东寿光)人。东晋末年名将,前秦丞相王猛之孙。

②祖猛:即王镇恶祖父王猛(325—375),字景略,谥号武(一说武襄)。前秦时期政治家、军事家。

【译文】

《宋略》:"王镇恶在五月五日出生,家人想抛弃他。他的祖父王猛,说:'以前孟尝君在这一天出生,最终成为齐国宰相。这个孩子必能振兴我们的宗族。'因而取名镇恶。"

举犹子[①]

《西京杂记》:"王凤以五月五日生[②],其父欲不举,曰:'俗谚,举此日子,长及户则自害[③],否则害其父母。'其叔父曰:'昔田文亦以此日生,其父婴敕其母曰勿举[④]。其母窃举之。后为孟尝君,号其母为"薛公大家"音姑[⑤]。以古事推之,非不祥也。'遂举之。"黄朝英诗云[⑥]:"孟尝此日钟英气,王凤今朝袭庆源[⑦]。"

【注释】

①犹子:侄子。

②王凤(?—前22):字孝卿,东平陵(今山东济南)人。汉孝元皇后王政君的同母哥哥。西汉外戚、权臣。

③自害:危害自己。

④父婴:即靖郭君田婴,妫姓,田氏,名婴,亦称婴子。孟尝君田文之父,战国时期齐国宗室、大臣。

⑤大家：即大姑。古代对女子的尊称。

⑥黄朝英：字士俊，建安（今福建建瓯）人。哲宗、徽宗时人，绍圣后举子。称述王安石学说，有《靖康缃素杂记》十卷传世。

⑦孟尝此日钟英气，王凤今朝袭庆源：出自黄朝英《端午诗》。

【译文】

《西京杂记》："王凤因为在五月初五出生，他父亲不想抚养他，说：'俗话说，抚养五月初五出生的孩子，长到和房门一样高的时候就会危害自己，否则就会对他的父母不利。'王凤的叔父说：'从前田文也是在这一天出生，他的父亲田婴告诫他母亲说不要养他。他母亲偷偷把他抚养长大。后来田文成为孟尝君，尊称他母亲为"薛公大家"音姑。根据古时候的事情判断，这并不是不祥的事情。'于是决定抚养王凤。"黄朝英有诗写道："孟尝此日钟英气，王凤今朝袭庆源。"

托胡姓

《小说》①："胡广②，本姓黄，以五月五日生，父母恶之，藏之胡卢③，弃之河流，岸侧居人收养。及长，有盛名，父母欲取之。广以为背其所生则不义，背其所养则忘恩，两无所归。托胡卢而生也，乃姓胡名广。后七登三司④，有'中庸'之号。"

【注释】

①《小说》：即《殷芸小说》。

②胡广（91—172）：字伯始，南郡华容（今湖北监利）人。东汉大臣、文学家。历事安、顺、冲、质、桓、灵六帝，曾一任司空，两作司徒，三登太尉，官至太傅。他深得儒家"中庸之道"妙理，时谚云：

“万事不理问伯始，天下中庸有胡公。”

③胡卢：即葫芦。

④三司：指三公。

【译文】

《殷芸小说》：“胡广，原本姓黄，在五月五日出生，父母憎恶他，把他藏在葫芦里，抛弃在河边，被河边居民收养。等到长大，有了很高的名望，父母想让他认祖归宗。胡广认为背弃生自己的人就是不义，背弃养育自己的人就是忘恩，两方都无所归依。因依托葫芦而得以生存，于是姓胡名广。后来胡广多次登上三公之位，有‘中庸’的称号。”

号万回[①]

《传灯录》：“万回法云公，虢州阌乡人[②]。俗姓张氏。初，母祈于观音像而妊[③]，回以唐贞观六年五月五日生。始在弱龄[④]，笑敖如狂[⑤]，八九岁方能言。回兄戍役于安西[⑥]，音问隔绝[⑦]。父母谓其诚死矣[⑧]，日夕涕泣而忧思焉。回顾感念之甚[⑨]，忽长跪而言：‘涕泣岂非忧兄耶？’父母且疑且信，曰：‘然。’回曰：‘详思我兄所要者，衣装、糗粮、扉履之属[⑩]，请悉备焉，某将往观之。’忽一日，朝赍所备而往[⑪]。夕返其家，告父母曰：‘兄善矣。’发书视之，乃兄迹也，一家异之。弘农抵安西万余里[⑫]，以其万里而回，故号曰万回和尚。先是玄奘法师向佛国取经[⑬]，见佛龛题柱曰[⑭]：‘菩萨万回，向阌乡地教化[⑮]。’或笑或骂或击鼓，言事必验。太平公主为造宅于己宅之右。则天武后临朝[⑯]，遂以锦袍玉带赐公。”其事又出《谈宾录》及《两京记》[⑰]。东坡《以玉带施元长老次韵》云："锦袍错落真相称，乞与佯狂老万回[18]。"乞，去声。

【注释】

①万回（632—712）：俗姓张，虢州阌乡（今河南灵宝）人。唐初僧人。高宗、武后间常应诏入内道场，赐号法云公。

②虢（guó）州：隋开皇三年（583）以东义州改名，治卢氏县（今属河南）。大业初废。义宁元年（617）置虢郡，武德元年（618）改为虢州。贞观八年（634）移治弘农县（今河南灵宝）。阌（wén）乡：北周明帝二年（558）置，治今河南灵宝西北阌乡县西南。

③妊：怀孕。

④弱龄：泛指幼年、青少年。

⑤笑敖如狂：嬉笑游玩不能自制。

⑥戍役：戍守边疆。安西：即安西都护府。唐代设于西域的军政机构。

⑦音问：音讯，书信。隔绝：断绝。

⑧诚：肯定。

⑨感念：思念。

⑩糗（qiǔ）粮：干粮。扉履：指草鞋。

⑪赍（jī）：携带，持。

⑫弘农：西汉元鼎三年（前114）以旧函谷关地置。治今河南灵宝北旧灵宝西南。

⑬玄奘法师（602—664）：即唐僧。佛国：佛所生之地，指天竺，即古印度。

⑭佛龛（kān）：供奉佛像、神位等的小阁子。

⑮教化：教育感化。

⑯临朝：指帝王亲临朝廷处理政事。

⑰《谈宾录》：十卷，唐胡璩撰。该书所记皆"唐代史之所遗"。胡璩，字子温。文宗、武宗时人。会昌间居成都，曾清理修复静德精

舍薛稷画壁。《两京记》：即《两京新记》，一卷，唐韦述撰。该书记载隋开皇时至唐开元时西京长安，隋大业时至唐开元时东京洛阳情况。韦述（？—757），京兆万年（今陕西西安）人。唐史学家、文学家，另著有《唐春秋》《开元谱》《高宗实录》等。

⑱乞与：给与。佯狂：装疯。

【译文】

《景德传灯录》："万回法云公，虢州阌乡人。俗姓张。当初，母亲在观音像前祈祷而怀孕，万回在唐贞观六年五月五日出生。万回幼年时，嬉笑游玩不能自制，到八九岁才能说话。万回的哥哥在安西戍守边疆，一点音讯也没有。父母认为他肯定死了，日夜哭泣，忧心忡忡。万回看到父母如此思念哥哥，忽然长跪在地上说：'你们日夜哭泣难道不是担忧哥哥吗？'父母听后半疑半信，说：'正是。'万回说：'仔细考虑我哥哥所需要的，不外乎衣服、干粮、草鞋之类的东西，请都准备好，我将前去看望他。'忽然有一天，他早晨携带准备好的东西出发了。晚上返回家中，告诉父母说：'哥哥很好。'打开信一看，就是哥哥的笔迹，一家人都很惊异。弘农距离安西一万多里，因为他能从万里之外往返，因而号称万回和尚。在此以前玄奘法师去佛国取经，看见一佛龛柱子题道：'菩萨万回，向阌乡地教化。'万回有时候嬉笑，有时候怒骂，有时候击鼓，他预言的事情，后来都被事实验证。太平公主在自己住宅右边专门为他建造房子。武后则天临朝，赐与万回锦袍玉带。"这件事又出自《谈宾录》以及《两京记》。苏轼《以玉带施元长老次韵》写道："锦袍错落真相称，乞与佯狂老万回。"乞，读去声。

取团玉

《西域记》："于阗国有玉池，每以端午日，王亲往取玉。自王以下至庶人，皆取之。每取一团玉，以一团石投之。"

【译文】

《西域记》:"于阗国有玉池,每年在端午节,国王亲自前往玉池取玉。自国王以下到平民,都前往玉池取玉。每取一团玉,就将一团石投入玉池。"

沥神水

《金门岁节》:"端五日午时有雨,则急斫竹一竿。竹节中必有神水,沥取,獭肝为丸①,治心腹积聚病。"

【注释】

①獭(tǎ)肝:又名水獭肝、獭猫肝、水毛子肝、水狗肝等。为鼬科动物水獭的肝脏。

【译文】

《金门岁节》:"端五日午时有雨的话,就赶紧砍一截竹竿。竹节中必有神水,将其沥取出来,和獭肝做成丸,主治心腹郁积的病症。"

送术汤

《岁时杂记》:"端五,京师道士画符,作术汤送遣①。僧寺惟送团粽、扇子。"

【注释】

①送遣:送遣仪式。即道士在端午午时汲取"阴阳水"(山泉水与阳气结合)熬术汤,熬好后将术汤分发给民众,用于洗脸、沐浴或饮用。

【译文】

《岁时杂记》:"端五节,京城的道士画符箓,将符箓焚烧后的灰烬混入术汤,分发给人们饮用或沐浴。佛寺里仅仅是送团粽、扇子。"

掘韭泥

《岁时杂记》:"端五日正午时,韭畦,面东不语,取蚯蚓粪,干收之,谓之六乙泥[①]。或为鱼刺所梗[②],以少许擦咽外,刺即时自能消散。"

【注释】

①六乙泥:中药名。蚯蚓泥的别名。

②梗:卡。

【译文】

《岁时杂记》:"端五日正午时,在韭菜畦,面朝东不说话,取蚯蚓粪便,晾干收存,称为六乙泥。有的人被鱼刺卡住,用少量六乙泥擦咽喉外部,鱼刺立即自动消散。"

炼草灰

《本草》云:"百草灰,主腋臭及金疮[①]。五月五日,采乘露草一百种[②],阴干,烧作灰,以井华水为团,重烧令白,以酽醋和为饼[③],腋下挟之,干即易,当抽一身痛闷。疮出即止,以小便洗之,不过三两度[④]。又主金疮,止血生肌。取灰和石灰为团,烧令白,刮傅疮上。"

【注释】

①腋臭：即狐臭。腋下因汗腺有疾病而产生臭味。金疮：中医指刀箭等金属器械造成的伤口。

②露草：沾露的草。

③酽（yàn）醋：指浓醋。

④度：量词。次。

【译文】

《证类本草》记载："百草灰，主治狐臭及金疮。五月五日，采集一百种沾露的草，阴干，烧成灰，用清晨初汲的井水调和成团，再次烧制使其发白，用浓醋调和成饼，放在腋下夹住，饼干了立即换掉，可以缓解一身的痛闷。脓疮出来立即停止，用小便清洗，不过三两次就痊愈。又主治金疮，可以止血生肌。用灰和石灰调和成团，烧制使其发白，刮开敷在疮口上。"

制艾煎

《荆楚岁时记》："宗士炳之孙则，字文度，常以五月五日鸡未鸣时采艾，见似人处，揽而取之，用灸有验。"又《仇池笔记》云[①]："端午日，日未出时，以意求艾似人者，采之以灸，殊效。一书中见之，忘其何书也。又未有真似人者，于明暗间以意命之而已[②]。"又《千金方》云："五月五日取艾，七月七日日未出时取麻花等分，合捣作炷[③]，灸诸瘘，百壮即差[④]。"又《本草》云："五月五日采艾，曝干作煎，勿令见风，经久可用。"

【注释】

①《仇池笔记》：二卷，北宋苏轼撰。该书为读书笔记及所见所闻之记录。

②明暗：比喻真假，是非。

③炷：艾炷。

④壮：指艾炷灸中的计数单位。每灸一个艾炷，称为一壮。差：通“瘥”。病愈。

【译文】

《荆楚岁时记》：“宗士炳的孙子宗则，字文度，常在五月五日公鸡未打鸣时采集艾草，看见像人形的艾草，就采摘下来，用来针灸最有灵验。”又有《仇池笔记》记载：“端午日，太阳还没出来时，凭感觉去寻找像人形的艾草，采来用于艾灸，特别有灵效。在一本书中看到，忘记是什么书了。实际上没有真像人形的艾草，在真假间凭自己的主观想法来认定而已。”又有《千金方》记载：“五月五日采集艾草，七月七日太阳没出来时采集麻花，二者分量相同，放在一起捣碎做成艾炷，灸各种瘘病，艾灸一百壮立即病愈。”又有《证类本草》记载：“五月五日采集艾草，晒干熬作煎剂，不要被风吹到，历时很久也可使用。”

膏桃人①

古方：“用桃人一百个，去皮尖，于乳钵中细研②，不得犯水。候成膏，入黄丹三钱③，丸如梧桐子大。每服三丸，当发日，面北，用温酒吞下，不饮酒，井花水亦得。五月五日午时合，忌鸡、犬、妇人见之，大治痁疾④。”

【注释】

①桃人：核桃仁。

②乳钵：研细药物的器具，形如臼而小。

③黄丹：铅的一种氧化物。可作颜料，也可入药。

④痁（shān）疾：古病名。即疟疾。

【译文】

古方："用核桃仁一百个，去除皮和尖，在乳钵中细细研磨，不得沾水。待成膏后，加入黄丹三钱，做成梧桐子大的药丸。每次服用三丸，疾病发作当日，面朝北，用温酒吞服，如果不能饮酒，用清晨初汲的井水也可以。应在五月五日午时调制这些药丸，不要使鸡、犬、妇女看见操作过程，治疗疟疾很有疗效。"

烧葵子[①]

《四时纂要》："端五日，取葵子，烧作灰。有患石淋者[②]，亟以水调方寸服[③]，立愈。"

【注释】

①葵子：又名冬葵子、葵菜子。为锦葵科一年生草本植物冬葵的成熟种子。晒干后，捣碎入药。本品甘寒滑利，既能利水通淋，又能下乳、润肠，二便不利者均宜。

②石淋：病名。又称砂淋、沙石淋。诸淋之一，指淋证见有小便涩痛，尿出砂石者。

③方寸：即方寸匕。古代量取药末的器具。

【译文】

《四时纂要》："端五日，取冬葵子，烧成灰。有患石淋病的，马上用水调一方寸匕服用，立即痊愈。"

粉葛根

《图经本草》:"五月五日午时,采葛根,暴干。以入土深者为佳,今人多以作粉食之,甚益人。"《神农本草》云:"葛根,一名鸡齐根,一名鹿藿,一名黄斤[①],生汶山川谷[②]。"陶隐居云:"端五日,日中时,取葛根为屑,疗金疮,断血为要药,亦疗疟及疮。"

【注释】

①鸡齐根、鹿藿、黄斤:均葛根别名。

②汶山:即今四川西北部之岷山。

【译文】

《图经本草》:"五月五日午时,采集葛根,晒干。以根入土深的为好,如今人多做成粉食用,对人身体很有好处。"《神农本草》记载:"葛根,又称鸡齐根、鹿藿、黄斤,生长在汶山的河谷中。"陶弘景说:"端五日,正午时分,取来葛根削成细末,是治疗金疮出血的关键药物,也可用来治疗疟疾和疮。"

采菊茎

《食疗》云[①]:"甘菊,平。其叶正月采,可作羹。茎五月五日采,花九月九日采,并主头风、目眩、泪出[②],去烦热,利五脏。野生苦菊,不可用。"又《提要录》云:"端午采艾叶,立冬日采菊花叶,烧灰,沸汤泡,澄清洗眼,妙。"

【注释】

①《食疗》：即《食疗本草》，三卷，孟诜撰。该书是一部古代营养学和食物疗法专著。孟诜（shēn，621—713），汝州梁（今河南临汝）人。少好医学及炼丹术，曾师事孙思邈学习阴阳、推步、医药。

②头风：头痛。目眩：眼花。

【译文】

《食疗本草》："甘菊，药性平和。菊叶在正月采，可以作羹。茎在五月五日采，花在九月九日采，都主治头痛、眼花、流泪等症状，还可以去除烦闷燥热，利于五脏。野生的苦菊，不可用。"又有《提要录》记载："端午节采艾叶，立冬日采菊花叶，烧成灰，用滚沸的水冲泡，澄清后冲洗眼睛，效果非常好。"

浸糯米

《灵苑方》[①]："治金疮、水毒及竹木签刺、痈疽、热毒等[②]，糯米二升，拣去粳米[③]，入瓷盆内。于端五前四十九日，以冷水浸。一日两度换水，轻以手淘转，逼去水，勿令搅碎。浸至端五日，乃取出阴干。生绢袋盛，挂当风处。旋取少许炒，令燋黑[④]，碾为末。冷水调如膏药，随大小裹定疮口外，以绵绢包定，更不要动，直候疮愈。若金疮误犯生水，疮口作脓，赤肿渐甚者，急以药裹定，一二日久，其肿处已消，更不作脓，直至疮合。若痈疽、毒疮初发，才觉疼痛赤热，急以药膏贴之，疼痛肿毒一夜便消。喉闭及咽喉肿痛吒腮[⑤]，并用药贴项下肿处[⑥]。竹签刺者，临卧贴之，明日看其刺出在药内。若贴肿处，干即换之，常令湿为妙。惟金疮及水毒不可换，恐伤动疮口。"

【注释】

①《灵苑方》：二十卷，宋沈括撰。该书收集内、外、伤、妇产、儿、五官各科验方，并论述鹿、胡麻、鸡舌香等药物。选方多取自民间，切合实用。

②水毒：病证名。指水中的一种邪毒及其所致的病证。痈疽（yōng jū）：一种毒疮，发生于体表、四肢、内脏的急性化脓性疾患。热毒：中医病证名。即温毒。指火热病邪郁结成毒。也是疔疮、丹毒、热疖等急性热病的统称。

③粳米：粳稻碾出的米。

④燋（jiāo）黑：焦墨。物体燃烧后呈现的黑色。

⑤喉闭：即喉痹，病证名。喉头发炎。叱腮：病证名。指患喉痹时合并腮腺肿痛者。

⑥项下：指颈部。

【译文】

《灵苑方》："治疗金疮、水毒以及竹木签刺、痈疽、热毒等病症，用糯米二升，挑拣出粳米，放入瓷盆内。在端五前四十九天，用冷水浸泡。一天换两次水，轻轻地用手搅拌转动糯米，逼出水分，不要搅碎。浸泡到端五日，就取出来阴干。用生绢袋盛放，挂在通风处。随即取少量爆炒，使成焦黑，碾成碎末。用冷水调和如同膏药，随疮的大小包裹住疮口，外面用绵绢包扎固定，不要再动它，一直等到疮口痊愈。如果金疮沾上生水，疮口就会脓肿，红肿逐渐变大，赶紧用药包裹，包裹一两天，红肿的地方就会消除，也不会再化脓，直到疮口愈合。如果痈疽、毒疮初次发作，刚刚感觉到疼痛赤热，就赶紧用药膏贴上，疼痛肿毒一夜就能消除。患喉痹及咽喉肿痛叱腮等症，都用药膏贴在颈部肿的地方。被竹签刺破的情况，临睡前贴上药膏，第二天就能看见刺在药膏上。如果贴在肿的地方，药膏干了立即替换，使药膏保持湿润状态是最好的。只有金疮及水毒导致的病症不能换药膏，害怕伤到疮口。"

弃榴花

《岁时杂记》:“人目眚赤者[①],五月五日,以红绡或榴花及红赤之物拭目而弃之[②],云得之者代受其病。”

【注释】

①眚(shěng)赤:即赤眚。因眼病伤火,故称。眚,是一种眼睛生翳的病。

②拭目:擦亮眼睛。

【译文】

《岁时杂记》:“人的眼睛因眼病伤火,在五月五日,用红绡或石榴花以及红色之物擦拭眼睛并丢弃,据说拾得丢弃物的人会代替他遭受这个病痛。”

剪韭叶

《琐碎录》:“端五日午时,剪韭叶,和石灰捣作饼,晒干,大能治扑损刀伤疮口[①],并蜂虿蜈蚣之毒[②]。又云取百草头一斤、韭五斤捣灰[③]。”

【注释】

①扑损:跌打损伤。

②蜂虿(chài):蜂和虿。都是有毒刺的螫虫。

③百草头:每逢农历五月初五,人们就到田间地头采集药草,见到草都要掐一些,俗称“百草头”。这些草包括野菊花、桑叶、车前草、鱼腥草、半边莲、艾叶、菖蒲等。

【译文】

《琐碎录》:“端五日午时,剪下韭叶,和石灰一起捣碎作饼,晒干,治疗跌打损伤、刀伤疮口的效果很好,并且能治蜂、蚕和蜈蚣之毒。又说取百草头一斤、韭叶五斤捣成灰。”

调苋菜[①]

《食疗》云:“苋菜,一名莫实。五月五日,采苋菜,和马齿苋为末[②],等分与调,孕妇服之易产。但未知治何病。”又云:“苋菜与鳖肉同食,生鳖症[③]。”又云:“取鳖甲如豆大者,以苋菜封裹之,置于土坑内,以土盖之,一宿,尽变成鳖儿。”

【注释】

①苋菜:又名青香苋、红苋菜、红菜、米苋等,为苋科以嫩茎叶供食用的一年生草本植物。营养价值极高,民间有“六月苋,当鸡蛋;七月苋,金不换”的说法。

②和马齿苋为末:底本作“和马齿为末”,据《证和本草》改。马齿苋,中药名。马齿苋科一年生草本植物。

③鳖症:又称鳖瘕。《金匮要略》《饮膳正要》等古籍中被描述为因苋菜与鳖肉同食导致的病症。

【译文】

《食疗本草》记载:“苋菜,又称为莫实。五月五日,采摘苋菜,和马齿苋一起研为细末,两者用量相等进行调配,孕妇服用有助于生产。但不知治什么病。”又记载:“苋菜与鳖肉一同食用,会使人生鳖症。”又记载:“取如同豆子那么大的鳖壳,用苋菜包扎,放置在土坑内,用土覆盖,过一夜,都变成小鳖。”

刈葈耳[①]

《千金翼方》[②]："五月五日午时，刈地葈私以反耳叶，多取阴干，着大瓮中。此草辟恶，若省病问疾[③]，服此而往，则无所畏。服法：为末，酒服方寸匕。若时气不和，举家服之，并杀三虫[④]。肠痔[⑤]，进食周年，服之佳。七月七、九月九，亦可采用。"《本草》云："葈耳实，久服耳目聪明，轻身强志[⑥]。胡葈[⑦]，一名地葵，一名常思，许人谓之卷耳[⑧]，生安陆川谷。"

【注释】

①刈（yì）：割。葈（xǐ）耳：即苍耳。

②《千金翼方》：三十卷，唐孙思邈撰。该书是医方为主的医学类书，以为前书《备急千金要方》之补充，犹如辅翼，故名《千金翼方》。

③省病问疾：探视、问候病人。

④三虫：小儿三种常见的肠寄生虫病。

⑤肠痔：病名。《诸病源候论》："肛边肿核痛，发寒热而出血者肠痔也。"即肛门周围脓肿。

⑥强志：强于记忆。

⑦胡葈：苍耳的别名。

⑧许人：许国人。许国，周时诸侯国。在今河南许昌东。

【译文】

《千金翼方》："五月五日正午时分，割地里葈私以反耳的叶子，尽量多摘集，然后阴干，放在大瓮中。这种草能祛除瘟病，如果去探视病人，便可服用葈耳草，就不用害怕了。服法：将葈耳草研为细末，用酒送服一方寸匕。如果时气不和，全家服用，还可以治疗小儿三种常见的肠寄生虫病。治疗肠痔，服用这种草药一年，效果很好。七月七日、九月九日，也可采用。”《证类本草》记载：“葈耳种子，长期服用耳聪目明，身体轻盈，强于记忆。胡葈，又称为地葵，也称为常思，许国人称为卷耳，生长在安陆的河谷中。”

取木耳

《千金翼方》：“端五日，采桑上木耳白如鱼鳞者。患喉痹，即以碎绵裹如弹丸，蜜浸，含之便差。”

【译文】

《千金翼方》：“端五日，采摘桑树上白如鱼鳞的木耳。如果有人喉头发炎，就用碎丝绵把木耳包成弹丸的形状，用蜜浸渍，含在嘴里就能痊愈。”

服龙芮

《本草》：“石龙芮①，人服轻身不老，令人皮肤光泽。有子，一名鲁果能，一名地椹，一名天豆，一名彭根，生太山川泽石边②。五月五日采子，二月八日采皮，阴干。”《尔雅》云：“芨③，堇草④。”郭璞注云：“乌头苗也⑤。”苏恭注云⑥：“天雄是石龙芮⑦，叶似堇草。”

【注释】

①石龙芮：中药名。为毛茛科毛茛属植物石龙芮，以全草入药。夏季采收，洗净晒干或鲜用。

②太山：即泰山。

③芨（jī）：即陆英。忍冬科，灌木状草本、野生。全草治跌打损伤，故又称接骨草。

④堇（jǐn）草：即乌头。

⑤乌头：毛茛科多年生有毒草本植物。

⑥苏恭：即苏敬（599—674），宋时因避赵佶讳，改为苏恭或苏鉴。陈州淮阳（今河南淮阳）人。唐药学家，主持编撰世界上第一部由国家正式颁布的药典《新修本草》（又名《唐本草》）。

⑦天雄：中药名。乌头块根上不生侧根者，性味主治与附子略同，而性更烈。

【译文】

《证类本草》："石龙芮，人们服用身体轻盈不衰老，令人皮肤光亮。石龙芮结有种子，别名鲁果能、地椹、天豆、彭根，生长在泰山河流湖泊的石头边上。五月五日采集它的种子，二月八日采集它的皮，阴干。"《尔雅》记载："芨，就是堇草。"郭璞注解说："就是乌头的嫩苗。"苏恭注解说："天雄是石龙芮，叶子像堇草。"

干麕舌[①]

《本草》："麕舌，味辛微温，无毒，主霍乱腹痛[②]，吐逆心烦[③]。生水中，五月采。"陶隐居云："生小水中，五月五日采，干。以疗霍乱，良也。"

【注释】

①麕（jūn）舌：药草名。明李时珍《本草纲目·草八·酸模》（附录）引《别录》："麕舌，味辛，微温，无毒。主霍乱腹痛，吐逆心烦。生水中，五月采之。"

②霍乱：病名。中医泛指具有剧烈吐泻、腹痛等症状的肠胃疾病。

③吐逆：谓呕吐而气逆。

【译文】

《证类本草》："蘼舌，味辛辣，性微温，无毒，主治霍乱腹痛，呕吐心烦。生长在水中，五月采摘。"陶弘景说："生长在小水域中，五月五日采摘，晒干。用来治疗霍乱，效果很好。"

挂商陆[①]

《图经本草》："商陆，俗名章柳，唯生咸阳山谷[②]。今处处有之，多生于人家园圃中。春生苗，高三四尺。叶青，如牛舌而长。茎青赤，至柔脆。夏秋开红紫花作朵。根如芦菔而长[③]。五月五日采根，竹篷盛[④]，挂屋东北角阴干。百日，捣筛[⑤]，井花水调服，云神仙所秘法。喉中卒被毒气攻痛者，切根炙令热，隔布熨之[⑥]，冷辄易，立愈。"

【注释】

①商陆：多年生粗壮草本。根粗大，块状。夏秋开花，白色，浆果，紫黑色。根可入药，俗称"章柳根"。性寒，味苦，有毒。中医学上用为逐水药。

②咸阳：秦孝公十二年（前350）自栎阳迁都咸阳，遂置为县，治所在今陕西咸阳东北二十里。

③芦菔：即萝卜。

④竹篷（cuō）：似指竹筐。

⑤捣筛：捣碎用筛子筛选细末。

⑥熨：热敷。

【译文】

《图经本草》:"商陆,俗名章柳,只生长在咸阳的山谷中。如今到处都有,多生长在人家的园圃中。春季长苗,高三四尺。青色的叶片像牛舌,而且很长。茎青赤色,特别柔软、脆嫩。夏秋之季开红紫色的花朵。它的根如萝卜,而且较长。五月五日采根,用竹筐盛放,挂在屋子东北角阴干。一百天后,捣碎用筛子筛选细末,用井水调制服用,据说是神仙的秘密法术。喉咙突然被毒气侵袭而疼痛,切来商陆根用火烤热,隔着布热敷,凉了就换掉,立马就好。"

荐汉术[1]

《养生要集》[2]:"术,味甘苦小温,生汉中、南郑山谷[3]。五月五日采用。"王沂公作《太皇太后阁端五帖子》云:"更闻天子孝,荐术助长生。"章简公《端五帖子》云:"术荐神仙饵,菖开富贵花。"

【注释】

①术:即白术。一种菊科多年生草本植物,根茎可入药。

②《养生要集》:十卷,东晋张湛撰。该书为我国古代早期的养生术著作。张湛,字处度,高平(今山东金乡西北)人。东晋养生学家,另著有《延生秘录》等。

③汉中:今属陕西。南郑:今陕西汉中南郑。

【译文】

《养生要集》:"白术,味甘苦,性小温,生长在汉中、南郑的山谷中。五月五日采来使用。"王曾作《太皇太后阁端五帖子》写道:"更闻天子孝,荐术助长生。"元绛《端五帖子》写道:"术荐神仙饵,菖开富贵花。"

收蜀葵

《四时纂要》:“端五日,收蜀葵,赤、白者,各收阴干,治妇人赤白带下[1]。为末,酒服,赤者治赤,白者治白,大妙。”

【注释】

①赤白带:指妇女阴道中排出赤白相杂的粘液,连绵不绝,或时而排出赤色粘液,时而又排出白色粘液的病证。

【译文】

《四时纂要》:“端五日,采收蜀葵,蜀葵有红花、白花,各自采收阴干,可治疗妇女赤白带的病症。研成粉末,用酒送服,红花治赤带,白花治白带,效果很好。”

屑地菘[1]

陶隐居《诀》:“有一草,似狼牙,气辛臭,名地菘,人呼为刘櫨音获草[2]。五月五日采,干作屑,主疗金疮。言刘櫨昔采用之耳。”

【注释】

①地菘:即天名精。为菊科天名精属植物天名精的全草。具有清热、化痰、解毒、杀虫、止血之功效。主治乳蛾、喉痹、急慢惊风、牙痛、疔疮肿毒、痔瘘、皮肤痒疹、毒蛇咬伤、虫积、血瘕、吐血、衄血、血淋、创伤出血。

②刘櫨(huà)草:据《异苑》记载,南朝宋元嘉年间,青州刘櫨射獐后用此草塞其腹,獐复活,故得名“活鹿草”,后讹传为“刘櫨草”。

【译文】

陶弘景《药总诀》:"有一种草,形似狼牙,气味辛臭,名叫地菘,人们称为刘櫶草。五月五日采收,晒干后研成碎末,主要治疗金疮。说是刘櫶以前采集使用过这种草。"

晒白矾①

《琐碎录》:"端五日,取白矾一块,自早日晒至晚,收之。误为百虫所啮②,即以此物傅之③,立效。"

【注释】

①白矾:明矾的通称。

②啮:咬。

③傅:涂抹。

【译文】

《琐碎录》:"端五日,取一块白矾,自早晨暴晒到晚上,再收取。误被百虫所咬,立即用白矾涂抹,立马见效。"

丸青蒿①

《岁时杂记》:"五月五日,采青蒿,捣石灰,至午时,丸作饼子收蓄。凡金刃所伤②,碾末傅之,甚妙。"

【注释】

①青蒿:菊科二年生草本植物。叶互生,细裂如丝,有特殊气味。茎、叶可入药。

②金刃：指刀剑。

【译文】

《岁时杂记》："五月五日，采收青蒿，与石灰一起捶打，到正午时分，丸成饼子收存起来。凡被刀剑所伤的伤口，碾成细末涂抹，效果很好。"

种独蒜

《本草》："葫[①]，味辛，有毒，除风邪，杀毒气。"《图经》曰："葫，大蒜也。家园所莳[②]，每头六七瓣。初种一瓣，当年便成独子葫，至明年，则复其本矣。然其花中有实，亦葫瓣状而极小，亦可种之，五月五日采。后魏李道念病[③]，褚澄视之[④]，曰：'公有重病。'答曰：'旧有冷痰[⑤]，今五年矣。'澄诊之曰：'非冷非热，当时食白瀹鸡子过多[⑥]。'令取蒜一头煮之[⑦]，服药，乃吐一物如升，涎唾裹之[⑧]，开看，乃鸡雏[⑨]，翅羽、头爪齐全。澄曰：'未尽。'更服药，再吐十二头，后乃愈。"

【注释】

①葫：大蒜的别称。

②莳（shì）：种植。

③李道念：南朝齐吴郡（今江苏苏州）人。

④褚澄（？—483）：字彦道，阳翟（今河南禹州）人。南朝齐医学家，著有《褚氏遗书》。

⑤冷痰：病证名。指的是因气虚阳虚，脾胃虚弱，致痰水结聚胸膈，浸渍肠胃者，风寒袭肺，脾寒内盛之痰证和寒痰。

⑥瀹（yuè）：煮。

⑦令：底本作"今"，据《证和本草》改。

⑧涎唾：口水。

⑨鸡雏：小鸡。

【译文】

《证类本草》："葫，气味辛辣，有毒，能去除风邪等病症，杀毒气。"《图经》说："葫，就是大蒜。家中园圃所种植，每头有六七瓣。开始种一瓣，当年便可长成独头蒜，到第二年，就长成它原来的样子了。然而它的花中有果实，也呈现葫瓣状但是极小，也可以用来种植，五月五日采收。后魏李道念患病，褚澄前去看望，说：'您有很严重的病。'李道念回答说：'以前有冷痰症，至今已经五年了。'褚澄诊治后说：'不冷不热，应该是吃白煮鸡蛋过多的原因。'下令取一头蒜煮熟，当药吞服，于是吐出一个像一升容器那么大的东西，被口水包裹着，打开一看，是只小鸡，翅膀、羽毛、头和爪子齐全。褚澄说：'还没有吐完。'又服药，再吐出十二只小鸡，后来就痊愈了。"

食小蒜

《本草》："小蒜，味辛温，有小毒，主霍乱。《图经》曰：'生田野中，根苗皆如葫，而极细小者是也。五月五日采。'陶隐居云：'小蒜生叶，可煮和食。'黄帝云：'不可久食，损人心力。食小蒜啖生鱼，令人夺气。'"

【译文】

《证类本草》："小蒜，气味辛温，有轻微的毒性，主治霍乱。《图经》记载：'小蒜生长在田野中，根苗与大蒜相似，但是极其细小。五月五日采收。'陶弘景说：'小蒜生叶时，可以煮熟与其他食物一起吃。'黄帝说：'小蒜不能长期食用，会损害人的心力。小蒜同生鱼一起吃，会损伤人的元气。'"

汁葫荽[1]

《必效方》[2]："葫荽，味辛温。石勒讳'胡'，并、汾人呼为香荽，主虫毒[3]，神验。以根绞汁半升，和酒服之，立下。又治诸石热气结滞，经年数发，以半斤，五月五日采，阴干，水七升，煮取三升，去滓分服，未差更服。春夏叶，秋冬根茎并用，亦可预备之。"

【注释】

①葫荽（suī）：另称香菜、园荽、芫荽等。一年生草本。春季采收，洗净，晒干。味辛，性温。入肺、脾经。发汗透疹，消食下气。治麻疹透发不快，食物积滞。

②《必效方》：即《大智禅师必效方》，三卷，僧文宥撰。文宥，号圆通大智禅师，温陵（今福建泉州）人。精通医学，晚年尤精望诊，观面部气血神色而洞知病之所在。

③虫毒：病证名。指虫生体内而致的各种病患。

【译文】

《必效方》："葫荽，味辛辣，性温。石勒避讳说'胡'字，所以并州、汾州人称为香荽，主要治疗因虫生体内而致的各种病患，特别灵验。用葫荽根绞汁半升，和酒一起服用，立马就好。又能治疗各种乳石热气结滞，这种病症常多年反复发作，在五月五日采收葫荽半斤，阴干，用水七升，煮成剩下三升，去掉渣子服用，不好就再次服用。春夏的叶子，秋冬的根茎都能用，也可以预先准备。"

灰苦芺[①]

《食疗》云："苦芺音襖，微寒，生食，治漆疮[②]。五月五日采，暴干，作灰，傅面目通身漆疮。不堪多食。"陶隐居云："五月五日采，暴干烧作灰，以疗金疮，甚妙。"

【注释】

①苦芺（ǎo）：中药名。为菊科植物蒙山莴苣的全草。具有清热解毒，凉血止血之功效。常用于暑热烦闷、漆疮、丹毒、痈肿、痔疮、外伤出血、跌打伤痛。

②漆疮：因接触生漆而引起的皮肤过敏。

【译文】

《食疗本草》："苦芺音襖，性微寒，生吃，可以治疗因接触生漆而引起的皮肤过敏。五月五日采收，晒干，烧成灰，涂抹在面目及全身长漆疮的地方。不能多吃。"陶弘景说："五月五日采收，晒干烧作灰，用来治疗刀剑等金属器械所造成的伤口，效果很好。"

羹蘩蒌[①]

陶隐居云："蘩篓音缕，菜人以作羹。五月五日采，暴干，烧作屑，疗杂疮及主积年恶疮不愈者，立效。亦可杂百草取之，不必止此一种尔。"《衍义》曰："蘩蒌与鸡肠草一物也[②]，今虽分之为二，其鸡肠草中独不言性，故知一物也。鸡肠草，春开花如菉豆大[③]，茎叶如园荽[④]。初生则直，长大即覆地，小户收之为齑食也[⑤]。乌髭发[⑥]。"又《食疗》云："温，作菜食之，益人。治一切恶疮，捣汁傅之。五月五日者，验。"

【注释】

①蘩蒌（fán lóu）：一年生草本植物，可供药用，性平，味甘微咸。可活血、去瘀、下乳、催生，主治乳汁不多、暑热呕吐、恶疮肿毒、跌打损伤。

②鸡肠草：又名石胡荽，为菊科石胡荽属植物。

③菉豆：绿豆。菉，古通“绿”。

④园荽：香菜别名。

⑤小户：贫苦人家。

⑥乌髭发：使须发变黑。

【译文】

陶弘景说：“蘩蔞音缕，这种菜人们可以用来作羹。五月五日采收，晒干，烧作碎屑，治疗杂疮以及长年不愈的恶疮，立马见效。也可与百草掺杂在一起用，不必只用这一种而已。”《本草衍义》记载：“蘩蒌与鸡肠草是一种植物，如今虽然分为两种，但鸡肠草的记载中唯独不说它的药性，因而知道它们是一种植物。鸡肠草，春天开花如绿豆一般大，茎叶如同香菜。刚初生时挺直，长大后就歪倒在地上，贫苦人家采收后捣碎食用。食用可使须发变黑。”又有《食疗本草》记载：“鸡肠草性温，作菜食用，可以补益人体。治疗各种恶疮，将鸡肠草捣汁外敷。五月五日采收的鸡肠草，效果好。”

摘芣苢[①]

《本草》：“车前子，一名芣苢，一名虾蟆衣。五月五日采，阴干。《仙经》云[②]：‘服饵令人身轻，能跳越岸谷[③]，不老而长生。’”欧阳文忠公尝得暴下[④]，国医不能愈[⑤]。夫人云：“市人有此药，三文一贴[⑥]，甚效。”公曰：“吾辈脏腑与市人不同[7]，不可服。”夫人买药，以国医杂进之，一服而愈[8]。后公知之，召卖药者厚遗之。问其方，久之乃肯传。但用车前子一味为末，饭饮下二钱，又云：“此药利水道而不动气[9]，水道清浊分，谷藏自止矣[10]。”

【注释】

①芣苢（fú yǐ）：即车前子。

②《仙经》：书名。不详待考。

③跣（xiǎn）：赤脚，引申为轻盈、敏捷。

④暴下：急性腹泻。

⑤国医：御医。

⑥三文一贴：底本作“三文”，据《证和本草》补。

⑦脏腑：中医学名词。中医把心、肝、脾、肺、肾称为五脏；胃、胆、大肠、小肠、膀胱和三焦称为六腑，合称脏腑。

⑧一服：指中药的一剂或一帖。

⑨水道：尿道。此指小便。

⑩谷藏：肠道、大肠，肛门，这里用以指腹泻。

【译文】

《证类本草》：“车前子，又叫芣苢，又叫虾蟆衣。五月五日采收，阴干。《仙经》记载：‘服食车前子使人身体轻盈，能敏捷跨越高深的山谷，长生不老。’”欧阳修曾得急性腹泻，御医不能治愈。夫人说：“集市上有人卖这种药，三文钱一贴，效果很好。”欧阳修说：“我等脏腑与集市上的人不同，不能服用。”夫人买回药，同御医开的药掺杂在一起，欧阳修服了一剂药就痊愈了。后来欧阳修知道了，召来卖药的人，送给他丰厚的礼物。问他药方，那人很久才肯传授。原来只用车前子这一味药研为末，和饭送服二钱，又说：“这种药利小便而不动正气，水道中的清浊得以分开，腹泻自然就止住了。”

啖苁蓉[1]

《本草》:"肉苁蓉,强阴益精多子[2]。五月五日采,阴干。陶隐居云:'代郡、雁门属并州多马处便有[3],言野马精落地所生。生时似肉,以作羊肉羹,补虚乏,极佳。亦可生啖。'"《本经》云"五月五日采",恐已老不堪用,故多三月采之。

【注释】

①苁(cōng)蓉:药草。草苁蓉、肉苁蓉的统称。

②强阴益精:通过滋阴来提高精气。

③代郡:战国赵武灵王置,因故代国地,故名。秦、西汉治代县(今河北蔚县东北代王城)。西汉时辖境相当今山西阳高、浑源以东,河北怀安、涞源以西的内外长城间地及内蒙古自治区兴和等地。东汉徙治高柳县(今山西阳高),三国魏又徙治回代县。

【译文】

《证类本草》:"肉苁蓉,能够滋阴、补益精气,有助于生育。五月五日采收,阴干。陶弘景说:'代郡、雁门郡属于并州,马多的地方便有肉苁蓉,据说是野马精落地所生。生长时像肉,用来做羊肉羹,可以滋补身体,消除虚弱,效果非常好。也可以生吃。'"《神农本草经》说"五月五日采收",恐怕已经太老不能使用,因而多在三月采收。

制豨莶[1]

成讷为江陵府节度使[2],进豨莶丸方:"臣有弟䜣,年三十二,中风伏床枕[3],几五年,医不差。有道人锺计者,因睹此患，曰：‘可饵豨莶丸[4]，必愈。’其药多生沃壤[5]，高三尺许，节叶相对，当夏五月已来收。每去地五寸剪刈[6]，以温水洗泥土，摘其叶及枝头。凡九蒸九曝，不得太燥。但取足为度，仍熬捣为末，丸如桐子大，空心温酒或米饮下二三十丸[7]。服至二千丸，所患忽加，不得忧虑，是药攻之力。服至四千丸，必得复故。五千丸，当复丁壮[8]。臣依法修合[9]，与讲服，果如其言。锺计又言：‘此药与《本草》所述，功效相异，盖出处盛在江东，彼土人呼猪为豨，呼臭为莶气，缘此药如猪莶气，故以为名。但经蒸暴，莶气自泯[10]。每当服后，须吃饭三五匙压之。五月五日采者，佳。’”奉宣付医院详录收采。见天贶节[11]。

【注释】

①豨莶（xī xiān）：中药名。一年生草本植物，叶卵形、对生，头状花序，以全草入药。

②成讷（？—903）：又作成汭，唐青州（今属山东）人。唐末割据军阀，曾任荆南节度使，官拜中书令，爵封上谷郡王。天复三年（903），与淮南将李神通战于君山，败死。

③中风：病证名。指脑血管栓塞或脑内小血管破裂等病患。

④饵：服食，吃。

⑤沃壤：肥美的土地。

⑥剪刈：剪割。

⑦空心：空腹。

⑧丁壮：健壮的人，指青壮年。

⑨修合：指中药的采集、加工、配制过程。

⑩自泯：自动丧失。

⑪天贶（kuàng）节：宋代节日名。宋真宗大中祥符四年（1011）正月诏以六月六日天书再降日为天贶节。

【译文】

成讷为江陵府节度使，进献豨莶丸方："我有个弟弟叫成䜣，三十二岁，中风卧床，快五年了，医治不好。有个叫锺计的道人，看到我弟弟的病状后，说：'可以服用豨莶丸，必定可以治愈。'这种药草多生长在肥美的土地，高三尺左右，节叶相对生，应当在夏天五月后来采收。每次离地五寸割取，用温水洗去泥土，摘取叶及枝尖。总共要经过九蒸九晒，不必太干燥。只要取足用量为准则，然后将其煎熬、捣烂研为细末，做成如梧桐子大小的丸子，空腹用温酒或米汤送服二三十丸。服到二千丸，所患病症会忽然加重，不必忧虑，是药物攻物之力。服到四千丸，必然康复如故。服到五千丸，当恢复到青壮年。我按照方法采集、加工、配制药物，给成䜣服用，果然和他说的一样。锺计又说：'这种药与《本草》中所讲述的，功效不同，因为生长在江东，那里的土人称呼猪为豨，称呼臭为莶气，因为这种药味如豨莶气，因而以此为名。只是经过蒸晒，莶气会自然消失了。每次服药后，必须吃三五匙饭压一压。五月五日采收，效果最好。'"奉皇帝之命交付太医院详细记录收采。详见"天贶节"条记载。

相念药

《投荒录》[①]："有在番禺逢端午[②]，闻街中喧然卖相念药声，讶笑观之[③]，乃蛮媪荷揭山中异草[④]，鬻于富妇人为媚男药，用此日采取如神。"又云："采鹊巢中获两小石，号鹊枕。此日得之者，令妇人遇之，有抽金簪、解耳珰以偿其直者[⑤]。"

【注释】

①《投荒录》：又作《投荒杂录》，一卷，唐房千里撰。房千里，字鹄举，河南（治今河南洛阳）人。大和初登进士第。官国子博士，终高州刺史。唐文学家，另著有《杨娼传》《南方异物志》等。

②番禺：秦始皇三十三年（前214）统一南越后置，以番山、禺山得名。治今广东广州。

③观：底本作“召”，据《太平广记》改。

④蛮媪（ǎo）：蛮夷老妇人。蛮，南方少数民族。媪，老妇人。揭：高举。

⑤耳珰（dāng）：妇女的耳饰。

【译文】

《投荒录》：“有人在番禺正赶上了端午节，听到街市喧哗中传来叫卖相思药的声音，这人觉得奇怪又好笑，便去观看，原来是一个南方的老妇人举着山上奇异的草，卖给有钱的妇人作为媚男药，说用端午节这天采的才有神效。”又说：“在喜鹊窝内采得两块小石头，名叫鹊枕。端午节这天采得的鹊枕，妇人们看到后，有的拔下金簪、摘下耳饰来购买它。”

相爱药

《本草》云：“无风独摇草[①]，带之使夫妻相爱。生岭南[②]，头如弹子[③]，尾若鸟尾，两片开合，见人自动，故曰独摇草。按《广志》云‘生岭南’，又云‘生大秦国’。陶朱术[④]，云五月五日，采诸山野，往往亦有之。”又《图经》云：“此草即独活苗也[⑤]，出雍州山谷[⑥]，或陇西南安[⑦]。今蜀汉者佳[⑧]。此草得风不动，无风自动，故一名独摇草。”

【注释】

①无风独摇草：草名。唐段公路《北户录·红蝙蝠》："又有无风独摇草，男女带之相媚。"明李时珍《本草纲目·草十一·无风独摇草》（拾遗）："珣曰：'生大秦国及岭南，五月五日采，诸山野亦往往有之。头若弹子，尾若鸟尾，两片开合，见人自动，故曰独摇……'藏器曰：'带之令夫相爱。'羌活、天麻、鬼臼、薇衔四者，皆名无风独摇草，而物不同也。"

②岭南：指五岭以南的地区，即广东、广西一带。

③弹子：弹丸。

④陶朱术：即桃朱术。草名。青葙的一种。明李时珍《本草纲目·草四·青葙》（附录）引陈藏器曰："桃朱术生园中，细如芹，花紫，子作角，以镜向旁敲之，则子自发。五月五日乃收子，带之令妇人为夫所爱。"

⑤独活苗：草名。茎、叶皆有毛。羽状复叶。花五瓣白色。根可入药，有镇痛、发汗、利尿之效。古代以羌族地区出产者为最佳，故又名羌活。传说此草得风不摇，无风自动，故又名独摇草。

⑥雍州：东汉兴平元年（194）分凉州河西四郡置，治姑臧县（今甘肃武威）。

⑦南安：即南安郡。东汉中平五年（188）分汉阳郡置，治豲道（今甘肃陇西东南）。属凉州。

⑧蜀汉：蜀郡和汉中郡。蜀郡，本蜀国地，秦惠文王更元九年（前316）灭蜀，初置封国，秦昭襄王二十二年（前285）置郡，因蜀山以为郡名。治成都县（今四川成都）。汉中郡，战国秦惠王十三年（前312）置，因水为名，治南郑县（今陕西汉中）。

【译文】

《证类本草》："无风独摇草，佩带它可以使夫妻相爱。生长在岭南，头如弹丸，尾像鸟尾，两片叶子可以开闭，见人就自动摇晃，因而称为独摇草。按《广志》说‘生长在岭南’，又说‘生长在大秦国’。桃朱术，说五月五日这一天，到山野中去采收，常常也能找到。”又有《图经》记载：“这种草就是独活苗，生长在雍州的山谷，或者陇西的南安郡。如今以生长在蜀郡和汉中郡的最好。这种草有风不摇动，无风自摇动，因而又叫独摇草。”

相喜药

《本草》云：“桃朱术，取子带之，令妇人为夫所爱喜。生园中，细如芹，花紫，子作角。以镜向旁敲之，则子自发。五月五日收之。”

【译文】

《证类本草》记载：“桃朱术，采集它的种子佩带在妇人身上，可以使妇人讨丈夫喜爱。桃朱术生长在园圃中，纤细如芹，花紫色，种子呈角状。用镜子对着它旁边敲打，那么种子可以自行脱落。五月五日采收其种子。”

能饮药

《千金方》：“五月五日，采小豆花叶，阴干，末服之。”又云：“五月五日，取井中倒生草枝[①]，阴干，末，酒服之，并治饮酒，令人不醉。”又《本草》云：“河边木，令人饮酒不醉。五月五日，取七寸投酒中，二遍饮之，必能饮也。”

【注释】

①倒生：草木由下向上长枝叶，故称草木为“倒生”。《淮南子·原道训》：“秋风下霜，倒生挫伤。”高诱注：“草木首地而生，故曰倒生。”

【译文】

《千金方》：“五月五日，采收小豆的花叶，阴干，研为细末服用。”又曰：“五月五日，取井中倒生的草枝，阴干，研为细末，用酒吞服，可以应对饮酒，使人不醉。”又有《证类本草》记载：“河边的杂木，可以使人饮酒不醉。五月五日，取七寸投于酒中，分两次饮用，使人更能饮酒。”

不忘药

《千金翼方》：“常以五月五日，取东向桃枝，日未出时，作三寸木人着衣带中，令人不忘事。”

【译文】

《千金翼方》：“通常在五月五日，取面向东方的桃枝，在太阳没出来时，做成三寸大小的桃木人放入衣带中，使人不忘事。”

急中药

《经验方》①：“治急中风，目瞑牙噤②，无门下药者，以中指点散子，揩齿二三十③，揩大牙左右，其口自开，始得下药，名开关散。白龙脑、天南星等分，乳钵研为细末，用五月五日午时合。患者只用一字至半钱④。”

【注释】

①《经验方》：书名，不详待考。

②目瞑：眼睛昏暗不明。牙噤（jìn）：闭嘴不能说话。

③揩：擦拭。

④一字：中药量名。

【译文】

《经验方》："治疗急中风，眼睛昏暗不明，闭嘴不能说话，没有办法服药的，用中指蘸药，擦拭牙齿二三十下，擦拭大牙左右，患者嘴自然张开，这样才能下药，名叫开关散。取相同分量的白龙脑、天南星，用乳钵研为细末，在五月五日正午时配制在一起。患病的人只用一字到半钱药量就好。"

丁根药①

《本草》："断罐草②，合羊蹄菜、青苔、半夏、地骨皮、蜂窠、小儿发、绯帛③，并等分，作灰。五月五日，和诸药末，服一钱匕④，丁根出也。"

【注释】

①丁根：疔疮的毒根。丁，通"疔"。

②断罐（guàn）草：中药名。

③羊蹄菜：又名土大黄，是一种多年生草本植物，属蓼科。半夏：药草名。多年生草本植物，叶子有长柄，初夏开黄绿色花。地下有白色小块茎，可入药，生用有毒，内服须限用。地骨皮：□药名。枸杞的根皮。蜂窠：即蜂巢。小儿发：即童男发。古人认为童男发具纯阳之气，可驱邪解毒。绯帛：红色绸。治恶疮肿毒，作膏用。又敷小儿脐未落时肿痛。

④钱匕：古代量取药末的器具。《千金要方》卷一："钱匕者，以大钱

上全抄之；若云半钱匕者，则是一钱抄取一边尔，并用五铢钱也。钱五匕者，今五铢钱边五字者以抄之，亦令不落为度。”

【译文】

《证类本草》：“断罐草，把它与同等分量的羊蹄菜、青苔、半夏、地骨皮、蜂巢、小儿发、红色绸烧作灰。五月五日，与各种药末混合，用水冲服一钱匕，就能把丁疮的毒根排出体外。”

金疮药

《林氏传信方》[①]：“五月五日平旦，使四人出四方，各于五里内，采一方草木茎叶，每种各一握[②]，勿令漏脱一事[③]。日正午时，细切碓捣，入石灰，极令烂熟。一石草，一斗石灰。先凿桑树，令可受药，取药内孔中，筑令坚，仍以桑树皮蔽之，别以麻捣石灰极密泥之，令不泄气，又以桑皮缠之。至九月九日午时取出，阴干。百日药成，捣之，日暴令干，更捣，绢筛贮之[④]。凡一切金疮伤折出血[⑤]，登时以药封裹[⑥]，治使牢，勿令动转[⑦]，不过十日即瘥。虽突厥质汗黄末[⑧]，未能及之，名金疮大散。”

【注释】

①《林氏传信方》：书名，不详待考。

②一握：犹言一把。亦常喻微小或微少。《周易·萃》：“若号，一握为笑，勿恤。”孔颖达疏：“一握者，小之貌也。自比一握之间，言至小也。”

③漏脱：遗漏。

④绢筛：即绢筛箩，今呼筛子。有马鬃织作底者，有丝绢作底者，入

药以丝绢者良。

⑤伤折：受伤。

⑥登时：立即。封裹：包扎。

⑦动转：活动。

⑧质汗黄末：底本作"质汁黄末"，据《普济方》改。古代用于外伤治疗的中药制剂，以质汗为主药，制成粉末状，主要用于金疮（刀剑伤）、跌打损伤等，可止血、消瘀血、促进伤口愈合。

【译文】

《林氏传信方》："五月五日清晨，派四个人前往四个方向，各在五里范围内采草木茎叶，每种各一把，不要遗漏任何一种。当正午时分，细细切碎，用碓捣碎，加入石灰，舂捣得极其烂熟。比例是一石草、一斗石灰。先把桑树打孔，使桑树可以容纳药物，取药放入孔中，修筑结实，仍用桑树皮遮盖，另外用麻和石灰一起捣烂用泥巴密封，使空气不进入，再用桑树皮缠绕起来。到九月九日午时取出，阴干。一百天后药就制成了，捣药，在太阳下暴晒使其干燥，再次捣药，用筛子筛过后贮存起来。凡是一切刀剑等器械造成的受伤出血，立即用药包扎得牢固些，不要活动，不超过十天就能痊愈。即使是突厥产的质汗黄末，也比不上它，这种药名叫金疮大散。"

采杂药

《荆楚岁时记》："五月五日，竞采杂药，可治百病。"又《本草》所载，收药多以五日。颍滨作《帝阁端五帖子》云："灵药收农录[①]，薰风拂舜琴[②]。"

【注释】

①灵药：有灵效的药。农录：指《神农本草经》。传说神农氏尝百草

为医药以治疾病，并编录为书。

②薰风：和暖的风。指初夏时的东南风。舜琴：五弦琴。相传为舜为创，故云。

【译文】

《荆楚岁时记》："五月五日，人们争相采摘各种各样的药草，可以治疗各种疾病。"又有《本草》所载，采药多在五月五日。苏辙作《帝阁端五帖子》写道："灵药收农录，薰风拂舜琴。"

春百药[①]

《四时纂要》："端五日，采百药苗，以品数多为妙。不限分两[②]，舂取自然汁，和石灰三五升，脱作饼子[③]，曝干。治一切金疮，血立止，兼治小儿恶疮。"

【注释】

①百药：各种药草。

②分两：一分一两。谓分量，轻重。

③脱：取出。

【译文】

《四时纂要》："端五日，采收各种药草嫩苗，品种越多越好。不限多少，捣碎之后，收取其自然流出的汁液，加入石灰三五升，取出制作成饼子，晒干。治疗一切金疮，敷上血立即止住，同时还能治疗小儿恶疮。"

合诸药

《琐碎录》："五月上辰[①]，及端午日、腊日、除日前三日[2]，合药可久[3]，不歇气味[4]。”

【注释】

①上辰：农历每月上旬的辰日。

②腊日：古时腊祭之日。农历十二月初八。除日：除夕日。

③合药：调配药物。

④不歇：不停止。此指不消除。

【译文】

《琐碎录》：“五月上辰日，以及端午日、腊日、除日前三天，在这些时间调配药物，可以存放很久，且不会散失气味。”

曝人药

《提要录》：“五月五日晴，人曝药，岁无灾。雨，则鬼曝药，人多病。此闽中谚语。”

【译文】

《提要录》：“五月五日如果是晴天，人们就晒药，一年身体健康。如果是雨天，就是鬼晒药，人们多生疾病。这是闽中一带的谚语。”

焚故药

《岁时杂记》：“端五日午时，聚先所蓄时药[1]，悉当庭焚之，辟疫气。或止烧术[2]。”

【注释】

①时药：应季药材。

②止：只。

【译文】

《岁时杂记》："端五日午时，把以前所储存的应季药材聚在一起，全部当庭焚烧，以祛除疫病。有的只烧白术。"

卷二十三

端五 下

【题解】

本卷《端五下》篇，条目均为端五时俗节物。主要有“进龙镜”，记唐天宝年间扬州贡五月五日所铸江心镜事。“撰阁贴”，记撰端五阁子贴而多用扬州所铸江心镜事。“服金丹”，记卢钧服金丹事。“除铁使”，记王播梦中后事前定盐铁使事。“诛幻僧”，记叶法善用法术杀死会幻法的妖僧事。“碎鬼宅”，记泰山三郎抢夺人妻被明崇俨三道符惩罚的事。“寻父尸”，记曹娥投江寻父尸事。“知人命”，记僧人妙应能知人休咎，预言姚宏端五日在伍子胥庙中若见到石榴花开则致祸事。“剪佛须”，记谢灵运胡须美，临刑时剪下施于南海维摩诘像须，后因安乐公主斗百草而被剪事。等等。

进龙镜

《异闻集》[①]：“唐天宝中，扬州进水心镜一面，青莹耀日[②]，背有盘龙，势如飞动，玄宗览而异之。进镜官扬州参军李守泰白：‘铸镜时，有老人自称姓龙名护，鬓发皓白[③]，眉垂肩，衣白衣。有小童衣黑衣，呼为玄冥。至镜所，谓镜匠吕晖曰："老人解造真龙镜，为汝铸之，将惬帝意[4]。"遂令玄冥入炉所，扃户三日[5]，户开，吕晖等搜觅[6]，已失龙护及玄冥所在。炉前获素书一纸云[7]："开元皇帝圣通神灵[8]，吾遂降祉[9]。斯镜可辟众邪，鉴万物[10]，秦皇之镜无以加焉[11]。歌曰：盘龙盘龙，隐于镜中。分野有象，变化无穷。兴云吐雾，行雨生风。上清仙子，来献圣聪[12]。"吕晖等移炉，以五月五日于扬子江心铸之。'后大旱不雨，叶法善祠镜龙于凝阴殿[13]，须臾，云气满殿，甘雨大澍[14]。"《酉阳杂俎》云："僧一行，开元中尝旱，玄宗祈雨。一行曰：'当持一器，上有龙状者，方可致之。'命于内府遍视，皆言不类。后指一镜鼻盘龙，喜曰：'此真龙矣。'持入道场，一夕而雨。或云是扬州所进，初模范时[15]，有异人至，请闭户入室，数日开户，模成，其人已失。有图并传，见行于世。此镜，五月五日于扬子江江心铸之者。"又李肇《国史补》云[16]："扬州旧贡江心镜，五月五日扬子江心所铸也。或言无百炼者，六七十炼则止，易破难成，往往有鸣者。"

【注释】

①《异闻集》：即《异闻录》，十卷，唐陈翰编。

②青莹：形容色泽青而光洁。

③皓白：雪白。

④惬：满足。

⑤扃（jiōng）户：闭门。

⑥搜觅：搜寻。

⑦素书：古人以白绢作书，故以称书信。

⑧圣通：圣明通达。

⑨降祉：犹赐福。

⑩鉴：照。

⑪秦皇之镜：即秦镜。传说秦始皇有一方镜，能照见人心的善恶。

⑫圣聪：旧称帝王明察之辞。

⑬叶法善（614—720）：字道元，别字太素，世称叶真人、叶天师、括苍罗浮真人等，括州括苍（今浙江丽水）人。从曾祖三代为道士，得传阴阳、占繇、符箓、摄养之术。先天二年（713），拜鸿胪卿，封越国公，仍为道士，住长安景龙观。祠：祭祀。凝阴殿：宫殿名。在长安太极宫两仪殿东北。

⑭澍（zhù）：古同"注"。灌注。

⑮模范：制造器物的模型。

⑯李肇：唐史学家、文学家。《国史补》：三卷，记载了唐开元至长庆百年间事。

【译文】

《异闻集》："唐代天宝年间，扬州进献水心镜一面，镜面色泽青而光洁可耀日月，镜的背面有一条盘龙，形态像飞腾的样子，唐玄宗观赏后，感觉它非同一般。进献这面镜子的官员扬州参军李守泰说：'我们铸造这面镜子时，有位老人自称姓龙名护，两鬓头发雪白，眉毛垂到肩上，身穿白衣。有一位小童身穿黑衣，老人叫他玄冥。他们到了铸镜场所，对铸镜工匠吕晖说："老人知道在镜上铸造真龙的方法，为你铸造一条，定会使皇帝喜欢。"于是命玄冥进入安放镜炉的场所，闭门三天，等门打开后，吕晖等各处搜寻，已经找不到龙护及玄冥了。镜炉前找到一纸书信写道："开元皇帝圣明通达神灵，我才赐福。这面镜子可以辟除各种邪祟，能够照见万物，秦始皇的镜子也比不上它。歌写道：盘龙盘龙，隐于镜中。分野有象，变化无穷。兴云吐雾，行雨生风。上清仙子，来献圣聪。"吕晖等移动镜炉，于五月五日在扬子江江心铸造了这面镜子。'后来天气大旱，一直不下雨，叶法善在凝阴殿祭祀镜龙，片刻，云气充满殿庭，适时的好雨倾盆而降。”《酉阳杂俎》记载：“有个僧人叫一行，开元年间曾经大旱，唐玄宗命他祈祷上天降雨。一行说：‘需要持一件器物，上面有龙的形象，才可以求来雨。’唐玄宗命他在宫内四处查看，都说没有合适的器物。后来一行指着一面镜子的盘龙镜鼻，高兴地说：‘这是真龙啊。’一行便拿着这件东西进入祈雨的道场，一夜就降下大雨。有人说是扬州所进献的，当初制作模子时，有位异人前来，请求进入内室关闭门户，几天后打开门户，模子做成，而异人却不见了。现有图纸与文字说明，流传于世间。这面镜子，五月五日在扬子江江心铸造。”又有李肇《国史补》记载：“扬州旧日向朝廷进贡的江心镜，是五月五日在扬子江江心所铸造的。有人说铸镜时没有铸一百次，铸了六七十次就停止了，这样的镜子容易破损，很难铸成，铸成后常常自己发出鸣声。”

撰阁帖

《容斋五笔》云：“唐世五月五日扬州于江心铸镜以进[①]，故国朝翰苑撰端午帖子词[②]，多用其事。然遣词命意[③]，工拙不同[④]。王禹玉云：‘紫阁曈昽隐晓霞，瑶墀九御荐菖华。何时又进江心鉴，试与君王却众邪[⑤]。’李邦直云[⑥]：‘艾叶成人后，榴花结子初。江心新得镜，龙瑞护仙居[⑦]。’赵彦若云[⑧]：‘扬子江中方铸镜，未央宫里更飞符。菱花欲共朱灵合，驱尽神奸又得无[⑨]。’又云：‘扬子江中百炼金，宝奁疑是月华沉。争如圣后无私鉴，明照人间万善心[⑩]。’又云：‘江心百炼青铜镜，架上双纫翠缕衣[⑪]。’李士美云[⑫]：‘何须百炼鉴，自胜五兵符[⑬]。’傅墨卿云[⑭]：‘百炼鉴从江上铸，五时花向帐前施[⑮]。’许冲元云[⑯]：‘江中今日成龙鉴，花外多年废鹭陂。合照乾坤共作镜，放生河海尽为池[17]。'苏子由云：'扬子江中写镜龙，波如细縠不摇风。宫中惊捧秋天月，长照人间助至公[18]。'大概如此。唯东坡不然，曰：'讲余交翟转回廊，始觉深宫夏日长。扬子江心空百炼，只将《无逸》鉴兴亡[19]。'其辉光气焰[20]，可畏而仰也。若白乐天《讽谏百炼镜篇》云：'江心渡上舟中铸，五月五日日午时。背有九五飞天龙[21]，人人呼为天子镜。'又云：'太宗但以人为镜，监古监今不见容。乃知天子别有镜，不是扬州百炼铜[22]。'用意正与坡合。予亦尝有一联云：'愿储医国三年艾，不博江心百炼铜[23]。'然去之远矣。端午故事，莫如楚人竞渡之的，盖以其非吉祥，不可施诸祝颂[24]，故必用镜事云。"

【注释】

①江心铸镜：后以"江心镜"多作端午辟邪、祝颂吉祥用典。

②翰苑：翰林院的别称。

③遣词命意：运用词语表达思想。

④工拙：优劣。

⑤"紫阁曈昽隐晓霞"几句：出自王珪《端午内中帖子词》。紫阁，金碧辉煌的殿阁。多指帝居。曈昽，日初出渐明貌。瑶墀（chí），玉阶。借指朝廷。九御，即女御。宫中女官，掌女工及侍御之事。共八十一人，分九组轮流侍御，故称。《周礼·天官·内宰》："以阴礼教九嫔，以妇职之法教九御。"郑玄注："九御，女御也。九九而御于王，因以号焉。"江心鉴，即江心镜。众邪，众多奸邪之臣。《韩非子·有度》："威制共则众邪彰矣，法不信则君行危矣。"陈奇猷集释："众邪，众奸邪之臣。"

⑥李邦直：即李清臣（1032—1102），字邦直，安阳（今属河南）人。

皇祐五年（1053）进士，累官至吏部尚书。

⑦“艾叶成人后”几句：出自李清臣《端午帖子》。结子，植物结实。龙瑞，相传伏羲时有龙马自河中负图而出，为圣者受命之瑞。《左传·昭公十七年》：“太皞氏以龙纪，故为龙师而龙名。”晋杜预注：“太皞伏牺氏，有龙瑞，故以龙瑞名官。”仙居，仙人住所。亦借称清静绝俗的所在。

⑧赵彦若（约1033—约1095）：字元考，青州临淄（今山东淄博临淄西北）人。以父任入官，元丰二年（1079）除国史院编修官，撰《百官公卿表》《宗室世系表》，迁修起居注。

⑨“扬子江中方铸镜”几句：出自赵彦若《端午帖子·其一》。扬子江，长江在今仪徵、扬州一带的古称，因扬子津而得名。飞符，谓祭起符箓。菱花，指菱花镜。古代铜镜名。镜多为六角形或背面刻有菱花者名菱花镜。朱灵，赤帝。南方之神。神奸，能害人的鬼神怪异之物。《左传·宣公三年》：“远方图物，贡金九牧，铸鼎象物，百物而为之备，使民知神奸。”杜预注：“图鬼神百物之形，使民逆备之。”得无，犹言能不，岂不，莫非。”

⑩“扬子江中百炼金”几句：出自赵彦若《端午帖子·其二》。百炼金，经过多次锻炼的金属。宝奁（lián），梳妆镜匣的美称。争如，怎么比得上。圣后，圣明的君主。明照，明察，详察。

⑪江心百炼青铜镜，架上双纫翠缕衣：出自赵彦若佚句。

⑫李士美：即李邦彦（？—1130），字士美，怀州（今河南沁阳）人。宋词人。太学上舍人出身，善辞曲，能蹴鞠，人号“李浪子”。宣和六年（1121），拜少宰，因无所建树，惟阿顺趋谄，所以人称“浪子宰相”。

⑬何须百炼鉴，自胜五兵符：出自李士美佚句。百炼鉴，即百炼镜。晋王嘉《拾遗记·方丈山》：“有池方百里，水浅可涉，泥色若金而味辛……百炼可为金，色青，照鬼魅犹如石镜，魑魅不能藏形矣。”

后人因称精炼的铜镜为“百炼镜”。五兵符，掌管军队的兵符。五兵，泛指军队。

⑭傅墨卿：字国华，越州山阴（今浙江绍兴）人。徽宗宣和四年（1122），以礼部尚书持节册立高丽王楷有功，还赐同进士出身。凡三度使高丽，高丽人庙祀之。

⑮百炼鉴从江上铸，五时花向帐前施：出自傅墨卿《端午帖子》。五时花，端午节谓五时节，五时花即是端午节时结于项间的彩带、荷包、端午索等互馈赠品。

⑯许冲元：即许将（1037—111），字冲元，福州闽县（今福建闽侯）人。宋文学家。

⑰“江中今日成龙鉴”几句：出自许将《端午帖子》。龙鉴，龙镜。鹭，鹭鸟。陂，池塘。

⑱“扬子江中写镜龙”几句：出自苏辙《学士院端午帖子》，原诗为“扬子江心泻镜龙，波如细縠不摇风。宫中禁捧秋天月，长照人心助至公”。细縠（hú），轻纱薄雾。

⑲“讲余交翟转回廊”几句：出自苏轼《端午帖子词》。讲余，经筵讲读完毕。交翟（dí），不停打扇。翟，翟羽。古代乐舞所执雉羽。《无逸》，《尚书》的篇名，主要内容为周公教导成王不要贪图安逸。《尚书·无逸序》：“周公作《无逸》。”孔传：“中人之性好逸豫，故戒以《无逸》。”

⑳辉光：光辉华彩。气焰：气势和力量。

㉑九五：指帝王。

㉒“太宗但以人为镜”几句：出自欧阳修《百炼镜·辨皇王鉴也》，原诗为“太宗常以人为镜，鉴古鉴今不鉴容。乃知天子别有镜，不是扬州百炼铜”。太宗，指唐太宗李世民。以人为镜，把别人的成败得失作为自己的借鉴。《墨子·非攻中》：“君子不镜于水而镜于人。镜于水，见面之容；镜于人，则知吉与凶。”监，借鉴。

㉓愿储医国三年艾，不博江心百炼铜：出自洪迈佚句。医国，指医术高明。三年艾，《孟子·离娄上》："今之欲王者，犹七年之病，求三年之艾也。"赵岐注："艾可以为灸人病，干久益善，故以为喻。"后因以"三年艾"指良药。不博，不比。

㉔祝颂：指向人表达良好愿望。

【译文】

《容斋五笔》记载："唐代五月五日扬州要向朝廷进献在长江江心铸造的铜镜，因此本朝翰林院撰写端午帖子词时，往往用江心铸镜的典故。然而运用文词表达思想，优劣各不相同。王珪写道：'紫阁曈昽隐晓霞，瑶墀九御荐菖华。何时又进江心鉴，试与君王却众邪。'李清臣写道：'艾叶成人后，榴花结子初。江心新得镜，龙瑞护仙居。'赵彦若写道：'扬子江中方铸镜，未央宫里更飞符。菱花欲共朱灵合，驱尽神奸又得无。'又写道：'扬子江中百炼金，宝奁疑是月华沉。争如圣后无私鉴，明照人间万善心。'又写道：'江心百炼青铜镜，架上双纫翠缕衣。'李邦彦写道：'何须百炼鉴，自胜五兵符。'傅墨卿写道：'百炼鉴从江上铸，五时花向帐前施。'许将写道：'江中今日成龙鉴，花外多年废鹭陂。合照乾坤共作镜，放生河海尽为池。'苏辙写道：'扬子江中写镜龙，波如细縠不摇风。宫中惊捧秋天月，长照人间助至公。'大致的情况就是这样。只有苏轼不大相同，写道：'讲余交翟转回廊，始觉深宫夏日长。扬子江心空百炼，只将《无逸》鉴兴亡。'这首诗气势和力量光辉华彩，令人敬畏崇仰。像白居易《讽谏百炼镜篇》写道：'江心渡上舟中铸，五月五日日午时。背有九五飞天龙，人人呼为天子镜。'又写道：'太宗但以人为镜，监古监今不见容。乃知天子别有镜，不是扬州百炼铜。'诗的用意正好与苏轼相同。我也曾有一联写道：'愿储医国三年艾，不博江心百炼铜。'然而用意与苏轼相距甚远。端午节的旧俗，没有比楚地人划船比赛更好的，大概因为是屈原投江不太吉利，不能写进祝文颂辞中，所以必定要用江心铸镜的典故。"

服金丹

《神仙感异传》[1]："唐相国卢公钧为尚书郎[2]，以疾出为均州刺史[3]。常于郡后山斋独处，忽见一人，衣饰弊故[4]，逾垣而入[5]。自言姓王，从山中来，谓公曰：'公之贵，当位极人臣[6]，而寿不永[7]，故相救尔。'以腰巾蘸于井中[8]，解丹十粒，捩腰巾之水[9]，俾公咽之。明年，公解印还京[10]，复见，王曰：'君今年第二限终，为灾极重，以公雪冤狱[11]，活三人之命，灾已息矣。后二十三年五月五日午时，可令一道士于万山顶相助[12]。此时公节制汉土[13]，当有月华相授[14]，勿愆期也[15]。'公后出领汉南，及期，命道士牛知微登万山顶寻约，而王已先在，遂以金丹十粒，令授于公，倏尔不见[16]。公服之，年九十余，耳目聪鉴，气力不衰[17]。"

【注释】

①《神仙感异传》：即《神仙感遇传》，五卷，五代前蜀杜光庭撰。该书辑录了古来人与神仙感遇之事。

②相国：秦汉等朝所设置的宰相职位。后为宰相的通称。卢公钧：即卢钧，字子和，范阳（今河北涿州）人，徙家京兆蓝田（今属陕西）。元和进士，大中九年（855）召为左仆射，后以太保致仕。尚书郎：官名。尚书的属官。

③均州：今湖北丹江口。

④衣饰：衣着和装饰。弊故：破旧。

⑤逾垣（yuán）：跳墙。

⑥位极人臣：居人臣中最高的官位。

⑦不永：谓寿命不长久。

⑧腰巾：束在腰腹间的宽巾。

⑨捩（liè）：扭转。此为拧。

⑩解印：解下印绶。谓辞免官职。

⑪雪：昭雪。

⑫万山：又名汉皋山、方山。即今湖北襄阳西万山。

⑬节制：镇守，管辖。汉土：指原属汉人的土地。此指汉南。指湖北汉水下游南侧汉川南部和武汉蔡甸区、汉南区。

⑭月华：此特指道家修炼所用的金丹。

⑮愆（qiān）期：失约，误期。

⑯倏（shū）尔：突然。

⑰气力：精力。

【译文】

《神仙感遇传》记载："唐代宰相卢钧被授为尚书郎，因病出任均州刺史。常常在郡后山斋独居，忽然看见一个人，穿的衣服又破又旧，从墙外跳进来。那人自己说姓王，从山中来，对卢钧说：'您的富贵之相，应当能做到职位极高的大臣，然而寿命不长久，因而特来救你。'那人用腰巾到井中蘸水，拿出仙丹十粒，拧出腰巾中的水，让卢钧把药咽下去。第二年，卢钧解除官职回京，又见到王姓人，王姓人说：'您今年第二次寿限要结束了，本来会遭遇严重的灾祸，因为你在均州昭雪冤狱，救活三个人的性命，所以灾祸已平息了。二十三年后五月五日午时，可令一个道士到万山顶上来帮助你。这时你镇守汉南，我会把金丹交给你，不要失约。'卢钧后来出镇汉南，到了约定的日期，卢钧就令道士牛知微在五日午时登上万山之顶按约定等候，然而王姓人已先在那里，于是拿出十粒金丹，叫牛知微交给卢钧，说完突然就不见了。卢钧服用后，到九十多岁的时候，耳不聋眼不花，精力没有衰退。"

除铁使[①]

《逸史》[②]:“王播[③],少贫贱,居扬州,无人知识,唯一军将常接引供给,无不罄尽[④]。杜仆射亚领盐铁在淮南[⑤],端午日,盛为竞渡之戏,诸州征异乐,两县争胜负,彩楼看棚,照耀江水,数十年以来未之有也。凡扬州之客,无贤不肖尽得预焉[⑥],唯王公不招。惆怅自责[⑦],军将曰:‘某有棚一座,子弟悉在彼[⑧],但于棚内看,却胜居盘筵间也[⑨]。’王公曰:‘唯!’遂往棚。时夏初,日方热,军将令送酒一榼[⑩],王公自酌将尽[⑪],棚中日色转热,酒酣昏惫[⑫],遂就枕。才睡,梦身在宴处,居杜之坐,判官在下[⑬]。良久,惊觉,亦不敢言于人。后为宰相,将除淮南盐铁使,敕久未下,因召旧从事语之曰:‘某淮南盐铁定矣。’数日,果除到,乃符昔年之梦。时五月上旬也。”

【注释】

①除:授,拜(官职)。铁使:即盐铁使。古代官名。唐代中叶以后特置。以管理食盐专卖为主,兼掌银铜铁锡的采冶。

②《逸史》:轶事小说集,唐卢肇撰。

③王播(759—830):字明歇,谥敬,太原(今属山西)人,后迁家于扬州(今属江苏)。唐诗文家。

④罄(qìng)尽:用完,竭尽。

⑤杜仆射亚:即杜亚(725—798),字次公,京兆府(今陕西西安)人。唐德宗时官至淮南节度使,曾开拓疏导扬州附近运河,便利了漕运交通。后改任东都留守、都防御使。卒于京师宅第,赠太

子少傅。

⑥无贤不肖：没有贤德行事不肖的人。

⑦惆怅：因失意或失望而伤感。

⑧子弟：此指家里人。

⑨盘筵：宴席。

⑩榼（kē）：古代盛酒或贮水的器具。

⑪自酌：自斟自饮。

⑫昏惫：昏沉疲惫。

⑬判官：古代官名。唐代节度使、观察使、防御使均置判官，为地方长官的僚属，辅理政事。

【译文】

《逸史》："王播，少年时家里十分贫苦，居住在扬州，没有人认识他，只有一位军官常来接济他，没有不竭尽全力的。仆射杜亚出任淮南盐铁使，端午节那天，举行盛大的赛龙舟表演，各州均征集奇异音乐，两个县争胜负，各种彩楼看棚，照耀着江水，几十年以来从没有这么热闹。凡旅居扬州的客人，无论贤德与否都尽得其乐，只有王播无人理睬。王播因失望而伤感自责，军官说：'我有一座棚子，家里人都在那里，只在棚内观看，却胜过宴席间。'王播说：'好！'便前往棚子。当时正值初夏，太阳刚刚升起，军官让人送来一榼酒，王播自斟自饮将要喝光了，棚子中因太阳照射温度升高，王播酒喝得尽兴昏沉疲惫，于是就躺在枕头上。刚入睡，王播就梦到自己身在宴席上，坐在杜亚的座位上，判官坐在下面。过了很久，王播惊醒过来，也不敢把梦告诉别人。后来王播做了宰相，将兼任淮南盐铁使，诏书好久没有下来，他召集以前的部属对他们说：'我的淮南盐铁使当定了。'几天后，果然任命诏书来到，竟符合从前的梦境。当时正是五月上旬。"

诛幻僧

《仙传拾遗》[①]："叶法善，字道元，处州松阳县人。四代修道，皆以阴功密行及劾召之术救物济人[②]。初，师居四明之下[③]，天台之东[④]，数年。忽于五月一日，有老叟诣门[⑤]，号泣求救，门人谓其有疾也。师引而问之，答曰：'某东海龙也，天帝所敕，主八海之宝[⑥]，一千年一更其任，无过者超证仙品[⑦]。某已九百七十年，微绩垂成。有婆罗门逞其幻法[⑧]，住于海峰，昼夜梵咒[⑨]，积三十年，其法将成，海水如云，卷在半天，五月五日，海将竭矣。统天镇海之宝[⑩]，上帝制灵之物，必为幻僧所取。五日午时，乞以丹符相救。'至时，师敕丹符，飞往救之，海水仍旧。胡僧愧叹[⑪]，赴海而死。明日，龙辇宝货奇珍来以报师[⑫]。师曰：'林野之中[⑬]，栖神之所[⑭]，不以珠玑宝货为用[⑮]。'一无所取。因谓龙曰：'此崖石之上，去水且远，但致一清泉，即为惠也[⑯]。'是夕，闻风雨之声。及明，绕山斋四面成一道石渠[⑰]，泉水流注，终冬不竭，至今谓之天师渠。"

【注释】

①《仙传拾遗》：四十卷，五代前蜀杜光庭撰。该书记述神仙事迹。

②阴功：不被人知道的德行。密行：佛教语。小乘指持戒严密的修行，大乘指蕴善于内而不外着的修行。劾召之术：用符箓弹劾惩治或召致鬼神。

③四明：即四明山。位于今浙江宁波。

④天台：即天台山。位于今浙江天台。

⑤诣门：登门拜访。

⑥八海：四方四隅之海。

⑦超证：颖悟，彻悟。仙品：仙人的品级地位。

⑧婆罗门：底本作“娑罗门”，据《太平广记》改。印度古代宗教名。相传约于公元前七世纪形成，以崇奉婆罗贺摩而得名。

⑨梵咒：指“陀罗尼”中之“咒陀罗尼”，意为总持。佛菩萨从禅定所发出的秘密言辞，据称有某种神验性。

⑩统天镇海：统领天下，镇守大海。

⑪愧叹：自愧不如而叹服。

⑫辇（niǎn）：运载。

⑬林野：山林旷野。

⑭栖神：谓死后安息。

⑮珠玑：珠宝，珠玉。

⑯惠：报答。

⑰山斋：山中居室。

【译文】

《仙传拾遗》：“叶法善，字道元，处州松阳县人。叶家四代修道，都凭着做好事积阴德以及召唤神灵、降伏鬼魅的法术救物济人。当初，叶法善住在四明山下，四明山在天台山之东，住了几年。忽然在五月一日这一天，有一位老头登门拜访，号哭着向他求救，弟子以为这老头有病。叶法善拉着老头问他怎么了，老头答道：‘我是东海的一条龙，由天帝所敕封，主管八海的宝物，职位一千年更换一次，这一千年没有过错的就能超度成仙。我已经任职了九百七十年了，功绩不大眼看就要成功了。有个婆罗门僧人炫耀他的幻术，住在海边山峰上，昼夜念咒，持续了三十年，他的法术即将成功，海水像云一样被卷到空中，五月五日，海水将枯竭了。统领天下镇守大海的宝物，是天帝号令神灵之物，一定会被幻僧所取走。五月五日午时，乞求您用一道丹符来救我。’到了五月五日，叶法善命令一道丹符飞到东海去救那条龙，海水便恢复了原样。胡僧自愧不如而叹服，跳进大海自杀了。第二天，那条龙用车运载珍宝货物来报答叶法善。叶法善说：'山林旷野之中，是死后安息之所，我不认为珠玑宝货有什么用。'他什么也没接受。于是对那条龙说：'这山崖之上，离水很远，只要你给我一处清澈干净的泉水，就是对我的报答了。'这天晚上，人们听到了风雨之声。等到天明，围绕着山中居室四面出现一道石渠，泉水流淌，整个冬天都不干涸，到现在这渠称为天师渠。"

碎鬼宅

《广异记》[①]："赵州卢参军[②]，其妻甚美。罢官还都，五月五日，妻欲之市，求续命物，上舅姑[③]。车已临门，忽暴心痛，食顷而卒[④]。卢往见正议大夫明崇俨[⑤]，扣门甚急[⑥]。崇俨惊曰：'端午日，款关而厉[⑦]，是必有急。'遂趋而出[⑧]，卢乃拜以闻，崇俨云：'此泰山三郎所为[⑨]。'遂书三符以授卢：'还家可速烧第一符；如人行十里许不活，更烧其次；若又不活，更烧第三符。横死必当复生[⑩]，不来必死矣。'卢还家，如言烧符，其妻遂活。顷之能言，云：'初被车载至太山顶[⑪]，别有宫室[⑫]，见一少年，云是三郎。侍婢十余人，拥入别室。待妆甫毕，三郎在堂前伺候，方拟宴会。有顷，闻人款门[⑬]，云："上隶功曹奉都使处分[⑭]，问三郎何以取卢家妇，宜即遣还。"三郎怒呵功曹令去。须臾，又闻款门，云："是直符使者[⑮]，都使令取卢夫人。"又不听。寻有疾风，吹黑云从山顶来，二使唱言[⑯]："太乙直符至矣！"三郎有惧色，忽卷宅，高百余丈。放之，人物糜碎[⑰]，唯卢妻获存。二使送还，至家，见身卧床上，意甚凄怅[18]。被人推入形，遂活。'"

【注释】

①《广异记》：一卷，唐戴孚撰。该书为志怪小说集，所记大率为鬼怪精灵、幽冥阴间种种怪事及人间社会各式奇谈异闻。戴孚，谯郡（今安徽亳州）人。至德二载（757）于江东采访使李希言下登进士第，授校书郎。

②赵州：今河北赵县。

③舅姑：俗称公婆。

④食顷：吃一顿饭的时间。多形容时间很短。

⑤正议大夫：文散官名。隋始置，唐代为文官第六阶，正四品上。明崇俨（646—679）：本名明敬，字崇俨，谥号为庄，洛州偃师（今河南洛阳）人。唐大臣，精通巫术、相术和医术。

⑥扣门：敲门。

⑦款关：叩门。

⑧趋：快步走。

⑨泰山三郎：传说东岳大帝的第三子，又称为"炳灵太子""雷火都元帅统摄三山炳灵仁惠帝君"，为道教重要神仙之一。

⑩横死：指因自杀、被害或因意外事故而死亡。

⑪太山：即泰山。

⑫宫室：宫殿。

⑬款门：敲门。

⑭处分：吩咐。

⑮直符使者：全称三界直符使者，又作三界值符使、值符使者、值符（直符）等。三界代表天界、人间、冥府，直符即执符，三界直符使者就是手持宝箧内盛灵符，自由往来穿梭在三界，传达人间讯息给神仙并执行任务的使者。

⑯唱言：高呼。

⑰糜碎：粉碎。

⑱凄怅：伤感惆怅。

【译文】

《广异记》："赵州有个卢参军，他的妻子非常美丽。卢参军罢官返回都城，五月五日，妻子想要到市场，去买一些有益长寿的物品，进献公婆。车已到了门口，忽然心痛不止，一顿饭的工夫就死了。卢某前往拜见正议大夫明崇俨，敲门很急切。明崇俨吃惊地说：'端午节，叩门急切而猛烈，一定有急事。'于是快步走出门外，卢某便向他行揖拜之礼并说出事情的经过，明崇俨说：'这是泰山三郎所为。'于是画了三道符交给卢某说：'回家可以立即烧第一道符；如果你走出十里地她还没有活，就再烧第二道符；如果还没有活过来，再烧第三道符。意外死亡肯定能够复活，如果不复活就是真死了。'卢某回到家中，按照他说的连烧三道符，他的妻子就活了过来。一会儿便能讲话了，说：'起初我被车拉到泰山顶上，那里另外还有宫殿，我看见一个少年，说是叫三郎。有婢女十多人，把我拥入另一间房舍。等待梳妆打扮完毕，三郎在堂前等候，正准备进入宴席。过了一会儿，听到有人敲门，说："我是上隶功曹，奉都使的吩咐，来问三郎为什么夺取卢家的媳妇，应当立即送还。"三郎怒斥功曹，让他马上回去。一会儿，又听到敲门声，说："我是直符使者，都使让我带卢夫人回去。"三郎又不听。顷刻就有狂风，把黑云从山顶吹来，二位使者高呼："太乙直符到了！"三郎露出害怕的神色，狂风忽然卷起宅院，足有一百多丈高。然后抛下来，人和东西全摔得粉碎，只有我得以生存。二位使者把我的魂魄送回，到家，只见我的身体躺在床上，神情伤感惆怅。二位使者把我的魂魄附于形体，于是我就活了过来。'"

寻父尸

东汉《列女传》[①]:"孝女曹娥者[②],会稽上虞人。父盱,能弦歌[③],为巫祝[④]。汉安二年五月五日[⑤],于县江溯涛婆娑迎神[⑥],溺死,不得其尸。娥年十四,乃沿江号哭,昼夜不绝声,旬有七日,遂投江而死。至元嘉元年[⑦],县长度尚改葬娥于江南道旁,为立碑焉。"《会稽典刑录》云[⑧]:"曹娥投江死,三日后,与父尸俱出。"

【注释】

①《列女传》:底本作"烈女传",据《后汉书·列女传》改。记载东汉时期具有才德、节操或突出事迹的女性人物。

②孝女:有孝行的女子。

③弦歌:用琴瑟等弦乐器伴奏而歌唱。《周礼·春官·小师》:"小师掌教鼓鼗、柷、敔、埙、箫、管、弦、歌。"郑玄注:"弦,谓琴瑟也。歌,依咏诗也。"

④巫祝:底本作"巫竞",据《后汉书·列女传》改。古代称事鬼神者为巫,祭主赞词者为祝。后连用以指掌占卜祭祀的人。

⑤汉安二年:143年。汉安,汉顺帝刘保年号(142—144)。

⑥婆娑:歌舞。

⑦元嘉元年:151年。元嘉,汉桓帝刘志年号(151—153)。

⑧《会稽典刑录》:疑为《会稽典录》,二十四卷,东晋虞预撰。该书记载从春秋到三国时期会稽郡几十个历史人物的生平事迹。虞预(约285—340),本名茂,字叔宁,余姚(今属浙江)人。东晋史学家,另著有《诸虞传》《晋书》等。

【译文】

东汉《列女传》:"有孝行的女子曹娥,会稽上虞人。他的父亲曹盱,能弹琴唱歌,是一个掌占卜祭祀的人。汉安二年五月五日,曹盱在上虞县江上顶着波涛唱歌跳舞迎神的时候,被水淹死,找不到他的尸首。曹娥当时十四岁,于是沿江号哭,声音昼夜不绝,这样持续了十七天,就投江而死了。到元嘉元年,上虞县长官度尚把曹娥改葬在江南岸道路旁边,并为她立了一块石碑。"《会稽典刑录》记载:"曹娥投江而死,三日后,与她父亲的尸首一起浮出。"

知人命

王明清《挥麈录》[①]:"姚宏[②],字令声,越人也。宣和中,在上庠[③],有僧妙应者[④],能知人休咎。语宏云:'君不得以命终,候端午日,伍子胥庙中见榴花开,则奇祸至矣[⑤]。'宏初任监杭州税[⑥],三年不敢登吴山[⑦]。后知衢州江山县[⑧],将赴官,来谒帅宪[⑨]。既归,出城数里,值大风雨,亟憩路旁一小庙中。见庭下榴花盛开,询诸祝史[⑩],云:'此伍子胥庙。'其日乃五月五日,宏惨然登车。未几,追赴大理[⑪],死狱中。先是宏尝语人曰:'世所传秦丞相上书黏罕[⑫],乞存赵氏[⑬],其书与赍来者大不同,更易其语,以掠其美名。'秦闻之,大怒。会宏在江山[⑭],当时亢旱[⑮],有巡检者能以法致雨[⑯],试之果然。邑民讼其以妖术惑众[⑰],由是追赴棘寺[⑱],遂罹其酷[⑲]。"

【注释】

①王明清(1127—?):字仲言,汝阴(今安徽阜阳)人。宋代文人。《挥

麈录》二十卷，记载两宋之际社会政治、军事、典章制度等内容。

②姚宏：字令声，越州嵊县（今浙江嵊州）人。徽宗宣和中在上庠。南渡后，初任监杭州税，调知衢州江山县。被秦桧以宿怨陷至死。著有《校注战国策》。

③上庠（xiáng）：古代的大学。《礼记·王制》："有虞氏养国老于上庠，养庶老于下庠。"郑玄注："上庠，右学，大学也。"

④妙应：宋僧人，俗姓李。精相术。

⑤奇祸：使人料想不到的灾祸。

⑥监：掌管。

⑦吴山：山名。在今浙江杭州西湖东南。春秋时为吴越争夺地，故名吴山。

⑧衢州：唐武德四年（621）置，旋废。垂拱二年（686）复分婺州西部置。以州境有三衢山得名。治信安县（今浙江衢州）。

⑨帅宪：宋安抚司、提刑司连称。宋周必大《二老堂杂志》卷四："今直以诸路刑狱为宪，虽圣旨处分、敕令所立法，凡及安抚、提刑司处，皆以'帅宪'为称。"

⑩祝史：官名。掌司祝祷。因其以辞事神，故称祝；以执书事神，故称史，故称祝史。

⑪追赴：追捕。大理：即大理寺。官署名。掌刑狱案件审理，长官名为大理寺卿，位九卿之列。

⑫秦丞相：即秦桧。上书：用文字向上级陈述意见。黏罕：即完颜宗翰（1080—1137），女真名黏没喝，小字鸟家奴，谥"桓忠"，虎水（今黑龙江哈尔滨）人。金朝宗室名将，天会三年（1125）之后，大举攻宋，南渡黄河，制造靖康之变，俘虏北宋徽、钦二帝。

⑬赵氏：此指北宋徽、钦二帝。因皇室姓赵，故称。

⑭会：恰巧，正好。江山：唐武德四年（621）置须江县，五代吴越时（931）以县南有江郎山，改名江山县。今浙江江山。

⑮亢旱：大旱。

⑯巡检：官署名巡检司，官名巡检使，省称巡检。

⑰邑民：州县的百姓。讼：谴责。

⑱棘寺：大理寺的别称。古代听讼于棘木之下，大理寺为掌刑狱的官署，故称。

⑲罹（lí）：遭受。

【译文】

王明清《挥麈录》："姚宏，字令声，越州人。宣和年间，姚宏在太学，有个叫妙应的僧人，能知道人的吉凶。妙应对姚宏说：'您的命不得善终，等到端午节，在伍子胥庙中看见石榴花开放，使人料想不到的灾祸就到了。'姚宏起初担任杭州的监税官，三年不敢登吴山。后来任衢州江山知县，将要赴任，前来拜见帅宪。拜见完回家，走出城数里，遇上大风雨，姚宏赶紧在路旁一小庙中休息。他看见院子里石榴花盛开，就询问祝史，祝史说：'这是伍子胥庙。'当日正是五月五日，姚宏悲伤地登车离开。不久，姚宏被追捕关进大理寺，死在狱中。在此以前姚宏曾对人说：'世上所传秦桧丞相上书黏罕，乞求保全徽、钦二帝，秦丞相上书与实际送来的大不相同，他更改了其中的词语，以掠取美名。'秦桧听说此事，大怒。正好姚宏在江山县，当时大旱，有位巡检使能用法术求雨，一试果真如此。县里的百姓谴责他以妖术迷惑众人，因此姚宏被追捕并关进大理寺，于是遭受酷刑。"

剪佛须

《缃素杂记》[①]："《刘公嘉话》云[②]：'晋谢灵运须美[③]，临刑，施于南海祇洹寺[④]，为维摩诘像须[⑤]，寺人保惜[⑥]，略不亏损。中宗朝，安乐公主端五日斗草，欲广获其物色[⑦]，令人驰驿取之[⑧]。又恐为他人所得，因剪弃其余，今遂绝。'又见《国史纂异》[⑨]。”东坡诗云:“犹胜江左狂灵运,共斗东昏百草须[⑩]。”苏子由诗云:“长叹灵运不知道,强剪美髭插两颧[⑪]。”

【注释】

①《缃(xiāng)素杂记》:又称《靖康缃素杂记》,十卷,宋黄朝英撰。该书主要是辨正名物含义,校定史传得失。

②《刘公嘉话》:底本作“刘公喜说”,据《苕溪渔隐丛话》改。即《刘宾客嘉话录》,一卷,唐韦绚撰。该书记其早年在夔州时所闻刘禹锡之谈话,内容以唐代的遗闻掌故为多,亦有讨论经传、评骘诗文之语。韦绚(801—866?),字文明,京兆(今陕西西安)人。顺宗时宰相韦执谊子,元稹之婿,刘禹锡门人。另著有《戎幕闲谈》。

③谢灵运(385—433),陈郡阳夏(今河南太康)人。南朝宋诗人。

④施:施舍。祇洹寺:古寺名。

⑤维摩诘:梵文Vimalakirti的音译,亦译“毗摩罗诘”“维摩罗诘”“毗摩罗诘利帝”等,略作“维摩”,意译“无垢称”“净名”“灭垢鸣”等。菩萨名。

⑥保惜:保护爱惜。

⑦广:增加。

⑧驰驿:驾乘驿马疾行。

⑨《国史纂异》:即《隋唐嘉话》。三卷,唐刘餗撰,记录了隋至唐玄宗开元年间的轶事。

⑩犹胜江左狂灵运,共斗东昏百草须:出自苏轼《次韵景文山堂听筝三首·其一》。东昏,指南朝齐萧宝卷。即位后荒淫残暴,曾凿金为莲花布于地上,令所宠潘妃行其上,谓为“步步生莲花”。后为萧衍所杀。和帝立,追废为东昏侯。

⑪长叹灵运不知道,强剪美髭插两颧(quán):出自苏辙《和子瞻凤翔八观八首·杨惠之塑维摩像》。颧,颧骨。位于眼的外下方,

在颜面部隆起的部分。

【译文】

《缃素杂记》:“《刘公嘉话》记载:‘晋代谢灵运胡须很美,临刑前,将胡须施舍给南海祇洹寺,为维摩诘像做胡须,寺里僧人十分保护爱惜,并不曾有所缺损。唐中宗时,安乐公主端五日斗百草,想增加物品种类,派人驾乘驿马疾行前往祇洹寺把谢灵运的胡须取来。又怕剩下的胡须为他人所得,因而就把剩余的胡须剪下来丢掉,所以今天谢灵运的胡须一根也没有了。’此事记载又见《国史纂异》。”苏轼有诗写道:“犹胜江左狂灵运,共斗东昏百草须。”苏辙有诗写道:“长叹灵运不知道,强剪美髭插两颧。”

绝妖怪

《广异记》:“唐贺兰进明为御史①,在京。其兄子庄,在睢阳②,为狐所媚。每到时节,狐新妇恒至京宅,通名起居③,兼持贺遗及问讯。家人或有见者,状貌甚美④。至五月五日,自进明已下,至于仆隶⑤,皆有续命物。家人以为不祥,多焚其物。狐悲泣云:‘此并真物,如何焚之?’其后所得,遂以充用。后家人有就狐乞漆背金花镜者,狐入人家偷镜,挂项⑥,缘墙而行,为主人家击杀,自尔怪绝⑦。”

【注释】

①贺兰进明:唐诗人。开元十六年(728)登进士第。曾为御史大夫。

②睢阳:唐天宝元年(742)改宋州置,治所在宋城县(今河南商丘南)。

③通名:通报姓名。起居:居址。

④状貌:相貌。

⑤仆隶:奴仆。

⑥项:脖子。

⑦自尔:从此。

【译文】

《广异记》:"唐代贺兰进明为御史大夫,居住在京城。他兄长的儿子贺兰庄,住在睢阳,被狐狸所迷惑。每到节日,狐狸新娘子经常到贺兰进明京城的住宅,通报姓名居址,并且带来贺兰庄的礼物和问候。家里有人看见她,相貌非常漂亮。到五月五日,从贺兰进明以下,到家中奴仆,都有续命的礼物。家人认为不吉祥,大多烧了她给的礼物。狐狸悲伤地哭泣说:'这些都是真的礼物,为什么要烧了?'家中人以后再得到她给的东西,就留下使用。后来家里有人向狐狸乞求想要一个背面上漆的金花镜,狐狸潜入别人家偷了镜子,挂在脖子上,顺着墙往回走,被主人家打死了,从此怪事就没了。"

溺狐媚

《广异记》:"唐宋州刺史王璿[①],少时仪貌甚美[②],为牝狐所媚[③]。家人或有见者,风姿端丽[④],虽僮幼遇之者[⑤],必敛容致敬[⑥]。自称新妇,答对皆有理[⑦],由是人乐见之。每至端午及佳节,悉有续命物馈送,云:'新妇上某郎某娘续命。'众人笑之,然所得甚众。后璿职高,狐乃不至。盖其禄重,物不得为怪。"

【注释】

①宋州:隋开皇十六年(596)置,治睢阳(旋改为宋城县,今河南商丘南)。

②仪貌：仪表外貌。

③牝（pìn）：雌性的。

④风姿端丽：风度仪态端庄秀丽。

⑤僮：同“童”。

⑥敛容：显出端庄的脸色。

⑦答对：回答别人的问话。

【译文】

《广异记》：“唐代宋州刺史王璿，少年时容貌很美，被一只雌性狐狸所迷惑。家里有人看见那狐狸，风度仪态端庄秀丽，即使是儿童遇到她，也一定会显出端庄的脸色表示尊敬。她自称是新娘子，回答别人的问话都合乎规矩，因此家人都喜欢见到她。每到端午节以及其他佳节，都有续命的礼物赠送给家人，并说：‘新娘子给某个郎君某个娘子奉上续命的礼品。’大家都嘲笑她，然而得到的东西却很多。后来王璿的职位高了，狐狸就不来了。大概是一个人职位高了，狐狸就不能作怪了。”

占雀鸣

《唐书》[①]：“崔信明[②]，益都人。以五月五日正午时生，有异雀数头，身形甚小，五色皆备，集于庭树，鼓翼齐鸣[③]，其声清亮[④]。太史良占曰[⑤]：‘五月为火，火为《离》[⑥]，《离》为文，日正中，文之盛也。又雀五色而鸣，此儿必文藻焕烂[⑦]，名播天下。雀形既小，禄位殆不高耳。’及长，博闻强记[⑧]，下笔成章[⑨]，虽名冠一时，而位不达。”

【注释】

①《唐书》：即《旧唐书》。

②崔信明：青州益都（今山东青州）人。唐诗人，其“枫落吴江冷”之句盛传当世。隋大业中，任尧城令。后隐于太行山。唐贞观六年（632）应诏举，授兴世丞，迁秦川令。

③鼓翼：拍着翅膀。

④清亮：清脆响亮。

⑤太史良：据新、旧《唐书·崔信明传》应为“太史令史良”。太史令，官名。太史局令省称。掌天文、历法及修撰史书。史良，曾任太史令。

⑥《离》：八卦之一，象征火。

⑦文藻：文采。焕烂：灿烂。

⑧博闻强记：形容知识丰富，记忆力强。

⑨下笔成章：形容才思敏捷，写起文章来一挥而就。

【译文】

《旧唐书》：“崔信明，益都县人。在五月五日正午时出生，当时有几只奇异的雀，身形很小，各种颜色的都有，聚集到庭中树上，拍着翅膀一齐鸣叫，声音清脆响亮。太史令史良占卜说：‘五月是火，火是《离》卦，《离》象征文采，太阳在正中，预兆文采之盛。又有五色雀，拍着翅膀而鸣叫，这孩子将来必定文采灿烂，声名传扬于天下。只是雀身形小，禄位大概不会太高。’等到崔信明长大后，见闻广博，记忆力强，写起文章来一挥而就，虽然声名冠绝一时，然而官位却不显达。”

滴蛇血

《夷坚丁志》：“河中府一客[①]，以端午日入农家乞浆[②]，值其尽出刈麦[③]。方小立，闻屋侧喀喀作声，趋而视之，则有蛇踞屋上，垂头檐间，滴血于盆中。客知必毒人者，默自念：‘吾当为人除害。’乃悉取血置其家齑瓮中[④]，诣邻舍以须[⑤]。

良久，彼家长幼负麦归，皆渴困，争赴厨饮齑汁。客饭毕，复过其门，则尽室死矣。”

【注释】

①河中府：唐开元八年（720）升蒲州置，治河东县（今山西永济西南蒲州镇）。以地处黄河中游，故名。

②乞浆：讨点浆水喝。

③刈（yì）麦：割麦子。

④齑（jī）瓮：盛放菜末、肉末的瓮。

⑤须：等待。

【译文】

《夷坚丁志》：“河中府有一位客人，在端午节那天到一户人家讨点浆水喝，正好这户人家都出去割麦子了。刚站一会儿，听到房屋一侧有喀喀的声音，快步走过去一看，有一条大蛇盘踞在房顶上，头垂在房檐间，血滴在地上的盆中。客人知道这条蛇要毒害这户人家，心中默默念叨：‘我应当为这家人除害。’于是端血盆放在这家盛菜汁的大瓮里，然后到邻居家等待那家人回来。过了很久，那一家老少背着收割的麦子回来了，都是又渴又困，抢着到厨房舀瓮中的菜汁喝。客人吃完饭，又来这户人家，这一家人都因喝了瓮中菜汁而全死了。”

戒牛肉

《藏经》[①]：“每岁五月五日，瘟神巡行世间[②]，宜以朱砂大书云‘本家不食牛肉，天行已过，使者须知’十四字[③]，贴于门上，可辟瘟疫。”盖不食牛肉之家，瘟神自不侵犯。今人多节去“本家不食牛肉”六字，只贴云“天行已过，使者须知”八字，遂使《藏经》语意不全[④]。

【注释】

①《藏经》：二卷，张伯祖撰。该书为诊断学著作。张伯祖，名初，字品济，南郡涅阳（今河南南阳）人。东汉医学家，另著有《七柳品济清口方》。

②巡行：出行巡察。世间：人间。

③天行：天命。

④语意：话语所包含的意义。

【译文】

《藏经》：“每年五月五日，瘟神出行巡察人间，应当用朱砂书写‘本家不食牛肉，天行已过，使者须知’十四个字，贴在门上，可避瘟疫。”大概不吃牛肉的人家，瘟神自然不会侵犯。如今人们大多省去“本家不食牛肉”六字，只贴“天行已过，使者须知”八字，于是就使《藏经》话语所包含的意义不全面了。

饲蜥蜴[①]

《汉武内传》：“武帝以端午日取蜥蜴，置之器，饲以丹砂。至明年端五，捣之，以涂宫人之臂。有所犯则消没，不尔[②]，则如赤痣，故得守宫之名。”张华《博物志》云[③]：“蜥蜴，或名蝘蜓[④]，以器养之，饲以朱砂，体尽赤。所食满七斤，捣万杵，点女人肢体，终身不灭，惟房室事则灭[⑤]，故号守宫。东方朔奏武帝，用之有验。”《淮南万毕术》云[⑥]：“取守宫辄合阴阳者，以牝牡各藏之瓮中[⑦]，阴干百日，以点女臂，则生文章[⑧]。与男子合阴阳，则灭去也。”《翰苑名谈》

云[9]:"守宫,其形大概类蜥蜴,足短而加阔。亦有金色者,秦始皇时有人进之。云能守钥[10],人不敢窃发钥,故名守宫。或曰,以守宫系宫人之臂,守宫吐血污臂者,有淫心也,秦皇杀之。"又《尔雅》云:"蝾螈、蝘蜓、蜥蜴、守宫[11],同为一物。"又陶、苏注《本草》云[12]:"其类有四种:一大形纯黄,为蛇医;次小形长尾,见人不动,名龙子;次小形而五色,尾青碧可爱,名蜥蜴,并不螫人;一种喜缘篱壁[13],名蝘蜓,形小而黑,乃言螫人必死,又名守宫。"李贺诗云:"象房夜捣红守宫[14]。"李商隐诗云:"巴西夜捣红守宫,后房点臂班班红[15]。"刘筠《宫词》云:"难消守宫血,易断鸾柱胶[16]。"《古宫词》云:"爱惜加穷袴[17],防闲托守宫[18]。"

【注释】

①蜥蜴:又作蜥易、石龙子,通称四脚蛇。爬行动物。

②不尔:不然。

③张华(231—299):字茂先,范阳方城(今河北固安)人。魏、晋间诗人、辞赋家。《博物志》:张华撰,笔记体志怪小说。

④蝘蜓(yǎn tíng):俗称壁虎。古籍多与蜥蜴、蝾螈等相混。

⑤房室:指房事,性生活。

⑥《淮南万毕术》:一卷,西汉刘安招集编撰。该书以笔记的形式记录了有关物理、化学和生活常识等方面的知识。

⑦牝牡:鸟兽的雌性和雄性。

⑧文章:花纹。

⑨《翰苑名谈》:又名《翰府名谈》,北宋刘斧撰。该书录唐宋时期的奇闻异事及名人遗事,内容较丛杂。

⑩守钥:看守钥匙。

⑪蝾螈(róng yuán):也作"荣原""荣蚖"。动物名。属两栖类中的有尾目。形似蜥蜴,皮肤粗糙黏滑,背面暗黑色,腹面朱赤或橙黄色,杂以黑色云纹;四肢短,尾侧扁,步行用肢,游泳用尾。常居于溪流、池塘或石隙、树洞等阴湿处。晋崔豹《古今注·鱼虫》:"蝘蜓,一曰守宫,一曰龙子,善于树上捕蝉食之。其五色长大者,名为蜥蜴,其短而大者名为蝾螈,一曰蛇医。"

⑫苏:指苏颂(1020—1101),字子容,泉州同安(今福建厦门)人。北宋大臣、天文学家、药物学家。

⑬篱壁:指竹片编成的墙壁,上面涂以泥和灰浆。

⑭象房夜捣红守宫:出自李贺《宫娃歌》,原诗为"花房夜捣红守宫"。

⑮巴西夜捣红守宫,后房点臂班班红:出自李商隐《河阳诗》,原诗为"巴西夜市红守宫,后房点臂斑斑红"。巴西,即巴西郡。今四川阆中。后房,姬妾的代称。

⑯难消守宫血,易断鸾柱胶:出自刘筠《宣曲二十二韵》,原诗为"难销守宫血,易断舞鸾肠"。鸾柱胶,即鸾胶。据《海内十洲记·凤麟洲》载,西海中有凤麟洲,多仙家,煮凤喙麟角合煎作膏,能续弓弩已断之弦,名续弦胶,亦称"鸾胶"。后多用以比喻续娶后妻。

⑰穷袴(kù):一种有前后裆系着固密的裤子。后泛指有裆裤。《汉书·外戚传上·孝昭上官皇后》:"霍光欲皇后擅宠有子,帝时体不安,左右及医皆阿意,言宜禁内,虽宫人使令皆为穷绔,多其带。"颜师古注:"服虔曰:'穷绔有前后当,不得交通也。'"

⑱防闲:引申为防备和禁阻。防,堤,用于制水。闲,圈栏,用于制兽。

【译文】

《汉武内传》:"汉武帝在端午日选取蜥蜴,放置在器皿里,用朱砂喂养。到第二年端五节,把蜥蜴捣烂成泥,涂抹在宫女的胳膊上。人如有淫乱之事,涂抹的痕迹就会消失,不然,就像红色的痣,因此有守宫的名号。"张华《博物志》记载:"蜥蜴,又称蝘蜓,用器皿养它,用朱砂喂它,它的身体就会变得通红。吃到了七斤食物后，用木杵反复捣烂，点在女人的肢体上，终生不会消除，只有男女行房事后才会消失，因此又称为守宫。东方朔上奏汉武帝，汉武帝用了此法，果然有效。”《淮南万毕术》记载：“选取刚刚交配完的守宫，把公母分别收藏在瓮中，阴干一百天，用来点在女子手臂上，就会生出花纹。如与男子同房，花纹就会消失。”《翰苑名谈》记载：“守宫，它的形状大概像蜥蜴，脚短而更宽一些。也有金黄色的，秦始皇时有人进献过。据说能看守钥匙，人们不敢私自窃取钥匙，因此又称为守宫。有人说，用守宫系在宫女手臂上，如果守宫吐血弄脏了宫女的手臂，就说明她有淫乱的念头，秦始皇就会杀掉她。”又有《尔雅》记载：“蝾螈、蝘蜓、蜥蜴、守宫，为同一种动物。”又有陶弘景、苏颂注解《本草》记载：“其种类有四：一种形体大，颜色纯黄，叫蛇医；其次形体小，尾巴较长，见人不动，叫龙子；再其次形体小，五色俱全，尾巴青绿色讨人喜欢，叫蜥蜴，并不咬人；一种喜欢沿着篱笆墙壁爬，叫蝘蜓，形体小而黑，说咬人后必死，又叫守宫。”李贺诗写道：“象房夜捣红守宫。”李商隐诗写道：“巴西夜捣红守宫，后房点臂班班红。”刘筠《宫词》写道：“难消守宫血，易断鸾柱胶。”《古宫词》写道：“爱惜加穷袴，防闲托守宫。”

捕蟾蜍

《抱朴子·内篇》①：“肉芝者②，谓万岁蟾蜍，头上有角，目赤，颔下有丹书八字，体重而跳捷。以五月五日中时取之，阴干百日，以其足画地，即为流水。带其左手于身，辟五兵。若敌人射己，弓矢弩皆反还自射也③。”又《玄中记》云④：“食之者，寿千岁。”《王氏神仙传》云⑤：“益州北平山上有白虾蟆，谓之肉芝。非仙方灵骨⑥，莫能致也。”又《荆楚岁时记》云："五月五日，俗以此日取蟾蜍，为辟兵，六日则不中用。"故世云六日蟾蜍，起于此也。陈简斋诗云："六日蟾蜍乖世用⑦。"

【注释】

①《抱朴子·内篇》：二十卷，东晋葛洪撰。葛洪自号抱朴子，因以命名。《内篇》总结战国以来神仙家理论，论述神仙、方药、鬼怪、变化、养生、延年、禳邪、却祸之事，在道教思想史上占有重要位置。

②肉芝：道家称千岁蟾蜍、蝙蝠、灵龟、燕之属为肉芝，谓食者可长寿。

③弓矢：弓箭。弩：一种利用机械力量射箭的弓。

④《玄中记》：又称《郭氏玄中记》，郭璞撰。该书为地理博物类志怪小说。

⑤《王氏神仙传》：一卷，杜兴庭撰。

⑥仙方：需掌握秘传的采集或炼制方法。灵骨：即先天根骨或后天修炼的成果。

⑦六日蟾蜍乖世用：出自陈与义《再用景纯韵咏怀二首·其二》，原诗为"六日取蟾乖世用"。

【译文】

《抱朴子·内篇》："所谓肉芝，就是活了一万年的蟾蜍，它的头上长有角，眼睛发红，下巴有红笔书写的八字，身体沉重而跳跃敏捷。在五月五日午时捉取，阴干一百天，用它的脚画地，就成为流水。把它的左爪带在身上，能躲避各种兵器的伤害。如果敌人向自己射箭，弓箭、弩箭都会反过去射向敌人自身。"又有《玄中记》记载："食用肉芝，可以活一千年。"《王氏神仙传》记载："益州北平山上有白蛤蟆，称为肉芝。不是仙方灵骨，不能够获得。"又有《荆楚岁时记》记载："五月五日，民间习俗在这一天捉取蟾蜍，能躲避各种兵器的伤害，六日捉取的蟾蜍就不中用了。”因而世人所说“六日蟾蜍”，就是起源于此。陈与义有诗写道：“六日蟾蜍乖世用。”

得啄木[①]

《荆楚岁时记》云：“野人以五月五日得啄木货之，主齿痛。”《古今异传》云[②]：“本雷公采药吏，化为此鸟。”《淮南子》云：“斫木愈龋[③]，其信矣乎！”又有青黑者，头上有红毛，生山中，土人呼为山啄木，大如鹞[④]。《本草》云：“啄木鸟，主痔瘘[⑤]，治牙齿疳䘌蚛[⑥]。烧为末，纳牙孔中，不过三数。此鸟有小有大，有褐有斑[⑦]，褐者是雌，斑者是雄，穿木食蠹[⑧]。”《尔雅》云：“䴕[⑨]，斫木。”又《深师方》云[⑩]：“治蛀牙有孔疼者，以啄木鸟舌尖，绵裹，于痛处咬之。”

【注释】

①啄木：即啄木鸟。

②《古今异传》：或作《古异传》，南朝宋袁王寿著。该书为志怪小说集。

③斫（zhuó）：砍。龋（qǔ）：龋病。龋齿，即蛀齿。俗称“蛀牙”“虫牙”。牙齿因蛀而残缺。

④鹞（yào）：雀鹰的俗称。又称鹞鹰、鹞子。形体像鹰而比鹰小，背灰褐色，以小鸟、小鸡为食。

⑤痔瘘：指痔疮、肛瘘等肛肠疾病。

⑥治牙齿疳䘌（gān nì）蚛（zhòng）：底本作“治牙齿䘌蚛”，据《政和本草》改。疳䘌，指牙齿腐蚀或龋齿。蚛，虫牙。

⑦褐：黑黄色。斑：杂色花纹。

⑧蠹（dù）：蠹虫，蛀虫。

⑨鴷（liè）：鸟名。即啄木鸟。

⑩《深师方》：又名《僧深药方》《深僧集方》，南北朝深师撰。据《千金要方》卷七载："宋、齐之间，有释门深师，师道人，述（支）法存等诸家旧方，为三十卷。"原书已佚，后世医著多有引录。深师，又作僧深、释僧深。僧人。南北朝宋、齐间医家，善疗脚气。

【译文】

《荆楚岁时记》记载："乡野之人在五月五日捉取啄木鸟卖掉，主治牙齿疼痛。"《古今异传》记载："原本是雷公采药的小吏，化生为啄木鸟。"《淮南子》记载："啄木鸟可以治愈蛀牙，这是真的！"另外还有青黑色的啄木鸟，头上有红毛，生长在山中，本地人叫它山啄木，和鹞子一样大。《证类本草》记载："啄木鸟，主治痔瘘，治疗龋齿和虫牙。把啄木鸟烧炼后研成末，放入牙齿孔洞中，不过三次就好。啄木鸟有的小有的大，有的黑黄色有的杂色，黑黄色是雌鸟，杂色是雄鸟，啄穿树木取里面的蠹虫吃。"《尔雅》记载："鴷，就是啄木鸟。"又有《深师方》记载："治疗蛀牙有孔洞而且疼的情况，把啄木鸟的舌尖用绵裹住，放在疼痛处咬住。"

羹枭鸟[①]

《汉史》曰[②]："五月五日，作枭羹[③]，赐百官。以其恶鸟[④]，故以五日食之。古者重枭炙及枭羹[⑤]，盖欲灭其族类也。"《岭表录异》云[⑥]："鸺鹠[⑦]，即鸱也[⑧]，鬼车之属[⑨]，亦名夜游女[⑩]，辄鸣屋上则有咎。"《荆楚岁时记》云："闻之当唤狗耳。"又曰："鸮大如鸠[⑪]，恶声，飞入人家，不祥。其肉美，堪为炙。"故《庄子》云[⑫]："见弹思鸮炙[⑬]。"又云："古人重鸮炙，尚肥美也。"《说文》云："枭，不孝鸟，食母而后能飞。"东坡端五诗云："和羹未赐枭[⑭]。"颍滨作《太皇太后阁端五帖子》云:“百官却拜枭羹赐,凶去方知舜有功。”

【注释】

①枭(xiāo)鸟:指猫头鹰。

②《汉史》:即《汉书》。

③枭羹:以枭肉制的羹汤。古代夏至日皇帝制之以赐臣下,寓有除绝邪恶之意。

④恶鸟:指鸮、鸺鹠一类夜间恶鸣之鸟。

⑤枭炙:烤枭鸟为食。

⑥《岭表录异》:又称《岭表录》《岭表记》《岭表异录》《岭南录异》《岭表录异记》,三卷,唐刘恂撰。该书记述岭南风土人情及物产,颇为详备。刘恂,唐昭宗时曾任广州司马,官满留居南海,就其闻见,著成此编。

⑦鸺鹠(xiū liú):猫头鹰的别名。

⑧鸱(chī):猫头鹰一类的鸟。又名鸮角鸱、怪鸱、鸺鸱。

⑨鬼车:即鬼车鸟。传说中的怪鸟。

⑩夜游女:传说中的鸟名。即女鸟,一名姑获。相传正月夜有鬼鸟,名姑获,好取人女子养之;至有小儿之家,即以血点其衣以为志。或说鸟落尘于儿衣中,可令儿病。

⑪鸮(xiāo):鸟名。俗称猫头鹰。鸠:鸟类。外形像鸽子。

⑫《庄子》:又称《南华经》《南华真经》,战国时庄子及其后学著。该书为道家经典之一,分为内篇、外篇、杂篇三部分。一般认为内篇是庄子所作,其余则杂有门人及后来道家的作品。其内容虽在于宣传道家思想,却有极高文学价值。庄子(约前369—约前286),名周,宋国蒙(今河南商丘)人。战国思想家,道家代表人物。

⑬弹:弹弓。

⑭和羹未赐枭:出自苏轼《获鬼章二十韵》。和羹,调和羹汤。

【译文】

《汉书》记载:"五月五日,用枭肉做成羹汤,赏赐给文武百官。因为枭是恶鸟,所以在五月五日把枭肉做成羹汤吃。古时候人们看重枭炙和枭汤,大概是想消灭这种鸟类。"《岭表录异》记载:"鸺鹠,就是鸱鸟,属于鬼车一类的鸟,也叫夜游女,每次在屋上鸣叫就会有灾祸。"《荆楚岁时记》记载:"听到了鸺鹠的叫声,就应当把狗唤来。"又记载:"鸮鸟的大小像鸠鸟,声音难听,飞进人家,不吉祥。它的肉很鲜美,适合烤着吃。"所以《庄子》记载:"看见弹弓就想烤鸮肉吃。"又记载:"古人喜欢烤鸮鸟为食,是因为它的肉肥美。"《说文解字》记载:"枭,是一种不孝的鸟,吃了母亲然后才能飞翔。"苏轼端五有诗写道:"和羹未赐枭。"苏辙作《太皇太后阁端五帖子》写道:"百官却拜枭羹赐,凶去方知舜有功。"

养鸜鹆①

《零陵总记》:"鸜鹆,人多养之。五月五日,去其舌尖则能语,声尤清越②,虽鹦鹉不能过也。"刘义庆《幽明录》云③:"晋司空桓豁④,在荆州,有参军五月五日剪鸜鹆舌教语,无所不能。后于大会,悉效人语声,无不相类者。时有参佐齆鼻⑤,因内头瓮中效之。有主典盗牛肉⑥,乃白参军:'以新荷叶裹置屏风后。'搜得,罚盗者。"僧虚中《端午》诗云⑦:"菖蒲花不艳,鸜鹆性多灵。"

【注释】

①鸜鹆(qú yù):鸟名。即八哥。

②清越:清脆悠扬。

③刘义庆《幽明录》:三十卷,一作二十卷,南朝宋临川王刘义庆编

著。该书为志怪小说集，内容多鬼狐神异、人物变化的故事。刘义庆（403—444），彭城（今江苏徐州）人。南朝宋文学家。另著有《徐州先贤传》《典叙》《世说新语》等。

④司空：官名。相传少昊时所置，周为六卿之一，即冬官大司空，掌管工程。桓豁（320—377）：字朗子，谯国龙亢（今安徽怀远）人。东晋将领。

⑤参佐：僚属，部下。齆（wèng）鼻：因鼻孔堵塞而发音不清。

⑥主典：古代对官府中主管事务小吏的通称。

⑦虚中：袁州宜春（今属江西）人。约唐僖宗中和前后在世。少脱俗从佛，好读书，吟咏不辍。著有《碧云集》。

【译文】

《零陵总记》："八哥，很多人会饲养它。在五月五日，剪去八哥的舌尖，八哥就能说话，声音清脆悠扬，即使鹦鹉也比不过它。"刘义庆《幽明录》曰："东晋司空桓豁，镇守荆州时，有个参军在五月五日剪去八哥的舌尖教它说话，渐渐八哥什么话都会说了。后来在一次大会上，让八哥仿效全体在座人的说话声，没有不像的。当时有个僚属因鼻孔堵塞而发音不清，八哥就把头钻进瓮里再进行模仿。府中有一个人主管偷盗牛肉，八哥就禀告参军：'牛肉用新鲜的荷叶包裹放置在屏风后面。'参军搜查找到牛肉，处罚了偷牛肉的人。"僧人虚中《端午》诗写道："菖蒲花不艳，鸜鹆性多灵。"

带布谷

《北户录》[①]："布谷脚胫骨[②]，令人夫妻相爱。五月五日收，带之各一，男左女右，置之水中，自能相随。江东呼为郭公，北人云拨谷，一名获谷[③]。似鹞，长尾。"《尔雅》云鸤鸠[④]，注云："今之布谷也。牝牡飞鸣，以羽相拂。"《礼记·月令》云："鸣鸠拂其羽。"

【注释】

①《北户录》：亦称《北向户录》《北户杂录》《北户杂记》，三卷，唐段公路撰，崔龟图注。该书以所记粤南地区为日南北向户之地，故名。作者依据闻见，取征旧籍，详记粤南风土与物产，凡五十二条。所记异兽、珍禽、水族及菜食果品、芳香植物等。段公路，郡望临淄邹平（今属山东），徙居河南（今河南洛阳），一说为东牟（今山东蓬莱）人。唐朝官吏。

②脚胫骨：小腿骨。

③郭公、拨谷、获谷：均为布谷鸟的别称。

④鸤（shī）鸠：即布谷鸟。

【译文】

《北户录》："布谷鸟的小腿骨，可以使夫妻相爱。将五月五日收集的小腿骨带在身上，每人一个，男左女右，放置在水中，自己就能互相跟随。江东人叫它郭公，北方人叫它拨谷，又叫获谷。布谷鸟像鹞鹰，长尾巴。"《尔雅》里称布谷鸟为鸤鸠，注解说："就是今天的布谷鸟。雌雄一同边飞边鸣，翅膀互相拍击。"《礼记·月令》记载："斑鸠拍动翅膀。"

破蝮蛇[①]

《本草》："蝮蛇胆，苦味，微寒，有毒。主䘌疮[②]。五月五日取，烧地令热，置蛇其中，以酒沃之，足出。医家所用乃赤𬶟、黄颔[③]，多在人家屋壁间吞鼠子、雀雏，见腹中大者，破取干之。"

【注释】

①蝮蛇：也叫草上飞、土公蛇。爬行动物。头三角形，背灰褐色，两侧各有一行黑褐色圆斑。有毒牙。生活在山野或平原，捕食老鼠和其他小动物。

②䘌（nì）疮：指皮肤或黏膜的慢性溃疡、腐败性疮疡。

③赤𫚭：应为赤链蛇。游蛇科白环蛇属的中小型无毒蛇。黄颔：即黄颔蛇。明李时珍《本草纲目·鳞二·黄颔蛇》："黄颔黄黑相间，喉下色黄，大者近丈。皆不甚毒。"

【译文】

《证类本草》："蝮蛇的胆，气味苦，微寒，有毒。主治䘌疮。五月五日收取，把地烧热，把蛇放在上面，用酒浇洒，蝮蛇的脚就会伸出来。医生所用的赤链蛇、黄颔蛇，多生活在人们房屋的墙壁间，吃老鼠、麻雀幼鸟，看到腹部鼓大的蝮蛇，就剖开蛇腹取胆阴干。"

进蛇胆

《朝野佥载》："泉、建州进蚺蛇胆[①]，五月五日取时，竖两柱，相去五六尺，系蛇头尾，以杖于腹下来去扣之，胆即聚，以刀刲取[②]。药封放之，不死。后复更取，看肋下有痕，即放。"《酉阳杂俎》云："蚺蛇胆，上旬近头，中旬在心，下旬在尾。"《图经》云："出交、广七州[③]，岭南诸州。"《药性论》云[④]："蚺蛇胆，主下部虫[⑤]，杀小儿五疳[⑥]。"

【注释】

①泉：泉州。今属福建。建州：今福建建瓯。蚺（rán）蛇：蟒蛇的别名。相传其胆能治病止痛。

②刲（kuī）：割取。

③交、广七州：即江州、豫州、益州、梁州、雍州、交州、广州。

④《药性论》：四卷，宋代传本中或不著撰人，或题为陶隐居撰。明李时珍谓此书即《药性本草》，为唐初甄权撰。后世学者或疑李时珍之说，或考为五代后周孟贯撰，然均无定论，世以“甄权撰”一说较为通行。该书类集众药，今存其404条佚文，皆论药物性味、君臣、畏恶禁忌、功效主治、炮炙制剂，并附众多方剂。各药均注君、臣、佐使，是其特点之一。所载药性功效，每多新见。甄权（541—643），许州扶沟（今河南扶沟）人。隋唐间医学家，另著有《针经钞》《脉经》《针方》《脉诀赋》等。

⑤下部虫：病患齿无色，舌上白，喜睡，愦愦不知痛痒处，或下痢，乃下部生虫食肛也。

⑥杀：抑制。五疳：即五脏疳证。《小儿药证直诀》：“疳证有五，谓五脏所受，故得其名。”五疳，即心疳、肝疳、脾疳、肺疳、肾疳。

【译文】

《朝野佥载》：“泉州、建州进贡蚺蛇胆，五月五日取蛇胆时，竖起两根柱子，相距五六尺，系住蛇的头和尾，用木棒在蛇的腹部来回敲打，蛇胆就聚集起来，用刀割取蛇胆。然后给蛇的刀口上药，蛇也不会死。以后再取蛇胆时，看见蛇的肋下有刀痕，就放了它。”《酉阳杂俎》记载：“蚺蛇胆，上旬时靠近头，中旬时在心脏附近，下旬时在尾巴附近。”《图经》记载：“蚺蛇出产自交州、广州等七个州，及岭南各州。”《药性论》记载：“蚺蛇胆，主治下部虫，抑制小儿五脏疳证。”

取蛇蜕[1]

《本草》：“蛇蜕，主小儿百二十种惊痫[2]。一名龙子衣，一名蛇符，一名弓皮，生荆州川谷及田野。五月五日、十五日取之，良。”陈藏器云[3]：“蛇蜕，主疟。取正发日，以蜕皮塞病人两耳，临发时，又以手持少许，并服一合盐醋汁，令吐也。”

【注释】

①蛇蜕：蛇脱下的皮。筒状，半透明，可入药。

②惊痫（xián）：指急惊风发作。《小儿卫生·总微论方》：“小儿惊痫者……轻者但身热面赤，睡眠不安，惊惕上窜，不发搐者，此名惊也。重者上视身强，手足拳，发搐者，此名痫也。”此泛指惊风、痫证各种病症。

③陈藏器（约687—757）：四明（今浙江宁波）人。唐药物方剂学家。

【译文】

《证类本草》：“蛇蜕，主治小儿一百二十种惊痫病症。蛇蜕又叫龙子衣、蛇符、弓皮，生长在荆州河谷以及田野。五月五日、十五日收取，效果好。”陈藏器说：“蛇蜕，主治疟疾。疟疾发作那天，用蛇蜕塞住病人的两耳，临发时，再用手碾少许蛇蜕，同时服用一盒盐醋汁，使其呕吐。”

食蛇肉

《朝野佥载》：“泉州有客卢元钦染大风[1]，唯鼻根未倒[2]。属五月五日，官取蚺蛇胆欲进，或言肉可治风，遂取一截蛇肉食之。三五日顿渐可，百日平复。又商州有人患大风[3]，家人恶之，山中为起茅舍[4]。有乌蛇坠酒罂中[5]，病人不知，饮酒渐瘥，罂底见蛇骨，方知其由也。”

【注释】

①大风：病名。即麻风。《素问·长刺节论》：“骨节重，须眉堕，名曰

大风。”

②鼻根：鼻子。倒：此指烂掉。

③商州：北周宣政元年（578）改洛州置，治上洛县（今陕西商洛商州）。

④起：建。

⑤罂：古代大腹小口的酒器。

【译文】

《朝野佥载》：“客居泉州的卢元钦感染了麻风病，只有鼻根还未烂掉。正值五月五日，医官取蚺蛇胆正要给他吃，有人说蛇肉可以治麻风病，于是取来一段蛇肉给他吃。吃了三五天后病渐好转，一百天以后就完全好了。又说商州有人感染了麻风病，家里人讨厌他，就在山中给他建了茅舍。有一条黑蛇掉进一个酒坛子里，病人不知道，饮坛中酒后病渐渐好了，后来在坛底发现蛇骨，才知道是因为喝了蛇浸泡过的酒的缘故。”

焚鹊巢

《酉阳杂俎》：“鹊构巢，取在树杪枝[①]，不取堕地者。又传枝受卵[②]。端五日午时[③]，焚其巢灸病者，其疾立愈。”

【注释】

①树杪（miǎo）枝：树木的枝条末梢。

②传枝受卵：宋王质《诗总闻》卷一：“世传喜鹊结巢取木杪之枝，不取堕地者，多洁一也。传其枝而受卵，雌雄共接者乃用，不淫二也。开户向天而背太岁，有识三也。岁多风则去巢旁之危枝，先知四也。巢中有横木，虚度如梁，雄者踞之，有分五也。此比积善之家必有余庆者也。”

③午时：十一时至十三时。

【译文】

《酉阳杂俎》:"喜鹊筑巢,只选取树木的枝条末梢,不选掉在田地的树枝。另外喜鹊能传枝受孕。端午节午时,焚烧鹊巢来灸治病人,病立马就好。"

用鹊脑[①]

陶隐居《秘诀》:"五月五日,取雄鹊脑,入术家用。一名飞驳[②]。"

【注释】

①鹊脑:鹊的脑髓。相传烧后入酒,与人共饮,可令人相思。

②飞驳:鹊的别称。因其飞羽色驳杂,故称。

【译文】

陶弘景《秘诀》:"五月五日,取雄鹊的脑髓,供方术家用。鹊,又称飞驳。"

灰猪齿

《本草》:"猪齿,主小儿惊痫。五月五日取。"《日华子》云:"猪齿,治小儿惊痫,烧灰服,并治蛇咬。"

【译文】

《证类本草》:"猪齿,主治小儿惊痫。五月五日收取。"《日华子诸家本草》曰:"猪齿,主治小儿惊痫,把猪齿烧成灰后服用,还可以治疗被蛇咬伤。"

炼狗粪

《外台秘要》:"治马鞍疮[1],狗牙灰,醋和,敷之。又五月五日取牡狗粪,烧灰,数傅之,良。"

【注释】

①马鞍疮:病名。指股阴部因骑马磨损所致的疮病。

【译文】

《外台秘要》:"治疗马鞍疮,把狗牙烧成灰,用醋调和,涂抹在疮口上。另外,在五月五日收取公狗粪便,烧成灰,多次涂抹,效果好。"

断鳖爪[1]

《提要录》:"五月五日,取鳖爪着衣领中,令人不忘。"

【注释】

①鳖:爬行动物,形状像龟,背甲上有软皮,无纹。肉可食,甲可入药。

【译文】

《提要录》:"五月五日,收取鳖爪放入衣领中,使人不忘事。"

烧鳣头[1]

《本草》:"鳣头,味甘,大温,无毒。五月五日,取头骨烧之,止痢[2]。"

【注释】

①鲱:同“鳝”。

②痢(lì):痢疾。一种肠道传染病。

【译文】

《证类本草》:“鳝鱼头,味甘,性大温,无毒。五月五日,取鳝鱼头骨烧成灰,可以止痢疾。”

捉虾蟆

《神农本草》:“虾蟆,一名苦蠪[①]。五月五日,取东行者四枚[②],反缚,着密室中闭之。明旦启视,自解者,取为术用,能使人缚亦自解。烧灰,傅疮,立验。其肪涂玉[③],刻之如蜡[④]。”又《药性论》云:“端午,取虾蟆眉脂,以朱砂、麝香为丸,如麻子大[⑤]。孩儿疳瘦者[⑥],空心一丸。如脑疳[⑦],以奶汁调,滴鼻中,立愈。”

【注释】

①苦蠪(lóng):即蟾蜍。

②东行:向东行走。

③肪:底本作“筋”,据《政和本草》改。

④蜡:动物、矿物或植物所产生的油质,具有可塑性,能燃能熔,不溶于水,是一羟基醇或固醇的脂肪酸酯。

⑤麻子:即芝麻。

⑥疳(gān)瘦:病证名。指疳疾肌肉消瘦,形销骨立。

⑦脑疳:病证名。指疳疾患儿头部生疮,兼见毛发焦枯如穗,甚至脱落光秃、鼻干、心烦、疲倦、困睡、目睛无神、腮肿囟凸、身热汗出

不解等。

【译文】

《神农本草》："蛤蟆，又叫苦蚕。五月五日，收取向东爬行的四只蛤蟆，反绑起来，关闭在密室中。天亮时打开门看，自行解脱的，取来用于方术，能让人被束缚时也能自行解脱。把蛤蟆烧成灰，涂抹在疮口上，马上就有效果。将它的脂肪涂在玉上，雕刻玉时如同刻蜡一样容易。"又有《药性论》记载："端午节，收取蛤蟆的眉脂，与朱砂、麝香一起制成药丸，如同芝麻大小。患有疳瘦之症的小孩，空腹服一丸。如小孩脑疳，用奶汁调和，滴在鼻中，立马就好。"

蒸蜣螂[①]

《本草》："蜣螂，寒，有毒。主小儿惊痫。一名蛣蜣[②]。五月五日取，蒸藏之。临用当炙，勿置水中，令人吐。"《庄子》云："蛣蜣之智，在于转丸[③]。"喜入粪中取屎丸，以脚推之，俗名推丸。当取大者，其类有三四种，以鼻头扁者为真。《刘涓子》云[④]："治鼠瘘[⑤]：死蜣螂，烧作末，苦酒和傅之[⑥]，数过即愈。先以盐汤洗。"

【注释】

①蜣螂（qiāng láng）：俗称屎壳郎、坌屎虫。昆虫。全体黑色，背有坚甲，胸部和脚有黑褐色的长毛，会飞，吃粪屎和动物的尸体，常把粪滚成球形，在其中产卵。

②蛣（jié）蜣：即蜣螂。

③转丸：蜣螂把粪推滚成球形。

④《刘涓子》：即《刘涓子鬼遗方》，十卷，刘涓子撰。刘涓子（约

370—450），京口（今江苏镇江）人。晋末外科医家。善医学，尤精外科方术。

⑤鼠瘘：病名。即瘰疬。淋巴腺结核症。《灵枢·寒热》："黄帝问于岐伯曰：'寒热瘰疬，在于颈腋者，何气使生？'岐伯曰：'此皆鼠瘘寒热之毒气也，留于脉而不去者也。'"

⑥苦酒：醋的别名。

【译文】

《证类本草》："蜣螂，性寒，有毒。主治小儿惊痫。又叫蛣蜣。五月五日收取，蒸后收存。临床应用时应当用火炙，不要放入水中，否则使人呕吐。"《庄子》记载："蛣蜣的智慧，在于能够转丸。"蛣蜣喜欢钻入粪土中取屎球，用脚推动它，所以俗名推丸。应当选取个头大的蜣螂，这类有三四个品种，以鼻头扁平的为入药真品。《刘涓子鬼遗方》记载："治疗鼠瘘药方：用死蜣螂，烧成粉末，用醋调和后涂抹，几次就能痊愈。涂抹前先用盐水清洗患处。"

埋蜻蜓

《埤雅》云："五月五日，取蜻蜓首，正中门埋之，皆成青珠。"又《博物志》云："埋蜻蜓头于西向户下，则化成青色珠。"故《类从》曰[①]："蜻蛉之首[②]，瘞而为珠[③]。"

【注释】

①《类从》：书名，不详待考。

②蜻蛉：蜻蜓的别称。一说极似蜻蜓。惟前翅较短，不能远飞。

③瘞（yì）：埋葬。

【译文】

《埤雅》："五月五日，取蜻蜓的头，在正对着门的地方埋下，都能变成青色的珠子。"又有《博物志》曰:"把蜻蜓头埋葬在朝西的门下,就会变成青色的珠子。"因此《类从》曰:"蜻蜓的头,埋藏起来会变成珠子。"

取蝼蛄[①]

《四民月令》:"五月五日,取蟾蜍,可合恶疽药[②]。又取东行蝼蛄,治妇人难产。"

【注释】

①蝼蛄(lóu gū):俗称蝲蝲蛄,又叫土狗子。背部茶褐色,腹部灰黄色,前脚大,呈铲状,适于掘土,有尾须。生活在泥土中,昼伏夜出,吃农作物嫩茎。

②合:制作。恶疽:比较严重的毒疮。

【译文】

《四民月令》:"五月五日,捕捉蟾蜍,可以制作治疗恶疽的药。又捕捉向东爬行的蝼蛄,治疗妇人难产。"

候蚯蚓

《本草》云:"蠜螽、蚯蚓[①],二物异类同穴为雌雄,令人相爱。五月五日收取,夫妇带之。蠜螽如蝗虫,东人呼为蚱蜢[②],有毒。有黑斑者,候交时取之。"

【注释】

①蠜螽(fù zhōng):即蚱蜢。

②东人:《诗经·小雅·大东》:"东人之子,职劳不来。"朱熹集传:

"东人,诸侯之人也。"本指西周统治下的东方诸侯国人,后泛指陕以东之人。

【译文】

《证类本草》:"蠹螽、蚯蚓,两种不同的动物共同生活在一个洞穴中,还是雌雄配对的关系,佩戴使人相互爱慕。五月五日收取,夫妇随身携带。蠹螽形似蝗虫,东人称为蚱蜢,有毒。要选有黑色斑纹的,等交配时捕捉。"

收鼠妇①

《本草》云:"鼠妇,微寒,无毒,主气癃不得小便②,妇人月闭血瘕③。生魏郡平谷及人家地上。五月五日取。"《日华子》云:"鼠妇虫④,有毒,通小便,能堕胎。"

【注释】

①鼠妇:虫名。古称"伊威",又名鼠负潮虫。体形椭圆,胸部有环节七,每节有足一对,栖于阴湿壁角之间。

②气癃(lóng):病证名。指膀胱气化失常而引起的小便不通之证。《灵枢·胀论》:"膀胱胀者,少腹满而气癃。"张介宾注:"气癃,膀胱气闭,小便不通也。"

③月闭:谓妇女月经不通。血瘕(jiǎ):病证名。因瘀血聚积所生的有形肿块。

④鼠妇虫:为卷甲虫科动物平甲虫或鼠妇的干燥虫体。具有破血瘀、消症瘕、止痛、利尿、解毒之功效。

【译文】

《证类本草》记载:"鼠妇,性微寒,无毒,主治因膀胱气化失常而引起的小便不通，妇女月经不通和因瘀血聚积所生的肿块。鼠妇生活在魏郡平谷和人家地上。五月五日采取。"《日华子诸家本草》记载："鼠妇虫，有毒，通小便，能使人堕胎。"

干伏翼[1]

陈藏器《本草》云："伏翼，主蚊子。五月五日，取倒悬者，晒干，和桂、薰陆香为细末烧之[2]，蚊子去。"又云："取其血滴目，令人不睡，夜中见物。"《琐碎后录》曰："端午日，以麻线一条，围床周匝[3]，以蝙蝠血涂床四向[4]，可绝蚊蚋。"

【注释】

①伏翼：即蝙蝠。

②桂：即肉桂。肉桂树，常绿乔木。树皮即桂皮或称肉桂，有香味，可供药用，又作调料。薰陆香：中药名。橄榄科植物卡氏乳香树的胶树脂。性辛、苦、温。入心、肝、脾经。活血，行气，止痛。治瘀阻气滞的脘腹疼痛，风湿痹痛，跌打损伤，痛经，产后腹痛。

③周匝：围绕一周。

④四向：四周。

【译文】

陈藏器《本草拾遗》记载："蝙蝠，可用来对付蚊子。五月五日，采取倒挂的蝙蝠，晒干，与肉桂、薰陆香一起研为细末烧炙，可以去除蚊子。"又记载："用蝙蝠的血滴在眼睛上，可以使人不打瞌睡，夜里也能看见东西。"《琐碎后录》记载："端午日，用一条麻线，围床环绕一周，用蝙蝠血涂抹在床的四周，可以杜绝蚊虫。"

汁蝇虎[1]

《博闻录》:“五月五日午时,取蝇虎汁拌黑豆[2],其豆自能踊跃击蝇[3]。”

【注释】

①蝇虎:蜘蛛的一种。体小脚短,色白或灰,不结网。常在墙壁上捕食苍蝇和其他小虫。俗称苍蝇老虎。

②拌:搅和,调匀。

③踊跃:跳跃。

【译文】

《博闻录》:“五月五日午时,用蝇虎汁调匀黑豆,黑豆能自己跳跃起来攻击苍蝇。”

去蚊蠓[1]

《琐碎录》:“五月五日,取浮萍草[2],日晒干,二月收桐花[3],和夜明砂合捣末[4],作香印[5],烧堂中,辟蚊蠓。一云,五月皆可采。”

【注释】

①蚊蠓(měng):俗称“小咬”“墨蚊”,是双翅目中最小的吸血昆虫。

②浮萍草:即浮萍。单子叶植物,浮萍科。一年生草本。植物体叶状,浮在水面。叶扁平,两面都是绿色,下面有一条根。全草入药。

③桐花:清明“节气”之花,是自然时序的物候标记。三春之景到清明绚烂至极致,但同时盈虚有数、由盛转衰。

④夜明砂：中药名。又名天鼠屎、鼠法、石肝等。为多种蝙蝠的干燥粪便。

⑤香印：即印香。印有文字的末香。用火烧后，灰烬中仍留存着字迹。

【译文】

《琐碎录》："五月五日，收取浮萍草，放太阳下晒干，二月收取桐花，和夜明砂一起捣为细末，制作成印香，在堂中燃烧，可以驱赶蚊子和蠓虫。又说，五月都可收取。"

辟蚊子

《提要录》："五月五日午时，望太阳，吸太阳气，念咒曰：'天上金鸡[①]，吃蚊子脑体。'一气七遍，喷灯心上[②]。遇夜，将灯心点灯，辟去蚊子之属。"

【注释】

①金鸡：传说中的一种神鸡。

②灯心：即灯芯。灯盏中用以点火的灯草或纱、棉等捻成的细长物。

【译文】

《提要录》："五月五日午时，望着太阳，吸取太阳真气，念咒说：'天上金鸡，吃蚊子脑体。'接连念咒七遍，将真气喷在灯芯上。到夜里，将灯芯点燃，可以驱赶蚊子之类的东西。"

浴蚕种

《博闻录》："闽俗，端午日，以渫粽汁浴蚕种[①]，续以蒲艾、桃柳叶挼[②]，井花水澄清，再浴，悬净处。"

【注释】

①渫（zhá）粽汁：即粽叶煮水后的汁液。

②续：添加。挼（ruó）：揉搓。

【译文】

《博闻录》："闽地习俗，在端午日，用粽叶煮水后的汁液浸泡蚕种，添加香蒲、艾草、桃柳叶揉搓取汁，用井水澄清，再次浸泡后，悬挂在干净的地方。"

进花图

《酉阳杂俎》："北朝妇人，以五月五日进五时花，施于帐上。"傅墨卿《端五帖子》云："百炼鉴从江上铸，五时花向帐前施。"

【译文】

《酉阳杂俎》："北朝的妇女，在五月五日进献五时花，装饰在帷帐上面。"傅墨卿《端五帖子》写道："百炼鉴从江上铸，五时花向帐前施。"

采岩药①

《图经》："宁德县邑人程公②，端五日，入岩采药，忽然轻举③，因曰五日岩。"

【注释】

①岩：山中洞穴。

②宁德县：五代闽龙启元年（933）升感德场置，治今福建宁德。

③轻举：谓飞升，登仙。

【译文】

《本草图经》："宁德县邑人程公，在端五日，进入山中洞穴采药，忽然羽化而升仙，因而称为五日岩。"

生弥勒

《酉阳杂俎》："龟兹国[①]，以五月五日为弥勒佛下生日。龟音邱，兹音慈。"

【注释】

①龟兹国：西域古国名。立国于今新疆库车一带。

【译文】

《酉阳杂俎》："龟兹国，以五月五日为弥勒佛出生的日子。龟读作邱，兹读作慈。"

讨赛离[①]

《燕北杂记》："五月五日午时，采艾叶，与绵相和絮衣七事[②]，戎主着之。番汉臣僚各赐艾衣三事。戎主及臣僚饮宴，渤海厨子进艾糕[③]，各点大黄汤下[④]，番呼此节为讨赛离。"

【注释】

①讨赛离：亦作"讨赛咿哾"，意为"五月"，是辽代契丹人在端午节举办的君臣大宴。

②事：量词。件，副。

③渤海：古国名、族名。唐武后圣历元年（698）粟末靺鞨首领大祚荣建，辽天显元年（926）为辽所灭，改称东丹。艾糕：旧俗，以艾汁和粉制糕，端午食之以祛毒。

④黄汤：酒的代称。

【译文】

《燕北杂记》："五月五日午时，采集艾叶，与绵絮混在一起做七件艾衣，契丹首领穿着。契丹族与汉族群臣百官各赐三件艾衣。契丹首领及群臣摆宴畅饮，吃渤海厨子进献的艾糕，各自饮酒，契丹人称呼这个节日为讨赛离。"